古代歷史文化研究輯刊

三 編

王明蓀 主編

第4冊

上博楚簡齊國史料研究

高榮鴻 著

國家圖書館出版品預行編目資料

上博楚簡齊國史料研究／高榮鴻 著 — 初版 — 台北縣永和市：
花木蘭文化出版社，2010〔民99〕
目 6+264 面；19×26 公分
（古代歷史文化研究輯刊 三編：第4冊）
ISBN：978-986-254-089-3（精裝）
1. 春秋史　2. 史料　3. 簡牘學
621.652　　　　　　　　　　　　　　　　　99001231

ISBN - 978-986-2540-89-3

9 789862 540893

古代歷史文化研究輯刊
三 編 第四 冊　　　　　　　ISBN：978-986-254-089-3

上博楚簡齊國史料研究

作　　者　高榮鴻
主　　編　王明蓀
總 編 輯　杜潔祥
出　　版　花木蘭文化出版社
發 行 所　花木蘭文化出版社
發 行 人　高小娟
聯絡地址　台北縣永和市中正路五九五號七樓之三
　　　　　電話：02-2923-1455／傳真：02-2923-1452
網　　址　http://www.huamulan.tw 信箱 sut81518@ms59.hinet.net
印　　刷　普羅文化出版廣告事業
初　　版　2010年3月
定　　價　三編30冊（精裝）新台幣46,000元

上博楚簡齊國史料研究

高榮鴻　著

作者簡介

高榮鴻，1983 年生，台南人，2008 年獲得中興大學中文所碩士學位，並於同年近入中興大學中文所博士班就讀，研究領域則以戰國文字為重心。

提　　要

　　本論文的研究對象為上博楚簡中的齊國史料，涵蓋《上海博物館藏戰國楚竹書》〈競建內之〉、〈鮑叔牙與隰朋之諫〉與〈競公瘧〉三篇竹書。

　　全文共有六章，各章主要內容如下：

　　第一章「緒論」，首先說明上博楚簡的研究現況，其次說明本文的研究動機、研究範圍、研究方法以及章節架構。

　　第二章「簡冊的復原與編聯」，檢討所論三篇竹書的竹簡順序，並以簡文內容所述的主題為據，將之劃分為若干群組。

　　第三、四、五章則對所劃分的組別，分別臚列簡文，加以考辨，進行深入的討論工作。第三章所包含的主題內容有「齊國與桓公皆有災難」組、「鮑叔牙與隰朋以古史諫桓公」組、「鮑叔牙與隰朋言齊國弊端」組、「豎刁、易牙為人處世」組。

　　第四章所包含的主題內容有「齊桓公聽從諫言親身祭祀」組、「齊桓公施行利民政策」組、「齊桓公訓示百官」組、「齊國與桓公皆免於災難」組。

　　第五章所包含的主題內容有「齊景公欲殺祝史」組、「晏子勸諫齊景公」組、「晏子言齊景公任人缺失」組、「齊景公聽信諫言且病癒」組。

　　第六章「結論」，由「補充史料」、「文獻異文」、「書籍交納」、「文本來源」四方面，揭示上博楚簡所見齊國史料的特點與價值。

目

次

凡　例

一、本論文所引竹簡編號，皆以各批材料整理小組所公佈的釋文爲準。

二、本論文研究的主要對象爲〈競建內之〉、〈鮑叔牙與隰朋之諫〉、〈競公瘧〉三篇竹書，爲了論述的方便，分別將其簡稱爲〈競〉、〈鮑〉、〈瘧〉。其餘各批材料之簡稱，詳見「書刊簡稱表」。

三、本論文所引「武漢大學《簡帛網》」的文章，皆出自：http://www.bsm.org.cn。「《簡帛研究網》」的文章，皆出自：http://www.jianbo.org。「《復旦大學出土文獻與古文字研究中心》」的文章，皆出自：http://www.gwz.fudan.edu.cn。

四、本論文所引古文字形，多使用原書原件，或採用以原字形所編纂的書籍，如湯餘惠《戰國文字編》、李守奎《楚文字編》。此外，還參酌孫海波《甲骨文編》、容庚《金文編》、滕壬生《楚系簡帛文字編》、張守中《包山楚簡文字編》、張守中《郭店楚簡文字編》、張守中《睡虎地秦簡文字編》等摹本。

五、本論文所標示的上古音，皆採自郭錫良《漢字古音手冊》。

六、「☒」表示斷簡，「□」表示缺一字，「▢」表示補字，「＝」表示重文符或合文符。

七、筆者親炙的師長，一律尊稱爲「師」，其餘學者不加任何敬稱。

第一章　緒　論

第一節　研究現況與研究動機

　　二十世紀以來，由於地不愛寶，加上日益發達的考古事業，地下的古代文字大量出土，尤其是七十年代以後，陸續發現大量西漢早期和戰國時代所抄寫的古書，裘錫圭對於此種現象發展，下了一個註腳：「爲古典學提供了一大批極爲寶貴的新資料」。〔註1〕近年來，備受矚目的是幾件大宗戰國楚地竹簡的出土，如包山楚簡、郭店楚簡、上海博物館藏戰國簡（以下簡稱「上博楚簡」）、新蔡楚簡，這些地下材料的出土，無疑對楚國歷史、哲學、文學、文物制度、語言、文化等各方面，提供第一手的資料。其中尤以「上博楚簡」最爲熱門，據馬承源所述：「這約百種篇目，只有不到十種能和流傳至今的先秦古籍相對照。」〔註2〕由此可見，這批材料有著極大的研究價值。

　　1994 年，馬承源於香港古玩市場發現一批竹簡，經鑑定研判爲戰國楚竹書，於是立即搶救收購。這批竹簡共一千兩百餘支，經過脫水、去汙、拼合、編聯、隸定、文字考釋與內容注釋等繁複的整理程序，終於在 2001 年發表《上海博物館藏戰國楚竹書（一）》，其後又陸續出版《上海博物館藏戰國楚竹書（二）》、《上海博物館藏戰國楚竹書（三）》、《上海博物館藏戰國楚竹書（四）》，

〔註1〕　裘錫圭：〈中國古典學重建中應該注意的問題〉，《中國出土文獻十講》（上海：復旦大學出版社，2004 年），頁 4。
〔註2〕　馬承源：《上海博物館藏戰國楚竹書（一）・前言》（上海：上海古籍出版社，2001 年），頁 3。

共公布竹書二十二篇。〔註3〕目前對此四冊楚竹書有完整介紹的著作，是由季旭昇師所主編的《上海博物館藏戰國楚竹書讀本》一至四冊，其內容大致分為四部分：「題解」、「釋文」、「語譯」、「注釋」，想對上博楚簡第一冊至第四冊有全面性了解，此系列是不錯的入門書籍。〔註4〕

　　2005 年，《上海博物館藏戰國楚竹書（五）》一出版，立即引起學術界的高度關注。這次所公布的竹書共有九篇，分別為：〈競建內之〉、〈鮑叔牙與隰朋之諫〉，記載隰朋、鮑叔牙、齊桓公三人的對話；〈季庚子問於孔子〉，記錄季康子以幣迎孔子歸國後的情況；〈姑成家父〉，描述春秋中期晉國郤錡、郤犨、郤至三人事蹟；〈君子為禮〉與〈弟子問〉多屬孔子與弟子之間的答問；〈三德〉為一篇思想類古書，以三才之德配屬陰陽；〈鬼神之明融師有成氏〉為兩篇古書，前篇記載墨子與弟子或他人討論鬼神問題，後篇則記錄上古人物傳說故事。〔註5〕竹書公布後，立即吸引專家學者投入研究，相關論文不斷發表，而單篇論文主要集中於陳偉所主持的「武漢大學簡帛網」，以及「山東大學」所主持的「簡帛研究網」，論文數量之多、發表速度之快，令人相當驚奇。〔註6〕其後又於 2006 年 6 月 26～28 日，在武漢大學舉辦「新出楚簡國際學術研討會」，進一步發表《上海博物館藏戰國楚竹書（五）》的最新研究成

〔註3〕 這些篇章分別是第一冊：〈孔子詩論〉、〈緇衣〉、〈性情論〉共三篇；第二冊：〈民之父母〉、〈子羔〉、〈魯邦大旱〉、〈從政〉甲、乙本、〈昔者君老〉、〈容成氏〉共七篇；第三冊：〈周易〉、〈中弓〉、〈互先〉、〈彭祖〉共四篇；第四冊：〈采風曲目〉、〈逸詩〉、〈昭王毀室昭王與龔之脽〉、〈柬大王泊旱〉、〈內豊〉、〈相邦之道〉、〈曹沫之陳〉共八篇，請參閱馬承源：《上海博物館藏戰國楚竹書（一）》（上海：上海古籍出版社，2001 年）。馬承源：《上海博物館藏戰國楚竹書（二）》（上海：上海古籍出版社，2002 年）。馬承源：《上海博物館藏戰國楚竹書（三）》（上海：上海古籍出版社，2003 年）。馬承源：《上海博物館藏戰國楚竹書（四）》（上海：上海古籍出版社，2004 年）。其中未見以〈中弓〉、〈互先〉、為對象所撰寫的學位論文，其餘篇章均有相關的學位論文研究。

〔註4〕 季旭昇師主編：《《上海博物館藏戰國楚竹書（一）》讀本》（臺北：萬卷樓圖書公司，2004 年）。季旭昇師主編：《《上海博物館藏戰國楚竹書（二）》讀本》（臺北：萬卷樓圖書公司，2003 年）。季旭昇師主編：《《上海博物館藏戰國楚竹書（三）》讀本》（臺北：萬卷樓圖書公司，2005 年）。季旭昇師主編：《《上海博物館藏戰國楚竹書（四）》讀本》（臺北：萬卷樓圖書公司，2007 年）。

〔註5〕 馬承源：《上海博物館藏戰國楚竹書（五）》（上海：上海古籍出版社，2005 年）。

〔註6〕 「武漢大學簡帛網」（http://www.bsm.org.cn）、「簡帛研究網」（http://www.jianbo.org）。

果，而該會議的論文，已有專書收錄出版。〔註7〕

2007 年，學界引領期盼的《上海博物館藏戰國楚竹書（六）》正式出版，公布竹書十篇，包括有：〈競公瘧〉，記載齊景公久病不癒，欲殺祝史，引起晏嬰進諫；〈孔子見季趄子〉，全文以對話形式，記載孔子與季趄子有關「二道」與「興魯」的看法；〈莊王既成申公臣靈王〉為兩則史料，古籍未見，前篇記載楚莊王詢問臣子，楚國後人如何保持霸主地位，後篇則記錄楚靈王降服申公；〈平王問鄭壽〉與〈平王與王子木〉，記載楚平王與鄭壽、王子木的對話；〈慎子曰恭儉〉為慎子述說恭儉的理論；〈用曰〉，內容為簡單陳述某事件後，以「用曰」提示警世之言；〈天子建州〉甲、乙本為儒家文獻，所記內容與禮制有關。〔註8〕竹書公布後，又掀起另一波研究熱潮，學者專家積極研究，將其心得分別發表於前述兩個網站，彼此交換心得，互相駁議。其後又於該年年底，在台灣大學舉辦「2007 年中國簡帛學國際論壇」，展現最新研究成果，可見戰國文字在學術界蓬勃發展的情況。此外，濮茅左已明確指出《上海博物館藏戰國楚竹書（七）》的出版工作，正緊鑼密鼓進行中，預計今年出版。〔註9〕我們可以預見，2008 年又會有另一波的研究熱潮。

隨著上博楚簡第五、六冊的出版，學者陸續發表單篇論文，研究成果相當豐富，但由於本論文的研究對象為上博楚簡中的齊國史料，即第五冊〈競建內之〉、〈鮑叔牙與隰朋之諫〉以及第六冊〈競公瘧〉，而以此為對象的研究論文，在往後的章節皆有詳細論述，因此這裡只針對上述三篇竹書的整體研究情況作一簡單的介紹。

筆者首先要釐清一個問題，既然〈競〉、〈鮑〉、〈瘧〉皆記載齊國史料，但這些史料卻又書寫於「楚簡」上，兩者有牴觸的疑慮，因此這裡我們必須要交代「楚簡」的定義。首先對此有詳細說明的是馮勝君，他提出兩個問題：其一，楚地出土的竹簡是否都能稱為楚簡。其二，楚人所抄寫的竹簡是否能稱為楚簡。對於第一個問題，馮氏認為原則上不能把楚地出土的竹簡稱為楚簡；至於第二個問題，馮氏認為楚地出土的竹簡，雖然皆為楚人所抄，但其中有一些文字形體和用字習慣上，對於慣見的楚文字有著明顯差別，如郭店

〔註7〕 丁四新主編：《楚地簡帛思想研究（三）》（武漢：湖北教育出版社，2007 年）。郭齊勇主編：《儒家文化研究》第一輯（北京：三聯書店，2007 年）。

〔註8〕 馬承源：《上海博物館藏戰國楚竹書（六）》（上海：上海古籍出版社，2007 年）。

〔註9〕 濮茅左：〈上博館藏戰國楚竹書的主要發現〉，《簡帛研究網》，2007/12/06。

簡〈唐虞之道〉、〈忠信之道〉、〈語叢一〉、〈語叢二〉、〈語叢三〉以及上博簡〈緇衣〉是具有齊系文字特點，故比較穩妥的定義爲「具有某系文字特點的抄本」。〔註10〕

馮氏對於「楚簡」的釐清相當正確，以卜筮祭禱、遣冊、法律文書這一類竹簡而言，是楚人對於楚地生活的眞實記載，故言「楚簡」相當合理，但以古書類竹簡而言，流傳性較強，雖然由楚地出土，但我們不能確定原著作地就在楚國，只能根據文字形體和用字習慣，推測出可能爲楚人的轉抄本。不過，相對來看，用楚文字書寫的古籍類竹書，也不能確定其原著作地即是楚國。綜合以上，筆者對楚簡的定義爲「由楚人所抄寫的竹簡」。

研讀出土文獻，考釋文字無疑是最重要且基礎的工作，無法辨認字形，就無法疏通該簡文義。此外，字詞的訓讀也是相當重要的，尤其戰國文字多見通假，這將會影響該簡文義的理解。對於〈競〉、〈鮑〉、〈瘧〉三篇竹書而言，考釋文字與字詞訓讀，皆佔據相當大的份量，學者各自有不同的看法，可見研讀出土文獻的困難。

竹簡的順序安排也是相當重要的，這將影響到前後簡文是否可以通讀無礙。陳劍首先對〈競〉、〈鮑〉兩篇竹書進行研究，認爲此兩篇竹書可以合併連讀，合併處爲〈競〉簡10與〈鮑〉簡4，大多數的學者意見均表同意。〔註11〕梁靜由傳世文獻考察，將〈瘧〉篇的竹簡順序重新作安排與分析。〔註12〕

在〈競〉、〈鮑〉兩篇可以合併爲一篇之後，隨即產生的問題是〈競〉簡1背的標題「競建內之」該如何理解。學者提出的說法有三種，禤建聰與李守奎此句爲標名竹書的來源。〔註13〕許無咎、林志鵬、黃儒宣、周鳳五皆認爲「競建」的身份是官員。〔註14〕廣瀨薰雄認爲此句意謂「景建提交這篇文

〔註10〕馮勝君：〈論郭店簡《唐虞之道》、《忠信之道》、《語叢》一～三以及上博簡《緇衣》爲具有齊系文字特點的抄本〉，《北京大學博士後研究工作報告》2004年8月，頁1、4、6。

〔註11〕陳劍：〈談談《上博（五）》的竹簡分篇、拼合與編聯問題〉，武漢大學《簡帛網》，2006/02/19。

〔註12〕梁靜：〈《景公虐》與《晏子春秋》的對比研究〉，武漢大學《簡帛網》，2007/07/28。

〔註13〕禤健聰：〈上博楚簡（五）零札（一）〉，武漢大學《簡帛網》，2006/02/24。李守奎：〈《鮑叔牙與隰朋之諫》補釋〉，《楚地簡帛思想研究（三）》（武漢：湖北教育出版社，2007年），頁26。

〔註14〕許無咎：〈上博楚竹書（五）《競建內之》篇札記〉，《簡帛研究網》，2006/02/25。林志鵬：〈上博楚竹書《競建內之》重編新解〉，武漢大學《簡帛網》，

章」。〔註15〕但這些文章的共同特點爲皆同意「競建」讀作「景建」，爲楚國人名。

　　對於齊景公病情的描述，簡文提供了相關資料。〈瘧〉簡 1 云：「齊競公疥焄瘧」，原考釋者濮茅左主張齊景公只患「瘧」，而不是「疥」、「瘧」同患，或是只患「疥」。〔註16〕陳惠玲則認爲齊景公同時患有「疥病」與「瘧病」。〔註17〕林聖峰認爲「疥焄瘧」本當作「疥且瘧」，但因「疥」、「疾」二字在抄寫過程中發生「形近訛混」的現象，導致竹簡本與《晏子春秋》等傳世文獻將其誤寫作「疥且瘧」。〔註18〕

　　傳世文獻與出土文獻的互相對讀，在〈競〉、〈鮑〉、〈瘧〉也可見到。陳佩芬提出〈競〉簡 2 可與《尚書·高宗肜日序》對讀。〔註19〕陳劍主張〈競〉簡 7「客王」可與《尚書·高宗肜日》的「格王」對照。〔註20〕彭浩、陳偉、魯家亮皆言〈鮑〉簡 7、簡 3 所述內容，與《管子·戒》、《管子·霸形》互相對讀。〔註21〕而〈瘧〉篇亦有相同情況，梁靜認爲此篇較接近於《晏子春秋·外篇》的記載。〔註22〕

2006/02/25。李銳：〈上博（五）札記二則〉，《古籍整理研究學刊》2007 年第三期，頁 71。黃儒宣：〈簡牘古書數人合抄一篇的情況試探──以上博楚簡《鮑叔牙與隰朋之諫》、武威漢簡《儀禮》爲例〉，《2007 年中國簡帛學國際論壇》，2007 年 11 月 10～11 日，周鳳五之說轉載於此。（筆者按：許無咎之文章標題「競」原作「竞」，以下不再註明。）

〔註15〕廣瀨薰雄：〈何謂「競建內之」〉，《新出楚簡國際學術研討會會議論文集（上博簡卷）》，2006 年 6 月 26～28 日，頁 160。

〔註16〕濮茅左：《上海博物館藏戰國楚竹書（六）·競公瘧釋文》（上海：上海古籍出版社，2007 年），頁 160。

〔註17〕陳惠玲：〈上博六《競公虐》釋「疥」及「旬又五公乃出見折」〉，武漢大學《簡帛網》，2007/10/23。

〔註18〕林聖峰：〈上博六〈景公瘧〉「疥」字箚記〉，武漢大學《簡帛網》，2008/03/29。

〔註19〕陳佩芬：《上海博物館藏戰國楚竹書（五）·鮑叔牙與隰朋之諫釋文》（上海：上海古籍出版社，2005 年），頁 169。

〔註20〕陳劍：〈談談《上博（五）》的竹簡分篇、拼合與編聯問題〉，武漢大學《簡帛網》，2006/02/19。

〔註21〕陳偉：〈《競建內之》《鮑叔牙與隰朋之諫》零識〉，武漢大學《簡帛網》，2006/02/22。陳偉：〈也說《鮑叔牙與隰朋之諫》與《管子·霸形》的對讀〉，武漢大學《簡帛網》，2006/04/04。魯家亮：〈《鮑叔牙與隰朋之諫》與《管子·戒》對讀札記〉，武漢大學《簡帛網》，2006/04/13。此文亦載於《華中科技大學學報（社會科學版）》2007 年第三期。

〔註22〕梁靜：〈《景公虐》與《晏子春秋》的對比研究〉，武漢大學《簡帛網》，2007/07/28。

〈競〉、〈鮑〉、〈瘧〉三篇竹書的出土，可補充或解決傳世文獻的不足。郭梨華、李學勤皆認為〈競〉、〈鮑〉兩篇補足公元 645 年的史料闕漏。〔註23〕傳世文獻皆未見齊景公病癒的方法，而沈培認為其方法為祭祀與貞卜。〔註24〕

由上述可知，〈競〉、〈鮑〉、〈瘧〉的內容相當豐富，三篇竹書皆記載齊國史料，所述內容不僅見於典籍文獻，亦有部分內容不見記載。此外，隨著豐富的楚簡資料出土，學者發現楚簡上所書寫的字體，與慣見的楚文字不盡相同，因此已開始注意到楚簡的文本來源，而上述三篇簡文均記載齊國史料，想必是流行於齊系國家的文獻，這無疑是對楚簡的文本來源，有著啟發的作用。

簡介至此，可知〈競〉、〈鮑〉、〈瘧〉所透露出的研究價值，相關研究的論文相當豐富，但相對來看，論文越豐富，意見也就越分歧。有鑒於此，筆者以齊國史料為主題，選擇〈競〉、〈鮑〉、〈瘧〉三篇竹書為研究範圍，盡力蒐集學者已發表的相關資料，將其說法作評斷，期望能在簡文的隸定、考釋、破讀、訓解及其所引伸的相關問題，進一步統整與釐清，為相關學者作後續研究的基礎。

第二節　研究方法與章節架構

本論文撰寫時，盡可能蒐羅學者專家的各種意見，逐一進行評斷，期望找出最適合簡文文義的說法。其次，竹簡文字的考釋，把握「以形為主」的原則，先確定字形的隸定或考釋無誤，再到破讀以及訓解的工作，最後確定該簡文義。

在字形的隸定以及考釋方面，首先根據楚系竹簡的字形寫法，如曾侯乙墓竹簡、包山楚簡、望山楚簡、信陽楚簡、郭店楚簡、九店楚簡、天星觀楚簡、新蔡楚簡以及《上海博物館藏戰國楚竹書》第一冊至第六冊。例如〈瘧〉簡 10「𢼒」字，原考釋者釋作「攴」，其實應從陳偉釋作「丈」，相同寫法見於郭店簡〈六德〉簡 27，寫作「𠀕」。〔註25〕其次參考不同材質，如楚系金文、

〔註23〕郭梨華：〈〈鮑叔牙與隰朋之諫〉中有關「日食」之探究——兼論《管子》中的「禮——法」觀〉，《儒家文化研究》第一輯（北京：三聯書店，2007 年），頁 378～379。李學勤：〈試釋楚簡《鮑叔牙與隰朋之諫》〉，《文物》2006 年第九期，頁 94。

〔註24〕沈培：《《上博六·競公瘧》「正」字小議〉，武漢大學《簡帛網》，2007/07/31。

〔註25〕請參閱本論文第五章第三節第九小節。

璽印、貨幣，例如「⿱今」字應從季旭昇師釋作「宛」，原因在於「宀」旁之下有加一橫畫爲飾筆的情況，如「集」字作「⿱」（楚王酓忎鼎《集成》02795）、「⿱」（楚王酓延鼎《集成》02623）。〔註26〕假使上述材料皆無法印證，則再運用同爲戰國時期的他系文字爲旁證，如〈瘧〉簡9「⿱」字應釋作「祟」，與睡虎地秦簡〈日書乙篇〉簡216「業」字寫法近似。〔註27〕

在文字的破讀方面，主要根據傳世文獻或出土文獻有無通假的例證。若無例證，則根據聲紐及韻部的遠近關係，進而決定該字能否破讀爲另一字，例如「迥」字從「句」聲，「句」爲見紐侯部，可通假爲溪紐幽部的「考」。〔註28〕

在文字的訓解方面，主要以讀通簡文內容以及對照相關傳世文獻的記載爲優先考量，例如〈瘧〉簡10「外寵之臣，出矯於里」的「矯」應訓作「詐」，其義與《左傳・昭公二十年》：「內寵之妾，肆奪於市；外寵之臣，僭令於鄙」之「僭」相同。〔註29〕

在章節架構的安排上，本論文主要分爲六章，簡述內容如下：

第一章爲緒論，首先說明上博楚簡的研究現況，其次說明本文的研究動機、研究範圍、研究方法以及章節架構。

第二章爲簡冊的復原與編聯。此章主要安排〈競〉、〈鮑〉、〈瘧〉的竹簡順序。全章共分三節，第一節由形制、內容、辭例、書體風格等多方面探討，認爲〈競〉、〈鮑〉兩篇應合併爲一篇，之後進行竹簡順序安排，並以簡文所述內容的主題爲據，劃分成若干意群組。第二節首先敘述〈瘧〉篇的竹簡形制，其次安排竹簡順序，以簡文所述內容的主題爲據，劃分成若干意群組。第三節爲〈競〉、〈鮑〉、〈瘧〉三篇竹書的全文釋文以及語譯。

第三章爲〈鮑叔牙與隰朋之諫〉考釋（上）。根據第二章所劃分的意群組，進行深入的考辨工作。此章共分四節，小節標題臚列筆者考釋的結論。第一節爲「齊國與桓公皆有災難」組，描述齊國境內發生日蝕，爲異常天象，鮑叔牙認爲對齊國以及齊桓公會有災難。第二節爲「鮑叔牙與隰朋以古史諫桓公」組，描述鮑叔牙與隰朋藉由殷高宗故事來進諫齊桓公。第三節爲「鮑叔牙與隰朋言齊國弊端」組，描述鮑叔牙與隰朋指出齊桓公擁華孟子驅馳於倪市、驅逐於田獵，沒有節制、任命豎刁、易牙爲相等弊端。第四節爲「豎刁、

〔註26〕此說爲趙平安的意見，請參閱本論文第三章第三節第十小節。
〔註27〕請參閱本論文第五章第三節第一小節。
〔註28〕請參閱本論文第四章第三節第二小節。
〔註29〕請參閱本論文第五章第三節第六小節。

易牙爲人處世」組，描述豎刁、易牙的爲人處世，鮑叔牙與隰朋諫言齊桓公
要有所提防。

第四章爲〈鮑叔牙與隰朋之諫〉考釋（下）。體例與第三章同，共分四節。
第一節爲「齊桓公聽從諫言親身祭祀」組，描述齊桓公聽信鮑叔牙的諫言，
親自以身體爲祭品舉行祭祀，並要求各項禮儀。第二節爲「齊桓公施行利民
政策」組，描述齊桓公祭祀完畢之後，針對鮑叔牙所提的意見，公布刑罰、
賦稅、勞役的政策，減輕人民負擔。第三節爲「齊桓公訓示百官」組，描述
齊桓公訓示百官，要記取夏人、殷人、周人的教訓，並將要加強考核百官的
行爲。第四節爲「齊國與桓公皆免於災難」組，描述齊桓公聽從鮑叔牙與隰
朋的諫言之後，當年的天災、兵災以及桓公的疾病，皆獲得免除。

第五章爲〈競公瘧〉考釋。體例與第三章同，共分四節。第一節爲「齊
景公欲殺祝史」組，描述齊景公因久病不癒，高張與國夏向齊景公諫言，要
殺掉祝固與史嚻來謝罪。第二節爲「晏子勸諫齊景公」組，描述晏嬰向齊景
公提出諫言，最後提出改善的政策。第三節爲「晏子言齊景公任人缺失」組，
描述晏嬰指出齊景公罷黜有勇之人，厭惡有賢之人，寵信會譴與梁丘據，引
起齊國人民詛咒國君。第四節爲「齊景公聽信諫言且病癒」組，描述齊景公
聽信晏嬰的諫言，並請晏嬰重新主持祭祀與貞卜，齊景公的病情得以痊癒。

第六章爲上博楚簡所見齊國史料的學術價值。此章論述的重點有四：其
一，補充傳世文獻所見齊國史料的不足。其二，觀察傳世文獻所見齊國史料
的異文。其三，了解楚簡所見齊國史料交納的情況。其四，啓發楚簡所據文
本來源爭議的思路。

第二章　簡冊的復原與編聯

第一節　〈競建內之〉與〈鮑叔牙與隰朋之諫〉的復原與編聯

一、〈競建內之〉宜併入〈鮑叔牙與隰朋之諫〉合為一篇

　　〈競〉篇和〈鮑〉篇的關係，原整理者陳佩芬認為二者內容不同，文句也無法相聯，應當各自成篇。〔註1〕在此之後，陳劍、郭永秉、李學勤、季旭昇師、李守奎等多位學者提出相反意見，認為兩篇簡文應當合併為一篇。〔註2〕筆者以為後說比較可信。

　　首先，從竹簡形制考慮，其形制規格如下：〔註3〕

　〔註1〕陳佩芬：《上海博物館藏戰國楚竹書（五）・競建內之釋文》（上海：上海古籍出版社，2005年），頁165。

　〔註2〕陳劍：〈談談《上博（五）》的竹簡分篇、拼合與編聯問題〉，武漢大學《簡帛網》，2006/02/19。郭永秉：〈關於《競建》和《鮑叔牙》的字體問題〉，武漢大學《簡帛網》，2006/03/05。李學勤：〈試釋楚簡《鮑叔牙與隰朋之諫》〉，《文物》2006年第九期，頁90。季旭昇師：〈《上博五・鮑叔牙與隰朋之諫》試讀〉，《楚地簡帛思想研究（三）》（武漢：湖北教育出版社，2007年），頁11。李守奎：〈《鮑叔牙與隰朋之諫》補釋〉，《楚地簡帛思想研究（三）》（武漢：湖北教育出版社，2007年），頁27。

　〔註3〕陳佩芬：《上海博物館藏戰國楚竹書（五）・競建內之釋文》（上海：上海古籍出版社，2005年），頁165。陳佩芬：《上海博物館藏戰國楚竹書（五）・鮑叔牙與隰朋之諫釋文》（上海：上海古籍出版社，2005年），頁181。

形　制　＼　簡　文	競建內之	鮑叔牙與隰朋之諫
竹簡長度	42.8 釐米至 43.3 釐米	40.4 釐米至 43.2 釐米
編　線	三　道	三　道
契　口	右　側	右　側
上契至頂端	1.8 釐米	1.8 釐米
上契口至中契口	19.5 釐米至 19.8 釐米	19.5 釐米至 19.9 釐米
中契口至下契口	19.6 釐米至 19.9 釐米	19.6 釐米至 19.9 釐米
下契口至尾端	1.8 釐米	1.8 釐米
天頭與地腳	留　白	留　白
書寫狀況	滿簡書寫於竹黃面	滿簡書寫於竹黃面

竹簡長度有時會因析治過程而略有出入，除此之外，其餘各項特徵皆相差無幾。由此可見，把這兩篇合併為一篇，在竹簡形制上具有一定的合理性。

其次，兩篇簡文性質都是歷史資料，內容都記載鮑叔牙、隰朋與齊桓公之間的對話，應當有合併的可能性存在，但關鍵在於應由哪二支竹簡聯繫，合併後是否可以通讀無礙。

陳劍率先指出，合併處為〈競〉簡 10 與〈鮑〉簡 4，並指出：

> 從書寫風格來看，《鮑叔牙》篇大多數簡上的文字筆畫較細，與《競建》篇頗有不同。這大概是將兩篇合為一篇的最大障礙。但可注意的是，恰好是兩篇相連處的《鮑叔牙》篇的簡 4 比較特別。此簡文字明顯近於《競建》篇，而跟《鮑叔牙》篇簡 2 等那類筆畫很細的書體也有明顯不同。如果承認《鮑叔牙》篇的簡 4 可以歸入《競建》篇，那麼接下來的編聯和兩篇合為一篇就是順理成章的事了。〔註4〕

李學勤與李守奎皆從陳劍之說，但特別指出這兩篇簡文的書體風格有別，抄寫者可能不是同一人。〔註5〕褘健聰認為〈競〉簡 2、7、8 某些字之書體風格與〈鮑〉篇的書體風格相合，似乎是〈競〉篇原本的字形漫滅之後，再填補

〔註4〕陳劍：〈談談《上博（五）》的竹簡分篇、拼合與編聯問題〉，武漢大學《簡帛網》，2006/02/19。

〔註5〕李學勤：〈試釋楚簡《鮑叔牙與隰朋之諫》〉，《文物》2006 年第九期，頁 90。
李守奎：〈《鮑叔牙與隰朋之諫》補釋〉，《楚地簡帛思想研究（三）》（武漢：湖北教育出版社，2007 年），頁 27。

使之完整。〔註6〕郭永秉則更明確指出〈競〉簡 2 的「僕」與「宗」字、簡 7 的「則」字、簡 8 的「公曰吾不知其爲不善也今內之」諸字以及簡 8 至簡 9 的「不勑」，很容易與其他字體區別開來，也就是在〈競〉篇中有兩種不同風格的字體。〔註7〕

　　這兩篇簡文合併處的辭例爲「蓍而燊之」，可從兩方面探討：（一）從語法看，「蓍而燊之」的「之」爲代詞，作爲賓語，用來指代前述〈競〉簡 9 的「公」。文獻中有「A 而 B 之」的辭例，例如《論語・學而》：「學而時習之，不亦悅乎」，此處「之」是指前述「學習的內容」；《論語・公治長》：「晏平仲善與人交，久而敬之」，此處「之」用來代替「晏平仲」。楚簡中亦有相同辭例，如《上博一・緇》簡 19：「齊而守之」、「齊而罩之」、「陞而行之」，此處的「之」各指前述「多聞」、「多志」以及「精知」。（二）從文義看，〈鮑〉簡 4 內容是齊國遭受重大傷害的狀況，假使能解釋此狀況爲何發生，文義表達會更加完整。〈競〉簡 10 的內容是隰朋與鮑叔牙指出齊桓公不知節制，且任用易牙與豎刁爲宰相之弊害，若與〈鮑〉簡 4 合併，可以解釋其狀況發生的原因。兩簡合併後，前後文義通讀無礙，並無互相抵觸的地方。因此，〈競〉簡 10 與〈鮑〉簡 4 的合併，不管是語法或文義方面都是相當合理。

　　針對字體風格問題，首先要仔細查閱在〈競〉篇中，是否有兩種字體風格互相摻雜的現象，宜舉相同的例字來做對照：

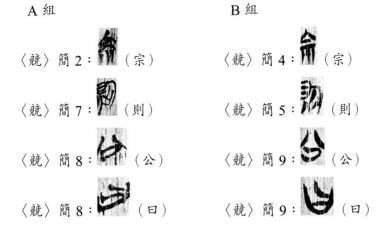

A 組	B 組
〈競〉簡 2：（宗）	〈競〉簡 4：（宗）
〈競〉簡 7：（則）	〈競〉簡 5：（則）
〈競〉簡 8：（公）	〈競〉簡 9：（公）
〈競〉簡 8：（曰）	〈競〉簡 9：（曰）

〔註 6〕禤健聰：〈上博楚簡（五）零札（一）〉，武漢大學《簡帛網》，2006/02/24。
〔註 7〕郭永秉：〈關於《競建》和《鮑叔牙》的字體問題〉，武漢大學《簡帛網》，2006/03/05。

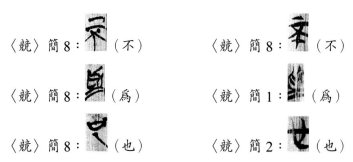

〈競〉簡8：（不）　　　〈競〉簡8：（不）

〈競〉簡8：（爲）　　　〈競〉簡1：（爲）

〈競〉簡8：（也）　　　〈競〉簡2：（也）

如此，我們可以發現，A組筆劃較細，B組筆劃較粗，A、B兩組字形運筆風格亦不盡相同，可知在〈競〉篇中的確有兩種風格的字體互相摻雜。

　　其次，要與〈鮑〉篇的字形做對照，看此篇的字體與〈競〉篇那類筆劃較細字體的風格是否相近。假使兩者的風格相同，那麼這兩篇簡文合併的可能性自然得以提升。茲以相同簡文爲例：

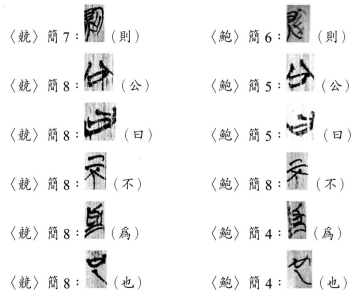

〈競〉簡7：（則）　　　〈鮑〉簡6：（則）

〈競〉簡8：（公）　　　〈鮑〉簡5：（公）

〈競〉簡8：（曰）　　　〈鮑〉簡5：（曰）

〈競〉簡8：（不）　　　〈鮑〉簡8：（不）

〈競〉簡8：（爲）　　　〈鮑〉簡4：（爲）

〈競〉簡8：（也）　　　〈鮑〉簡4：（也）

經過以上的對照，在〈競〉篇中確實有如〈鮑〉篇中那類筆畫較細的文字，因此兩篇合併爲一篇是可行的。

　　郭永秉將上述現象，解釋爲由第二位書手校對筆削，然後接著抄〈鮑〉篇，並指出：

> 簡2的「宗」字、簡7的「則」字簡8的「公曰吾不知其爲不善也今內之」諸字經刮削改寫的痕跡卻又不是非常明顯。我們注意到陳佩芬先生指出《鮑叔牙》篇題簡9也是「利用原已使用過的竹簡，將原文刮去」的。但無論從正文的圖版還是放大的圖版看，如果不

經整理者提示，大概誰都發現不了這種情況。這說明《競建》一篇

不同的字體確實也有可能是經過刮削後重新書寫上去的。〔註8〕

筆者認爲此說可能性並不能完全排除。首先，在〈鮑〉篇中，的確看不到〈競〉篇那類筆劃較粗的字，因此有可能是由第二位書手校訂與續抄。況且〈競〉簡 2 的「使」字顯然有削改過的痕跡，而其書體風格正與〈鮑〉篇相同。其次，誠如郭氏所說，若沒有整理者提醒，的確無法發現〈鮑〉簡 9 的竹簡情況，故未經削改之字，極有可能是之後所補全。

但如果要把此兩篇合併爲一篇，還需要去證明的是：在同一支竹簡上或者是同一組簡文中，有沒有確實是由兩個書手共同抄寫的例證？在包山簡中，一組文書由幾個人寫成的例子很多。〔註9〕例如文書簡 153 與簡 154 的文義可以連貫，其中簡 153 的「君」寫作「𠁁」、「疆」字寫作「𤰒」，可見兩字筆劃較細；簡 154 的「君」寫作「𠁁」、「疆」字寫作「𤰒」，亦可見兩字筆劃較粗，明顯是由兩位書手書寫，呈現出兩種不同的書體風格。〔註10〕在葛陵簡的卜筮祭禱簡中，同樣是記錄「小臣成」卜筮祭禱情況的甲三簡 61 與乙四簡 70，其中辭例同樣是「敢用……」，甲三簡寫作「𢾷用」，筆劃較細；乙四簡寫作「𢾷用」，筆劃較粗，明顯也是由兩位書手書寫，書體風格截然不同。〔註11〕而《上博三·周》簡 37 與簡 49 寫法也與其他簡不同，筆劃較粗，尤其是「六」、「吉」等字。〔註12〕在漢簡方面，武威漢簡的《儀禮甲本·少牢》是由兩位書手合力抄寫完成；《有司》則是由三位書手抄寫完成。〔註13〕有了以上的例證，則〈競〉與〈鮑〉兩篇簡文合併爲一篇是可行的。

經由以上的探討之後，從形制看，兩篇簡文的形制相差無幾；從內容性質看，兩篇簡文都是歷史資料，內容是隰朋、鮑叔牙以及齊桓公之間的對話；從辭例與文義上，兩篇簡文合併後通讀無礙；從書體風格上，在〈競〉篇中

〔註 8〕陳佩芬：《上海博物館藏戰國楚竹書（五）·鮑叔牙與隰朋之諫釋文》（上海：上海古籍出版社，2005 年），頁 191。

〔註 9〕李守奎：〈《鮑叔牙與隰朋之諫》補釋〉，《新出楚簡國際學術研討會會議論文集（上博簡卷）》，2006 年 6 月 26～28 日，頁 25。

〔註10〕湖北省荊沙鐵路考古隊：《包山楚墓》（北京：文物出版社，1991 年），圖版一六○。

〔註11〕河南省文物考古所：《新蔡葛陵楚墓》（鄭州：大象出版社，2003 年），彩版四十八。

〔註12〕蘇建洲師：〈《上博（五）楚竹書》補說〉，武漢大學《簡帛網》，2006/02/23。

〔註13〕張顯成：《簡帛文獻學通論》（北京：中華書局，2004 年），頁 124。

卻有〈鮑〉篇的書體風格，顯然是同樣兩個書手合力抄寫，基於以上原因，筆者認爲這兩篇簡文可以合併，〈競〉簡10應接〈鮑〉簡4。

二、〈鮑叔牙與隰朋之諫〉的編聯次第及分組

〈競〉與〈鮑〉二篇竹書，筆者贊成將之合爲一篇。主張此說的學者，對於竹簡順序的安排意見不一，茲將各家說法臚列如下：

簡號順序	陳佩芬〔註14〕	季旭昇師1〔註15〕	陳　劍〔註16〕	林志鵬〔註17〕	季旭昇師2〔註18〕	李守奎〔註19〕	李學勤〔註20〕
1	競1	鮑9	競1	競1	競1	競1	競1
2	競2	鮑4	競5	競2	競5	競5	競5
3	競3	鮑5	競6	競7	競6	競6	競6
4	競4	鮑6	競2	競4	競2	競2	競2
5	競5	鮑7	競7	競8	競7	競7	競3
6	競6	鮑3	競4	競9	競4	競4	競4
7	競7	鮑1	競3	競10	競3	競3	競8
8	競8	鮑2	競8	競5	競8	競8	競9
9	競9	鮑8	競9	競6	競9	競9	競10
10	競10		競10	競3	競10	競10	鮑4
11	鮑1		鮑4		鮑4	鮑4	鮑5

〔註14〕《競建內之》簡4與簡5、簡6與簡7不連讀；《鮑叔牙與隰朋之諫》簡2與簡3、簡7與簡8不連讀，其餘各簡皆連讀。陳佩芬：《上海博物館藏戰國楚竹書（五）‧競建內之釋文》（上海：上海古籍出版社，2005年），頁166～177。陳佩芬：《上海博物館藏戰國楚竹書（五）‧鮑叔牙與隰朋之諫釋文》（上海：上海古籍出版社，2005年），頁182～191。

〔註15〕簡4至簡7、簡1與簡2連讀，其餘各簡不連讀。季旭昇師：〈上博五芻議（上）〉，武漢大學《簡帛網》，2006/02/18。

〔註16〕陳劍：〈談談《上博（五）》的竹簡分篇、拼合與編聯問題〉，武漢大學《簡帛網》，2006/02/19。

〔註17〕林志鵬：〈上博楚竹書《競建內之》重編新解〉，武漢大學《簡帛網》，2006/02/25。

〔註18〕季旭昇師：〈《上博五‧鮑叔牙與隰朋之諫》試讀〉，《楚地簡帛思想研究（三）》（武漢：湖北教育出版社，2007年），頁13～23。

〔註19〕李守奎：〈《鮑叔牙與隰朋之諫》補釋〉，《楚地簡帛思想研究（三）》（武漢：湖北教育出版社，2007年），頁28～29。

〔註20〕李學勤：〈試釋楚簡《鮑叔牙與隰朋之諫》〉，《文物》2006年第九期，頁90。

12	鮑 2		鮑 5		鮑 5	鮑 5	鮑 6
13	鮑 3		鮑 6		鮑 6	鮑 6	鮑 7
14	鮑 4		鮑 7		鮑 7	鮑 7	鮑 3
15	鮑 5		鮑 3		鮑 3	鮑 3	鮑 1
16	鮑 6		鮑 1		鮑 1	鮑 1	鮑 2
17	鮑 7		鮑 2		鮑 2	鮑 2	鮑 8
18	鮑 8		鮑 8		鮑 8	鮑 8	鮑 9
19	鮑 9		鮑 9		鮑 9	鮑 9	

　　陳劍、季旭昇師、李守奎與李學勤四位學者，皆同意〈競〉簡 5 之前有缺簡。從內容來看，簡 5 的「鮑叔牙答曰」之前有「言曰多」，而〈競〉簡 1 句末有「……曰爲齊」，依據前後文義來判斷，有可能是某個人與鮑叔牙對話之後，鮑叔牙接著回應，而這個人有可能就是齊桓公，但因簡文遺漏，無法得知其內容。

　　李學勤認爲〈競〉簡 7 的內容難與其它簡連接，並且〈競〉簡 4 與簡 8 之間也有缺簡。但從內容來看，筆者以爲簡 7 還是可以與其它簡相接，如陳劍的編聯「簡 2＋簡 7」所云「祖己會曰：『昔先君客王，天不見禹……』」，可對照《尚書・高宗肜日》：「高宗肜日，越有雊雉。祖己曰：『惟先格王，正厥事』」。〔註21〕《尚書・高宗肜日序》：「高宗祭成湯，有飛雉升鼎耳而雊，祖己訓諸王，作《高宗肜日》、《高宗之訓》」。簡 2 句末的辭例爲「昔先君……」，簡 7 句首爲「客王……」，與《尚書・高宗肜日》的辭例一樣，並且簡 2 也出現「高宗」、「祖己」、「雊雉」等詞，所描述的也是高宗祭成湯的史事，更可佐證簡 2 與簡 7 可以連讀。

　　此外，確定了簡 2 與簡 7 可以連讀，則李氏所說簡 4 與簡 8 之間有缺簡的問題也可以解決。簡 3 云「既祭之後，修先王之法……」，高宗祭祀之後必須修明先王之法，簡 4 云「既祭焉，命行先王之法……」，高宗祭祀後果眞下令修先王之法，因此簡 3 應該接於簡 4 之後，與簡 2、簡 7 同爲高宗祭祀的史事，應該連讀爲「簡 2＋簡 7＋簡 4＋簡 3」。「簡 2＋簡 7＋簡 4＋簡 3」的內容，是鮑叔牙與隰朋引《高宗肜日》的史事來向齊桓公進諫，目的在於勸諫

〔註21〕陳劍：〈談談《上博（五）》的竹簡分篇、拼合與編聯問題〉，武漢大學《簡帛網》，2006/02/19。

齊桓公要如高宗一樣，採納祖己的勸諫避免災害，而簡 8 的內容是，齊桓公知道自己治國無方，於是鮑叔牙與隰朋在簡 9 與簡 10 中進一步指出其中弊害。因此，此段簡文筆者認爲可以連讀爲「簡 2＋簡 7＋簡 4＋簡 3＋簡 8＋簡 9＋簡 10」。

　　林志鵬將〈競〉簡 1 與簡 2 連讀、簡 4 與簡 8 連讀、簡 5 前有缺簡，而把簡 3 置於篇末。筆者以爲此說似有可商之處：首先，簡 4 與簡 8 連讀的原因在於認定簡 3「不出三年，◻人之懷者七百」發生於齊桓公在位期間，而非高宗武丁之事，又引《史記・蘇秦列傳》、司馬貞《史記索隱》、張守節《史記正義》等典籍佐證，認爲簡 3 不能接在簡 4 後面，而要改置於篇末，並在簡末補上「里」字。〔註 22〕其中最強的證據應爲司馬貞《史記索隱》釋「北方夷七百里」云：「謂山戎、夷狄附齊者」，據此可知「夷七百里」的「夷」包括山戎與狄，而簡 3 的「狄人」恐怕不能等同於「夷」，故簡 3 所述是否發生於齊桓公在位期間，似有可商之處。

　　其次，林志鵬在簡 3「不出三年，狄人之附者七百」句末補上「里」字，又引《說苑》以及向宗魯《說苑校證》來證明「里」字可省。但從簡文的內證來看，簡 4「里含此祭之夏福者也……」開頭即有「里」字，假使簡 3 後面一定要接「里」字，可以直接與簡 4 連讀，不用句末再補上「里」字。此外，關於「七百里」一詞，林氏還引向宗魯之說作爲佐證。《說苑》卷十七：「楚昭王召孔子，將使執政而封以書社七百」，向宗魯《說苑校證》云：「古者二十五家爲里，里各立社。云『書社七百』，故『里』字可省」。在《說苑》中原本應爲「書社七百里」，因「里」中常置「社」，「里」與「社」詞義相通，故此句可省略爲「書社七百」。但簡 3「狄人之附者七百」，並無與「里」詞義相通的字，故不可將「里」字省略。假使我們退一步設想，認同林氏的說法，把簡 3 置於篇末並且補上「里」字，由於〈競〉與〈鮑〉本爲同一篇文章，如此一來，〈競〉簡 3 將無法與〈鮑〉篇任何一支簡連讀。

　　再其次，簡 1 與簡 2 連讀的文辭爲：鮑叔牙答曰：「星使子曰：『爲齊舉』」。「子」爲齊桓公，即桓公應爲齊國舉善遷過。但是從簡文內證來看，凡是齊桓公說的話，皆用「公曰」，如簡 5、簡 6 以及簡 8，未見有「子曰」。況且，

<hr />

〔註 22〕林志鵬贊同陳劍、李天虹之說，主張「◻」讀爲「狄」、「懷」讀爲「附」。請參閱陳劍：〈談談《上博（五）》的竹簡分篇、拼合與編聯問題〉，武漢大學《簡帛網》，2006/02/19。李天虹：〈上博五《競》、《鮑》篇校讀四則〉，武漢大學《簡帛網》，2006/02/19。（筆者按：「競」原作「竟」，以下不再註明）。

鮑叔牙稱齊桓公為「子」也頗為奇怪。一般說來，「子」是對男子的美稱，如「孔子」、「孟子」，但在君臣之間，作臣下的不會稱君王為「子」。因此，「子」既然不代指齊桓公，假使與簡 2 連讀，文義未安。

　　至於〈競〉簡 1 該與何簡連讀？筆者的看法是簡 1 後有缺簡，之後在接上簡 5，簡 5 與簡 6 連讀，再與簡 2 連讀，而前面已說過「簡 2＋簡 7＋簡 4＋簡 3＋簡 8＋簡 9＋簡 10」為一組，則〈競〉篇的簡文排序為：

　　　　簡 1－缺簡－簡 5＋簡 6＋簡 2＋簡 7＋簡 4＋簡 3＋簡 8＋簡 9＋簡 10

如此，結構上會形成一問一答的形式，如簡 1「公問二夫」，接著鮑叔牙答；簡 1 末「曰為齊？」，接著簡 5 鮑叔牙回答；簡 5「公曰」，接著鮑叔牙又回答；簡 6「公曰」，接著簡 2 鮑叔牙與隰朋一起回答：「群臣之罪也……」；簡 8「公曰」，接著簡 9 鮑叔牙與隰朋一起回答。全篇文義亦可讀通：發生奇特的天象，齊桓公問鮑叔牙與隰朋，此現象會不會導致齊國發生災害？到底是什麼原因造成災害？應該如何解決？於是鮑叔牙與隰朋藉機進諫，引用高宗武丁的史事，目的在於勸諫齊桓公，採納諫言，避免災害。齊桓公也知道自己治理國家做得不好，於是鮑叔牙與隰朋見機不可失，更進一步指出齊桓公治理國家的弊害。

　　〈鮑〉篇的簡文排序較無異議。內容是順著〈競〉篇的文義而來，〈競〉簡 10 至〈鮑〉簡 6 前段，都是鮑叔牙與隰朋指出齊桓公治理國家的弊害，包括齊桓公自認治國無方，以及任用易牙與豎刁為宰相。之後齊桓公採納諫言，舉行祭祀以及施行多項德政，並且自我反省，最終齊國的災害得以免除。

　　〈鮑〉簡 8 最後有墨鉤，類似墨鉤也見於《上博一・性》簡 40 末、《郭店・老子甲》簡 39，皆表示全文結束，故〈鮑〉簡 9「鮑叔牙與隰朋之諫」，應當是全篇篇題。而篇題在後的格式，在簡牘的形制上相當常見，例如馬王堆漢墓帛書中的《經法》、《經》、《稱》以及《道原》，其篇題均寫在內文之後。〔註23〕至此，〈競〉與〈鮑〉的竹簡編聯，筆者同意陳劍、季旭昇師以及李守奎的意見，即簡 9 為全篇篇題，其竹簡排序為：

　　〈競〉簡 1－缺簡－簡 5＋簡 6＋簡 2＋簡 7＋簡 4＋簡 3＋簡 8＋簡 9
　　　　＋簡 10

〔註23〕馬王堆帛書《十大經》的釋讀，爭議頗多，筆者採取林清源師的意見，「十大」是末章章題，「經」則是全篇篇題。林清源：《簡牘帛書標題格式研究》（臺北：藝文印書館，2004 年），頁 153～184。

〈鮑〉簡 4＋簡 5＋簡 6＋簡 7＋簡 3＋簡 1＋簡 2＋簡 8

確定竹簡順序之後，筆者以文義爲基準，將之分作八個意群組，即爲「齊國與桓公皆有災難」組、「鮑叔牙與隰朋以古史諫桓公」組、「鮑叔牙與隰朋言齊國弊端」組、「豎刁、易牙爲人處世」組、「齊桓公聽從諫言親身祭祀」組、「齊桓公施行利民政策」組、「齊桓公訓示百官」組、「齊國與桓公皆免於災難」組。

第二節　〈競公瘧〉的編聯

一、竹簡形制

根據整理者濮茅左所述，本簡冊在流傳過程中被折成上、中、下三段，目前僅見上、中二段殘簡，能綴合者十例，分別爲簡一、二、三、四、七、八、九、十、十二、十三，其形制如下：〔註24〕

形制＼簡文	競公瘧
竹簡長度	55 釐米
編　線	三　道
契　口	右　側
上契至頂端	8.4 釐米
上契口至中契口	19 釐米
中契口至下契口	19 釐米
下契口至尾端	8.4 釐米
書寫狀況	滿簡書寫於竹黃面

此外，下段殘簡約十五釐米左右，篇題位於第二簡上段背部。

二、簡冊編聯次第及分組

此篇簡冊下段簡文殘缺，無法準確連讀，因此各家對於竹簡的順序安排不一，茲將各家說法臚列如下：

〔註24〕濮茅左：《上海博物館藏戰國楚竹書（六）·競公瘧釋文》（上海：上海古籍出版社，2007 年），頁 159。下文所引資料，皆從此註解，不再註明。

順序＼簡號	濮茅左〔註25〕	何有祖1〔註26〕	何有祖2〔註27〕	梁　靜〔註28〕
1	簡 1	簡 1	簡 1	簡 1
2	簡 2	簡 2	簡 2	簡 2
3	簡 3	簡 3	簡 3	簡 3
4	簡 4	簡 4	簡 4	簡 4
5	簡 5	簡 7	簡 5	簡 5
6	簡 6	簡 6	簡 8	簡 6
7	簡 7	簡 8	簡 10	簡 11
8	簡 8	簡 9	簡 9	簡 7
9	簡 9	簡 5	簡 11	簡 8
10	簡 10	簡 10	簡 7	簡 9
11	簡 11		簡 6	簡 10
12	簡 12	簡 12	簡 12	簡 12
13	簡 13	簡 13	簡 13	簡 13

　　首先要指出的是，何氏有二說，筆者只處理較晚出的後說。因此，何有祖後說與梁靜二說的差異在於簡 6、7、8、9、10、11 的排序問題。

　　簡 5 所述內容為晏子勸諫齊景公，說明君主德行對治理國家有何影響，雖然簡 6、簡 8 所述內容同樣是晏子勸諫齊景公之言，但只有簡 6 內容與君主德行相關，而簡 8 則是提出政策的具體作法，可知簡 6 要接於簡 5 之後。

　　簡 11、簡 7 的內容，與簡 6 的性質相同，但簡 6 敘述齊景公「貪昏苛慝」，進而影響簡 11 的左右臣子「蓋比死偷為樂乎？故死期將至，何仁……」〔註29〕，故筆者認為簡 11 應接於簡 6 之後，再接簡 7，而簡 8 置於最後，原因在於簡 5、6、11 與 7 皆為同一性質，簡 8 是提出政策來改善。如此安排簡序，與《晏子春秋》、《左傳》所載史料相合。

〔註25〕濮茅左：《上海博物館藏戰國楚竹書（六）・競公瘧釋文》（上海：上海古籍出版社，2007 年），頁 162〜189。

〔註26〕何有祖：〈讀《上博六》札記〉，武漢大學《簡帛網》，2007/07/09。此說認為簡 11 與全篇無關，故將其分離。

〔註27〕何有祖：〈上博六《景公瘧》初探〉，武漢大學《簡帛網》，2007/07/11。

〔註28〕梁靜：〈《景公瘧》與《晏子春秋》的對比研究〉，武漢大學《簡帛網》，2007/07/28。

〔註29〕請參閱本論文第五章第二節第八小節。

　　簡 9、簡 10 的編排順序，何有祖與梁靜的意見正好相反。由文義觀之，簡 9 所述內容為晏子利用鬼神的力量勸諫齊景公，暗示政治上的缺失，引出下文「今內寵有會讎，外亦有梁丘據營誣」〔註30〕，造成簡 10 所述人民怨聲載道，「是皆貧苦，約弱疾，夫婦皆詛」〔註31〕，故筆者認為簡 9 後應接簡 10。

　　附帶一提，李天虹懷疑簡 6、11、10 當連讀，且進一步以竹簡形制考慮，認為簡 6 與 11 可以綴合。〔註32〕但梁靜對綴合之說提出反駁，認為此篇簡冊已斷成三段，拿任何一支竹簡的上段與任何一支的中段拼起來都是符合形制的，故李天虹之說尚無確鑿證據。〔註33〕梁靜反駁有理，故筆者對此綴合之說持保留態度。不過，前文已述簡 11 應接於簡 6 之後，文義相當通順。至於簡 11 的內容是左右臣子將死，苟且為樂；簡 10 的內容是人民怨聲載道，祝用再多的祭品祭祀也於事無補，兩簡文義顯然並不相關。

　　討論至此，〈競公瘧〉的編聯次第如下：

　　　簡 1－簡 2－簡 3－簡 4－簡 5－簡 6－簡 11－簡 7－簡 8－簡 9－簡 10 －簡 12－簡 13

確定竹簡順序之後，筆者以文義為基準，將之分作四個意群組，即為「齊景公欲殺祝史」組、「晏子勸諫齊景公」組、「晏子言齊景公任人缺失」組、「齊景公聽信諫言且病癒」組。

第三節　簡冊釋文與語譯

一、〈鮑叔牙與隰朋之諫〉釋文與語譯

（一）釋　文

　　☐☐坴（陸）〔註34〕，級（隰）俚（朋）與鞄（鮑）君（叔）酓（牙）從。日既〔註35〕，公昏（問）二夫＝（大夫）〔註36〕：「日之飤（食）也，害

〔註30〕請參閱本論文第五章第三節第二小節、第三小節。

〔註31〕此句考釋請參閱本論文第五章第三節第八小節。

〔註32〕李天虹：〈《景公瘧》校讀二則〉，武漢大學《簡帛網》，2007/07/26。

〔註33〕梁靜：〈《景公瘧》與《晏子春秋》的對比研究〉，武漢大學《簡帛網》，2007/07/28。

〔註34〕請參閱本論文第三章第一節第一小節。

〔註35〕請參閱本論文第三章第一節第二小節。

〔註36〕請參閱本論文第三章第一節第三小節。

（曷）爲〔註37〕？」鞄（鮑）雹（叔）畜（牙）酓（答）曰：「星（晵）弁（變），子（災）」。曰：「爲齊……〔註38〕【競簡 1 正】【競建內之】〔註39〕【競簡 1 背】【缺簡】□□言日多？」〔註40〕鞄（鮑）雹（叔）畜（牙）酓（答）曰：「害牉（將）坙（來），牉（將）又（有）兵〔註41〕，又（有）悬（憂）於公身。」〔註42〕公曰：「肰（然）則可敓（說）异（歟）？」〔註43〕汲（隰）佣（朋）（答）酓曰：「公身【競簡 5】爲亡（無）道，不遷（遷）於善而敓（說）之，可虗（乎）抴（哉）〔註44〕？」公曰：「甚才（哉）！虘（吾）不潢（賴），二品（三）子━不諦（謫）忞（怒）寡（寡）人，至於吏（使）日飤（食）。」〔註45〕

　鞄（鮑）雹（叔）畜（牙）【競簡 6】與汲（隰）佣（朋）曰〔註46〕：「群臣之辠（罪）也。〔註47〕昔高宗祭，又（有）鼉（雉）尾（雊）於傿（彝）前〔註48〕，卲（召）祖已而昏（問）安（焉）〔註49〕，曰：『是可（何）也？』祖己酓（答）曰：『昔先君【競簡 2】客（格）王〔註50〕，天不見堣（害）〔註51〕，地不見察（孽）〔註52〕，則訴（祈）者（諸）愧（鬼）神曰〔註53〕：「天陞（地）盟（明）弃（棄）我矣〔註54〕！近臣不訐（諫），遠者不方（謗）〔註55〕，則攸（修）者（諸）向（鄉）【競簡 7】里。〔註56〕」含（今）此祭之昃（得）

〔註37〕請參閱本論文第三章第一節第四小節。
〔註38〕請參閱本論文第三章第一節第五小節。
〔註39〕請參閱本論文第六章第三節。
〔註40〕請參閱本論文第三章第一節第六小節。
〔註41〕請參閱本論文第三章第一節第七小節。
〔註42〕請參閱本論文第三章第一節第八小節。
〔註43〕請參閱本論文第三章第一節第九小節。
〔註44〕請參閱本論文第三章第一節第十小節。
〔註45〕請參閱本論文第三章第一節第十一小節。
〔註46〕請參閱本論文第三章第二節第一小節。
〔註47〕請參閱本論文第三章第二節第二小節。
〔註48〕請參閱本論文第三章第二節第三小節。
〔註49〕請參閱本論文第三章第二節第四小節。
〔註50〕請參閱本論文第三章第二節第五小節。
〔註51〕請參閱本論文第三章第二節第六小節。
〔註52〕請參閱本論文第三章第二節第七小節。
〔註53〕請參閱本論文第三章第二節第八小節。
〔註54〕請參閱本論文第三章第二節第九小節。
〔註55〕請參閱本論文第三章第二節第十小節。
〔註56〕請參閱本論文第三章第二節第十一小節。

福者也〔註57〕，青（請）煋（量）之以嗌（益）漗（給）〔註58〕，既祭之逡（後），安（焉）攸（修）先王之瀍（法）。〔註59〕』高宗命伇（傅）鳶（說）量之呂（以）【競簡4】祭，既祭，安（焉）命行先王之瀍（法），發古簠（慮），行古逡（作），發（廢）迉（作）者死，弗行者死。〔註60〕不出三年，鬒（逖）人之伓（附）者七百【競簡3】邦〔註61〕，此能從善而达（去）祂（禍）者。」〔註62〕

公曰：「虘（吾）不智（知）亓（其）爲不善也，含（今）內之不㠯（得）百生（姓），外之爲者（諸）矦（侯）狱（笑）〔註63〕，募（寡）人之不【競簡8】繰（肖）也〔註64〕，幾（豈）不二子之悥（憂）也才（哉）。」伋（隰）俚（朋）异（與）鞄（鮑）㟒（叔）㗊（牙）皆拜，记（起）而言曰：「公身爲亡（無）道，儝（擁）芋（華）佣（孟）子，以馳於倪【競簡9】市〔註65〕；迵（驅）逐畋（田）緘（弋），亡（無）羿（期）庀（度）〔註66〕；或（又）㠯（以）豎（豎）逊（刁）异（與）攺（易）㗊（牙）爲相〔註67〕，二人也俚（朋）堂（黨），群獸（獸）鼕（要）俚（朋），取异（與）賵（厭）公，㳥（殺）而儌（迷）【競簡10】之〔註68〕，不呂（以）邦豖（家）爲事，縱（縱）公之所欲，䠶（殘）民犣（獵）樂〔註69〕，簽（篤）逗（歡）伓（附）忈（忨）〔註70〕，皮（疲）幣（弊）齊邦，日城（盛）於縱（縱）〔註71〕，弗覝（顧）前逡（後），百【鮑簡4】眚（姓）皆宛（怨）悁〔註72〕，瀘（奄）肰（然）牕（將）堯（亡）

〔註57〕請參閱本論文第三章第二節第十二小節。
〔註58〕請參閱本論文第三章第二節第十三小節。
〔註59〕請參閱本論文第三章第二節第十四小節。
〔註60〕請參閱本論文第三章第二節第十五小節。
〔註61〕請參閱本論文第三章第二節第十六小節。
〔註62〕請參閱本論文第三章第二節第十七小節。
〔註63〕請參閱本論文第三章第三節第一小節。
〔註64〕請參閱本論文第三章第三節第二小節。
〔註65〕請參閱本論文第三章第三節第三小節。
〔註66〕請參閱本論文第三章第三節第四小節。
〔註67〕請參閱本論文第三章第三節第五小節。
〔註68〕請參閱本論文第三章第三節第六小節。
〔註69〕請參閱本論文第三章第三節第七小節。
〔註70〕請參閱本論文第三章第三節第八小節。
〔註71〕請參閱本論文第三章第三節第九小節。
〔註72〕請參閱本論文第三章第三節第十小節。

〔註73〕，公弗詰鼉（誅）〔註74〕，臣唯欲訐（諫）〔註75〕，或不旻（得）見，公沽（固）弗設（察）。〔註76〕

　　人之生品（三）：飤（食）、色、息〔註77〕，含（今）豎（豎）逜（吾），佀（匹）夫而欲【鮑簡5】智（知）蕈（萬）輮（乘）之邦，而貴（潰）尹（朘）〔註78〕，元（其）爲志（猜）也深矣〔註79〕；儇（易）鬯（牙），刀（刁）之與者，而飤（食）人〔註80〕，元（其）不爲悬（仁）厚矣，公弗惰（圖）〔註81〕，必慧（害）公身。」

　　公曰：「肤（然）則奚【鮑簡6】女（如）？」鞄（鮑）畕（叔）鬯（牙）會（答）曰：「齊邦至惡死，而走（上）秌（道）元（其）型（刑）〔註82〕；至欲飤（食），而上厚元斁（斂）；至惡何（苛），而上不旹（時）吏（使）。」〔註83〕公乃身命祭，又（有）嗣（司）祭備（服）毋（無）絞（繡）〔註84〕，【鮑簡7】器必罳（蜀）悆（潔）〔註85〕，毋內（入）錢器〔註86〕，犇（犧）生（牲）珪璧，必全女（如）者（故），伽（加）之吕（以）敬。〔註87〕

　　乃命又（有）嗣（司）箸（祚）浮，老羿（弱）不型（刑）〔註88〕；毗（敀）纆（墨）緰（短），田纆（墨）長，百糧簞（鐘）〔註89〕；命【鮑簡3】九月斂（除）迚（路），十月而徙秒（梁）城，一之日而車秒（梁）城。〔註90〕

　　乃命百又（有）嗣（司）曰：「又（有）蟗（夏）是（氏）觀（觀）元（其）

<hr/>

〔註73〕請參閱本論文第三章第三節第十一節。
〔註74〕請參閱本論文第三章第三節第十二小節。
〔註75〕請參閱本論文第三章第三節第十三小節。
〔註76〕請參閱本論文第三章第三節第十四小節。
〔註77〕請參閱本論文第三章第四節第一小節。
〔註78〕請參閱本論文第三章第四節第二小節。
〔註79〕請參閱本論文第三章第四節第三小節。
〔註80〕請參閱本論文第三章第四節第四小節。
〔註81〕請參閱本論文第三章第四節第五小節。
〔註82〕請參閱本論文第四章第一節第二小節。
〔註83〕請參閱本論文第四章第一節第二小節。
〔註84〕請參閱本論文第四章第一節第三小節。
〔註85〕請參閱本論文第四章第一節第四小節。
〔註86〕請參閱本論文第四章第一節第五小節。
〔註87〕請參閱本論文第四章第一節第六小節。
〔註88〕請參閱本論文第四章第二節第一小節。
〔註89〕請參閱本論文第四章第二節第二小節。
〔註90〕請參閱本論文第四章第二節第三小節。

容吕（以）吏（使），汲（及）亓（其）薨（亡）也，皆爲亓（其）容；醫（殷）人之所吕（以）弋（代）之，觀（觀）亓（其）容，聖（聽）亓（其）【鮑簡1】言，遷（凡）亓（其）所吕（以）薨（亡），爲亓（其）容，爲亓（其）言；周人之所吕（以）（代）之，觀（觀）亓（其）容，聖（聽）〔亓〕言，迥（考）訚（實）者吏（使），遷（凡）亓（其）所吕（以）衰薨（亡），忘其迥（考）訚（實）也，二品（三）子季（勉）之，募（寡）人牰（將）迥（考）訚（實）。〔註91〕」【鮑簡2】

是歲（歲）也，晉人戠（伐）齊，既至齊地，晉邦又（有）嬰（亂），師乃逮（歸）；霅（雨）坪（平）陞（地）至郄（膝），復〔註92〕；日旅（差）亦不爲志（災）〔註93〕；公蠱（癘）亦不爲戠（害）。〔註94〕【鮑簡8】鞄（鮑）君（叔）舀（牙）與級（隰）僅（朋）之諫【鮑簡9】

（二）語 譯

齊桓公至平陸行視，隰朋與鮑叔牙跟隨之。日全蝕，桓公問二位大夫說：「發生日全蝕，這是爲什麼呢？」鮑叔牙回答說：「日蝕變異，會帶來災害。」桓公說：「是關係到齊國……言日多？」鮑叔牙回答說：「將有災害到來，會有兵災，而且對您的身體有傷害。」桓公說：「前述災害，可以用攻說來免除嗎？」隰朋回答說：「您自己作了許多無道之事，不肯改過向善，卻要用攻說之祭來免除，可能嗎？」桓公說：「我眞是太過分了，是我不好，你們不譴責我，我的作爲使得太陽被蝕了吧！」

鮑叔牙和隰朋說：「這是我們群臣的罪過。從前殷朝的高宗舉行祭祀，有一隻雉飛到彝前，高宗徵召祖己而問說：『這是怎麼回事？』祖己回答說：『從前盤庚降臨說：「如果上天沒有降下災害，地上沒有產生災孽，那麼要向鬼神祈禱說：『天地要明顯地拋棄我們了嗎？近臣不進諫，遠方也不誹謗，那麼我們要治理鄉里。』」這時舉行祭祀會得到神的賜福，請您衡量祭祀對象所需祭品，充分供給，祭祀完畢之後，要修明先王之法。』高宗命令傅說舉行祭祀，祭祀完畢之後，下令修明先王之法，發起古代好的思慮，推行古代好的行爲，廢除古代好的作爲就得處死，不推行亦得處死。不到三年，外族之人來歸附

〔註91〕請參閱本論文第四章第三節第一小節、第二小節。
〔註92〕請參閱本論文第四章第四節第一小節。
〔註93〕請參閱本論文第四章第四節第二小節。
〔註94〕請參閱本論文第四章第四節第三小節。

者有七百邦之多。這是高宗能夠接受好的意見而去除禍害。」

桓公說：「我不知道我自己做得這麼不好，現在國內得不到百姓的心，外則被諸侯笑，我眞是不肖，這不是你們所擔憂的嗎？」隰朋和鮑叔牙皆拜了一拜，起身說：「您做了許多無道之事，擁華孟子驅馳於倪市；驅逐於田獵，不知有所節制；又以豎刁、易牙爲相，這兩人互結爲朋黨，朋比爲奸，貪取交與，以滿足您，進而混殽民情來迷惑您，使您不以國事爲意，放縱慾望，殘害人民以取樂，盡情歡樂，親附貪頑，使得國力疲弊，一天比一天放縱，不顧祖先及後世，百姓都怨恨他們，且都奄奄一息外要死亡，您卻問罪、責罰他們，大臣們雖想勸諫，卻見不到您，您竟然都沒有察覺。

人生的三件大事有：食、色、子嗣，如今豎刁是個匹夫，想掌管萬乘之邦，因而自願受宮刑，他心中的賊恨很深；易牙是豎刁的同夥，爲了討好您而把兒子煮了，他是多麼的不仁厚，您若不有所圖謀，一定會危害到您的。」

桓公說：「那我該如何處理？」鮑叔牙回答說：「齊國人民非常厭惡死亡，但上位者卻只會加重刑罰；齊國人民非常想吃飽飯，但上位者卻只會加重賦稅；齊國人民非常厭惡煩重的勞役，但上位者卻不照預定之時來役使人民。」齊桓公親自以身體爲祭品舉行祭祀，掌管祭祀的官員所著祭服樸實無華，祭祀的器具要清洗乾淨，無須眾人入錢納器，犧牲珪璧，一定要依照舊有的傳統禮制完全具備，並且要加上虔敬之心。

又命令官員明著賞罰於簡冊，但老弱民眾不用刑罰；畝之稅額取其短，田之稅額取其長，百糧鍾爲均數；九月，整修道路；十月，把行人走的河梁修繕好；十一月把車輛走的河梁修繕好。

又命令所有的官吏說：「有夏氏觀察人的外表儀容來使役，等到有夏氏滅亡，都是因爲只重視人的外表儀容；殷人用來取代夏人的的方式爲：除了觀察人的外表儀容外，還注意他的言語，而殷人所滅亡的原因，就是只注意人的外表儀容與言語；周人用來取代夏人的的方式爲：除了觀察人的外表儀容與言語外，還要考核情實來使役，而周人所滅亡的原因，就是忘記考核情實。你們勉勵吧，我將要考核情實了。」

這一年，晉人攻打齊國，已經來到齊地，但晉國內部發生亂事，晉師收兵回去；國內下了一場大雨，水深及膝，但大水及時退去；日蝕沒有造成災難；桓公的病情也沒有造成災難。【鮑叔牙與隰朋之諫】

二、〈競公瘧〉釋文與語譯

（一）釋　文

　　齊競（景）公瘧（疥）虘（且）瘧（瘧）〔註95〕，叟（逾）歲（歲）不已。割（會/裔）疾（譴/欸）與梁丘廬（據）言於公曰〔註96〕：「虘（吾）幣帛甚娓（倍）於虘（吾）先君之量矣，虘（吾）珪琛（寶）大於虘（吾）先君之度☐〔註97〕」【瘧簡1】公瘧（疥）虘（且）瘧（瘧），叟（逾）歲（歲）不已，是虘（吾）亡二（無）良祝吏（史）也。虘（吾）敓（欲）敓（誅）者（諸）祝吏（史），公豎（舉）首畬（答）之：「尙（倘）肰（然）〔註98〕，是虘（吾）所寬（望）於女（汝）也。」盍（蓋）敓（誅）之，二子粲（急），酒（將）☐【瘧簡2正】競（景）公瘧（瘧）▄【瘧簡2背】是言也，高子、國子畬（答）曰：「身爲新（親），或（又）可（何）愛安（焉）〔註99〕？是信虘（吾）亡（無）良祝吏（史），公盍敓（誅）之？」安（晏）子夕，二夫二（大夫）退，公內（入）安（晏）子而告之〔註100〕，若丌（其）告高子☐【瘧簡3】。

　　屈木爲成於宋，王命屈木昏（問）軛（范）武子之行安（焉）〔註101〕，文子畬（答）曰：「夫子吏（使）丌（其）厶（私）吏聖（聽）獄於晉邦〔註102〕，博（布）情而不腮（遁）〔註103〕，（使）丌（其）厶（私）祝吏（史）進☐」【瘧簡4】☐慍聖（聲）〔註104〕，外內不廢，可因於民者，丌（其）祝吏（史）爲丌（其）君祝敓（說）也。〔註105〕正☐ ☐【瘧簡5】忘（亡）矣，而湯清者，與貝（得）蕙（萬）福安（焉）。今君之貪惛（昏）虿（苛）匿（慝），幣（辟）韋（違）☐〔註106〕【瘧簡6】☐亓（其）左右相弘（容）自善〔註107〕，

〔註95〕請參閱本論文第五章第一節第一小節。
〔註96〕請參閱本論文第五章第一節第二小節、第三小節。
〔註97〕請參閱本論文第五章第一節第四小節。
〔註98〕請參閱本論文第五章第一節第五小節。
〔註99〕請參閱本論文第五章第一節第六小節。
〔註100〕請參閱本論文第五章第一節第七小節。
〔註101〕請參閱本論文第五章第二節第一小節。
〔註102〕請參閱本論文第五章第二節第二小節。
〔註103〕請參閱本論文第五章第二節第三小節。
〔註104〕請參閱本論文第五章第二節第四小節。
〔註105〕請參閱本論文第五章第二節第五小節。
〔註106〕請參閱本論文第五章第二節第六小節。
〔註107〕請參閱本論文第五章第二節第七小節。

曰：「盍（蓋）必（比）死愈（偷）為樂虖（乎）〔註108〕？古（故）死丌（期）牀（將）至，可（何）息（仁）☑」【瘟簡11】君祝敓（說），女（如）尃（薄）青（情）忍親虖（乎）〔註109〕，則言不聖（聽），青（情）不臒（獲）〔註110〕；女（如）川（順）言弅亞（惡）虖（乎），則忎（恐）遙（後）敔（誅）於吏（史）者，古（故）丌（其）祝吏（史）桼（制）萇耑（端）折，祝之多埚（寓）言☑〔註111〕【瘟簡7】禤（詛）為亡（無）戮（傷）▬〔註112〕，祝亦亡（無）益▬。今新（薪）登（蒸）思（使）吳（虞）守之〔註113〕；羍（澤）梁吏（使）敆守之〔註114〕；山梺（林）吏（使）奠（衡）守之，嬰（舉）邦為欽〔註115〕，約夾（挾）者（諸）關，縛纙（按）者（諸）市〔註116〕，眾☑【瘟簡8】。

　　明悳（德）觀行。勿（物）而崇者也〔註117〕，非為媺（美）玉肴生（牲）也，今內竉又（有）割（會／裔）疢（譴／欸），外〓（外亦）又（有）梁丘⺊（據）縈（營）患（詎）〔註118〕，公退武夫，亞（惡）聖人〔註119〕，番（播）涅（盈）壄（藏）菩（篤）〔註120〕，吏☑【瘟簡9】內竉之臣，迫奪于國；外竉之臣，出喬（矯）於鄁（鄙）。〔註121〕自古（姑）、蚤（尤）呂（以）西，翏（聊）、昚（攝）呂（以）東〔註122〕，丌（其）人婁（數）多已，是皆貧朏（苦）。約疒（弱）瘩（疾）〔註123〕，夫婦皆詛，一丈夫埶（執）尋之幣〔註124〕、三布之玉，唯是☑【瘟簡10】二夫可不受皇嬰（恩）▬〔註125〕，

〔註108〕請參閱本論文第五章第二節第八小節。
〔註109〕請參閱本論文第五章第二節第九小節。
〔註110〕請參閱本論文第五章第二節第十小節。
〔註111〕請參閱本論文第五章第二節第十一小節。
〔註112〕請參閱本論文第五章第二節第十二小節。
〔註113〕請參閱本論文第五章第二節第十三小節。
〔註114〕請參閱本論文第五章第二節第十四小節。
〔註115〕請參閱本論文第五章第二節第十五小節。
〔註116〕請參閱本論文第五章第二節第十六小節。
〔註117〕請參閱本論文第五章第三節第一小節。
〔註118〕請參閱本論文第五章第三節第二小節、第三小節。
〔註119〕請參閱本論文第五章第三節第四小節。
〔註120〕請參閱本論文第五章第三節第五小節。
〔註121〕請參閱本論文第五章第三節第六小節。
〔註122〕請參閱本論文第五章第三節第七小節。
〔註123〕請參閱本論文第五章第三節第八小節。
〔註124〕請參閱本論文第五章第三節第九小節。

則未夏（得）與昏（聞）。」

公劈（強）記（起），違筥（席）曰〔註126〕：「善才（哉）！虗（吾）□晏子是（實）壞（良）逪（翰）之言▂。〔註127〕也（施）祭、正（貞）不膫（獲）祟〔註128〕，呂（以）至於此，神見虗（吾）巡（徑）暴□」〔註129〕【瘧簡12】青（請）祭與正（貞）。」安（晏）子訂（辭）。公或（又）胃（謂）之，安（晏）子許若（諾）。命割（會／裔）疾（譴／欯）不敢監祭，梁丘廣（據）不敢監正（貞）。旬又五，公乃出見折（制）□〔註130〕【瘧簡13】。

（二）語　譯

齊景公的病情由小瘧致大瘧，一整年還沒有好。會譴和梁丘據向齊景公說：「我們祭祀用的幣帛數目多於祖先，璧玉幣帛數目多於祖先……」齊景公的病情由小瘧致大瘧，一整年還沒有好，是我們沒有優良的祝史。我們想殺掉祝史，景公舉起頭回答說：「倘若如此，是我所期望你們去做。」景公大概要殺掉祝史，祝固、史囂著急，將……【景公瘧】是言也。」高張、國夏答曰：「沒有任何事比您的身體還要重要，更何況我們沒有信任的祝史，您何不殺掉他們？」晏嬰晉見景公，高張、國夏退出，景公引進晏嬰，告訴晏嬰這件事，順從高張所說……。

屈木在宋國盟會時，楚王命令屈木問范會的德行如何，趙武回答說：「范會役使家臣為晉國斷獄，能夠顯露實情而不隱匿，役使家臣進……。」……含怒的聲音，國家內外都不荒廢，民心才是基本的原因，祝史為您向神祈禱是沒有用的。正……亡矣，商湯純清、公正無私，故能得萬福。如今您貪侈昏昧、暴虐邪惡，邪辟背理……您身邊的臣子，互相寬容自善，說：「快要死的人，就苟且玩樂吧！什麼是仁……」（祝史）為您向神祈禱，假如輕薄感情，捨棄親情，則所說的話不被聽從，情感不被信任；假使掩蔽惡行，則害怕被後世的史官責備，因而進退兩難，只好說些寄託的話……詛咒沒有傷害，那麼祈禱也沒有好處。役使虞去管理柴木；役使敔去管理斷水捕魚的堰；役使衡去管理山林，全國禁止濫採濫捕，不能帶出邊關，約束查驗於市集，眾……

〔註125〕請參閱本論文第五章第三節第十小節。
〔註126〕請參閱本論文第五章第四節第一小節。
〔註127〕請參閱本論文第五章第四節第二小節。
〔註128〕請參閱本論文第五章第四節第三小節。
〔註129〕請參閱本論文第五章第四節第四小節。
〔註130〕請參閱本論文第五章第四節第五小節。

彰顯道德，觀察行為。鬼神作祟，不是為了索取祭品，如今宮內寵信會譴，宮外有梁丘據迷惑欺騙，您罷黜有勇力的人、厭惡有賢德的人，顯露驕橫、隱藏篤實，吏……裡面的寵臣逼迫掠奪國家；外面的寵臣則在邊野上假託聖旨。自姑水、尤水以西，聊、攝以東，這些地方人數眾多，皆貧苦。貧困弱小的人抱怨，人民皆詛咒您，祝用豐富的帛、玉向神祈禱，唯是……祝固與史嚚可不受您的大恩，但我沒有聽聞。

景公勉強站起，離開時說：「說得好！我……你所說正是賢良該說的。施行祭祀與貞卜皆不知作祟的鬼神，直到神看見我的暴行……請你主持祭祀與貞卜。」晏嬰辭別。景公又對晏嬰說這件事，晏嬰應允。於是景公命令會譴不要主持祭祀，梁丘據不要主持貞卜。十五日之後，景公可以親自視察法令制度。

第三章 〈鮑叔牙與隰朋之諫〉考釋（上）

第一節 「齊國與桓公皆有災難」組

公□坴（陸），級（隰）俚（朋）與鞄（鮑）�（叔）舀（牙）從。日既，公昏（問）二夫＝（大夫）：「日之飤（食）也，害（曷）爲？」鞄（鮑）�（叔）舀（牙）㬉（答）曰：「星（眚）弁（變），子（災）」。曰：「爲齊……【競簡1正】【缺簡】□□言曰多？」鞄（鮑）�（叔）舀（牙）㬉（答）曰：「害牏（將）坴（來），牏（將）又（有）兵，又（有）悥（憂）於公身。」公曰：「肰（然）則可敓（說）异（歟）？」汲（隰）俚（朋）㬉（答）曰：「公身【競簡5】爲亡（無）道，不邉（遷）於善而敓（說）之，可慮（乎）掛（哉）？」公曰：「甚才（哉）！虘（吾）不㵯（賴），二品（三）子┗不諦（謫）忞（怒）募（寡）人，至於吏（使）日飤（食）。」

一、□ 坴

第一字，原簡寫作「◼◼◼」，陳佩芬釋爲「王」；第二字，原簡寫作：

陳佩芬隸定作「坴」，讀爲「逐」，訓作「追」。「王逐」意謂「王有迫然禍至之感」，其中「王」爲周莊王，並指出〈競〉簡1內容估計在周莊王死後。〔註1〕

〔註1〕陳佩芬：《上海博物館藏戰國楚竹書（五）·競建內之釋文》（上海：上海古籍出版社，2005年），頁166。

陳劍、林志鵬、張富海、李學勤、季旭昇師、李守奎等諸位，皆認爲「🔲」字應釋爲「坴」，尤其季師特別指出「🔲」字不可讀爲「逐」。〔註2〕由字形觀之，「🔲」字應隸定爲「坴」，釋爲「坴」，但「坴」爲來紐覺部，「逐」爲定紐覺部，在文獻中有互通的例證，如《說文》：「坴，讀若逐。」故「王坴」可讀爲「王逐」。

「王逐」一詞，首先，從〈競〉簡1之文義來看，假使「王」訓爲周莊王，但後文有鮑叔牙、隰朋與齊桓公的三人對話，對話內容是齊國發生日食的情況，與周莊王似無太大關聯性。其次，從史料記載來看，齊桓公在位期間，第一次發生日食在齊桓公十八年，也就是周惠王九年，此時周王室已經過莊王、僖王至惠王，距離莊王已十五年之久，則莊王怎會有「迫然禍至之感」？故陳佩芬之說可商。況且，「◼️」字只剩一筆殘劃，是否能釋爲「王」還有待斟酌。

「🔲」字前是否需要補字，陳佩芬原釋文未曾論及，但許多學者認爲應補一至二字，陳劍與季旭昇師認爲應補一個「□」符號，但未詳加說明該補何字。〔註3〕李學勤主張補一個「□」符號，並將此句補爲「公◼️坴」，意即「齊桓公行事，故隰朋與鮑叔牙從」。〔註4〕依下文「隰朋與鮑叔牙從」觀之，前後文義相當通順，可惜「◼️」字已殘，李氏對於「坴」字又無訓解，筆者不敢妄加揣測，故此說不列入討論。

李守奎亦主張補一個「□」符號，乃「◼️」字前補上「公」字，並將「◼️」字釋爲「往」，「坴」疑與祭祀有關，並指出：

〔註2〕陳劍：〈談談《上博（五）》的竹簡分篇、拼合與編聯問題〉，武漢大學《簡帛網》，2006/02/19。林志鵬：〈上博楚竹書《競建內之》重編新解〉，武漢大學《簡帛網》，2006/02/25。張富海：〈上博簡五《鮑叔牙與隰朋之諫》補釋〉，《北方論叢》2006年第四期，頁8。此文亦載於武漢大學《簡帛網》，2006/05/10。李學勤：〈試釋楚簡《鮑叔牙與隰朋之諫》〉，《文物》2006年第九期，頁91。季旭昇師：〈《上博五·鮑叔牙與隰朋之諫》試讀〉，《楚地簡帛思想研究（三）》（武漢：湖北教育出版社，2007年），頁13。李守奎：〈《鮑叔牙與隰朋之諫》補釋〉，《楚地簡帛思想研究（三）》（武漢：湖北教育出版社，2007年），頁30。

〔註3〕陳佩芬：《上海博物館藏戰國楚竹書（五）·競建內之釋文》（上海：上海古籍出版社，2005年），頁166。陳劍：〈談談《上博（五）》的竹簡分篇、拼合與編聯問題〉，武漢大學《簡帛網》，2006/02/19。季旭昇師：〈《上博五·鮑叔牙與隰朋之諫》試讀〉，《楚地簡帛思想研究（三）》（武漢：湖北教育出版社，2007年），頁13。

〔註4〕李學勤：〈試釋楚簡《鮑叔牙與隰朋之諫》〉，《文物》2006年第九期，頁91。

全文應當是桓公準備舉行某種祭祀時，逢日食。與隰朋、鮑叔牙君臣之間爲繞祭祀前出現天地之異的原因、應對方法等展開問答。最後桓公納諫，祭祀結束後，有所作爲。〔註5〕

若與簡文內容互相對照，此說似有一定的道理。問題在於僅憑一道殘餘的橫畫，實在無法確定必然爲「往」字。至於「坒」字，典籍未見訓解爲「祭祀」的證據，故此說成立的可能性不高。

陳偉則從竹簡長度看，補二個「□□」符號，並將「　」釋爲「二」，「坒」讀爲「睦」，訓爲「親近」，「二睦」一詞意謂「鮑叔牙與隰朋」，則可與〈鮑〉簡5的「親臣雖遇諫」對讀。〔註6〕首先，〈鮑〉簡五的「親」字，學者有許多不同的意見，但依筆者看法不能釋爲「親」，故「二睦」一詞無法與〈鮑〉簡五的「親臣」對讀。〔註7〕其次，「坒」讀爲「睦」，「睦」從「坒」聲，可從。但「二睦」一詞，陳氏認爲是「古人一種特殊表達方式」，但筆者查閱傳世古籍與出土文獻卻未見相關例證，故筆者不從此說。此外，陳偉以爲依竹簡長度看，「　」字之前尚缺兩個字。但筆者細審竹簡，認爲「　」字之前只能補一字。

周鳳五將「　」字認定爲「之」字殘畫，並指出「　」字近於《說文》古文「社」字之右半偏旁，寫作「坒」，並將該句簡文補爲「日有食之，社」，認爲「社」作動詞用。〔註8〕首先要指出的是，本論文前已說明「　」字只存一筆殘畫，要釋作何字都有可能成立，故「　」字是否爲「之」殘畫還有待商榷。而《說文》古文「社」字寫作「袿」，亦見於新蔡楚簡，如甲三簡250「王盧二袿，一豬、一豕」、甲三簡351「角二袿二豕」、乙四簡74「袿一朧（豢）」等等，整理者皆隸定作「袿」，讀爲「社」。〔註9〕由此可知，新蔡楚簡「社」字之右半偏旁，其形體實與〈競〉簡「　」字不同，故「　」字不是古文「社」字。再者，此句補爲「日有食之，社」，文義並不完整，原因

〔註5〕李守奎：〈《鮑叔牙與隰朋之諫》補釋〉，《楚地簡帛思想研究（三）》（武漢：湖北教育出版社，2007年），頁30。

〔註6〕陳偉：〈《競建內之》《鮑叔牙與隰朋之諫》零識〉，武漢大學《簡帛網》，2006/02/22。

〔註7〕請參閱本論文第三章第三節第十二小節。

〔註8〕周鳳五之說轉引自林志鵬：〈楚竹書《鮑叔牙與隰朋之諫》補釋〉，武漢大學《簡帛網》，2007/07/13，註解3。

〔註9〕賈連敏：〈新蔡葛陵楚墓出土竹簡釋文〉，《新蔡葛陵楚墓》（鄭州：大象出版社，2003年），頁196、200、207。

在於「社」字前缺乏主詞，不知是誰舉行祭祀。

　　林志鵬起先認同陳偉補字之說，其後轉而同意周鳳五之說，進一步將此句補爲「日食，公之社」。〔註10〕從〈競〉簡1「隰朋與鮑叔牙從」來看，此句之前有主語「公」，顯示出「公」與「隰朋與鮑叔牙從」之間的因果關係。但因「■」字不可釋爲古文「社」，且「▄▄▄」未必能釋爲「之」，故此說成立的可能性也不高。

　　吳國源根據下文「日既」，主張齊桓公舉行「救日」儀式，而隰朋與鮑叔牙跟隨在側，故此句補爲「公□坴」。〔註11〕此說有待商榷，原因在於未將「坴」字訓解以通讀簡文，且「▄▄▄」字殘缺，無法得知確切意義。

　　張富海將「坴」讀爲「陸」，爲齊國地名「平陸」，但「坴」前殘缺若干字，文義難足。〔註12〕在張富海的說法中，「坴」讀爲「陸」，爲齊國地名「平陸」，如《集成》10926「平陸戈」、11056「平陸左戟」皆爲齊器，且「平陸戈」之「陸」字寫作「■」，右旁聲符與簡文「■」同形，故此訓讀可從。但張氏未明確指出「坴」之前究竟要補上若干字，僅以「文義難足」一語帶過。

　　綜上所論，關於「▄▄▄」字考釋，筆者傾向暫不釋出；「■」字應隸爲「坴」，釋爲「坴」，可從張富海之說，讀爲「陸」，即齊國地名「平陸」，則此句可補爲「公□陸，隰朋與鮑叔牙從」。由上下文義觀之，不論「▄▄▄■」之前須補上若干字，應有主詞「公」，即齊桓公，誠如李學勤所言「齊桓公行事，故隰朋與鮑叔牙從」，故「▄▄▄」字大概有「往」、「到」之類意思。如此一來，不僅「公」與「隰朋與鮑叔牙從」兩者的因果關係明顯，且隰朋與鮑叔牙跟隨齊桓公行視「平陸」，前後文義也較完整通順。〔註13〕

二、日　既

　　「既」字，陳佩芬訓作「事畢」。〔註14〕魯家亮、林志鵬、季旭昇師、吳

〔註10〕林志鵬：〈上博楚竹書《競建內之》重編新解〉，武漢大學《簡帛網》，2006/02/25。林志鵬：〈楚竹書《鮑叔牙與隰朋之諫》補釋〉，武漢大學《簡帛網》，2007/07/13。

〔註11〕吳國源：〈《上博（五）·競建內之》「日既」考釋〉，《簡帛》第二輯（上海：上海古籍出版社，2007年），頁276。

〔註12〕張富海：〈上博簡五《鮑叔牙與隰朋之諫》補釋〉，《北方論叢》2006年第四期，頁8。此文亦載於武漢大學《簡帛網》，2006/05/10。

〔註13〕陳佩芬：《上海博物館藏戰國楚竹書（五）·競建內之釋文》（上海：上海古籍出版社，2005年），頁165。

〔註14〕陳佩芬：《上海博物館藏戰國楚竹書（五）·競建內之釋文》（上海：上海古籍

國源等人皆訓作「盡」。〔註15〕李守奎則將「既」視爲「飤」之訛，且「日」後脫一「食」字。〔註16〕李學勤雖將「既」訓爲「盡」，但「日既」之間需補上「食」。〔註17〕林志鵬則在另一篇文章指出「日既」之間似不必補字。〔註18〕

首先要指出的是，「既」字原簡作：

同簡有「飤」字作「」，雖然「皀」旁與「食」旁可以互用，但「既」字右旁從「欠」，「飤」字右旁從「人」，「欠」形與「人」形區別明顯，故「既」訛作「飤」的機率並不高，故李守奎之說不可信。其次，「既」可訓爲「盡」，如《左傳》桓公三年：「秋七月壬辰朔，日有食之，既」。注曰：「既，盡也。日全食也」。〔註19〕陳佩芬將「既」訓作「事畢」雖有一定的道理，但筆者認爲如同《左傳》直接訓爲「盡」即可。至於「日既」之間是否補上「食」字，筆者以爲似不必要，原因在於《論衡・說日》：「日食者，月掩之也。……障於月也，若陰雲蔽日月不見矣。其端合者，相食是也。其合相當如襲辟者，日既是也」，其中「日既」即指「日食既」，此其一。再由上下文義觀之，下文「日之食也」已明確表達出「日」處於「日食」狀態，則「日既」之「日」應指「日食」，故不必補上「食」字，此其二。故「日既」之「既」應訓作「盡」，「日既」與下文「日之食也」文義前後呼應。

三、二夫＝

第一字，原簡寫作：

出版社，2005年），頁167。

〔註15〕魯家亮：〈讀上博楚竹書（五）札記二則〉，武漢大學《簡帛網》，2006/02/18。林志鵬：〈上博楚竹書《競建內之》重編新解〉，武漢大學《簡帛網》，2006/02/25。李旭昇師：〈《上博五・鮑叔牙與隰朋之諫》試讀〉，《楚地簡帛思想研究（三）》（武漢：湖北教育出版社，2007年），頁13。李學勤：〈試釋楚簡《鮑叔牙與隰朋之諫》〉，《文物》2006年第九期，頁91。吳國源：〈《上博（五）・競建內之》「日既」考釋〉，《簡帛》第二輯（上海：上海古籍出版社，2007年），頁269～271。

〔註16〕李守奎：〈《鮑叔牙與隰朋之諫》補釋〉，《楚地簡帛思想研究（三）》（武漢：湖北教育出版社，2007年），頁30。

〔註17〕李學勤：〈試釋楚簡《鮑叔牙與隰朋之諫》〉，《文物》2006年第九期，頁91。

〔註18〕林志鵬：〈楚竹書《鮑叔牙與隰朋之諫》補釋〉，武漢大學《簡帛網》，2007/07/13。

〔註19〕楊伯峻《春秋左傳注》（北京：中華書局，1990年），頁96。

陳佩芬釋作「二」，得到張富海以及季旭昇師的認同。〔註20〕何有祖則認爲「■■」上有一豎畫，改釋爲「士」，林志鵬、陳劍從之。〔註21〕張富海對何有祖之說，進一步提出反駁：

> 「二大夫」即指前隰朋與鮑叔牙，此處無言「士大夫」之理。因爲言「二大夫」即承上而有定指，言「士大夫」則泛泛無定指，非爲文之法。事實上全篇與桓公應答的也就是這兩位大夫，並無旁人。何有祖先生之所以改釋「二」爲「士」，是由於認爲橫劃上有豎筆。但看大圖版，所謂豎筆實在過於漫漶，很難說一定就是一道筆劃。〔註22〕

張富海之說反駁有理，筆者細審原簡，誠如張氏所言，「■■」字上頭的豎筆的確模糊不清，故只能從前後文義來推敲此字該如何釋讀。由前後文義考量，筆者認爲「■■」字釋作「二」較恰當，假使釋爲「士」，全篇只有鮑叔牙、隰朋、齊桓公三人應答，不見其它人物，故「士大夫」於簡文中不知所指。因此，「■■」字宜釋爲「二」，「二大夫」即指鮑叔牙與隰朋。

四、害 爲

第一字，原簡寫作：

陳佩芬釋爲「害」，讀爲「曷」，訓爲「何」，爲疑問助詞。〔註23〕目前學界對

〔註20〕陳佩芬：《上海博物館藏戰國楚竹書（五）‧競建內之釋文》（上海：上海古籍出版社，2005 年），頁 167。張富海：〈上博簡五《鮑叔牙與隰朋之諫》補釋〉，《北方論叢》2006 年第四期，頁 8。此文亦載於武漢大學《簡帛網》，2006/05/10。季旭昇師：〈《上博五‧鮑叔牙與隰朋之諫》試讀〉，《楚地簡帛思想研究（三）》（武漢：湖北教育出版社，2007 年），頁 13。

〔註21〕何有祖：〈上博五楚竹書《競建內之》札記五則〉，武漢大學《簡帛網》，2006/02/18。陳劍：〈談談《上博（五）》的竹簡分篇、拼合與編聯問題〉，武漢大學《簡帛網》，2006/02/19。林志鵬：〈上博楚竹書《競建內之》重編新解〉，武漢大學《簡帛網》，2006/02/25。何有祖：〈讀上博楚竹書（五）札記〉，《出土文獻研究》第八輯（上海：上海古籍出版社，2007 年），頁 14。

〔註22〕張富海：〈上博簡五《鮑叔牙與隰朋之諫》補釋〉，《北方論叢》2006 年第四期，頁 8。此文亦載於武漢大學《簡帛網》2006/05/10。

〔註23〕陳佩芬：《上海博物館藏戰國楚竹書（五）‧競建內之釋文》（上海：上海古籍

於此字的考釋與訓讀上並沒有任何異議，討論較多的在於此字的構形應當如何分析。何有祖首先指出「𧯆」字上從「𦥯」省，下從九，疑爲郭店簡〈尊德義〉26 號簡「𧮫」之省體，當隸定爲從「害」從「禹」。〔註24〕對何有祖之說，蘇建洲師提出反駁：

> 何先生的意見很有啓發性，但是整個「禹」字要省作「九」形似非易事，也較少見；而且字形要如何隸作從「害」從「禹」似也有困難。〔註25〕

蘇師之反駁皆有理。楚文字從「禹」之字作「𧱧」（《曾侯》簡 10「轊」字所從）、「𧮫」（《上博一・孔》簡 16「蕅」字所從），右旁下半部「禹」形從「内」旁，而「内」形確實從「九」旁，但整個「禹」字要省形成「九」，似乎不大可能，原因在於「禹」與「九」有各自的形音義，不同字形應當有它的區別功能存在，假使「禹」可省形作「九」，則會打亂文字的原有系統，在辨識字形以及考釋文義會有相當大的困難，故「禹」無法省形作「九」，當然「𧯆」字亦無法隸定爲從「害」從「禹」。

　　蘇建洲師亦對「𧯆」字構形之分析，另提出兩種可能：一是「害」字下增添「九」聲；二是筆畫演變成「九」。〔註26〕對於第一種可能，「害」字匣紐月部、「九」字見紐幽部，在聲紐方面，匣紐與見紐古爲喉音，音近可通，蘇師也對此音理提出相關證據，這部分可以信從。在韻部方面，蘇師引「害」字與「魚」部字關係密切，而「九」所從韻部「幽」部與「魚」部相通，因此「害」與「九」音近可通。但此條屬於間接證據，且典籍未見「月」部與「幽」部相通的例證，故此說恐待商榷。至於第二種可能，蘇師引「𨾴」（《望山》2.13）與「𨾴」（《包山》183）（筆者按：右旁所從）之字形關係，並指出：

> 𨾴、𨾴、𨾴是一字異寫，均是「隹」字。這種在豎上加橫，又變橫爲「又」的文字演變現象不乏其例。如「萬」字、「禽」字等演化過程均與此

出版社，2005 年），頁 167。

〔註24〕何有祖：〈上博五楚竹書《競建內之》札記五則〉，武漢大學《簡帛網》，2006/02/18。

〔註25〕蘇建洲師：〈上博（五）柬釋（一）〉，武漢大學《簡帛網》，2006/02/27。蘇建洲師：《《上博楚簡（五）》考釋五則》，《中國文字》新三十二期（臺北：藝文印書館，2006 年），頁 79。

〔註26〕蘇建洲師：〈上博（五）柬釋（一）〉，武漢大學《簡帛網》，2006/02/27。蘇建洲師：《《上博楚簡（五）》考釋五則》，《中國文字》新三十二期（臺北：藝文印書館，2006 年），頁 80。

相類……《天星觀》「籌」字有作「籌」形者，在橫筆旁有了豎筆，可能是演變的關鍵。加上（《上博（四）·曹沫之陣》9）「害」作 **𢆉**，其在「y」下正有二橫筆，將以上兩種字形聯想起來，似乎有可能會演變成 **𢆉** 這樣的字形。意即字形演變：多→多→玄。「是」通常作「玉」（《郭店·老子甲》3），但亦作「𧥣」（《上博二·民之父母》8）（筆者按：「8」原作「7」）也提供了字形演變上的例證。〔註27〕

此說的字形演變過程雖有一定的道理，但「多→多→玄」的演變過程，與「豎上加橫，變橫為又」的過程不盡相同。因此，〈競〉簡1「害」字的演變軌跡，是否如同蘇師所言，還有待更多資料證明，筆者在此持保留態度。

高佑仁則指出，由於「害」與「萬」音義皆近，而「害」字形體偶爾從「萬」字偏旁，造成字形混同，那麼造成「𢆉」下半部從「九」形之原因，也在於此，故「𢆉」字結構才會從「萬」字的部件偏旁。〔註28〕在甲骨文中有大量從「止」從「虫」的字，如「𧊒」（《前》3.1.2）「𧊒」（《乙》8896），而「禹」字本象蟲形，故「萬」有可能從此演變而來，裘錫圭曾經指出，由「虫」到「禹」之字形演變，可參照「萬」字演變。至於「蚩」字，在甲骨文常用作「亡蚩」，「蚩」有傷害之義，如《屯南》644之對貞卜辭：「丙寅鼎（貞）：『岳𧊒雨』。弗𧊒雨」。而「蚩」、「萬」與「害」之間聲音的通轉關係，裘錫圭於〈釋「蚩」〉一文中有詳細論述，可參照，筆者於此不再贅述。〔註29〕

楚簡「害」字多作：

𢆉《上博一·孔》簡8　　　　**𢆉**《上博二·從甲》簡8

𢆉《上博五·競》簡5　　　　**𢆉**《上博五·姑》簡6

從「萬」字多作：

𢆉《曾侯》簡10·「轙」　　　　**𢆉**《天·策》·「轙」

〔註27〕李守奎：〈楚文字考釋（三組）〉，《簡帛研究》第三輯（桂林：廣西教育出版社，1998年），頁28。

〔註28〕高佑仁：〈談《競建內之》兩處與「害」有關的字〉，武漢大學《簡帛網》，2006/06/13。（筆者按：「競」原作「竟」）

〔註29〕裘錫圭：〈釋「蚩」〉，《古文字論集》（北京：中華書局，1992年），頁11～16。

《上博一·孔》簡 16·「萬」

「害」與「萬」字形混同之後，產生下列字形：

《上博一·孔》簡 7·「害」　　　《上博一·孔》簡 10·「害」

《上博六·瘧》簡 13·「割」

由以上對比可知，「害」字上部偏旁「宀」形已經與「萬」之「𠂤」形產生混同的現象，故高佑仁之說可從。某兩字的音義相近、字形產生混同的現象，張新俊稱爲「文字的糅合」，意即「讀音相近的兩個文字的某一部分糅合在一起」。〔註30〕金俊秀則以張新俊之說爲基礎，進一步歸納出文字糅合的條件：

（一）糅合 A、B 而成 C，這時 A、B 的讀音一定要相同或密近。

（二）當時人的書寫習慣上 A、B 二字常通假。（但此非必要條件，實際上單純的同音也可以糅合）。

（三）固然這也屬於雙聲字的範疇之一，但其與一般雙聲字不同的是，A、B 二形結合時，結構上必有所省減。〔註31〕

其說甚是。綜合以上，「𧥞」字的構形分析可從「文字的糅合」來理解，因「害」與「萬」音義相近，經常通假，已具備糅合的條件，「𧥞」上半部省減「害」字字形，下半部取「萬」字之「禹」形，而「禹」形從「内」旁，而「内」形本從「九」旁，符合兩字結合時，結構上必有所省減。故〈競〉簡 1「𧥞」字正是「害」與「萬」糅合的證明。

五、星弁子曰爲齊

第二字，原簡寫作：

學者多從陳佩芬所釋。〔註32〕陳劍釋爲「弁」，顏世鉉贊同此說。〔註33〕李守

〔註30〕張新俊：《上博楚簡文字研究》（長春：吉林大學古籍研究所博士論文，2005年），頁 18。

〔註31〕金俊秀：〈說「害」〉，《第十八屆中國文字學國際學術研討會論文集》，2007年 5 月 19～20 日，頁 305。

〔註32〕陳佩芬：《上海博物館藏戰國楚竹書（五）·競建內之釋文》（上海：上海古籍出版社，2005 年），頁 167。

奎認爲「吏」、「弁」字形相近，有相混的時候。〔註34〕林志鵬釋爲「使」字古文，與「弁」往往形近混用，兩者的差別在於「弁」字上部左右側各有一短撇，「使」字則無。〔註35〕楚文字「吏」與「弁」因字形相近，確實有混用的現象，例如《上博二·子》簡1：「平萬邦，█無、有，少、大，肥瘠█皆」，第四字釋爲「吏」字，讀爲「使」，而「皆」字前一字通常釋爲「弁」字，但此處卻要讀爲「使」。〔註36〕又郭店簡〈性自命出〉簡9與簡32，辭例分別爲「其用心各異，教█然也」、「其心█，則其聲亦然」，同樣是「█」字，簡9要讀爲「使」；簡33卻要讀爲「變」。〔註37〕故林志鵬之說有待商榷，由上述例子可知，光靠字形來分辨「弁」與「吏」並不完全可靠，原因在於「吏」與「弁」字形已經相混，若要仔細分辨，還需要從上下文例加以確定。此外，陳佩芬之說應爲破讀層次，由「弁」讀爲「變」。

　　至於此段簡文的句讀，學者的意見相當分歧，筆者將之劃分爲六組來作探討：

（一）鮑叔牙答曰：「星變」。子曰：「爲齊……」。〔註38〕

　　關於「星變」一詞，陳佩芬與魯家亮無說，李學勤理解爲「天象的災變」，劉信芳則以爲是鮑叔牙解釋日食的原因。但此二說仍有商榷的空間。《史記·天官書》：「日變修德，月變省刑，星變結和」。又，《管子·四時》：「是故聖

〔註33〕陳劍：〈談談《上博（五）》的竹簡分篇、拼合與編聯問題〉，武漢大學《簡帛網》，2006/02/19。顏世鉉：〈從「形訛」和「通假」看古代史料的校讀〉，《第一屆「古文字與古代史」學術研討會》，2006年9月22～24日，頁24～10。

〔註34〕李守奎：〈《鮑叔牙與隰朋之諫》補釋〉，《楚地簡帛思想研究（三）》（武漢：湖北教育出版社，2007年），頁31。

〔註35〕林志鵬：〈上博楚竹書《競建內之》重編新解〉，武漢大學《簡帛網》，2006/02/25。

〔註36〕馬承源：《上海博物館藏戰國楚竹書（二）·子羔釋文》（上海：上海古籍出版社，2002年），頁184。其中「瘠」字從何琳儀釋，請參閱何琳儀：〈第二批滬簡選釋〉，《上博館藏戰國楚竹書研究續編》（上海：上海書店出版社，2004年），頁445。

〔註37〕荊門市博物館：《郭店楚墓竹簡》（北京：文物出版社，1998年），頁179、183。

〔註38〕陳佩芬：《上海博物館藏戰國楚竹書（五）·競建內之釋文》（上海：上海古籍出版社，2005年），頁167。魯家亮：〈讀上博楚竹書（五）札記二則〉，武漢大學《簡帛網》，2006/02/18。劉信芳：〈上博藏五試解七則〉，武漢大學《簡帛網》，2006/03/01。李學勤：〈試釋楚簡《鮑叔牙與隰朋之諫》〉，《文物》2006年第九期，頁91。

王日食則修德，月食則修刑，彗星見則修和」。可見，日、月與星是指三個不同的現象，星變指星辰的異象，一般不包括日食。〔註39〕王鳳陽先生也說：「在現代天文學的觀念中，空中所有的天體都可以稱『星』，包括日、月在內；在古代，『星』不包括日、月」。〔註40〕故筆者認爲「星」是一個獨立的天體，就如《詩・大雅・雲漢》：「瞻卬昊天，有嘒其星」，星與日、月並不相同，「星變」當指「星的異常現象」，不同於「日變」或「月變」。因此，劉信芳以日食解釋「星變」之說則無法成立，李學勤將「星」理解爲「天象」也嫌過於籠統。

陳佩芬認爲「子曰」是下一句的主語。但這樣的斷讀會存在一個疑慮：「子」到底是誰？陳佩芬並未說明。再退一步設想，「子」有無可能是指鮑叔牙或是隰朋？從陳佩芬的斷句以及前文的「二大夫」互相對照看來，此處已有「鮑叔牙答曰」，因此這裡只能是隰朋而不是鮑叔牙。「子」是男子的美稱，通常是「姓氏＋子」，所說的話通常是「某子曰」，例如「孔子曰」、「孟子曰」，但簡文中未見稱隰朋爲「隰子」，文獻中也沒有相關例證，並且簡文還把姓氏省略掉，不僅失去「某某人說」的意義，也會使得「子」不知所指何人，故此處的「子」不是指稱某人，亦無法當作主語來看。此外，在文獻中的「子曰」通常是指「孔子說」，「子」就代表「孔子」，但此時孔子尚未出生，所以「子」不會是孔子。〔註41〕

魯家亮則認爲「子曰」的內容應該是鮑叔牙在作答時的引述，並推測鮑叔牙可能是舉一個反例來說明如何面對日食的異常現象。魯氏認爲簡 1 應與簡 2 相接，但其中可能有缺簡，在此種情況下，要確定「子」的身分及其所述內容，確實比較困難。至於鮑叔牙是不是引述一個反例，從賢臣「祖己」以及下文「易牙與豎刁的惡行」來看，於此有可能舉一個類似亂臣賊子的例子，埋下伏筆，以便開展所要進諫的話。隰朋云「群臣之罪也」，是因爲齊桓公先自責，隰朋才會說出那種阿諛君王的話。

李學勤以爲「子」是「公」的誤寫，認爲是抄寫者習慣抄「子曰」，而把

〔註39〕陳偉：〈《競建內之》《鮑叔牙與隰朋之諫》零識〉，武漢大學《簡帛網》，2006/02/22。

〔註40〕此資料轉引自顏世鉉：〈從「形訛」和「通假」看古代史料的校讀〉，《第一屆「古文字與古代史」學術研討會》，2006 年 9 月 22～24 日，頁 24～11。

〔註41〕鮑叔牙、隰朋與管仲年代相近，管仲卒於西元前 654 年，孔子生於西元前 551 年，相差百年之多。

「公」訛寫爲「子」。但「子」與「公」是兩個常見字，字形差異頗大，要將「公」訛寫爲「子」的機率非常低，楚簡中並無相關例證。況且，將「公」訛寫爲「子」的現象，說是「是抄寫者的習慣所致」，未免過於牽強，不知所據爲何。

劉信芳則將「子」讀爲「茲」或「此」，「子曰」讀爲「茲曰」或「此曰」，凡是針對某事作解釋，皆可稱「茲曰」或「此曰」，茲曰：「爲齊與？」則是推測天象與人事的關係。在古人的觀念中，凡是天有異象，皆會與人事扯上關係，例如《詩·小雅·十月之交》：「十月之交，朔月辛卯，日有食之，亦孔之醜。彼月而微，此日而微。今此下民，亦孔之衰」。毛傳：「月，臣道。日，君道」。古人以爲君主失道，則變天示徵，日食與地震皆是。〔註42〕但此處只用短短三字「爲齊與」來包含「天象與人事的關係」，似乎過於簡略，且無法互相對應。

（二）鮑叔牙答曰：「星變子曰：『為齊……』」。〔註43〕

陳劍認爲此句是鮑叔牙引述「星弁子」所說的話。但陳氏未明確說明「星弁子」是誰，整篇簡文中只出現一次，往後簡文內容也無此人物。而且「星弁子」之後，簡文遺佚，無法得知「星弁子」身分及其所說的內容。

林志鵬將「子」理解爲桓公，意即「星象使齊桓公曰……」。但從簡文內證來看，凡是齊桓公所說的話皆用「公曰」，未見寫作「子曰」；且前面已有「鮑叔牙答曰」，鮑叔牙是臣子，不會稱君王齊桓公爲「子」。因此，林氏之說不可信。

（三）鮑叔牙答曰：「星變。災曰為齊」。〔註44〕

陳偉將「子」讀爲「災」，皆爲精紐之部，可從。「曰」字可訓爲「是」或「爲」，如《尚書·洪範》：「一曰水，二曰火，三曰木，四曰金，五曰土」。陳氏認爲此段簡文是鮑叔牙引述某種星占書，文義到此結束，並指出「星變」是星辰的異象，一般不包括日食，則簡文在此似有兩種可能：一是「星」泛

〔註42〕屈萬里：《詩經詮釋》（臺北：聯經出版社，1983年），頁359。

〔註43〕陳劍：〈談談《上博（五）》的竹簡分篇、拼合與編聯問題〉，武漢大學《簡帛網》，2006/02/19。林志鵬：〈上博楚竹書《競建內之》重編新解〉，武漢大學《簡帛網》，2006/02/25。

〔註44〕陳偉：〈《競建內之》《鮑叔牙與隰朋之諫》零識〉，武漢大學《簡帛網》，2006/02/22。

指所有星體，包括日食在內；二是在日食同時，有星變發生。對於第一個可能，前面已有說明，日、月與星是指三個不同的天體，所以星變不包括日食。而第二個可能，文獻中雖有證據，但於齊桓公在位時，發生六次日食，卻無日食與星變一起發生的現象。因此，當時的天象只有發生日食，那麼鮑叔牙所引述的書，不會是星占書。

（四）鮑叔牙答曰：「星變，子曰：『為齊……』」。〔註45〕

　　吳國源採用陳偉之說，認為日食與星變同時發生。而「子」是專職天象的官員，並引用《史記‧天官書》：「長庚，如一匹布著天」，張守節正義：「此星見，兵起」，故主張〈競〉簡 1 與簡 2 首字「兵」連讀，意謂星宿預示兵災。首先，陳偉說法的弊端，見於前述。其次，「子曰」為天象官所言，似可讀通簡文，但「子」作代詞時，表示第二人稱，如《詩‧衛風‧氓》：「匪我愆期，子無良媒。」再者，簡 2 首字要釋作「與」。〔註46〕綜合上述，此說成立的可能性極低。

（五）鮑叔牙答曰：「星變災」。曰：「為齊……」。〔註47〕

　　蕭聖中採用陳偉的說法，將「星變」理解為「星辰的異象」，並指出：

> 古有列國星次與分野之說，最早見於春秋時代，《國語‧周語下》：「王曰：『七律者何？』對曰：『昔武王伐殷，歲在鶉火，月在天駟，日在析木之津，辰在斗柄，星在天黿』」。注：「天黿，即玄枵，齊之分野。周之皇妣王季母太姜者，逢伯陵之後，齊女也，故言出於天黿」。《左傳》襄公二十八年：「梓慎曰：『今茲宋鄭其饑乎！歲在星紀而淫於玄枵。……玄枵，虛中也』」。注：「玄枵在子，虛危之次」。《史記‧天官書》：「北宮玄武，虛、危」。《正義》：「虛二星，危三星，為玄枵，於辰在子，齊之分野。」又，《後漢書‧郡國志》注引《帝王世紀》：「自婺女八度至危十六度曰

〔註45〕吳國源：〈《上博（五）‧競建內之》「日既」考釋〉，《簡帛》第二輯（上海：上海古籍出版社，2007 年），頁 269～277。

〔註46〕請參閱本論文第三章第二節第一小節。

〔註47〕李旭昇師：〈《上博五‧鮑叔牙與隰朋之諫》試讀〉，《楚地簡帛思想研究（三）》（武漢：湖北教育出版社，2007 年），頁 13～14。李守奎：〈《鮑叔牙與隰朋之諫》補釋〉，《楚地簡帛思想研究（三）》（武漢：湖北教育出版社，2007 年），頁 31。蕭聖中：〈上博竹書（五）札記三則〉《楚地簡帛思想研究（三）》（武漢：湖北教育出版社，2007 年），頁 99～100。

玄枵之次，於辰在子……」。據此，星宮的子位，正對應齊之分野，

疑簡文「星變子」意即星變於子。〔註48〕

蕭氏以爲日食時，同時也有「星變」發生，此種現象在文獻中有記載，《後漢書・五行志》引《春秋緯》曰：「日之將蝕，則斗第二星變色，微赤不明，七日而蝕」。筆者以爲此現象固然有機會發生，但齊桓公在位時，發生了六次日食，並未見日食與星變同時發生的記載。〔註49〕季旭昇師對於「星變子」之說，認爲：「文法上也還有一點問題，但文義勉強可通，故依此讀」。〔註50〕然而，假使「星變子」意思是「星辰在子位發生異象」，則「子」要訓解爲「子位」，但是文獻中未有「子」訓爲「子位」的例證，因而蕭氏之說可商。〔註51〕

李守奎對於「子」字，採用陳偉的意見讀爲「災」，並且說「日爲君象，星爲臣象」，「星使災」是鮑叔牙對日食的解釋，意即星使日有災，比喻亂臣爲禍，亂臣則指後文的易牙與豎刁。「日」用來代表君王的意象，除了前述《詩・小雅・十月之交》之外，亦有《廣雅・釋詁一》：「日，君也」。《詩・邶・柏舟》：「日居月諸」。鄭玄箋：「日，君象也。臣，月象也」。《禮記・昏義》：「故天子之與后，猶日之與月」。可見「日月」在文獻中經常並舉，「日」指「君」，「月」多指「臣」或「后」。但「星」未見代表「臣」的意象，只有用做「民」的意象，如《尚書・洪範》：「庶民爲星」。孔安國傳：「星，民象」。因此，李氏應當是從易牙與豎刁之惡行，來反推這裡的「星」是指「臣象」，但文獻中未有以「星」代表「臣象」的例證，故此說無法成立。

（六）鮑叔牙答曰：「眚變，災」。曰：「爲齊……」。〔註52〕

顏世鉉將「星」讀爲「眚」，「星」與「眚」皆從「生」得聲，可從。「子」採用陳偉的意見讀爲「災」，「眚變」就是指日食之變，如《左傳・莊公二十

〔註48〕蕭聖中：〈上博竹書（五）札記三則〉，《楚地簡帛思想研究（三）》（武漢：湖北教育出版社，2007年），頁99～100。

〔註49〕楊伯峻：《春秋左傳注》（北京：中華書局，2005年），頁177～372。

〔註50〕季旭昇師：〈《上博五・鮑叔牙與隰朋之諫》試讀〉，《楚地簡帛思想研究（三）》（武漢：湖北教育出版社，2007年），頁14。

〔註51〕宗福邦、陳世鐃、蕭海波主編：《故訓匯纂》（北京：商務印書館，2003年），頁544「子」字條下。

〔註52〕顏世鉉：〈從「形訛」和「通假」看古代史料的校讀〉，《第一屆「古文字與古代史」學術研討會》，2006年9月22～24日，頁24-10～12。林志鵬：〈楚竹書《鮑叔牙與隰朋之諫》補釋〉，武漢大學《簡帛網》，2007/07/13。

五年》：「非日月之眚不鼓」。杜注：「眚，猶災也。月侵日爲眚」，則「眚變，災」意即「有日食之變，將會造成災難」。筆者認爲「星」讀爲「眚」較如本字讀「星」要好得多，假使讀爲「星」就無法與前文「日之食也」相對應，而且「星變」解釋爲「日食」、「天象的災變」、「星辰的變異」皆有不恰當之處。若將「星」讀爲「眚」，「眚變」意即「日食」，即可與前文「日之食也」相對應。

基於以上原因，筆者採用顏世鉉的意見，將「星變」讀爲「眚變」；「子」認同陳偉的意見讀爲「災」，句讀上亦採用顏世鉉之說，斷爲鮑叔牙答曰：「眚變，災」。曰：「爲齊……」。「眚變」指日食之變，「眚變，災」明確指出發生日食是異常現象，並且會帶來災害，所以齊桓公才會問「爲齊……」，意思是說「是關係到齊國……」。確定「🔲」讀爲「變」之後，「🔲」字應釋作「弁」。

六、言曰多

「言」字，陳佩芬未破讀。〔註53〕林志鵬疑讀爲「愆」，但前有脫文，句義不明。〔註54〕「言」爲疑紐元部，「愆」爲余紐元部，疑紐與余紐看似隔閡，「言」與「愆」於古籍中亦無通假之證據。但《楚辭·遠遊》：「吾將往乎南疑」。洪興祖《考異》：「疑，一作娭」。「疑」爲疑紐之部，「娭」從「矣」聲，「矣」從「㠯」聲，「㠯」爲余紐之部，此爲疑紐與余紐互相往來的例證。故「言」讀爲「愆」於音理，或許勉強可通。至於「愆」在文句中訓作何義，誠如林志鵬所言，無法確定其義，故筆者不採用此說。

此外，陳佩芬原釋文未曾論及「言」字前是否缺字，但仍有幾位學者認爲需補一至二字。林志鵬認爲「言」字前補一個「□」符號。〔註55〕陳劍與季旭昇師則主張「言」字前補二個「□」符號。〔註56〕而李守奎特別指出應

〔註53〕 陳佩芬：《上海博物館藏戰國楚竹書（五）·競建內之釋文》（上海：上海古籍出版社，2005 年），頁 171。

〔註54〕 林志鵬：〈楚竹書《鮑叔牙與隰朋之諫》補釋〉，武漢大學《簡帛網》，2007/07/13。

〔註55〕 林志鵬：〈上博楚竹書《競建內之》重編新解〉，武漢大學《簡帛網》，2006/02/25。林志鵬：〈楚竹書《鮑叔牙與隰朋之諫》補釋〉，武漢大學《簡帛網》，2007/07/13。

〔註56〕 陳劍：〈談談《上博（五）》的竹簡分篇、拼合與編聯問題〉，武漢大學《簡帛網》，2006/02/19。季旭昇師：〈《上博五·鮑叔牙與隰朋之諫》試讀〉，《楚地簡帛思想研究（三）》（武漢：湖北教育出版社，2007 年），頁 14。

補「是」字，理由如下：

> 「言曰多」三字與前面的系聯關係不明。疑是桓公對隰朋諷諫的答
> 覆，此句或可補足爲「是言曰多」。《左傳》昭公 17～18 年記載因爲
> 「有星孛於大辰」天文異象的出現，眾人議論紛紛，推算宋、衛、
> 陳、鄭以火災當此禍。鄭裨竈兩次言於子產，用一些玉器祭神，以
> 禳除災禍。子產回答説：「天道遠，人道邇，非所及也，何以知之？
> 竈焉知天道？是亦多言矣，豈不或信？」簡文與《左傳》説的都是
> 如何禳除天文異象所帶來的災禍，桓公所説的「是言曰多」可能和
> 子產「是亦多言矣，豈不或信？」意思一樣，都是不相信此類言論
> 的表態：這類言論多了，偶有猜中，又怎能盡信。桓公不信，所以
> 引出下文鮑叔牙的直諫。〔註57〕

子產所云「是亦多言矣」之「是」字，楊伯峻註解爲：「是，此人，指裨竈」。
〔註58〕對照〈競〉簡 5 之文義，假使桓公之言補爲「是言曰多」，則「是」字
應代指〈競〉簡 1 與簡 5 缺簡中隰朋的應答，但因簡文遺佚，是否爲隰朋所
言，無法獲得證實。即使如此，《左傳》此段的文義與〈競〉簡 5 之文義並不
相類，〈競〉簡 5 未見桓公云「是亦多言矣，豈不信哉」這類意思，故此説仍
有商榷的空間。至於「言」字前需補上一或二個「□」符號，依竹簡長度來
看，筆者認爲陳劍與季師之意見可從，但因簡文遺佚，所載文義不明，所補
之字亦不明。

七、害牲坒牲又兵

第一字，原簡寫作：

陳佩芬釋爲「曷」，訓作「害」。〔註59〕季旭昇師改釋爲「害」，學者皆無異
議。〔註60〕陳偉認爲「害」應讀爲「蓋」，訓解爲推測之辭。〔註61〕「害」字

〔註57〕李守奎：〈《鮑叔牙與隰朋之諫》補釋〉，《楚地簡帛思想研究（三）》（武漢：
　　　　湖北教育出版社，2007 年），頁 31。
〔註58〕楊伯峻：《春秋左傳注》（北京：中華書局，2005 年），頁 1395。
〔註59〕陳佩芬：《上海博物館藏戰國楚竹書（五）‧競建內之釋文》（上海：上海古籍
　　　　出版社，2005 年），頁 171。
〔註60〕季旭昇師：〈上博五芻議（上）〉，武漢大學《簡帛網》，2006/02/18。
〔註61〕陳偉：《《競建內之》《鮑叔牙與隰朋之諫》零識》，武漢大學《簡帛網》，

究竟該如本字讀或是轉讀爲「蓋」？就文義來看，筆者以爲訓作「災害」較合理，原因在於〈競〉簡 1 已明確指出「眚變，災」，故「害」不必轉讀爲「蓋」。

至於兩個「牁」字，陳佩芬讀爲「將」，學者多從之。〔註62〕陳偉則讀作「槍」，訓作「槍星」，大概「槍星」可與〈競〉簡 1 之「星變」互相呼應。〔註63〕陳偉之說雖於文義可通，但本論文已論證「星變」應讀爲「眚變」，「眚變」與日食現象有關，故「槍星」無法與「星變」互相呼應。至於陳佩芬之說，文義承接〈競〉簡 1「眚變」而來，「害將來，將有兵」，意謂「天象發生異常現象，將會有災害、兵災到來」，故兩個「牁」字訓讀，筆者採用陳佩芬之說。

八、又悬於公身

「身」字，陳佩芬訓作「自身之品節」。〔註64〕「身」字，古籍未見訓作「自身之品節」的例證，此處應如李守奎所言，指「齊桓公的身體」，句謂「此災異對國君身體不利」。〔註65〕

九、肰則可敓异

陳佩芬讀「肰」爲「然」，並在「肰」字後斷讀。〔註66〕何有祖、許無咎、林志鵬皆認爲「然則」應連讀，可從。〔註67〕「然則」一詞古籍多見，誠如

2006/02/22。

〔註62〕 陳佩芬：《上海博物館藏戰國楚竹書（五）‧競建內之釋文》（上海：上海古籍出版社，2005 年），頁 171。

〔註63〕 陳偉：《〈競建內之〉〈鮑叔牙與隰朋之諫〉零識》，武漢大學《簡帛網》，2006/02/22。

〔註64〕 陳佩芬：《上海博物館藏戰國楚竹書（五）‧競建內之釋文》（上海：上海古籍出版社，2005 年），頁 171。

〔註65〕 李守奎：〈《鮑叔牙與隰朋之諫》補釋〉，《楚地簡帛思想研究（三）》（武漢：湖北教育出版社，2007 年），頁 32。

〔註66〕 陳佩芬：《上海博物館藏戰國楚竹書（五）‧競建內之釋文》（上海：上海古籍出版社，2005 年），頁 171。

〔註67〕 何有祖：〈上博五楚竹書《競建內之》札記五則〉，武漢大學《簡帛網》，2006/02/18。許無咎：〈上博楚竹書（五）《競建內之》篇札記〉，《簡帛研究網》，2006/02/25。林志鵬：〈上博楚竹書《競建內之》重編新解〉，武漢大學《簡帛網》，2006/02/25。林志鵬：〈楚竹書《鮑叔牙與隰朋之諫》補釋〉，武漢大學《簡帛網》，2007/07/13。

李守奎所言，「然則」有「如果這樣」、「那麼」的語義。〔註68〕《禮記・檀弓上》：「曾子曰：『參也與游聞之』。有子曰：『然，然則夫子有為言之也』」。

「敓」字，陳佩芬讀為「奪」，訓作「強取」。〔註69〕王輝更進一步訓為「矯正」、「改易」，將簡文理解為「然則（這種災害）可以（因人事而）矯正、改易嗎？」。〔註70〕觀簡文上下文義，訓作「強取」於文義不合。而〈競〉簡5之前的內容，未見提到有關「人事」的議題，故筆者不採信陳佩芬、王輝之說。

陳劍與許無咎二人，認為「敓」當讀作「說」，林志鵬進一步訓作「攻說之祭」，得到季旭昇師的認同。〔註71〕李學勤亦讀作「說」，作動詞用，指「禱祝的行為」。〔註72〕對於「說」字的具體涵義，沈培認為有「攘奪」之義，非單純陳論其事，此說可從。〔註73〕因此，簡文「敓」字讀為「說」，作動詞用，指「攻說之祭」，「戕則可敓與」意謂「前述災害，可以用攻說來免除嗎？」此外，李守奎認為「敓」不需讀破，卜筮簡多見，「敓」用作動詞，以敓祭禳除災咎。〔註74〕但楚簡「敓」字多讀作「說」，李氏所言「敓祭」大概「攻說之祭」相同。

「異」字，陳佩芬讀作「與」，為句末疑問詞。〔註75〕何有祖特別指出，

〔註68〕李守奎：〈《鮑叔牙與隰朋之諫》補釋〉，《楚地簡帛思想研究（三）》（武漢：湖北教育出版社，2007年），頁32。

〔註69〕陳佩芬：《上海博物館藏戰國楚竹書（五）・競建內之釋文》（上海：上海古籍出版社，2005年），頁171。

〔註70〕王輝：〈《上博楚簡（五）》讀記〉，《中國文字》新三十二期（臺北：藝文印書館，2006年），頁22。

〔註71〕陳劍：〈談談《上博（五）》的竹簡分篇、拼合與編聯問題〉，武漢大學《簡帛網》，2006/02/19。許無咎：〈上博楚竹書（五）《競建內之》篇札記〉，《簡帛研究網》，2006/02/25。林志鵬：〈上博楚竹書《競建內之》重編新解〉，武漢大學《簡帛網》，2006/02/25。季旭昇師：〈《上博五・鮑叔牙與隰朋之諫》試讀〉，《楚地簡帛思想研究（三）》（武漢：湖北教育出版社，2007年），頁14。林志鵬：〈楚竹書《鮑叔牙與隰朋之諫》補釋〉，武漢大學《簡帛網》，2007/07/13。

〔註72〕李學勤：〈試釋楚簡《鮑叔牙與隰朋之諫》〉，《文物》2006年第九期，頁91。

〔註73〕沈培：〈從戰國簡看古人占卜的「蔽志」——兼論「移祟」說〉，《第一屆「古文字與古代史」學術研討會》，2006年9月22～24日，頁19～17。

〔註74〕李守奎：〈《鮑叔牙與隰朋之諫》補釋〉，《楚地簡帛思想研究（三）》（武漢：湖北教育出版社，2007年），頁32。

〔註75〕陳佩芬：《上海博物館藏戰國楚竹書（五）・競建內之釋文》（上海：上海古籍出版社，2005年），頁171。

原考釋無誤，但爲了與作爲連詞的「與」區別，讀作「歟」較恰當。〔註 76〕
筆者贊同何有祖之說，古籍中「與」作爲句末疑問詞時，皆讀作「歟」，如《孟
子・滕文公上》：「許以冠乎？曰：『冠。』自織之與？曰：『否』。」、《史記・
甘茂列傳》：「王聞燕太子丹入質秦與？曰：『聞之』。」

十、不遂於善而敚之可虖拼

簡文云「不遂於善而敚之」，陳佩芬讀爲「不踐於善而奪之」，其中「不
踐於善」，意即「不因循於善道」。〔註 77〕陳劍讀「遂」爲「遷」，並舉馬王堆
帛書《式法》：「仕者，□遂（遷）」做爲佐證，但未進一步訓解。〔註 78〕季旭
昇師同意陳劍破讀，並進一步理解爲「改過」，意即「不改過向善」。〔註 79〕
就上下文義論之，「不因循於善道」與「不改過向善」，二說似乎皆可讀通。〈競〉
簡 5 隰朋已說「公身爲無道」，可知齊桓公曾作過做許多「無道」之事，所以
此處「不踐於善」宜訓作「改過」，比較能與「無道」一詞搭配。至於「敚」
字，許無咎讀作「說」，可從。〔註 80〕此字用法確與〈競〉簡 5 簡五的「敚」
相同，皆作動詞用，指「攻說之祭」。

倒數第二字，原簡寫作：

陳佩芬隸定作「虖」，讀爲「虐」。〔註 81〕何有祖、王輝、李守奎皆讀作「乎」。
〔註 82〕首先要說明的是，筆者認爲「虖」字應隸作「虖」。其次，甲骨文有一

〔註 76〕 何有祖：〈上博五楚竹書《競建內之》札記五則〉，武漢大學《簡帛網》，
2006/02/18。

〔註 77〕 陳佩芬：《上海博物館藏戰國楚竹書（五）・競建內之釋文》（上海：上海古籍
出版社，2005 年），頁 172。

〔註 78〕 陳劍：〈談談《上博（五）》的竹簡分篇、拼合與編聯問題〉，武漢大學《簡帛
網》，2006/02/19。陳劍：《上博（五）》零札兩則〉，武漢大學《簡帛網》，
2006/02/21。

〔註 79〕 季旭昇師：〈《上博五・鮑叔牙與隰朋之諫》試讀〉，《楚地簡帛思想研究（三）》
（武漢：湖北教育出版社，2007 年），頁 24。

〔註 80〕 許無咎：〈上博楚竹書（五）《競建內之》篇札記〉，《簡帛研究網》，2006/02/
25。

〔註 81〕 陳佩芬：《上海博物館藏戰國楚竹書（五）・競建內之釋文》（上海：上海古籍
出版社，2005 年），頁 172。

〔註 82〕 何有祖：〈上博五楚竹書《競建內之》札記五則〉，武漢大學《簡帛網》，
2006/02/18。王輝：〈《上博楚簡（五）》讀記〉，《中國文字》新三十二期（臺

個從「虎」從「人」的字，寫作「」，像虎食人形，一般都釋作「虐」。《說文·虍部》：「虐，殘也。從虍，虎足反抓人」。〈瘧〉簡1「」字所從「虐」形作「」，整理者讀爲「瘧」。〔註83〕楚簡此字形多見：

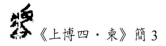《上博四·柬》簡3　　　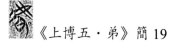《上博五·弟》簡19

《上博六·瘧》簡11

上引「虐」字皆讀作「乎」。兩相比較可知，楚簡讀作「虖」字與「虐」混同，只能靠上下文義來確認。〈競〉簡6「」字應隸作「虖」，至於該讀爲「虐」或「乎」，只能由文義探求。

　　最後一字，原簡寫作：

陳佩芬釋爲「於」，讀爲「乎」。〔註84〕何有祖以爲當是衍文，或有他意。〔註85〕陳劍釋作「才」，讀作「哉」，林志鵬贊同其說。〔註86〕李守奎認爲此字寫法近似郭店簡〈六德〉的「才」字，應讀作「哉」，作疑問語氣詞，與上文連讀爲複合虛詞「乎哉」，表示反問。〔註87〕陳佩芬已指出「扑」字的形體較小，應是抄寫後經校對補上的字，因此不會是衍文。〔註88〕至於「扑」字有無他意，何有祖未明確說明，此處暫且不予評論。

　　北：藝文印書館，2006年），頁23。李守奎：〈《鮑叔牙與隰朋之諫》補釋〉，《楚地簡帛思想研究（三）》（武漢：湖北教育出版社，2007年），頁32。

〔註83〕濮茅左：《上海博物館藏戰國楚竹書（六）·競公瘧釋文》（上海：上海古籍出版社，2007年），頁163。

〔註84〕陳佩芬：《上海博物館藏戰國楚竹書（五）·競建內之釋文》（上海：上海古籍出版社，2005年），頁172。

〔註85〕何有祖：〈上博五楚竹書《競建內之》札記五則〉，武漢大學《簡帛網》，2006/02/18。

〔註86〕陳劍：〈談談《上博（五）》的竹簡分篇、拼合與編聯問題〉，武漢大學《簡帛網》，2006/02/19。林志鵬：〈上博楚竹書《競建內之》重編新解〉，武漢大學《簡帛網》，2006/02/25。林志鵬：〈楚竹書《鮑叔牙與隰朋之諫》補釋〉，武漢大學《簡帛網》，2007/07/13。

〔註87〕李守奎：〈《鮑叔牙與隰朋之諫》補釋〉，《楚地簡帛思想研究（三）》（武漢：湖北教育出版社，2007年），頁32。

〔註88〕陳佩芬：《上海博物館藏戰國楚竹書（五）·競建內之釋文》（上海：上海古籍出版社，2005年），頁172。

　　楚簡「於」字作：

《郭店‧老甲》簡 33　　　　《郭店‧太》簡 6

《郭店‧太》簡 14　　　　　《上博六‧瘚》簡 1

由以上對照可知，〈競〉簡 6「拌」字寫法與「於」字並不相近，故李守奎的
意見有一定的道理。郭店簡〈六德〉「才」字共五見，寫作「士」、「才」、「士」、
「士」、「士」，字形皆近似。但筆者以爲〈六德〉「才」字與此字形仍不相同，
兩者的差別在於「拌」字下部有「⿰」形體，爲〈六德〉「才」字所無。除
此之外，楚簡中並無與「拌」字相同或類似的寫法。綜合以上理由，此字目
前只能存疑待考。

　　由上下文義來看，「虗拌」一詞，若依陳佩芬讀爲「虐乎」，與前文「不
遷於善而說之」並無密切關聯性。而筆者前述論證認爲「虗」可讀爲「乎」，
陳劍、林志鵬、李守奎皆主張「拌」讀作「哉」，「乎哉」見於傳世文獻，《孟
子‧梁惠王上》：「若寡人者，可以保民乎哉？」因此，即使「拌」字目前只
能存疑待考，就文義來說，筆者認爲「虗拌」讀爲「乎哉」較爲合適，誠如
李守奎所云，「乎哉」是複合虛詞，表示反問之義。

十一、甚才虗不滿二品子▄不諦怘寡人至於吏日飤

（一）斷句問題

　　陳佩芬將此段讀爲「當在吾，不漫二三子，不諦恕，寡人至於辯日食」；
陳劍與林志鵬在斷句方面也持相同意見。〔註89〕先不論釋字的差異，姑以
「當在吾，不漫二三子」而言，就有另外兩種斷句方式。何有祖認爲「吾」
字應屬下，讀作「甚哉！吾不賴二三子」；此說得到許無咎、楊澤生的採信。
〔註90〕陳偉認爲應在「漫」之後斷讀，讀爲「甚哉！吾不賴」；唐洪志、李學

〔註89〕陳佩芬：《上海博物館藏戰國楚竹書（五）‧競建內之釋文》（上海：上海古籍
　　　　出版社，2005 年），頁 172～173。陳劍：〈談談《上博（五）》的竹簡分篇、
　　　　拼合與編聯問題〉，武漢大學《簡帛網》，2006/02/19。林志鵬：〈上博楚竹書
　　　　《競建內之》重編新解〉，武漢大學《簡帛網》，2006/02/25。
〔註90〕何有祖：〈上博五楚竹書《競建內之》札記五則〉，武漢大學《簡帛網》，
　　　　2006/02/18。許無咎：〈上博楚竹書（五）《競建內之》篇札記〉，《簡帛研究
　　　　網》，2006/02/25。楊澤生：〈《上博五》零釋十二則〉，武漢大學《簡帛網》，

勤也持相同意見。〔註91〕

　　「甚哉」一詞見於典籍文獻，如《禮記・檀弓》：「甚哉，有子之言似夫子也。」、《孝經・三才章》：「甚哉，孝之大也。」，故可於「哉」後斷句。陳偉改在「賴」之後斷讀，此說是否合適，這就牽涉到「二三子」之後是否斷讀的問題。首先，陳佩芬判斷「子」字之後斷讀的原因，應是「子」字下有一墨鉤「🅰」。〔註92〕李學勤主張此墨鉤表示詞的連讀，並非斷句。〔註93〕陳偉認為「楚簡中並非所有標示的地方都要斷讀，〈競建〉與〈鮑叔牙〉諸簡沒有使用標點符號，故此處不一定要斷讀」。〔註94〕其次，對於前述三說，陳佩芬之說應可首先排除，原因在於簡牘帛書「🅰」墨鉤，用法有四：一是「分隔號」，用於並列詞語之間，表示並列詞語之間不能連讀，例如連續出現的人名；二是「句號」，用於一連串數字之間，表示數字不能連讀；三是「分章號」，常與圓點或圓圈同時使用；四是「確認符」，表示對上文所記事物的核定、驗證等。〔註95〕但上舉四項用法，都無法適用於〈競〉簡6。而李學勤之說，筆者以為仍待商榷，原因在於李學勤未對此提出相關證據，且筆者尚未找到「🅰」表示連讀的用法。至於陳偉之說，筆者認為有其道理，查閱〈競〉、〈鮑〉二篇簡文，誠如陳偉所言，未見標點符號，故「二三子」之後不需斷讀。除此之外，「二三子」作為主詞，古籍常見。〔註96〕例如《管子・小問》：「桓公問管仲曰：『寡人欲霸，以二三子之功，既得霸矣，今吾有欲王，其可乎？』」、《晏子春秋・內篇諫下・景公獵休坐地晏子席而諫第九》：「公不說，曰：『寡人不席而坐地，二三子莫席，而子獨搴草而坐之，何也？』」。綜合以上，筆者採信陳偉的意見，斷句作「甚哉！吾不賴」，「二三子」銜接

2006/03/20。

〔註91〕陳偉：〈《競建內之》《鮑叔牙與隰朋之諫》零識〉，武漢大學《簡帛網》，2006/02/22。唐洪志：〈上博(五)札記(兩則)〉，武漢大學《簡帛網》，2006/03/08。李學勤：〈試釋楚簡《鮑叔牙與隰朋之諫》〉，《文物》2006年第九期，頁91～92。

〔註92〕陳佩芬：《上海博物館藏戰國楚竹書(五)・競建內之釋文》(上海：上海古籍出版社，2005年)，頁172～173。

〔註93〕李學勤：〈試釋楚簡《鮑叔牙與隰朋之諫》〉，《文物》2006年第九期，頁91。

〔註94〕陳偉：〈《競建內之》《鮑叔牙與隰朋之諫》零識〉，武漢大學《簡帛網》，2006/02/22。

〔註95〕張顯成：《簡帛文獻學通論》(北京：中華書局，2004年)，頁207～209。

〔註96〕李守奎：〈《鮑叔牙與隰朋之諫》補釋〉，《新出楚簡國際學術研討會會議論文集(上博簡卷)》，2006年6月26～28日，頁28。

下文。

　　許無咎斷句爲「吾不賴二三子，不譑怒寡人，至於變日食」；楊澤生則斷句作「吾不罰二三子。不譑怒寡人至於使日食」，皆以「二三子」屬上讀。〔註97〕前文已敘述「▆」墨鉤不爲斷句符號，「二三子」應屬下文作主詞用法，故筆者不採用許無咎、楊澤生之說。李學勤斷句作「二三子不譑，怒寡人，至於變日食」。〔註98〕陳偉斷句作「二三子不責怒寡人，至於使日食」，皆以「二三子」屬下讀。〔註99〕就句法而言，在李學勤的說法中，「譑」、「怒」二字之主語同爲「二三子」，故可在「譑」、「怒」之間斷句，且「怒」之主語可省略；而陳偉之說「二三子不責怒寡人」，符合漢語常見句法「主詞＋動詞＋賓語」。因此，從句法方面無法判斷李學勤與陳偉二說孰優孰劣，只能其它方面去推敲該從何說。而「至於」一詞，在此當連詞用，連接分句，表示轉而敘述有關的其他事，如《尚書·無逸》：「不敢荒寧，嘉靖殷邦，至于小大，無時或怨。」

　　就文義來看，若依照陳佩芬、陳劍與林志鵬的斷讀，可體會出齊桓公態度依舊強硬，即使發生日食這種異常天象，還是認爲與自己無關，亦不採信隰朋的諫言。若依陳偉之斷讀，齊桓公的態度則顯得軟化許多，且言「甚哉！吾不賴」，可見非常同意隰朋的諫言，也查覺自己過失之處。下文又云「二三子不責怒寡人，至於使日食」，文義轉向二三子身上，齊桓公抱怨這些臣子們怎麼不嚴厲譴責、指出自己的不是，最後導致日食的發生。鮑叔牙與隰朋見機不可失，才引出〈競〉簡2殷高宗故事來勸諫齊桓公。

（二）文字考釋

　　第一字，原簡字形如下：

對於此字的字形分析，目前有三派說法。陳佩芬釋爲「尙」。〔註100〕何有祖認

〔註97〕許無咎：〈上博楚竹書（五）《競建內之》篇札記〉，《簡帛研究網》，2006/02/25。楊澤生：〈《上博五》零釋十二則〉，武漢大學《簡帛網》，2006/03/20。

〔註98〕李學勤：〈試釋楚簡《鮑叔牙與隰朋之諫》〉，《文物》2006年第九期，頁91。

〔註99〕陳偉：〈《競建內之》《鮑叔牙與隰朋之諫》零識〉，武漢大學《簡帛網》，2006/02/22。

〔註100〕陳佩芬：《上海博物館藏戰國楚竹書（五）·競建內之釋文》（上海：上海古籍出版社，2005年），頁172。

為簡文「」字即「甚」字，得到陳偉的認同。〔註101〕陳劍亦釋為「甚」，但認為是「尚」的訛字。〔註102〕楊澤生同意陳劍之說，並舉證《郭店·忠》簡3「尚」字，寫作「」，字形省去右邊一豎的寫法與「甚」字接近。〔註103〕楚文字「尚」字作：

《包山》簡 230　　　　　　　《包山》簡 247

《郭店·五》簡 22　　　　　　《郭店·緇》簡 35

「甚」字作：

《包山》簡 158　　　　　　《郭店·緇》簡 15

《上博二·魯》簡 4　　　　　《上博六·用》簡 19

兩字字形顯然不同，其差別在於「甚」字底下有一彎曲弧筆「乚」，「尚」字無此曲筆。〔註104〕即使《郭店·忠》簡 3「」字省去右邊豎筆，也與上述所舉「甚」字不相近。此外，「尚」與「甚」不僅在字形有別，辭例也無互用的情形。故筆者贊同何有祖之說，簡文「」字應直接改釋作「甚」。

「瀗」字，陳佩芬讀作「漫」。〔註105〕陳劍、季旭昇師、何有祖、陳偉、許無咎、林志鵬、黃人二等諸位，皆讀作「賴」。〔註106〕唐洪志讀作「勱」。

〔註101〕何有祖：〈上博五楚竹書《競建內之》札記五則〉，武漢大學《簡帛網》，2006/02/18。陳偉：〈《競建內之》《鮑叔牙與隰朋之諫》零識〉，武漢大學《簡帛網》，2006/02/22。

〔註102〕陳劍：〈談談《上博（五）》的竹簡分篇、拼合與編聯問題〉，武漢大學《簡帛網》，2006/02/19。

〔註103〕楊澤生：〈《上博五》零釋十二則〉，武漢大學《簡帛網》，2006/03/20。

〔註104〕新蔡甲一簡 12、甲三簡 112 的「尚」字，分別寫作「」、「」，左下角有一短橫，林清源師指出此短橫為「贅筆」；且從運筆方向來看，確為「尚」字寫法，故「尚」、「甚」字形有別。

〔註105〕陳佩芬：《上海博物館藏戰國楚竹書（五）·競建內之釋文》（上海：上海古籍出版社，2005 年），頁 173。

〔註106〕陳劍：〈談談《上博（五）》的竹簡分篇、拼合與編聯問題〉，武漢大學《簡帛網》，2006/02/19。季旭昇師：〈上博五芻議（上）〉，武漢大學《簡帛網》，2006/02/18。何有祖：〈上博五楚竹書《競建內之》札記五則〉，武漢大學《簡帛網》，2006/02/18。陳偉：〈《競建內之》《鮑叔牙與隰朋之諫》零識〉，武漢

〔註107〕楊澤生則讀為「罵」。〔註108〕李守奎讀「勱」或「勘」。〔註109〕李學勤讀作「邁」或「勘」。〔註110〕就音理論之，「勱」字讀作「漫」、「賴」、「勱」、「邁」、「勘」、「罵」，皆有其一定的道理。「勱」從「萬」聲，「邁」、「勘」皆以「萬」為聲符，故可通假。「萬」明紐元部，「漫」亦是明紐元部，聲韻皆同。「癘」從「厲」聲，「厲」為來紐月部，「賴」為來紐月部，聲韻皆同。「勱」為來紐月部、「勱」從「萬」聲，「萬」為明紐元部，月、元二部相近，而來紐與明紐常見相通，如「吝」來紐文部，從「文」得聲的「旻」、「忞」為明紐文部。〔註111〕「勱」讀作「罵」，楊澤生有詳細的說明，茲引如下：

> 從「萬」聲的「厲」即屬來母，而支部字與元部字以及與元部有對轉關係的月部字皆可相通，如古書中疑母支部的「倪」跟疑母元部的「研」相通，疑母支部的「蜺」跟疑母月部的「齧」相通。〔註112〕

由上述可知，「勱」字讀作「漫」、「賴」、「勱」、「邁」、「勘」、「罵」，就音理方面來看，皆有一定的道理，故必須從上下文來辨別。

「寡人」之上的字，原簡寫作：

陳佩芬隸定為「忞」，讀作「恕」，以為是《說文》「恕」字古文「忞」。〔註113〕陳劍改釋為「安」，讀為「焉」。〔註114〕但楚簡「安」字作：

大學《簡帛網》，2006/02/22。林志鵬：〈上博楚竹書《競建內之》重編新解〉，武漢大學《簡帛網》，2006/02/25。許無咎：〈上博楚竹書（五）《競建內之》篇札記〉，《簡帛研究網站》，2006/02/25。季旭昇師：〈《上博五‧鮑叔牙與隰朋之諫》試讀〉，《楚地簡帛思想研究（三）》（武漢：湖北教育出版社，2007年），頁 15。林志鵬：〈楚竹書《鮑叔牙與隰朋之諫》補釋〉，武漢大學《簡帛網》，2007/07/13，其中黃人二之說轉引於此。

〔註107〕唐洪志：〈上博（五）札記（兩則）〉，武漢大學《簡帛網》，2006/03/08。
〔註108〕楊澤生：〈《上博五》零釋十二則〉，武漢大學《簡帛網》，2006/03/20。
〔註109〕李守奎：〈《鮑叔牙與隰朋之諫》補釋〉，《楚地簡帛思想研究（三）》（武漢：湖北教育出版社，2007年），頁32。
〔註110〕李學勤：〈試釋楚簡《鮑叔牙與隰朋之諫》〉，《文物》2006年第九期，頁92。
〔註111〕郭錫良：《漢字古音手冊》（北京：中華書局，1986年），頁239、240。
〔註112〕楊澤生：〈《上博五》零釋十二則〉，武漢大學《簡帛網》，2006/03/20。
〔註113〕佩芬：《上海博物館藏戰國楚竹書（五）‧競建內之釋文》（上海：上海古籍出版社，2005年），頁173。
〔註114〕陳劍：〈談談《上博（五）》的竹簡分篇、拼合與編聯問題〉，武漢大學《簡帛網》，2006/02/19。

由以上字形可見，「安」字寫法與「■」字不同。許無咎以爲「■」與「怒」皆從「女」聲，可通假。〔註115〕陳偉則依據出土文獻，將「■」字讀爲「怒」，得到多數學者的贊同，其中李守奎另讀爲「誨」。〔註116〕楚簡中與「■」字字形相同有：

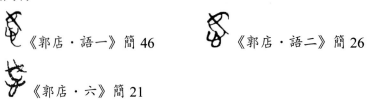

亦有從「艹」形：

上述六個例證，除了郭店簡〈六德〉讀作「誨」之外，其餘皆讀爲「怒」。〔註117〕至此，〈競〉簡6「■」字可讀爲「恕」、「怒」、「誨」，而該當何讀，只能靠上下文來確認。

倒數第三字，原簡寫作：

陳佩芬隸定作「貞」，讀作「辯」。〔註118〕許無咎釋作「弁」，讀爲「變」，唐

〔註115〕許無咎：〈上博楚竹書（五）《競建內之》篇札記〉，《簡帛研究網》，2006/02/25。

〔註116〕陳偉：〈《競建內之》《鮑叔牙與隰朋之諫》零識〉，武漢大學《簡帛網》，2006/02/22。李守奎：〈《鮑叔牙與隰朋之諫》補釋〉，《楚地簡帛思想研究（三）》（武漢：湖北教育出版社，2007年），頁32～33。

〔註117〕荊門市博物館：《郭店楚墓竹簡》（北京：文物出版社，1998年），頁113、179、181、187、195、204。

〔註118〕陳佩芬：《上海博物館藏戰國楚竹書（五）·競建內之釋文》（上海：上海古籍出版社，2005年），頁172。

洪志贊同此說。〔註119〕由字形而言，此字隸定作「卓」有其道理，但本論文前已論述過，「吏」與「弁」字形在楚簡中已有混同的現象，要釋作何字則需依靠上下文義來確定。〔註120〕

（三）字詞訓讀

「■才虘」，陳佩芬、陳劍讀爲「當才吾」。〔註121〕但筆者前文已述，應在「才」後斷句，「吾」屬下讀，故此說可先排除。楊澤生讀「■才」爲「傷哉」，表傷感之義，意謂「齊桓公聽到不能解除憂患的說法而有所感傷」。〔註122〕但簡文「■」字應是「甚」字，故此說成立的可能性很低。上述二說皆有不足之處，故筆者擬採用何有祖、陳偉之說，將「■才」讀爲「甚哉」，「吾」屬下讀。

「吾不滿」一句，學者皆著重於「滿」字該如何訓讀。季旭昇師、陳劍、何有祖、林志鵬、陳偉、許無咎、黃人二等七人，皆將此句讀作「吾不賴」，但「賴」字學者各有其訓讀，季師起先訓「依恃」，後改訓「善」；陳偉認爲「不賴」即「無賴」，指缺乏才能；許無咎訓爲「依賴」；林志鵬與黃人二亦訓作「善」。〔註123〕唐洪志讀作「吾不勵」，其中「勵」訓作「勉勵」。〔註124〕楊澤生則讀爲「吾不詈」，「詈」訓「責罵」。〔註125〕李守奎讀「吾不勵」或「吾

〔註119〕許無咎：〈上博楚竹書（五）《競建內之》篇札記〉，《簡帛研究網》，2006/02/25。唐洪志：〈上博（五）札記（兩則）〉，武漢大學《簡帛網》，2006/03/08。

〔註120〕請參閱本論文第三章第一節第五小節。

〔註121〕陳佩芬：《上海博物館藏戰國楚竹書（五）·競建內之釋文》（上海：上海古籍出版社，2005年），頁172。

〔註122〕楊澤生：《〈上博五〉零釋十二則〉，武漢大學《簡帛網》，2006/03/20。

〔註123〕季旭昇師：〈上博五芻議（上）〉，武漢大學《簡帛網》，2006/02/18。陳劍：〈談談《上博（五）》的竹簡分篇、拼合與編聯問題〉，武漢大學《簡帛網》，2006/02/19。何有祖：〈上博五楚竹書《競建內之》札記五則〉，武漢大學《簡帛網》，2006/02/18。陳偉：〈《競建內之》《鮑叔牙與隰朋之諫》零識〉，武漢大學《簡帛網》，2006/02/22。林志鵬：〈上博楚竹書《競建內之》重編新解〉，武漢大學《簡帛網》，2006/02/25。許無咎：〈上博楚竹書（五）《競建內之》篇札記〉，《簡帛研究網》，2006/02/25。季旭昇師：《〈上博五·鮑叔牙與隰朋之諫〉試讀》，《楚地簡帛思想研究（三）》（武漢：湖北教育出版社，2007年），頁15。林志鵬：〈楚竹書《鮑叔牙與隰朋之諫》補釋〉，武漢大學《簡帛網》，2007/07/13，其中黃人二之說轉引於此。

〔註124〕唐洪志：〈上博（五）札記（兩則）〉，武漢大學《簡帛網》，2006/03/08。

〔註125〕楊澤生：《〈上博五〉零釋十二則〉，武漢大學《簡帛網》，2006/03/20。

不勸」，「勵」、「勸」皆訓「奮勉」之義。〔註126〕李學勤讀作「吾不邁」或「吾不勸」，「邁」與「勸」皆訓作「勉」義。〔註127〕依筆者前述斷句來看，若訓作「放縱」、「依恃」、「依賴」、「責罵」則文義難通。若依陳偉之說，「不」字可訓作「無」，多作「沒有」來解釋，《詩·王風·君子于役》：「君子于役，不日不月。」鄭玄注：「行役反無日月」；若依唐洪志、李學勤、李守奎之說，將「邁」訓作「勉」、「勉勵」、「奮勉」意義大致雷同，加上前文「不」字即有「不勉勵」之意；若依季師、林志鵬、黃人二三人之說，將「邁」訓「善」，「不善」則有「不好」的意思，三說於〈競〉簡 6 文義都可讀通，皆是齊桓公同意隰朋之諫言。但筆者較傾向後說，原因在於隰朋已指出「不遷於善而說之」，此處齊桓公自責自己「不善」，較切合文義。

「諦（字）」一詞的訓讀，陳佩芬讀作「諦恕」，「諦」訓作「審」，「恕」訓「忖」，解釋爲「不詳細思量二三子」，意謂「完全信任二三子」。〔註128〕由上下文義觀之，若依陳說，〈競〉簡 6 之文義與全篇文義會互相牴觸，也就沒有下文〈競〉簡 2 鮑叔牙與隰朋利用高宗故事來勸諫齊桓公，故此說不可信。

楊澤生將「諦」字訓作「注意」、「細察」，「諦怒」意即「細查責備」。〔註129〕李守奎讀作「諦誨」，意謂「詳審地教誨」。〔註130〕陳偉、唐洪志、季旭昇師、林志鵬四位認爲「諦」與「責」二字皆從「朿」聲，可以通假，因而讀爲「責怒」，意謂「嚴責」、「苛責」之義。〔註131〕許無咎與高佑仁讀作「謫怒」，有「譴責」、「責備」之義。〔註132〕李學勤讀作「謫，恕」，「謫」訓「責

〔註126〕李守奎：〈《鮑叔牙與隰朋之諫》補釋〉，《楚地簡帛思想研究（三）》（武漢：湖北教育出版社，2007 年），頁 32。

〔註127〕李學勤：〈試釋楚簡《鮑叔牙與隰朋之諫》〉，《文物》2006 年第九期，頁 92。

〔註128〕陳佩芬：《上海博物館藏戰國楚竹書（五）·競建內之釋文》（上海：上海古籍出版社，2005 年），頁 173。

〔註129〕楊澤生：〈《上博五》零釋十二則〉，武漢大學《簡帛網》，2006/03/20。

〔註130〕李守奎：〈《鮑叔牙與隰朋之諫》補釋〉，《楚地簡帛思想研究（三）》（武漢：湖北教育出版社，2007 年），頁 33。

〔註131〕陳偉：〈《競建內之》《鮑叔牙與隰朋之諫》零識〉，武漢大學《簡帛網》，2006/02/22。唐洪志：〈上博（五）札記（兩則）〉，武漢大學《簡帛網》，2006/03/08。季旭昇師：〈《上博五·鮑叔牙與隰朋之諫》試讀〉，《楚地簡帛思想研究（三）》（武漢：湖北教育出版社，2007 年），頁 15。林志鵬：〈楚竹書《鮑叔牙與隰朋之諫》補釋〉，武漢大學《簡帛網》，2007/07/13。

〔註132〕許無咎：〈上博楚竹書（五）《競建內之》篇札記〉，《簡帛研究網》，2006/02/25。高佑仁：〈談《競建內之》簡六之「謫怒」〉，《簡帛研究網》，2006/08/16。（筆者按：高佑仁之文章標題「競」原作「竟」，以下不再註明）。

怪」；「恕」則有寬恕之義。〔註133〕由文義論之，上述五派說法皆可通讀，但楊澤生與李守奎之說於句義上似乎太輕，前文「吾不賴」，意謂齊桓公已查覺自己「不勉勵」、「不善」，那麼二三子不應對齊桓公寬恕，應提出嚴厲譴責，指出齊桓公的過失。故「責怒」、「謫怒」與「謫，恕」三說較符合句義，但字音上，「諦」字讀作「責」，高佑仁對此提出反駁：

> 在字音上，「諦」從言、帝聲，「謫」字從「啻」得聲，「啻」亦從「帝」得聲，「諦」、「謫」二字都是端紐、錫部，比起精紐、錫部的「責」字，在聲紐上更為接近。字形上，楚簡中「啻」、「帝」的關係十分密切，例如郭店簡三十八云：「君子不帝明乎民微而已」，其「帝」字即讀作「啻」，因此本簡「諦」字讀作「謫」會比較直截，又《古文四聲韻》「謫」字正作「𤲞（古老子）」，字即從言、帝聲，與簡文字形正同。〔註134〕

此說反駁有理。端紐為舌頭音，精紐為齒頭音，且「諦」與「謫」二字聲韻皆同，字形上亦有依據。如此一來，僅存「謫怒」與「謫，恕」二說，筆者傾向前說，原因在於「謫怒」見於先秦文獻，《韓非子・說難》：「自勇其斷，則無以其謫怒之。」，此其一。就字形而言，前文列舉「■」字，於楚簡中多讀為「怒」，未見讀作「恕」的用法，此其二。

「■日食」一句，許無咎讀為「變日食」，即〈競〉簡1「星變」之「變」。〔註135〕唐洪志贊同許無咎之說，認為「變日食」是使動用法，即「使日食變」，吳國源表示贊同。〔註136〕二說於語法以及文義上皆可從，但先秦文獻未見「變」置於「日食」之前的使動用法，多數作「日食之變」、「日食地震之變」等。故筆者仍贊同多數學者的意見，將「■」字讀作「使」，訓為「致使」之義。確定讀為「使」之後，「■」字應釋作「吏」。

到此，筆者將此段斷讀為「甚哉！吾不賴，二三子不謫怒寡人，至於使日食」，全段文義為「齊桓公認同先前隰朋之諫言，察覺自己確有過失，而臣子們卻沒有嚴厲譴責、指出過失，使得發生日食這種異常天象」。

〔註133〕李學勤：〈試釋楚簡《鮑叔牙與隰朋之諫》〉，《文物》2006年第九期，頁92。
〔註134〕高佑仁：〈談《競建內之》簡六之「謫怒」〉，《簡帛研究網》，2006/08/16。
〔註135〕許無咎：〈上博楚竹書（五）《競建內之》篇札記〉，《簡帛研究網》，2006/02/25。
〔註136〕唐洪志：〈上博（五）札記（兩則）〉，武漢大學《簡帛網》，2006/03/08。吳國源：〈《上博（五）・競建內之》「日既」考釋〉，《簡帛》第二輯（上海：上海古籍出版社，2007年），頁272。

第二節 「鮑叔牙與隰朋以古史諫桓公」組

鞄（鮑）咠（叔）峇（牙）【競簡6】與汲（隰）俚（朋）曰：「群臣之辠（罪）也。昔高宗祭，又（有）鼇（雉）𥄬（雛）於俴（彝）前，卲（召）祖已而昏（問）安（焉），曰：『是可（何）也？』祖己畬（答）曰：『昔先君【競簡2】客（格）王，天不見薈（害），地不見寶（孽），則訴（祈）者（諸）禗（鬼）神曰：「天陞（地）盟（明）弃（棄）我矣！近臣不訐（諫），遠者不方（謗），則攸（修）者（諸）向（鄉）【競簡7】里。」含（今）此祭之夏（得）福者也，青（請）煬（量）之以嗌（益）鷟（給），既祭之迻（後），安（焉）攸（修）先王之瀍（法）。』高宗命伇（傅）𩰦（說）量之吕（以）【競簡4】祭，既祭，安（焉）命行先王之瀍（法），發古簏（慮），行古遑（作），發（廢）逆（作）者死，弗行者死。不出三年，譻（邌）人之怀（附）者七百【競簡3】邦，此能從善而达（去）祂（禍）者。」

一、鞄咠峇與汲俚

第四字，原簡寫作：

原考釋者陳佩芬隸定作「兵」。〔註137〕魯家亮改釋爲「與」，學者多無異議。〔註138〕字形與郭店簡〈唐虞之道〉簡22「　」、〈語叢三〉簡17「　」相近，其辭例分別爲「古者堯之與舜也」、「天型成，人與物」，可知〈競〉簡2「　」字應改釋作「與」，故魯氏之說可信。

二、群臣之辠也

第四字，原簡寫作：

〔註137〕陳佩芬：《上海博物館藏戰國楚竹書（五）·競建內之釋文》（上海：上海古籍出版社，2005年），頁169。

〔註138〕魯家亮：〈讀上博楚竹書（五）札記二則〉，武漢大學《簡帛網》，2006/02/18。

陳佩芬釋作「皋」讀作「罪」。〔註139〕李守奎以為上半部非從「自」旁，而是「首」旁，此為「皋」字訛書。〔註140〕由圖版可知，字形上部確實從「首」旁。楚簡常見「皋」字上部皆從「自」旁，如郭店簡〈老子〉甲本簡 5 寫作「𦥑」、〈五行〉簡 39 寫作「𦥑」。由於「自」、「首」二旁形體近似，所以「皋」字才會訛从「首」形，故李守奎之說可信，此字於簡文中仍讀作「罪」。

三、又𩵋於前

第二字，原簡寫作：

陳佩芬隸作「躰」，認為「躰」、「雉」同字，因而讀作「雉」。〔註141〕陳劍贊同讀為「雉」，但改隸定作「𩵋」，李守奎支持其說。〔註142〕筆者細審原簡，認為陳劍的隸定可從。「𩵋」應從「夷」得聲，「夷」為余紐脂部，「雉」為定紐脂部，《周禮·秋官·序官》：「薙氏下士二人」。鄭玄注：「書薙或作夷」，故筆者贊同陳劍之說。

第四字，原簡寫作：

魯家亮認為與《上博三·周》簡 1 的「𦱤」字近似，故改釋作「為」。〔註143〕劉樂賢認為〈競〉簡 2「𦱤」字不甚清晰，但從辭例來看，仍從原考釋者釋作「於」較合理。〔註144〕由圖版可知，此字經過塗改，以致模糊不清，確實無法辨識。即使如此，筆者以為此字與魯家亮所舉「為」字互相比對，兩者實不相類，原因在於左旁無「厶」形體的筆畫痕跡。雖然「𦱤」字無法從字形

〔註139〕陳佩芬：《上海博物館藏戰國楚竹書（五）·競建內之釋文》（上海：上海古籍出版社，2005 年），頁 169。

〔註140〕李守奎：〈《鮑叔牙與隰朋之諫》補釋〉，《楚地簡帛思想研究（三）》（武漢：湖北教育出版社，2007 年），頁 33。

〔註141〕陳佩芬：《上海博物館藏戰國楚竹書（五）·競建內之釋文》（上海：上海古籍出版社，2005 年），頁 169。

〔註142〕陳劍：〈談談《上博（五）》的竹簡分篇、拼合與編聯問題〉，武漢大學《簡帛網》，2006/02/19。李守奎：〈《鮑叔牙與隰朋之諫》補釋〉，《楚地簡帛思想研究（三）》（武漢：湖北教育出版社，2007 年），頁 33。

〔註143〕魯家亮：〈讀上博楚竹書（五）札記二則〉，武漢大學《簡帛網》，2006/02/18。

〔註144〕劉樂賢：〈談上博五《競建內之》札記〉，武漢大學《簡帛網》，2006/02/20。

確認爲何字，但我們可從語法與文義來推敲「　」字該作何解。首先，以語法而言，「雉雊　前」，意謂「雉雊……彝之前」（筆者贊同學者之説，將「　」字讀爲「彝」，訓作「彝器」，詳見下文），釋作「於」作介詞用法，表示動作行爲發生的處所。其次，就文義而言，陳佩芬已指出此句與高宗祭事有關，《尙書・高宗肜日序》：「高宗祭成湯，有飛雉生鼎耳而雊，祖己訓諸王，作《高宗肜日》、《高宗之訓》。」〔註145〕「雉雊於彝之前」可與「有飛雉生鼎耳而雊」互相對應。故筆者贊同劉樂賢之説，「　」字仍從原考釋者釋作「於」。

倒數第二字，原簡寫作：

陳佩芬未釋，僅描摹字形。〔註146〕季旭昇師率先將此字隸定作「傝」，學者多無異議。〔註147〕即使如此，學者對於「傝」字訓讀仍各有不同。李天虹讀作「尸」，訓「節神者」，李學勤亦持相同看法。〔註148〕陳劍、范常喜二人皆主張此字即「彝」字異體，讀爲「彝」，訓「彝器」，許無咎、林志鵬、李守奎也持相同意見。〔註149〕劉樂賢認爲是「彝」字，讀爲「彝」，訓「彝器」。〔註150〕季旭昇師起先讀爲「示」或「祇」，訓作「神」，其後自棄立場，改從陳劍之説。〔註151〕就字形來看，季師之隸定可從。而陳劍與范常喜認爲是「彝」字

〔註145〕陳佩芬：《上海博物館藏戰國楚竹書（五）・競建內之釋文》（上海：上海古籍出版社，2005年），頁169。

〔註146〕陳佩芬：《上海博物館藏戰國楚竹書（五）・競建內之釋文》（上海：上海古籍出版社，2005年），頁169。

〔註147〕季旭昇師：〈上博五芻議（上）〉，武漢大學《簡帛網》，2006/02/18。

〔註148〕李天虹：〈上博五《競》、《鮑》篇校讀四則〉，武漢大學《簡帛網》，2006/02/19。李學勤：〈試釋楚簡《鮑叔牙與隰朋之諫》〉，《文物》2006年第九期，頁92。

〔註149〕陳劍：〈談談《上博（五）》的竹簡分篇、拼合與編聯問題〉，武漢大學《簡帛網》，2006/02/19。范常喜：〈《上博五・競見內之》簡2「彝」字試説〉，武漢大學《簡帛網》，2006/02/20。林志鵬：〈上博楚竹書《競建內之》重編新解〉，武漢大學《簡帛網》，2006/02/25。許無咎：〈上博楚竹書（五）《競建內之》篇札記〉，《簡帛研究網》，2006/02/25。李守奎：〈《鮑叔牙與隰朋之諫》補釋〉，《楚地簡帛思想研究（三）》（武漢：湖北教育出版社，2007年），頁33。林志鵬：〈楚竹書《鮑叔牙與隰朋之諫》補釋〉，武漢大學《簡帛網》，2007/07/13。

〔註150〕劉樂賢：〈談上博五《競建內之》札記〉，武漢大學《簡帛網》，2006/02/20。

〔註151〕季旭昇師：〈上博五芻議（上）〉，武漢大學《簡帛網》，2006/02/18。季旭昇師：〈《上博五・鮑叔牙與隰朋之諫》試讀〉，《楚地簡帛思想研究（三）》（武

異體、劉樂賢認為即是「」字，其字形作：

（吳王光鑑） 《九店》M56 簡 43

《九店》M56 簡 44

互相對照可知，「倲」字左旁從「人」，與「弴」字左旁從「弓」確實不同。但楚文字的「人」、「尸」、「弓」、「刀」、「刃」等偏旁，由於形體相似，經常訛混。〔註152〕故「倲」字為「弴」字異體，當可信從。

就字音來看，「倲」從「夷」得聲，李天虹讀作「尸」，詢簋的「西門尸」、「秦尸」、「京尸」等等，「尸」皆讀作「夷」，故「倲」讀作「尸」可從。陳劍、范常喜、劉樂賢、季旭昇師諸位讀作「彝」，在傳世文獻以及出土文獻皆有例證，如《禮記・明堂位》：「夏后氏以雞夷」，鄭玄注：「夷讀為彝」。吳王光鑑「弴」字，郭沫若讀作「彝」。〔註153〕討論至此，「倲」可轉讀為「尸」或「彝」，該從何讀，只能由文義探求。

就文義來看，陳佩芬已指出此段與高宗祭事有關，若依李天虹與李學勤之說，讀為「尸」，訓作「神」，與上述史事不合。其次，雖然《尚書・高宗肜日序》言「鼎」，作「祭器」使用，但「彝」為「器」之總稱，《爾雅・釋器》：「彝、卣、罍，器也。」郭璞注：「皆盛酒尊，彝總其名。」除此之外，銅器銘文中，「彝」也作祭器之通稱，我方鼎銘文云：「用作父己寶隣彝」；作冊大鼎銘文：「用作祖丁寶隣彝」；靜方鼎銘文：「用作父丁寶隣彝」。

綜合以上，〈競〉簡2「」字應隸定作「倲」，為「弴」字異體，讀為「彝」，訓作「彝器」，簡文「有雉雛於彝前」與《尚書・高宗肜日序》所述之事相合。

四、卲祖已而昏安

首字原簡作：

漢：湖北教育出版社，2007 年），頁 15。

〔註152〕林清源師：《楚國文字構形演變研究》（臺中：東海大學中國文學研究所博士論文，1997 年），頁 124。

〔註153〕此條資料轉引自范常喜：〈《上博五・競見內之》簡 2「彝」字試說〉，武漢大學《簡帛網》，2006/02/20。

陳佩芬認爲從「譔」省，如本字讀作「譔」，訓爲「請教」。〔註154〕由「譔」字出發，許無咎改讀作「詢」，但未加以訓解；李守奎讀爲「巽」，訓作「恭遜」。〔註155〕楚文字未見「譔」字，只見「巽」字，寫作：

（曾侯乙鐘）　　　（曾侯乙磬）　　　《璽彙0161》

「巽」字的上半部，不管作「」或「」形體，左右部件的形體相同，而「」字的上半部，左右部件的形體不同，故「」不從「巽」省，「」字不能讀爲「譔」、「詢」或「巽」。

　　陳劍將「」字釋作「詔」，讀作「召」，林志鵬支持其說。〔註156〕侯乃峰認同陳劍之釋讀，構形分析爲「卲」字下部的「口」旁換成「言」旁。〔註157〕李學勤主張從「卲」（筆者按：李文原作「邵」）省聲，仍讀作「召」。〔註158〕李學勤的觀察有其道理，楚簡「卲」字作：

《包山》簡193　　　《郭店‧窮》簡10

《上博一‧孔》簡15　　　《新蔡》甲一簡21

確實與「」上部形近。古文字「口」與「言」因字義相近，作爲形符時可以互用，林清源師稱爲「義近替代」。〔註159〕如「詩」字，《上博一‧孔》寫作從「言」旁的「」，而《上博一‧緇》寫作從「口」旁的「」。因此，「」

〔註154〕陳佩芬：《上海博物館藏戰國楚竹書（五）‧競建內之釋文》（上海：上海古籍出版社，2005年），頁169。

〔註155〕許無咎：〈上博楚竹書（五）《競建內之》篇札記〉，《簡帛研究網》，2006/02/25。李守奎：《〈鮑叔牙與隰朋之諫〉補釋》，《楚地簡帛思想研究（三）》（武漢：湖北教育出版社，2007年），頁33。

〔註156〕陳劍：〈談談《上博（五）》的竹簡分篇、拼合與編聯問題〉，武漢大學《簡帛網》，2006/02/19。林志鵬：〈上博楚竹書《競建內之》重編新解〉，武漢大學《簡帛網》，2006/02/25。林志鵬：〈楚竹書《鮑叔牙與隰朋之諫》補釋〉，武漢大學《簡帛網》，2007/07/13。

〔註157〕侯乃峰：〈上博（五）幾個固定詞語和句式補說〉，《楚地簡帛思想研究（三）》（武漢：湖北教育出版社，2007年），頁129。

〔註158〕李學勤：〈試釋楚簡《鮑叔牙與隰朋之諫》〉，《文物》2006年第九期，頁92。

〔註159〕林清源師：《楚國文字構形演變研究》（臺中：東海大學中國文學研究所，博士學位論文，1997年），頁121。又，何琳儀稱作「形符互作」，請參閱何琳儀：《戰國文字通論（訂補）》（南京：江蘇教育出版社，2003年），頁229。

可讀為「召」，訓作「徵召」之義。

「昏安」一詞，陳佩芬謂「問安」，指「問國家安定之事」。「安」雖可訓解作「安定」，如《詩・小雅・常棣》：「喪亂既平，既安且寧，雖有兄弟，不如友生。」不過，「安」字在典籍文獻中，未見訓作「國家安定之事」。而季旭昇師主張「安」當讀作「焉」，得到多數學者贊同。〔註160〕古籍中「安」與「焉」經常通假，《左傳・哀公元年》：「安能敗我」，《國語・楚語下》「安」作「焉」。簡文云「召祖己而問焉」，侯乃鋒提到「召……而問焉」的句式古籍多見，《禮記・檀弓》：「陳莊子死，赴於魯。魯人欲勿哭，穆公召縣子而問焉。」與簡文句式完全相同可證。〔註161〕

五、昔先君客王

「先君」，陳佩芬未作說明。〔註162〕李守奎根據下文，認為此先君為「商湯」。〔註163〕李學勤主張「先君」是高宗武丁的父輩「盤庚」，林志鵬贊同其說。〔註164〕此段乃祖己所引述的話，而祖己為武丁時期的賢臣，若引述武丁父輩盤庚的話語，不僅時代接近，也較合乎常理，故筆者贊同李學勤之說。

「客」字，陳佩芬未作釋讀。〔註165〕陳劍讀為「格」，未說明訓解，李守奎從此讀。〔註166〕林志鵬與李偉泰從陳劍讀，進一步訓為「告」。〔註167〕之後林志鵬自我修正，認為「各」、「格」本義為「至」、「來」，無法引申為「告」，

〔註160〕季旭昇師：〈上博五芻議（上）〉，武漢大學《簡帛網》，2006/02/18。

〔註161〕侯乃鋒：〈上博（五）幾個固定詞語和句式補說〉，《楚地簡帛思想研究（三）》（武漢：湖北教育出版社，2007年），頁129。

〔註162〕陳佩芬：《上海博物館藏戰國楚竹書（五）・競建內之釋文》（上海：上海古籍出版社，2005年），頁173。

〔註163〕李守奎：〈《鮑叔牙與隰朋之諫》補釋〉，《楚地簡帛思想研究（三）》（武漢：湖北教育出版社，2007年），頁34。

〔註164〕李學勤：〈試釋楚簡《鮑叔牙與隰朋之諫》〉，《文物》2006年第九期，頁92。林志鵬：〈楚竹書《鮑叔牙與隰朋之諫》補釋〉，武漢大學《簡帛網》，2007/07/13。

〔註165〕陳佩芬：《上海博物館藏戰國楚竹書（五）・競建內之釋文》（上海：上海古籍出版社，2005年），頁173。

〔註166〕陳劍：〈談談《上博（五）》的竹簡分篇、拼合與編聯問題〉，武漢大學《簡帛網》，2006/02/19。李守奎：〈《鮑叔牙與隰朋之諫》補釋〉，《楚地簡帛思想研究（三）》（武漢：湖北教育出版社，2007年），頁34。

〔註167〕林志鵬：〈上博楚竹書《競建內之》重編新解〉，武漢大學《簡帛網》，2006/02/25。李偉泰：〈《競建內之》與《尚書》說之互證〉，《2007年中國簡帛學國際論壇》，2007年11月10～11日。

進而轉讀爲「勸」，訓作「勉勵」。〔註168〕「各」、「格」確實無「告」之義，林志鵬的自我修正有其道理，故李偉泰之說可首先排除。就音理來說，「客」爲溪紐鐸部、「勸」爲溪紐元部，兩者韻部有些差距。但林志鵬引虞萬里之說：「萑」爲見紐元部，可與見紐歌部的「戈」相通，《左傳·襄公四年》「斟灌氏」，《史記·夏本紀》作「斟戈氏」可證。又從「各」得聲的「格」爲見紐鐸部，而鐸部爲魚部之入聲，歌部、魚部關係密切，並引《十大經·前道》：「用者實，不用者萑」，「萑」與「實」相對，當即「華」字之假借。而「華」爲曉（匣）紐魚部，與見紐關係密切，韻與「格」爲魚鐸陽入之轉。〔註169〕因此「萑」與「戈」、「格」可相通假，從「各」得聲的「客」當可讀作從「萑」得聲的「勸」。又引陳曦之說：「萑」爲「萑」之分化字，《說文》：「萑……讀若和」；「萑」在甲骨卜辭中可假借爲「獲」、「穫」。〔註170〕而「和」爲匣紐歌部，「獲」、「穫」爲匣紐鐸部，可證歌部、鐸部相通。綜上所述，「客」讀爲「勸」之說，看來似乎合理。不過，從「各」得聲的字，未見與從「萑」得聲的字相通假之例證。〔註171〕其次，就文義來說，「勸」訓作「勉勵」，語氣上稍嫌薄弱些，此處應是盤庚對武丁的提示，提醒武丁發生異象時要格外注意。基於以上理由，筆者不從林志鵬之說。

季旭昇師亦從陳劍讀作「格」，並引《毛詩·大雅·抑》「神之格思」，傳：「格，至也。」而訓作「神靈降臨」。〔註172〕此說於文義可通，意謂盤庚降臨，提示武丁發生異象時要格外注意。

六、天不見崙

（一）「崙」字構形分析

原簡字形寫作：

〔註168〕林志鵬：〈楚竹書《鮑叔牙與隰朋之諫》補釋〉，武漢大學《簡帛網》，2007/07/13。

〔註169〕虞萬里：〈上博簡、郭店簡《緇衣》與傳本合校補證（中）〉，《史林》2003年第三期，頁78。

〔註170〕陳曦：〈試析殷墟甲骨文中「萑」和「萑」的關係〉，《中國語言學報》2003年第十一期，頁364～367。

〔註171〕張儒、劉毓慶：《漢字通用聲素研究》（太原：山西古籍出版社，2002年），頁429「各」字聲系。高亨纂著、董治安整理：《古字通假會典》（濟南：齊魯書社，1989年），頁879「各」字聲系。

〔註172〕季旭昇師：〈《上博五·鮑叔牙與隰朋之諫》試讀〉，《楚地簡帛思想研究（三）》（武漢：湖北教育出版社，2007年），頁15。

陳佩芬釋作「禹」，無詳細說明。〔註173〕首先要指出的是，此字與楚文字「禹」實不相類，從「禹」旁的「畢」字寫作：

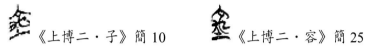

《上博二·子》簡 10　　　　《上博二·容》簡 25

由以上對照可知，簡文此字與「禹」字形體相去甚遠。季旭昇師釋作「禹」，以爲「禹」是「萬」字（災害的「害」本字）之省，得到陳劍、林志鵬、李守奎的認同。〔註174〕但從「萬」旁的字形，楚文字寫作：

《天·策》·「輨」　　　　《上博一·孔》簡 16·「薑」

「輨」、「薑」與前述所舉的「畢」字，三字所從之「禹」形字形雷同，其特點是下半部從「内」形，而「此」字下部與「内」形實不相同，故「此」字釋作「禹」的可能性不高。

　　高佑仁認爲「此」字即是「萬」字，嚴式隸定作「串」，是「畫」字的特殊寫法。〔註175〕此說的立論基礎在於郭店簡〈五行〉簡35「害」字，寫作：

原整理者釋作「夌」。裘錫圭於按語指出：「此字上部與『夌』字有別，疑是『萬』（害）之訛形（參看拙文《古文字論集·釋「畫」》），本書《尊德義》二六號簡『萬』字作『柔』，可參照。故此字似當從帛書本讀爲『害』」。〔註176〕因此，高佑仁認爲「柔」去掉「土」旁之後，「此」即爲裘錫圭所釋的「萬」字，而「此」即是「此」上下偏旁位置互換。就字形來看，此說有一定

〔註173〕陳佩芬：《上海博物館藏戰國楚竹書（五）·競建內之釋文》（上海：上海古籍出版社，2005 年），頁 173。

〔註174〕季旭昇師：〈上博五芻議（上）〉，武漢大學《簡帛網》，2006/02/18。陳劍：〈談談《上博（五）》的竹簡分篇、拼合與編聯問題〉，武漢大學《簡帛網》，2006/02/19。林志鵬：〈上博楚竹書《競建內之》重編新解〉，武漢大學《簡帛網》，2006/02/25。李守奎：〈《鮑叔牙與隰朋之諫》補釋〉，《楚地簡帛思想研究（三）》（武漢：湖北教育出版社，2007 年），頁 34。

〔註175〕高佑仁：〈談《競建內之》兩處與「害」有關的字〉，武漢大學《簡帛網》，2006/06/13。

〔註176〕荊門市博物館：《郭店楚墓竹簡》（北京：文物出版社，1998 年），頁 153。

的道理，甲骨文「蚩」字寫作「🜲」（《前》3.1.2），爲「傷害」之「害」的本字，而後漸漸演變成從「禹」旁作「萬」，其中「土」又可以移到下方成「憂」，如睡虎地〈日書〉乙本簡48「憂」，足以證明「尐」的上半部件亦可移至下方。古文字構成部件的位置，固然可以互相對調，如「期」字《包山》簡68作「🝙」，《天・卜》作「🝘」；「尼」字，《郭店・緇衣》簡9寫作「🝗」，《上博一・緇》簡6寫作「🝖」。但筆者認爲如此分析字形，所要面臨的問題爲「尐」是否爲「土」形。高佑仁對此提出證據，如「害」字在《上博一・孔》簡7寫作「害」、簡10寫作「害」，其上部與「尐」形近。仔細比對之後，筆者認爲「尐」確與「害」上部形近，而本論文前已論述過，「害」字可寫作「害」、「害」這類形體，乃是「害」與「萬」糅合而成，故「尐」即爲「土」形之說可以成立。〔註177〕雖然如此，郭店簡〈五行〉「㐱」字，因有帛書本可供相對照，讀爲「害」應無問題，但筆者認爲不能以訓讀來論定「尐」即爲「萬」字，因「𦎫」（《曾侯》簡10「轄」字）、「𦎫」（《上博一・孔》簡16・「蘆」字）等字所從「萬」旁與「尐」字明顯有別。

其後陳劍自我修正，主張將「🜶」釋作「夭」，林志鵬認同其說。〔註178〕「夭」字在甲骨文作「🜵」（《後》2.4.13），像人搖擺雙臂奔走之形。〔註179〕戰國文字承襲甲骨文的字形，但多數增添「宀」旁，寫作「夭」（《郭店・唐》簡11）、「夭」（《上博二・子》簡12「芺」字所從）、「夭」（《璽彙》5621），可見「夭」字在戰國時期寫法相當固定，與簡文「🜶」字字形有些不同，其差別在於兩字「人」與下部相交處筆畫不同，「夭」作一豎筆，「🜶」作分叉形，此其一。「🜶」最下方缺少向左的斜筆，此其二。對於字形上的差距，陳劍提出同類變化加以說明：

首先，「束」字可分別寫作：

《包山》簡168「瘶」字所從

《郭店・老甲》簡14

〔註177〕請參閱本論文第三章第一節第四小節。

〔註178〕陳劍：〈也談《競建內之》簡7的所謂「害」字〉，武漢大學《簡帛網》，2006/06/16。林志鵬：〈楚竹書《鮑叔牙與隰朋之諫》補釋〉，武漢大學《簡帛網》，2007/07/13。

〔註179〕何琳儀：《戰國古文字典》（北京：中華書局，1998年），頁281。

包山簡「束」字中間原作一豎筆，而《郭店‧老甲》「束」字上端變作分叉之形。其次，《郭店‧語一》簡 50「」寫作：

左下「矢」形本應作分叉兩筆，此形省略爲一筆；相同的情況亦見於「年」字，常見之形寫作：

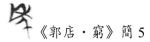《郭店‧窮》簡 5

而《郭店‧緇衣》簡 12、《上博一‧孔》簡 8 分別寫作：

（「恎」字所從）

其下端左右分叉兩筆省去向左的斜筆。關於第一點例證，筆者以爲有一定的道理，但第二點則有商榷的空間，「」字左下「矢」形應是受到右旁的影響，自體類化成一個黑點〔註 180〕；郭店簡、上博簡的「年」字，恐怕不是省略向左的斜筆，而是下部「人」形與上部「禾」形共用向左的斜筆。如此一來，「」要釋爲「夭」的可能性已不高。此外，陳劍亦有另一意見，認爲是書手個人因素所造成的訛體。〔註 181〕這種現象固然有發生的機率，但目前並無發現「夭」字寫作「」形的例證。

（二）「萬」字訓讀

就「」字的形體來看，釋作「萬」的可能性較大，但因常見的「萬」旁寫法，其結構與「」不盡相同，故仍待更多出土材料的證明。不過我們可在上下文的基礎上，去推求「」字在此簡的讀法。

季旭昇師、陳劍、林志鵬、高佑仁、李守奎等五人將「」讀作「害」，訓爲「災害」。〔註 182〕筆者以爲於文義相當通順。誠如陳佩芬所引《春秋繁露‧

〔註 180〕林清源師：《楚國文字構形演變研究》（臺中：東海大學中文研究所博士論文，1997 年），頁 15。

〔註 181〕陳劍：〈也談《競建內之》簡 7 的所謂「害」字〉，武漢大學《簡帛網》，2006/06/16。

〔註 182〕季旭昇師：〈上博五芻議（上）〉，武漢大學《簡帛網》，2006/02/18。陳劍：〈談談《上博（五）》的竹簡分篇、拼合與編聯問題〉，武漢大學《簡帛網》，2006/02/19。林志鵬：〈上博楚竹書《競建內之》重編新解〉，武漢大學《簡帛網》，2006/02/25。高佑仁：〈談《競建內之》兩處與「害」有關的字〉，武

必仁且知》：「莊王曰：『天不見災，地不見孽，則禱之於山川，曰：天其將亡予耶！不說吾過，極吾罪也。』」〔註183〕此段不論句式、文義均與〈競〉簡7相似，故讀爲「害」是有一定的道理。

　　陳劍則認爲陳佩芬所引《春秋繁露・必仁且知》的「天不見災」與簡文「」字無法對應，因而改讀爲「妖」或「祅」，訓爲「自然界、人事、社會中反常、怪異的事物」，並引《說苑・君道》：「楚莊王見天不見妖，而地不出孽，則禱於山川，曰：『天其忘予歟？此能求過於天，必不逆諫矣。安不忘危，故能終而成霸功焉。』」作爲佐證，得到林志鵬的贊同。〔註184〕此段與〈競〉簡7句式、文義亦相同，陳劍讀爲「妖」也相當合理。

　　由以上論述可知，「」字無論讀作「害」、「妖」或「祅」，都能與簡文文義相合。但就前述「」字考辨，比較有可能讀爲「害」。

七、地不見寯

（一）「寯」字構形分析

　　原簡字形寫作：

陳佩芬釋作「龍」，未說明理由。〔註185〕王輝亦釋作「龍」。〔註186〕「龍」字在甲骨文作「」（《拾》55），像動物捲曲、張口，頭上有冠之形。在金文寫作「」（作龍母尊《集成》05809）、「」（邵鸞鐘《集成》00225），張口漸漸訛變爲「肉」形，且身體捲曲部分也與張口部分逐漸分離。戰國文字承襲金文，楚系文字寫作「」（《包山》簡171）、「」（《郭店・性》簡28），並無太大變化。兩相比對可知，簡文「」字不爲「龍」字。王輝所以將「」

漢大學《簡帛網》，2006/06/13。李守奎：〈《鮑叔牙與隰朋之諫》補釋〉，《楚地簡帛思想研究（三）》（武漢：湖北教育出版社，2007年），頁34。

〔註183〕陳佩芬：《上海博物館藏戰國楚竹書（五）・競建內之釋文》（上海：上海古籍出版社，2005年），頁173。

〔註184〕陳劍：〈也談《競建內之》簡7的所謂「害」字〉，武漢大學《簡帛網》，2006/06/16。林志鵬：〈楚竹書《鮑叔牙與隰朋之諫》補釋〉，武漢大學《簡帛網》，2007/07/13。

〔註185〕陳佩芬：《上海博物館藏戰國楚竹書（五）・競建內之釋文》（上海：上海古籍出版社，2005年），頁173。

〔註186〕王輝：〈《上博楚簡（五）》讀記〉，《中國文字》新三十二期（臺北：藝文印書館，2006年），頁24。

字釋爲「龍」，是因他認爲右旁表示龍身體捲曲部分已省略，左旁稍有訛變，並舉「❋」（《璽彙》3058「寵」字下部）、「骨」（《璽彙》3390「龔」字上部）作爲佐證。但我們需注意的是，作爲獨體字的「龍」，像身體捲曲部分的形體從未省略，並且《璽彙》3058「寵」字的「龍」旁也未見省略身體捲曲的部分。至於《璽彙》3390「龔」字爲合體字，當可省去部分形體，保留聲符即可。〔註187〕故「❋」字釋爲「龍」的可能性很低。

季旭昇師認爲「❋」字應從「它」、「屮」、「月」聲，古人以「它」爲「蛇」，故可視爲一種災害，陳劍、林志鵬二人贊同其說。〔註188〕劉信芳則隸定作「𩆜」，以「月」爲聲符。〔註189〕李守奎同意季旭昇師之說，並進一步提出《郭店・語叢三》簡58的「❡」與簡文「❋」字偏旁有相似之處。〔註190〕筆者贊同季師的構形分析，原因在於「❋」字上部「❋」即是楚文字「它」字的寫法，可知劉信芳的隸定很有問題。其次，「❋」字是否從「月」得聲，可由《郭店・語叢三》簡58「❡」字推敲。「❡」字右半偏旁與簡文「❋」字下半部同形，此字原整理者僅摹寫其形，視爲待考字。〔註191〕李零疑讀爲「閱」，大概是認爲「❡」字從「月」得聲。〔註192〕「月」爲疑紐月部，「閱」爲余紐月部。如《荀子・哀公篇》「兩驂列」，「列」《孔子家語・顏回》作「曳」。「列」從「歺」得聲，「歺」爲疑紐月部，「曳」爲余紐月部，據此可知疑紐、余紐可通，所以李零讀爲「閱」是有一定的道理。假使「❡」字可從「月」得聲，「❋」字當可以「月」爲聲符。

周鳳五則以爲「❋」字與《金文編》「薛」字以及《說文》「屵」字字形相

〔註187〕此字構形有兩種理解方式，一是從「共」、「龍」省聲，一是從「共」、「龍」爲疊加聲符。請參閱何琳儀：《戰國古文字典》（北京：中華書局，1998年），頁428。

〔註188〕季旭昇師：〈上博五芻議（上）〉，武漢大學《簡帛網》，2006/02/18。陳劍：〈談談《上博（五）》的竹簡分篇、拼合與編聯問題〉，武漢大學《簡帛網》，2006/02/19。林志鵬：〈上博楚竹書《競建內之》重編新解〉，武漢大學《簡帛網》，2006/02/25。

〔註189〕劉信芳：〈上博藏楚竹書所載殷高宗政令及相關問題〉，《中國歷史文物》2006年第五期，頁60～62。

〔註190〕李守奎：〈《鮑叔牙與隰朋之諫》補釋〉，《楚地簡帛思想研究（三）》（武漢：湖北教育出版社，2007年），頁34。

〔註191〕荊門市博物館：《郭店楚墓竹簡》（北京：文物出版社，1998年），頁212。

〔註192〕李零：《郭店楚簡校讀記（增訂本）》（北京：北京大學出版社，2002年），頁150。

合，故可釋爲「辥」。〔註193〕從字形來看，「薛」寫作「ᵉ彐」（薛侯鼎《集成》02377），李家浩曾經指出：「此旁（筆者按：爲「ᵉ彐」旁）是從金文ᵉ彐（薛）演變而來」。〔註194〕之後劉洪濤爲李家浩作了補充説明：

> 楚簡此旁是從以金文那個字爲聲符的「辥」字演變而來的。楚簡此偏旁應分析爲從「屮」、「月」聲，也可以説是金文那個字省聲。金文那個字也見于甲骨文，右旁裘錫圭先生釋爲「乂」字初文（《古文字論集》，頁 35），孫俊認爲是兩聲字，「月」、「乂」皆聲（北大碩士學位論文 2005 年）。因此楚簡此字應該就是「辥」字的異體。「辥」字所從「辛」旁爲「乂」初文訛變（參用王國維《釋辥》、裘錫圭先生上引文説），「辥」、「艾」古應同字，都是「刈」字異體。〔註195〕

李家浩之説當可信從，故「🔳」旁應分析爲「屮」、「月」聲，「🔳」字爲「薛」字異體。

（二）「𡭴」字訓讀

季旭昇師、陳劍、林志鵬、劉信芳、李守奎等五位皆認爲「🔳」字應從「月」聲，故讀爲「孽」，有「災害」、「妖孽」之類的意思。〔註196〕周鳳五讀爲「孽」。〔註197〕王輝讀爲「蠪」，訓作「赤色大螞蟻」，並引《説文》段注，認爲「蠪」可爲「孽」，再引《詩經》鄭箋，「孽」引申有「災害」之義。〔註198〕由此可知，不管各家學者如何破讀，「🔳」字於〈競〉簡7皆用作「災

〔註193〕周鳳五之説轉引自林志鵬：〈楚竹書《鮑叔牙與隰朋之諫》補釋〉，武漢大學《簡帛網》，2007/07/13，注解 17。

〔註194〕此説轉引自劉洪濤：〈讀上博竹書《天子建洲》箚記〉，武漢大學《簡帛網》，2007/07/12。

〔註195〕劉洪濤在簡帛論壇中的「簡帛研讀」上的發言，標題爲「關於楚簡「薛」字」，http://www.bsm.org.cn/forum/viewtopic.php?t=139。

〔註196〕季旭昇師：〈上博五芻議（上）〉，武漢大學《簡帛網》，2006/02/18。陳劍：〈談談《上博（五）》的竹簡分篇、拼合與編聯問題〉，武漢大學《簡帛網》，2006/02/19。林志鵬：〈上博楚竹書《競建内之》重編新解〉，武漢大學《簡帛網》，2006/02/25。劉信芳：〈上博藏楚竹書所載殷高宗政令及相關問題〉，《中國歷史文物》2006 年第五期，頁 60～62。李守奎：〈《鮑叔牙與隰朋之諫》補釋〉，《楚地簡帛思想研究（三）》（武漢：湖北教育出版社，2007 年），頁 34。

〔註197〕周鳳五之説轉引自林志鵬：〈楚竹書《鮑叔牙與隰朋之諫》補釋〉，武漢大學《簡帛網》，2007/07/13，註解 17。

〔註198〕王輝：〈《上博楚簡（五）》讀記〉，《中國文字》新三十二期（臺北：藝文印書館，2006 年），頁 24。

害」之義。

　　前述已舉《春秋繁露・必仁且知》「天不見災，地不見孽」、《說苑・君道》「天不見妖，而地不出孽」等古籍文獻，不管從句式或簡文文義來看，「」字用作「災害」之義，是相當合理的。但從「」字的構形分析來看，以「月」聲爲聲符，讀爲「孽」的可能性較大。

八、則訴者䰩神

　　第二字，原簡寫作：

陳佩芬隸定作「訴」，並未說明原因。〔註199〕「斤」於楚簡中並無獨體的寫法，多見於「新」、「斯」、「所」等字的偏旁，其字形分別作「」（《郭店・緇》簡25）、「」（《郭店・性》簡25）、「」（《上博四・柬》簡8），其特徵爲兩折筆。觀「」字右半偏旁，確實作兩折筆，當是「斤」字無疑，故陳佩芬的隸定不可信。

　　陳劍改隸作「訓」，並未說明來由。〔註200〕陳劍大概是認爲「」字右旁「川」，再經由「省略同形」的方式，寫作兩筆的「川」。但「川」的寫法楚文字習見，皆爲三道豎畫，亦可寫作兩道豎畫，而「」字的右旁爲兩折筆，故不爲「川」旁。

　　林志鵬認爲「」字右旁是「斤」，爲「斥」字異體，故「」字構形分析爲從「言」從「斤」會意，爲「訴」字異體，訓作「告」，「告諸鬼神」乃用「攻說之祭」。〔註201〕首先，「訴」字，《說文》：「從言㡿聲」。段玉裁注：「凡從㡿之字隸變爲厈，俗又訛斥」。可見「斥」是由「㡿」隸變加上訛變而來，看不出與「斤」有任何關聯，林志鵬將「斤」理解爲「斥」字異體，不知所據爲何。再者，「」字若爲從「言」從「斤」會意，則無法理解到底如何會意，且「訢」字見於戰國文字，中山王圓壺「訢詻」的「訢」寫作「」，讀

〔註199〕陳佩芬：《上海博物館藏戰國楚竹書（五）・競建內之釋文》（上海：上海古籍出版社，2005年），頁173。
〔註200〕陳劍：〈談談《上博（五）》的竹簡分篇、拼合與編聯問題〉，武漢大學《簡帛網》，2006/02/19。
〔註201〕林志鵬：〈上博楚竹書《競建內之》重編新解〉，武漢大學《簡帛網》，2006/02/25。林志鵬：〈楚竹書《鮑叔牙與隰朋之諫》補釋〉，武漢大學《簡帛網》，2007/07/13。

爲「沂鄂」，可見「訢」是形聲字，從「斤」得聲。〔註202〕其次，「告」有陳訴的意思，且上文云「天不見害，地不見孽」，此處訓爲「告」於義可通。但是否爲「攻說之祭」似可商榷。本論文前文已經論述「攻說之祭」有攘奪之義，非單純陳論其事，故此處「告」只有「訴說」、「陳訴」之義，不能與「攘奪」義混爲一談。

季旭昇師則認爲「■」字原考釋者誤植，右旁應爲「斤」，「■」字亦從「斤」得聲，讀爲「祈」，與「禱」同意，楊澤生贊同其說。〔註203〕筆者同意此說，原因在於前面已論述「■」字右旁爲兩折筆，當是「斤」無疑，且中山王圓壺「訢」從「斤」聲要讀爲「沂」，故「■」字從「斤」得聲也相當合理。其次，前文已云「天不見害，地不見孽」，「■」字訓爲「祈禱」可與前文文義互相呼應。

九、天堕盟弃我矣

「盟」字陳佩芬讀爲「明」，未作任何訓解，但學者多從其說。〔註204〕楊澤生則讀作「罔」，用在動詞謂語之前表示勸阻義，相當於今語「不要」。〔註205〕但「罔棄」一詞未見於先秦文獻。相反地，「明棄」見於古籍，《戰國策・燕策三》：「寡人望有非則君掩蓋之，不虞君之明罪之也；望有過則君教誨之，不虞君之明棄之也。」「怨惡未見，而明棄之，未爲盡厚也。」古人行文有其習慣用法，故筆者傾向讀作「明」，「天地明棄我矣」意即「天地明顯地拋棄我了嗎？」

十、從臣不訢遠者不方

第一字寫作：

陳佩芬隸定作「從」。〔註206〕何有祖主張應釋作「近」，與下文「遠」相對，

〔註202〕何琳儀：《戰國古文字典》（北京：中華書局，1998年），頁1317。
〔註203〕季旭昇師：〈上博五芻議（上）〉，武漢大學《簡帛網》，2006/02/18。楊澤生：〈《上博五》札記二則〉，武漢大學《簡帛網》，2006/02/28。
〔註204〕陳佩芬：《上海博物館藏戰國楚竹書（五）・競建內之釋文》（上海：上海古籍出版社，2005年），頁173。
〔註205〕楊澤生：〈《上博五》札記二則〉，武漢大學《簡帛網》，2006/02/28。
〔註206〕陳佩芬：《上海博物館藏戰國楚竹書（五）・競建內之釋文》（上海：上海古籍

獲得學者一致認同。〔註207〕右半偏旁確實爲兩折筆，乃「斤」字特點，何說當可信從。

　　學者對「訐」字之釋讀，大致可分作讀爲「訐」和「諫」二類。陳佩芬讀爲「諫」，訓爲「正」，林志鵬從此讀。〔註208〕季旭昇師讀爲「訐」，訓爲「攻訐」；或讀「諫」，訓爲「進諫」。〔註209〕周鳳五讀爲「訐」，訓爲「面相斥告」，得到林志鵬的贊同。〔註210〕由上下文義觀之，誠如季師所云，前文「天不見妖，地不見孽」與此句「近臣不訐，遠者不方」，都是以過度的災異責難來自我警惕。故「訐」字訓爲「攻訐」、「進諫」以及「面相斥告」於文義皆可通。但林志鵬指出「不訐」一詞最早見於漢代後文獻，故筆者認爲「訐」字應讀作「諫」，訓爲「進諫」，《管子·大匡》：「君有過，大夫不諫。」〔註211〕

　　對於「方」字，學者皆著重於如何訓讀。王輝認爲「不方」爲「不廷」之譌或「不廷方」之省，指遠方之人不來朝見。〔註212〕「不廷方」見於毛公鼎：「膺受天命，率懷不廷方。」逨盤：「會詔康王，方懷不廷方。」「不庭」則見於《左傳·隱公十年》「以王命討不庭」，楊伯峻注：「庭，動詞，朝於朝庭也。」因此，王輝認爲「不廷方」可省作「不廷」，也可能省作「不方」。但筆者未發現「不廷方」省作「不方」的例證，王輝此說不知所據爲何。

　　陳佩芬則未破讀，「不方」訓作「不正」。〔註213〕訓讀上雖無問題，但

　　　　　出版社，2005年），頁173。

〔註207〕何有祖：〈上博五楚竹書《競建內之》札記五則〉，武漢大學《簡帛網》，
　　　　　2006/02/18。何有祖：〈讀上博楚竹書（五）札記〉，《出土文獻研究》第八輯
　　　　　（上海：上海古籍出版社，2007年），頁14。

〔註208〕陳佩芬：《上海博物館藏戰國楚竹書（五）·競建內之釋文》（上海：上海古籍
　　　　　出版社，2005年），頁173。林志鵬：〈上博楚竹書《競建內之》重編新解〉，
　　　　　武漢大學《簡帛網》，2006/02/25。

〔註209〕季旭昇師：〈上博五芻議（上）〉，武漢大學《簡帛網》，2006/02/18。季旭昇
　　　　　師：〈《上博五·鮑叔牙與隰朋之諫》試讀〉，《楚地簡帛思想研究（三）》（武
　　　　　漢：湖北教育出版社，2007年），頁15。

〔註210〕周鳳五之說轉引自林志鵬：〈楚竹書《鮑叔牙與隰朋之諫》補釋〉，武漢大學
　　　　　《簡帛網》，2007/07/13，註解19。

〔註211〕林志鵬：〈上博楚竹書《競建內之》重編新解〉，武漢大學《簡帛網》，2006/
　　　　　02/25。

〔註212〕王輝：〈《上博楚簡（五）》讀記〉，《中國文字》新三十二期（臺北：藝文印書
　　　　　館，2006年），頁24～25。

〔註213〕陳佩芬：《上海博物館藏戰國楚竹書（五）·競建內之釋文》（上海：上海古籍
　　　　　出版社，2005年），頁173。

「正」爲形容詞，本論文前述認爲「訐」要讀爲「諫」訓作「進諫」，爲動詞用法。此句「近臣不訐，遠者不方」應爲對句，「訐」與「方」爲對文，「方」爲動詞用法，因此筆者不傾向採用此說。

季旭昇師、許無咎等二人認爲「方」可讀爲「謗」，訓「誹謗」之義，得到陳劍、李守奎、林志鵬的認同。〔註214〕劉樂賢原讀「方」爲「放」，自我修正後，同意季旭昇師之說。〔註215〕林志鵬先前則讀「方」，訓爲「合併、並行」。〔註216〕「方」字，不管是讀作「謗」訓「誹謗」，或是直接讀「方」訓「合併、並行」，於〈競〉簡7文義皆可通。但筆者較傾向季師、許無咎之說，因簡文「天不見害，地不見孽」已用過度災異來自我警惕，故文義上訓爲「誹謗」比訓爲「合併、並行」的強度大上許多，更能切合〈競〉簡7整體文義。

十一、則攸者向里

第四字，原簡寫作：

陳佩芬僅描摹其形，又認爲楚文字多用作「向」，讀爲「鄉」。〔註217〕關於「向」字的形體演變歷程，湯餘惠與吳良寶等二人曾作過如下推測：「冋→合→仐→仚→仚」。〔註218〕故簡文「鄉」字，應釋作「向」，可讀爲「鄉」。「向」、「鄉」同爲曉紐陽部，古籍多見相通之例證，《詩·豳風·七月》：「塞向墐戶」，賈疏引「向」作「鄉」。《禮記·月令》：「雁北鄉」，《周逸書·時訓》「鄉」作

〔註214〕季旭昇師：〈上博五芻議（上）〉，武漢大學《簡帛網》，2006/02/18。許無咎：〈上博楚竹書（五）《競建內之》篇札記〉，《簡帛研究網》，2006/02/25。陳劍：〈談談《上博（五）》的竹簡分篇、拼合與編聯問題〉，武漢大學《簡帛網》，2006/02/19。李守奎：〈《鮑叔牙與隰朋之諫》補釋〉，《楚地簡帛思想研究（三）》（武漢：湖北教育出版社，2007年），頁35。林志鵬：〈楚竹書《鮑叔牙與隰朋之諫》補釋〉，武漢大學《簡帛網》，2007/07/13。

〔註215〕劉樂賢：〈談上博五《競建內之》札記〉，武漢大學《簡帛網》，2007/02/20。〈「遠者不方」補說〉，武漢大學《簡帛網》，2007/02/20。

〔註216〕林志鵬：〈上博楚竹書《競建內之》重編新解〉，武漢大學《簡帛網》，2006/02/25。

〔註217〕陳佩芬：《上海博物館藏戰國楚竹書（五）·競建內之釋文》（上海：上海古籍出版社，2005年），頁174。

〔註218〕湯餘惠、吳良寶：〈郭店楚簡文字拾零（四篇）〉，《簡帛研究二〇〇一》（桂林：廣西師範大學出版社，2001年），頁200～201。

「向」。〔註219〕

至於「攸」字，陳佩芬讀爲「修」，訓作「治」，學者多無異議。〔註220〕林志鵬引周鳳五之說，認爲「攸」如字讀，訓爲「巡行」之義，簡文「攸者鄉里」則有「廣泛採納諫言」或「巡查鄉里，選舉賢良」之義。〔註221〕「攸」字訓作「巡行」自無問題，但「巡行」之義要包含「廣泛採納諫言」或「巡查鄉里，選舉賢良」的意思，未免過於牽強。故筆者傾向於整理者的說法，將「攸」字讀作「修」訓爲「治理」。

十二、含此祭之旻福者也

「含」字，陳佩芬讀作「今」。〔註222〕林志鵬讀爲「擒」，訓作「擒捕」之義，「擒此祭之」意謂「擒捕此鳴雉以祭」。〔註223〕「含」與「擒」皆從「今」聲，兩說釋讀並無問題。但就整體文義而言，筆者認爲「此祭」應指前文「高宗祭」，不是代指「雉」。再者，此處不一定要擒補「鳴雉」來祭祀，才可得福。

十三、青煋之以嗌蘮

第一字，原簡寫作：

陳佩芬釋作「周」。〔註224〕陳劍釋爲「青」，楊澤生、林志鵬、季旭昇師、李守奎表示認同。〔註225〕李學勤則隸定爲「冑」。〔註226〕由圖版可知，字形顯

〔註219〕高亨纂著、董治安整理：《古字通假會典》（濟南：齊魯書社，1989 年），頁279「鄉」字聲系。

〔註220〕陳佩芬：《上海博物館藏戰國楚竹書（五）·競建內之釋文》（上海：上海古籍出版社，2005 年），頁 173。

〔註221〕林志鵬：〈楚竹書《鮑叔牙與隰朋之諫》補釋〉，武漢大學《簡帛網》，2007/07/13。

〔註222〕陳佩芬：《上海博物館藏戰國楚竹書（五）·競建內之釋文》（上海：上海古籍出版社，2005 年），頁 170。

〔註223〕林志鵬：〈上博楚竹書《競建內之》重編新解〉，武漢大學《簡帛網》，2006/02/25。

〔註224〕陳佩芬：《上海博物館藏戰國楚竹書（五）·競建內之釋文》（上海：上海古籍出版社，2005 年），頁 171。

〔註225〕陳劍：〈談談《上博（五）》的竹簡分篇、拼合與編聯問題〉，武漢大學《簡帛網》，2006/02/19。楊澤生：〈談上博簡《競建內之》短札二則〉，武漢大學《簡

然為楚國「青」字寫法，相同字形亦見於「」(《郭店‧唐》簡 11)、「」(《郭店‧性》簡 3)，因此筆者贊同陳劍之說。

第二字，原簡寫作：

陳佩芬釋為「量」，學者多從之。〔註227〕李學勤列舉金文中「」(木工冊作七戊鼎《集成》02246)、「」(乃孫作且己鼎《集成》02431) 等字形，主張簡文此字即「爂」字。〔註228〕楚文字「量」字寫作「」(《包山》簡 53)、「」(《包山》簡 149)，下部從「土」形，明顯與簡文「」字下部所從偏旁不同，可知陳佩芬的隸定不可信。至於李學勤之說，雖然字形上有其相似的部件偏旁，但「」、「」二字，「火」旁上端均有類似器皿的部件，但「」字未見，故不為「爂」字。因此，筆者認為簡文「」字之構形，可分析為從「火」從「量」，「土」旁最底下的橫筆與「火」旁的橫筆共用筆畫，應隸定作「燶」。

第五字，原簡寫作：

陳佩芬釋作「浸」。〔註229〕李守奎疑隸定作「亯」。〔註230〕何有祖釋作「衰」，得到楊澤生、林志鵬、季旭昇師之認同。〔註231〕陳劍認為上從「宀」，下從籀

帛網》，2006/02/24。林志鵬：〈上博楚竹書《競建内之》重編新解〉，武漢大學《簡帛網》，2006/02/25。季旭昇師：〈《上博五‧鮑叔牙與隰朋之諫》試讀〉，《楚地簡帛思想研究（三）》(武漢：湖北教育出版社，2007 年)，頁 16。李守奎：〈《鮑叔牙與隰朋之諫》補釋〉，《楚地簡帛思想研究（三）》(武漢：湖北教育出版社，2007 年)，頁 35。

〔註226〕 李學勤：〈試釋楚簡《鮑叔牙與隰朋之諫》〉，《文物》2006 年第九期，頁 92。

〔註227〕 陳佩芬：《上海博物館藏戰國楚竹書（五）‧競建内之釋文》(上海：上海古籍出版社，2005 年)，頁 171。

〔註228〕 李學勤：〈試釋楚簡《鮑叔牙與隰朋之諫》〉，《文物》2006 年第九期，頁 92。

〔註229〕 陳佩芬：《上海博物館藏戰國楚竹書（五）‧競建内之釋文》(上海：上海古籍出版社，2005 年)，頁 171。

〔註230〕 李守奎：〈《鮑叔牙與隰朋之諫》補釋〉，《楚地簡帛思想研究（三）》(武漢：湖北教育出版社，2007 年)，頁 35。

〔註231〕 何有祖：〈上博五楚竹書《競建内之》札記五則〉，武漢大學《簡帛網》，2006/02/18。楊澤生：〈談上博簡《競建内之》短札二則〉，武漢大學《簡帛網》，2006/02/24。林志鵬：〈上博楚竹書《競建内之》重編新解〉，武漢大學

文「嗌」之形。〔註232〕《郭店・語二》簡18「浸」字寫作「　」，《上博二・容》「寖」字寫作「　」，顯然都與「　」字不同。而楚文字「衰」字寫作「　」（郭店簡〈成之聞之〉簡8）、「　」（郭店簡〈六德〉簡27），與「　」字形相當接近。不過，「　」字「宀」旁下有一「口」形部件，而「衰」字直接作交叉之形，可知「　」字不爲「衰」字。因此，筆者贊同陳劍之說，《說文》籀文「嗌」寫作「　」，與「宀」旁下部所從相同，楚簡亦見相同字形「　」（《包山》簡175），而「宀」旁可作贅符，例如「中」字寫作「　」（《郭店・老乙》簡14），亦可寫作「　」（《郭店・五》簡5），故簡文「　」字可釋作「嗌」。至於李守奎的隸定，無法對應「　」字形體。

　　最後一字，原簡寫作：

陳佩芬認爲上從「汲」旁，下從「肉」旁，隸定爲「脣」，楊澤生、季旭昇師、李學勤贊同此說。〔註233〕陳劍認爲下部應是「舟」旁，隸定作「霠」，林志鵬表示贊同。〔註234〕李守奎疑隸定爲「淯」，大概認爲右半部的「亡」旁與「又」旁共用橫畫。〔註235〕不過，楚文字的「亡」字寫作「　」（《郭店・忠》簡4）、「　」（《上博三・周》簡40）、「　」（《上博四・昭》簡3），爲二道或三道筆畫，寫法相當固定，但「　」字右上部爲四道筆畫，故可知不是「亡」字。

《簡帛網》，2006/02/25。季旭昇師：〈《上博五・鮑叔牙與隰朋之諫》試讀〉，《楚地簡帛思想研究（三）》（武漢：湖北教育出版社，2007年），頁16。林志鵬：〈楚竹書《鮑叔牙與隰朋之諫》補釋〉，武漢大學《簡帛網》，2007/07/13。何有祖：〈讀上博楚竹書（五）札記〉，《出土文獻研究》第八輯（上海：上海古籍出版社，2007年），頁14。

〔註232〕陳劍：〈談談《上博（五）》的竹簡分篇、拼合與編聯問題〉，武漢大學《簡帛網》，2006/02/19。

〔註233〕楊澤生：〈談上博簡《競建內之》短札二則〉，武漢大學《簡帛網》，2006/02/24。季旭昇師：〈《上博五・鮑叔牙與隰朋之諫》試讀〉，《楚地簡帛思想研究（三）》（武漢：湖北教育出版社，2007年），頁16。李學勤：〈試釋楚簡《鮑叔牙與隰朋之諫》〉，《文物》2006年第九期，頁92。

〔註234〕陳劍：〈談談《上博（五）》的竹簡分篇、拼合與編聯問題〉，武漢大學《簡帛網》，2006/02/19。林志鵬：〈上博楚竹書《競建內之》重編新解〉，武漢大學《簡帛網》，2006/02/25。

〔註235〕李守奎：〈《鮑叔牙與隰朋之諫》補釋〉，《楚地簡帛思想研究（三）》（武漢：湖北教育出版社，2007年），頁35。

　　至於陳佩芬與陳劍的說法，「胃」、「狀」、「肥」等從「肉」旁的字分別寫作「**多**」（《包山》簡 89）、「**肰**」（《郭店・尊》簡 2）、「**夘**」（《包山》簡 250），而「舟」字則寫作「**ㄌ**」（《包山》簡 157）、「**遊**」（《包山》簡 157「遊」所從），如此看來，「**膋**」字下部爲「肉」旁或「舟」旁，皆有可能。並且，我們知道古文字「舟」旁與「肉」旁有時摻雜混用，如「祭」字本從「肉」旁寫作「**祭**」（《包山》簡 225），亦可從「舟」旁寫作「**祭**」（《包山》簡 227）。〔註 236〕但筆者較傾向爲「舟」旁，原因在於「肉」旁爲常見字，不管獨體或是偏旁，寫法相當固定，皆爲四道筆畫，且第一道筆畫的起頭常與第二道筆畫的起頭相接，但「**膋**」字下部所從形體，第一道筆畫的起頭與第二道筆畫的起頭有點差距，爲「舟」形寫法，如「盤」字寫作「**盤**」。因此，確定「**膋**」字下部爲「舟」旁之後，此字應是從「汲」聲的形聲字。

　　簡文「**量**之以**脊**」一句之訓讀，學者莫衷一是。陳佩芬讀爲「周量之以浸脊」，其中「周量之」訓作人名，「浸脊」則理解爲汲汲不休的浸水旁。〔註 237〕李守奎讀爲「量之以衰亡」意即「隰朋與鮑叔牙進諫，桓公以總結三代衰亡的經驗教訓作結」。〔註 238〕李學勤讀爲「庸餗以浸潛」，其中「庸」訓作「即」；「餗」訓作「鼎實」；「浸潛」訓爲「浸肉汁」，指前述鳴叫的雉。〔註 239〕此三說成立的可能性極低，原因在於「**量**」、「**脊**」二字不能釋作「周」、「浸」、「畏」；「**脊**」不爲「憂」字；「**膋**」字不能隸定作「潛」，進而轉讀爲「亡」。

　　陳劍認爲「量」字當與九店簡 44「**譶韋**」之「**譶**」同義，故讀爲「請量之以嗌潚」，但「嗌」、「潚」二字其義待考。〔註 240〕「**譶韋**」之義，九店簡整理者李家浩認爲是「祭名」。「**譶**」字從「言」旁，其義可能與《周禮・春官・大祝》中的「說祭」相近，且《廣雅・釋詁二》：「揚、讀、曉、謂、道，說也。」訓爲「說」的「揚」或作「詳」。因「量」、「羊」、「易」都是陽部字，

〔註 236〕林清源師：《楚國文字構形演變研究》（臺中：東海大學中文研究所博士論文，1997 年），頁 177。

〔註 237〕陳佩芬：《上海博物館藏戰國楚竹書（五）・競建內之釋文》（上海：上海古籍出版社，2005 年），頁 171。

〔註 238〕李守奎：〈《鮑叔牙與隰朋之諫》補釋〉，《楚地簡帛思想研究（三）》（武漢：湖北教育出版社，2007 年），頁 35。

〔註 239〕李學勤：〈試釋楚簡《鮑叔牙與隰朋之諫》〉，《文物》2006 年第九期，頁 92。

〔註 240〕陳劍：〈談談《上博（五）》的竹簡分篇、拼合與編聯問題〉，武漢大學《簡帛網》，2006/02/19。

故「⬛⬛」可讀爲「詳讀」或「揚讀」。〔註241〕周鳳五對李家浩之說提出反駁，認爲先秦時代「揚」、「讀」、「道」三字有「說」義，但「揚讀」一詞罕見，且「陳說」云云也比較空泛，不能明確表達祝禱者對於武夷的祈求或期望，因此提出新說，將「⬛⬛」釋讀爲「量贖」，意謂「衡量犯罪情節輕重，由犯人交付等值的金錢以免除罪責」。〔註242〕周鳳五之反駁有理，且「量贖」之說論證詳實，應可信從。但陳劍未說明〈競〉簡的「量」字當從何說，又「嗌」、「羕」二字其義待考，無法讀通文義，故筆者不從。

林志鵬起先認爲「⬛」字從「火」旁，或與古代以火祓除厲疫的習俗有關，因而將「⬛」讀作「禳」，訓爲「消災除難之祭」，而「⬛⬛」讀爲「疏趾」，訓「祭祀時對生物的美稱」，但其後自棄立場，認爲「⬛⬛」一詞待考。〔註243〕「量」爲來紐陽部，「禳」日紐陽部，來、日二紐皆爲舌音，故可通假，但此說未將文義進行疏通，故筆者不採用此說。

楊澤生讀爲「請量之以衰給」，其中「衰」訓作「等差」、「次第」；「給」訓爲「供給」，「衰給」理解爲「不同的祭祀對象其選擇的物品往往不同」，季旭昇師認同此說。〔註244〕首先要指出的是，「⬛」字不能釋作「衰」。其次，林志鵬針對「衰給」一詞提出反駁，認爲文獻未見「衰給」之用法，且前文有「量」字（筆者按：楊澤生訓「稱量」），「量之以給」語意已足，不需要加上「衰」字。〔註245〕林志鵬反駁有理，故此說成立的可能性極低。

劉信芳舉《周禮‧天官‧酒正》：「凡祭祀，以法共五齊三酒，以實八尊。大祭三貳，中祭再貳，小祭壹貳，皆有酌數。爲齊酒不貳，皆有量器。」鄭玄注引鄭司農曰：「三貳，三益副之也。大祭天地，中祭宗廟，小祭五祀。齊

〔註241〕李家浩：〈九店楚簡五六號墓竹簡釋文與考釋〉，《九店楚簡》（北京：中華書局，2000年），頁108～109。

〔註242〕周鳳五：〈九店楚簡〈告武夷〉重探〉，《中央研究院歷史語言研究所集刊》第七十二本第四分（臺北：中央研究院歷史語言研究所，2005年），頁951～953。

〔註243〕林志鵬：〈上博楚竹書《競建內之》重編新解〉，武漢大學《簡帛網》，2006/02/25。林志鵬：〈楚竹書《鮑叔牙與隰朋之諫》補釋〉，武漢大學《簡帛網》，2007/07/13。

〔註244〕楊澤生：〈談上博簡《競建內之》短札二則〉，武漢大學《簡帛網》，2006/02/24。季旭昇師：〈《上博五‧鮑叔牙與隰朋之諫》試讀〉，《楚地簡帛思想研究（三）》（武漢：湖北教育出版社，2007年），頁16。

〔註245〕林志鵬：〈上博楚竹書《競建內之》重編新解〉，武漢大學《簡帛網》，2006/02/25。

酒不貳，爲尊者質，不敢副益也。」爲佐證，認爲燕客銅量「鑄廿金劑，以賒酤爵」之「賒」與簡文「」字，其義皆與鄭司農所云「益」相同，而「金劑」大概是一種標準器，故簡文意思爲「以標準器量酒以祭」。〔註246〕但簡文未見如「金劑」那樣的量器，故此說有待斟酌。

基於以上諸說皆有不足之處，筆者認爲「煋」字可讀爲「量」，訓作「衡量」、「估計」之義，「嗌」字讀作「益」，訓爲「滿」，而「漿」字從楊澤生之說，讀爲「給」，訓作「供給」，故整句讀爲「請量之以益給」，意思是說「請衡量祭祀對象所需祭品，充分供給」。

十四、既祭之逡安攸先王之瀟

陳佩芬斷讀爲「既祭之，後焉，修先王之法。」〔註247〕陳劍斷句爲「既祭之後，焉修先王之法」，學者均表贊同。〔註248〕相對來看，陳劍之斷句較爲合理，前文云「昔高宗祭，又雉雊於彝前」、「天不見害，地不見孽」等異常現象，提醒高宗祭祀之後要有所作爲，否則會有災難降臨，故祭祀完畢之後，要修先王之法。至於「安」字讀作「焉」，李守奎特別指出「焉」可訓作「乃」，古書中也常見「既……乃」的句式，筆者從之。〔註249〕

十五、發古簠行古逡發迣者死弗行者死

（一）文字考釋

首字原簡寫作：

陳佩芬釋作「癹」，讀爲「廢」。〔註250〕季旭昇師、陳劍、林志鵬釋爲「發」，

〔註246〕劉信芳：〈竹書《鮑叔牙》與《管子》對比研究的幾個問題〉，《文獻季刊》2007年第一期，頁20。

〔註247〕陳佩芬：《上海博物館藏戰國楚竹書（五）‧競建內之釋文》（上海：上海古籍出版社，2005年），頁170。

〔註248〕陳劍：〈談談《上博（五）》的竹簡分篇、拼合與編聯問題〉，武漢大學《簡帛網》，2006/02/19。

〔註249〕李守奎：〈《鮑叔牙與隰朋之諫》補釋〉，《楚地簡帛思想研究（三）》（武漢：湖北教育出版社，2007年），頁36。

〔註250〕陳佩芬：《上海博物館藏戰國楚竹書（五）‧競建內之釋文》（上海：上海古籍出版社，2005年），頁170。

其中林志鵬指出「發」訓作「起」。〔註251〕李守奎隸定作「癸」，認爲是「癶」的繁體，楚簡的「𨑥」、「發」均以此爲聲符，故此字可讀爲「發」。〔註252〕以字形而論，包山簡125反「即𤼲笴」，可知包山簡「𤼲」字，確應釋爲「發」。而簡文「𤼲」字和包山簡「𤼲」字的差別，僅在於「𤼲」下部並無「又」旁，以古文字演變來說，有無「又」旁只是繁簡上的差異。以辭例而言，包山簡125是司法文書命令，訓作「發布」。故簡文「𤼲」字當釋作「發」。

　　第三字，原簡寫作：

陳佩芬隸爲「籚」，讀爲「虘」。〔註253〕季旭昇師隸定作「籚」，讀爲「慮」，張富海贊同此說。〔註254〕陳劍僅隸定爲「籚」，並未詳加說明。〔註255〕林志鵬認爲「籚」字從「竹」、從「虎頭」、從「目」、從「心」，「虎」省聲，讀作「度」。〔註256〕許無咎則隸定作「籚」，從「慮」聲，讀爲「筥」。〔註257〕劉信芳隸定爲「籚」，讀爲「勮」。〔註258〕李學勤從陳佩芬之隸定，改讀爲「錯」。

〔註251〕季旭昇師：〈上博五芻議（上）〉，武漢大學《簡帛網》，2006/02/18。陳劍：〈談談《上博（五）》的竹簡分篇、拼合與編聯問題〉，武漢大學《簡帛網》，2006/02/19。林志鵬：〈上博楚竹書《競建內之》重編新解〉，武漢大學《簡帛網》，2006/02/25。季旭昇師：〈《上博五·鮑叔牙與隰朋之諫》試讀〉，《楚地簡帛思想研究（三）》（武漢：湖北教育出版社，2007年），頁16。林志鵬：〈楚竹書《鮑叔牙與隰朋之諫》補釋〉，武漢大學《簡帛網》，2007/07/13。

〔註252〕李守奎：〈《鮑叔牙與隰朋之諫》補釋〉，《楚地簡帛思想研究（三）》（武漢：湖北教育出版社，2007年），頁36。

〔註253〕陳佩芬：《上海博物館藏戰國楚竹書（五）·競建內之釋文》（上海：上海古籍出版社，2005年），頁170。

〔註254〕季旭昇師：〈上博五芻議（上）〉，武漢大學《簡帛網》，2006/02/18。張富海：〈上博簡五《鮑叔牙與隰朋之諫》補釋〉，《北方論叢》2006年第四期，頁8。此文亦載於武漢大學《簡帛網》，2006/05/10。季旭昇師：〈《上博五·鮑叔牙與隰朋之諫》試讀〉，《楚地簡帛思想研究（三）》（武漢：湖北教育出版社，2007年），頁16。

〔註255〕陳劍：〈談談《上博（五）》的竹簡分篇、拼合與編聯問題〉，武漢大學《簡帛網》，2006/02/19。

〔註256〕林志鵬：〈上博楚竹書《競建內之》重編新解〉，武漢大學《簡帛網》，2006/02/25。林志鵬：〈楚竹書《鮑叔牙與隰朋之諫》補釋〉，武漢大學《簡帛網》，2007/07/13。

〔註257〕許無咎：〈上博楚竹書（五）《競建內之》篇札記〉，《簡帛研究網》，2006/02/25。

〔註258〕劉信芳：〈上博藏五試解四則〉，《楚地簡帛思想研究（三）》（武漢：湖北教育

〔註259〕首先，以字形論之，《上博五‧三》簡15有字寫作「▨」，陳偉釋作「慮」，當可信。〔註260〕「▨」字與「▨」字下半部近似，其差別在於中間為「且」形，但古文字「且」形往往可省作「目」形，如「叔」字，寫作「▨」（《郭店‧緇》簡26）、「▨」（《郭店‧老丙》簡12），其辭例分別為「吾大夫恭且儉」、「桓於其且成也敗」，可知從「且」聲讀「且」，但中間卻從「目」形。因此，「▨」字下半部應從「慮」，故筆者採用季師、陳劍、許無咎、張富海、劉信芳等五人的意見，將「▨」字隸定作「籚」。〔註261〕其次，就音韻來看，因前述已確定「▨」字為「籚」，故此處只將季師、許無咎、劉信芳三人之說列入考慮，「籚」從「慮」聲，可讀作「慮」、「勴」；「慮」與「呂」皆為來紐魚部，《史記‧河渠書》：「皓皓旰旰兮，閭殫為河。」《漢書‧溝洫志》「閭」作「慮」，故「籚」可讀「筥」。

第七字，原簡寫作：

陳佩芬釋作「癹」，讀為「廢」，林志鵬贊同其說。〔註262〕陳劍釋作「發」，讀「廢」。〔註263〕季旭昇師起先釋作「瀍」，讀為「廢」或「法」，爾後作自我修正，認為「▨」字下部似從「刀」形，故依陳佩芬之釋讀。〔註264〕李守奎則以為「▨」字左上從「弓」旁，釋作「發」，讀「廢」。〔註265〕首先，在季師的說法中，〈競〉簡3「瀍」字寫作「▨」，與「▨」字寫法相距甚遠，恐無法

　　　出版社，2007年），頁81。

〔註259〕李學勤：〈試釋楚簡《鮑叔牙與隰朋之諫》〉，《文物》2006年第九期，頁92。

〔註260〕陳偉：〈上博五《三德》初讀〉，武漢大學《簡帛網》，2006/02/19。

〔註261〕蘇建洲師在筆者論文口考時，認為「籚」與「慮」的差別在於「籚」下從「心」旁，「慮」下從「又」旁，故此字作「籚」應無問題。

〔註262〕陳佩芬：《上海博物館藏戰國楚竹書（五）‧競建內之釋文》（上海：上海古籍出版社，2005年），頁170。林志鵬：〈上博楚竹書《競建內之》重編新解〉，武漢大學《簡帛網》，2006/02/25。

〔註263〕陳劍：〈談談《上博（五）》的竹簡分篇、拼合與編聯問題〉，武漢大學《簡帛網》，2006/02/19。

〔註264〕季旭昇師：〈上博五芻議（上）〉，武漢大學《簡帛網》，2006/02/18。季旭昇師：〈《上博五‧鮑叔牙與隰朋之諫》試讀〉，《楚地簡帛思想研究（三）》（武漢：湖北教育出版社，2007年），頁16。

〔註265〕李守奎：〈《鮑叔牙與隰朋之諫》補釋〉，《楚地簡帛思想研究（三）》（武漢：湖北教育出版社，2007年），頁36。

成立。「![字]」字的構形特徵，與包山簡 171「所諨之![字]尹利」之「![字]」字近似，差別僅在於「弓」旁位置不同，包山簡「![字]」在左下半部，而「![字]」字卻在左上半部。我們知道，古文字偏旁上下對調，有時仍是同一字。而包山簡的整理者將「![字]」字釋作「發」，故可知「![字]」字應釋作「發」。至於「![字]」字下部，筆者認爲「![字]」字下部爲「止」形，與右旁「止」互作對稱之形。其次，「廢」從「發」聲，故「發」可讀「廢」；「發」幫紐月部，「法」幫紐葉部，師虎簋：「敬夙夜勿灋朕命」，「灋」讀作「廢」，故「發」可讀作「法」。

第八字，原簡寫作：

![字]

陳佩芬隸定爲「迮」，讀「作」。〔註266〕筆者細審此字圖版，發現「![字]」字從「辵」從「乍」，「乍」形之下並無「又」旁，故此字應隸定爲「迲」，仍從「乍」聲，讀爲「作」。

到此，我們可以確定《競》簡 3 前後兩個「![字]」、「![字]」字均釋作「發」；「![字]」字應隸定作「![字]」；「![字]」字應隸定爲「迲」，讀爲「作」。但究竟前後兩個「發」字要如字讀，或轉讀爲「廢」、「法」；「![字]」字要讀作「慮」、「莒」、「勵」，得由文義推求之，筆者將在下一段討論這些問題。

（二）「發古![字]行古迲發迲者死弗行者死」釋讀

由上文「焉命行先王之法」的文義推敲，簡文「發古![字]，行古迲，發迲者死，弗行者死」的文義，當與「先王之法」之意義相關聯。故筆者認爲第一個「發」字若讀爲「廢」，與文義不合，故只能讀爲「發」，訓作「發起」，如《禮記・學記》：「發慮憲，求良善。」〔註267〕

「![字]」字，張富海、季旭昇師二人讀爲「慮」，訓作「思慮」。〔註268〕許

〔註266〕陳佩芬：《上海博物館藏戰國楚竹書（五）・競建內之釋文》（上海：上海古籍出版社，2005 年），頁 170。

〔註267〕林志鵬：〈上博楚竹書《競建內之》重編新解〉，武漢大學《簡帛網》，2006/02/25。林志鵬：〈楚竹書《鮑叔牙與隰朋之諫》補釋〉，武漢大學《簡帛網》，2007/07/13。

〔註268〕季旭昇師：〈上博五芻議（上）〉，武漢大學《簡帛網》，2006/02/18。張富海：〈上博簡五《鮑叔牙與隰朋之諫》補釋〉，《北方論叢》2006 年第四期，頁 8。此文亦載於武漢大學《簡帛網》，2006/05/10。季旭昇師：〈《上博五・鮑叔牙與隰朋之諫》試讀〉，《楚地簡帛思想研究（三）》（武漢：湖北教育出版社，2007 年），頁 16。

無咎讀爲「筥」，訓爲「律呂」之「呂」。〔註269〕劉信芳讀爲「勴」，訓「助」，指田賦。〔註270〕在〈競〉簡3中，若將「䜌」字訓爲「律呂」、「田賦」等義，與上文「焉命行先王之法」一句，前後文義無法讀通。而將「䜌」字讀「慮」訓「思慮」，文義顯得相當通順，原因在於行先王之法，理當要發起先王時代好的思慮。

「行古逨」一句，其中「逨」字陳佩芬讀爲「作」，視爲動詞用法，訓「作爲」。〔註271〕李學勤讀爲「作」，訓「行爲」，林志鵬持相同看法。〔註272〕劉信芳讀爲「籍」，即「關市之征籍」。〔註273〕「逨」字從「辵」從「复」，讀爲「作」確無問題。「發古慮，行古作」應爲排比句式，本論文已論述「慮」訓「思慮」當名詞用，故此處「作」也應當是名詞。

劉信芳在論證「發古䜌，行古作」時，引用《上博二‧容》簡36：「湯乃專，爲征复（籍）以征關市」，認爲殷高宗的政令與此有關，「䜌」與「專」相對，「作」與「复」相對。首先要指出的是，〈容成氏〉之「湯」字可能爲「桀」字誤寫，原因在於〈容成氏〉中有許多誤寫之處，如簡4「邦無食人」，「食」陳劍以爲是「飢」之誤寫、簡47「夏臺」是「羑里」之誤寫。〔註274〕其次，從〈容成氏〉上下文義觀之，原整理者李零讀作「當是時，強弱不辭揚，眾寡不聖頌，天地四時之事不修。湯乃輔爲征籍，以征關市」，「征籍」乃抽稅的意思。〔註275〕〈容成氏〉此段是敘述夏桀不被當時人所稱頌。觀之文義，「湯」怎麼會幫助「夏桀」去收取賦稅？可見「湯」字應爲「桀」字誤寫。而劉信芳大概是認爲〈容成氏〉簡36爲「湯」的德政，故〈競〉簡3中殷高宗「行

〔註269〕許無咎：〈上博楚竹書（五）《競建內之》篇札記〉，《簡帛研究網》，2006/02/25。

〔註270〕劉信芳：〈上博藏五試解四則〉，《楚地簡帛思想研究（三）》（武漢：湖北教育出版社，2007年），頁81。

〔註271〕陳佩芬：《上海博物館藏戰國楚竹書（五）‧競建內之釋文》（上海：上海古籍出版社，2005年），頁170。

〔註272〕李學勤：〈試釋楚簡《鮑叔牙與隰朋之諫》〉，《文物》2006年第九期，頁92。林志鵬：〈楚竹書《鮑叔牙與隰朋之諫》補釋〉，武漢大學《簡帛網》，2007/07/13。

〔註273〕劉信芳：〈上博藏五試解四則〉，《楚地簡帛思想研究（三）》（武漢：湖北教育出版社，2007年），頁80。

〔註274〕季旭昇師主編、陳美蘭、蘇建洲師、陳嘉凌合撰：《《上海博物館藏戰國楚竹書（二）》讀本》（臺北：萬卷樓圖書股份有限公司，2003年），頁163。

〔註275〕李零：《上海博物館藏戰國楚竹書（二）‧容成氏釋文》（上海：上海古籍出版社，2002年），頁278。

先王之法」是效法「湯」的德政。但經過前述對〈容成氏〉「湯」字的論證，可知〈容成氏〉簡 36 一段不是「湯」的德政，因此〈競〉簡 3 中殷高宗「行先王之法」與〈容成氏〉簡 36「湯乃輔爲征籍，以征關市」無關。故筆者認爲「迲」字於〈競〉簡 3 中應讀爲「作」，訓「行爲」之義。

關於「發迲者死，弗行者死」一句，由前文文義觀之，〈競〉簡 3 云：「發古慮，行古作」意謂「發起古代好的思慮，推行古代好的行爲」，故此處「發」該讀「廢」，「迲」讀爲「作」，文義爲「廢除古代好的作爲就得死，不推行亦得死」。此外，張富海在論證此句時，認爲「發古慮」與「發作者死」對應不上，必定抄寫有誤，因此改動簡文作「弗發者死」。〔註276〕雖然「發古慮，行古作，廢作者死，弗行者死」爲排比句式，但「發古慮」不一定要與「發作者死」對句、「行古作」不一定要與「弗行者死」對句，此處筆者認爲應是「發古慮，行古作」爲一組，「發作者死，弗行者死」去修飾「發古慮，行古作」。因此，能讀通簡文文義的前提下，盡量不要改動簡文來曲合自己的意見。

基於以上原因，筆者將「發古慮行古迲發迲者死弗行者死」讀爲「發古慮，行古作，廢作者死，弗行者死」，意謂「發起古代好的思慮，推行古代好的行爲，廢除古代好的作爲就得死，不推行亦得死」。

十六、豐人之伓者七百邦

首字原簡寫作：

陳佩芬隸定爲「豐」。〔註277〕陳劍從陳佩芬之隸定，但認爲「邑」旁的頭部與「隹」旁的頭部共用筆劃。〔註278〕李守奎對於「豐」字的構形，分析爲「邑」旁與「隹」的左旁部件共用。〔註279〕細審「豐」字，筆者認爲「邑」旁筆畫

〔註276〕張富海：〈上博簡五《鮑叔牙與隰朋之諫》補釋〉，《北方論叢》2006 年第四期，頁 9。此文亦載於武漢大學《簡帛網》，2006/05/10。

〔註277〕陳佩芬：《上海博物館藏戰國楚竹書（五）·競建內之釋文》（上海：上海古籍出版社，2005 年），頁 170。

〔註278〕陳劍：〈談談《上博（五）》的竹簡分篇、拼合與編聯問題〉，武漢大學《簡帛網》，2006/02/19。

〔註279〕李守奎：〈《鮑叔牙與隰朋之諫》補釋〉，《楚地簡帛思想研究（三）》（武漢：湖北教育出版社，2007 年），頁 36。

並無全部與「隹」的左旁部件共用，而是誠如陳劍所言，只有「邑」旁的頭部與「隹」旁的頭部共用筆劃。因此，「䜌」字隸定作「䜌」，是從「翟」得聲的形聲字。

「䜌人之伓者七百里」一句，陳佩芬讀爲「䜌人之倍者七百里」，其中「䜌」字訓爲地名，「倍」字同「背」字，訓作「違背」之義。〔註280〕首先要指出的是，「里」字爲〈競〉簡4的頭一字，但本論文認爲〈競〉簡3後應接〈競〉簡8，故此句應作「䜌人之伓者七百邦」。其次，由前文〈競〉簡4之文義來看，若「倍」字訓作「違背」，與「焉修先王之法」之文義相反，故筆者不從此說。此外，李守奎對於「䜌」字讀法，從李天虹的意見讀爲「狄」，「伓」字從原考釋者之意見，則此句讀爲「狄人之背者七百邦」。〔註281〕筆者亦不從李守奎之說，原因在於「倍」字訓作「違背」，仍與「焉修先王之法」之文義相牴觸。

陳劍將此句讀爲「狄人之服者七百邦」。〔註282〕「䜌」字從「翟」聲，「翟」爲定紐藥部，「狄」字爲定紐錫部，古「翟」、「狄」多通用，如《尙書・禹貢》：「羽畎夏翟」，《史記・夏本紀》作「狄」，故「䜌」字可讀爲「狄」。「伓」從「不」聲，「不」爲幫紐之部，「服」爲並紐職部，聲韻相近，甲骨文中有通假之例證，《京津》二九二二版：「丙辰卜，丁巳其雀不？允雀」，《乙》三〇七版：「丙辰卜，丁巳其雀？允雀」，故「伓」字讀「服」應無問題。但就〈競〉簡4的文義來看，高宗「修先王之法」之後，狄人因而服從高宗，看似文義可通，但「服」的初文「𠬝」，在甲骨文寫作「𠬝」（《乙》4925），從「卩」從「又」，會制服之義。〔註283〕因此，「服」字本義帶有強迫性質，而〈競〉簡4高宗只是「修先王之法」，並無強迫制服「狄人」的意思，故筆者不採信此說。

李學勤將「䜌」字讀作「逃」，「伓」讀「倍」，訓「反回」之「反」，此句讀爲「逃人之倍者七百里」。〔註284〕「翟」爲定紐藥部，「逃」爲定紐宵部，

〔註280〕陳佩芬：《上海博物館藏戰國楚竹書（五）・競建內之釋文》（上海：上海古籍出版社，2005年），頁171。

〔註281〕李守奎：〈《鮑叔牙與隰朋之諫》補釋〉，《楚地簡帛思想研究（三）》（武漢：湖北教育出版社，2007年），頁36～37。

〔註282〕陳劍：〈談談《上博（五）》的竹簡分篇、拼合與編聯問題〉，武漢大學《簡帛網》，2006/02/19。

〔註283〕何琳儀：《戰國古文字典》（北京：中華書局，1998年），頁15。

〔註284〕李學勤：〈試釋楚簡《鮑叔牙與隰朋之諫》〉，《文物》2006年第九期，頁92。

古「嬥」、「佻」通用，《詩·小雅·大東》：「佻佻公子」，《經典釋文》：「佻佻，《韓詩》作嬥嬥。」故「𧍯」字可讀爲「逃」。而「不」爲幫紐之部，「倍」爲並紐之部，古「坏」、「培」二字可以通假，如《禮記·月令》：「蟄蟲坏戶」，《逸周書·時訓》「坏」作「培」，故「伓」讀爲「倍」可信。李學勤認爲「逃人之倍者七百里」乃是高宗「修先王之法」所得的成效。若依李氏之說，文義相當通順，「逃」與「里」之文義可互相呼應。但本論文於編聯時就指出，〈競〉簡 3 後應接〈競〉簡 8，若依照李氏之訓讀，此句將改讀爲「逃人之倍者七百邦」，「逃」與「邦」的文義就無密切關聯性，故筆者不從此說。

李天虹將「𧍯」字讀「狄」訓「先秦北方少數民族之族名」，「伓」讀作「附」訓「歸附」，並引《尚書大傳》：「武丁祭成湯，有雊飛升鼎耳而雊……三年，編髮重譯來朝者六國。」作爲佐證，整句讀爲「狄人之附者七百里」，林志鵬贊同其說。〔註285〕王輝亦贊同李天虹讀，但「狄」字另外理解爲「狄邑」之專用字，泛指北方少數民族。〔註286〕林志鵬對於「狄」、「伓」二字訓讀均從李天虹之說，則此句讀爲「狄人之附者七百邦」。〔註287〕陳偉將「𧍯」字讀「逖」訓「遠」，「遠人」古書常見，「伓」字從李天虹讀，讀此句爲「逖人之附者七百邦」，季旭昇師持相同意見。〔註288〕劉信芳「𧍯」字從李天虹之說，但未詳加申明。〔註289〕在李天虹、王輝、林志鵬等三人的說法中，對於「狄」字均理解爲「北方少數民族」，陳偉對此提出兩點反駁：認爲高宗「修先王之法」之後，歸附的民族不會只有「狄」族而已，此其一。林志鵬讀爲「狄人之附者七百邦」，既然「狄」爲少數民族，怎會有「七百邦」之多？此其二。陳偉之說反駁有理，既然高宗「修先王之法」，四周民族均受到感化而歸附，是可以理解的。而「狄」爲少數民族，〈競〉簡 3 云「七百邦」也顯得較不合理。

〔註285〕李天虹：〈上博五《競》、《鮑》篇校讀四則〉，武漢大學《簡帛網》，2006/02/19。林志鵬：〈上博楚竹書《競建內之》重編新解〉，武漢大學《簡帛網》，2006/02/25。

〔註286〕王輝：〈《上博楚簡（五）》讀記〉，《中國文字》新三十二期（臺北：藝文印書館，2006 年），頁 21～22。

〔註287〕林志鵬：〈楚竹書《鮑叔牙與隰朋之諫》補釋〉，武漢大學《簡帛網》，2007/07/13。

〔註288〕陳偉：〈《競建內之》《鮑叔牙與隰朋之諫》零識〉，武漢大學《簡帛網》，2006/02/22。季旭昇師：〈《上博五·鮑叔牙與隰朋之諫》試讀〉，《楚地簡帛思想研究（三）》（武漢：湖北教育出版社，2007 年），頁 16。

〔註289〕劉信芳：〈上博藏楚竹書所載殷高宗政令及相關問題〉，《中國歷史文物》2006 年第五期，頁 60～62。

故筆者贊同陳偉的意見，將「逊」訓「遠」，《尚書・牧誓》：「逊矣，西土之人。」孔傳：「逊，遠也。」「遠人」指「外族之人」，如《論語・季氏》：「故遠人不服，則修文德以來之。」如此一來，〈競〉簡 3 云「逊人之附者七百邦」之文義相對合理一些，意謂「外族之人來歸附者有七百邦之多」。

十七、此能從善而迲祂者

「迲」字，陳佩芬讀爲「去」，訓「消除刑罰」。〔註 290〕學者對於陳佩芬之隸定以及破讀皆無異議。強調「刑罰」二字，似有增字解經之嫌，不妨直接訓作「消除」或「去除」，如《易・繫辭下》：「小人以小善爲無益而弗爲也，以小惡爲無傷而弗去也。」

「祂」字，陳佩芬讀爲「禍」。〔註 291〕林志鵬分析爲從示、化聲，讀爲「過」，「去過」意即「改過」。〔註 292〕首先，就音韻論之，「化」爲曉紐歌部，「禍」匣紐歌部，「過」見紐歌部，三字聲近、韻同。《老子》：「難得之貨令人行妨」，「貨」字馬王堆漢墓帛書《老子》甲本作「貸」；《上博一・性》簡 24：「行之而不怘」，「怘」讀爲「過」；《上博二・容》簡 16：「柴災去亡」，「柴」讀作「禍」。〔註 293〕故「化」可讀作「禍」，應無可疑。其次，就文義觀之，〈競〉簡 7 云：「天不見害，地不見孽」、「天地明棄我矣」等災難，故高宗「行先王之法，發古慮，行古作，廢作者死，弗行者死」，而得「逊人之附者七百邦」。因此，〈競〉簡 8 此句之「祂」，應讀作「禍」，代指〈競〉簡 7 那些禍害。

第三節　「鮑叔牙與隰朋言齊國弊端」組

公曰：「虘（吾）不智（知）元（其）爲不善也，含（今）內之不夏（得）百生（姓），外之爲者（諸）侯（侯）狱（笑），募（寡）人之不【競簡8】繰（肖）也，幾（豈）不二子之惌（憂）也才（哉）。」伋（隰）俚（朋）异（與）

〔註 290〕陳佩芬：《上海博物館藏戰國楚竹書（五）・競建內之釋文》（上海：上海古籍出版社，2005 年），頁 174。

〔註 291〕陳佩芬：《上海博物館藏戰國楚竹書（五）・競建內之釋文》（上海：上海古籍出版社，2005 年），頁 174。

〔註 292〕林志鵬：〈楚竹書《鮑叔牙與隰朋之諫》補釋〉，武漢大學《簡帛網》，2007/07/13。

〔註 293〕濮茅左：《上海博物館藏戰國楚竹書（一）・性情論釋文》（上海：上海古籍出版社，2001 年），頁 255。李零：《上海博物館藏戰國楚竹書（二）・容成氏釋文》（上海：上海古籍出版社，2002 年），頁 262。

鞄（鮑）䛋（叔）𤣩（牙）皆拜，忋（起）而言曰：「公身爲亡（無）道，僱（擁）芋（華）倗（孟）子，以馳於倪【競簡 9】市；迵（驅）逐畋（田）緎（弋），亡（無）羿（期）厇（度）；或（又）㠯（以）豎（豎）逨（刁）𢍰（與）䝿（易）𤣩（牙）爲相，二人也倗（朋）党（黨），群獸（獸）𤔡（要）倗（朋），取𢍰（與）賰（厭）公，𣪘（殺）而僕（迷）【競簡 10】之，不㠯（以）邦豪（家）爲事，縱（縱）公之所欲，𢦏（殘）民𤜼（獵）樂，篙（篤）逞（歡）伓（附）忎（忨），皮（疲）幣（弊）齊邦，日城（盛）於縱（縱），弗䫀（顧）前後（後），百【鮑簡 4】眚（姓）皆邑（悒）悁，瀘（奄）肰（然）牆（將）喪（亡），公弗詰𧾷（誅），臣唯欲訏（諫），或不旻（得）見，公沽（固）弗試（察）。

一、外之爲者侯獄

最後一字，原簡寫作：

陳佩芬、季旭昇師、陳偉、林志鵬皆分析爲從「犬」、「兆」聲。陳佩芬讀爲「笑」；林志鵬認爲「笑」原從「艸」聲，後改從「兆」聲，故「狣」字爲「笑」字異體；季旭昇師與陳偉分別讀爲「嘲」與「朝」，訓作「嘲笑」與「朝見」。〔註 294〕「兆」爲定紐宵部，「笑」心紐宵部，定紐與心紐有往來的例證，如「虒」爲定紐，所從聲符「虒」爲心紐。〔註 295〕而「笑」心紐宵部，「艸」清紐幽部，兩者聲韻相近，故「笑」從「艸」聲不能完全排除。「兆」爲定紐宵部，與「艸」韻部相近，故「笑」字有可能改從「兆」聲。至於「兆」、「朝」皆爲定紐宵部，《左傳・昭公七年》：「史朝」，《通志・氏族略五》作「史晁」，故「狣」字可讀爲「嘲」與「朝」。由上述可知，「狣」字可轉讀爲「嘲」、「朝」、「笑」，該從何讀，需由文義與辭例探求。

首先，由文義來看，〈競〉簡 8 云「內之不得百姓，外之爲者侯狣」，可

〔註 294〕陳佩芬：《上海博物館藏戰國楚竹書（五）・競建内之釋文》（上海：上海古籍出版社，2005 年），頁 175。季旭昇師：〈上博五芻議（上）〉，武漢大學《簡帛網》，2006/02/18。陳偉：〈《競建内之》《鮑叔牙與隰朋之諫》零識〉，武漢大學《簡帛網》，2006/02/22。林志鵬：〈上博楚竹書《競建内之》重編新解〉，武漢大學《簡帛網》，2006/02/25。季旭昇師：〈《上博五・鮑叔牙與隰朋之諫》試讀〉，《楚地簡帛思想研究（三）》（武漢：湖北教育出版社，2007 年），頁 16。

〔註 295〕定紐與心紐往來的例證，是蘇建洲師於初審時所提供的意見。

見文義互相呼應，假使「狀」讀「朝」訓「朝見」，前後文義互相牴觸；若讀為「嘲」、「笑」，文義相當通順，故「狀」讀為「朝」的說法可先排除。其次，由辭例來看，「為某某嘲」之用法文獻未見，而「為某某笑」文獻習見。〔註296〕誠如許無咎所引《說苑・權謀》：「易牙解其子以食君，其子之忍，將何有於君，君用之必為諸侯笑」，其中「君用之必為諸侯笑」之句式與〈競〉簡8「外之為諸侯狀」相同。〔註297〕因此，筆者認為「狀」字應讀為「笑」。〔註298〕

二、寡人之不繰也

原簡寫作：

陳佩芬隸定作「剝」，但未破讀。〔註299〕李學勤從原考釋之隸定，〔註300〕季旭昇師、劉樂賢改隸作「繰」，〔註301〕陳劍、林志鵬、李守奎則隸作「勦」。〔註302〕季旭昇師原先讀作「懆」，後來從上述各家讀為「肖」。〔註303〕首先，就放大字形觀察，此字左旁實從「糸」，應隸定作「繰」。其次，「喿」、「肖」

〔註296〕林志鵬：〈上博楚竹書《競建內之》重編新解〉，武漢大學《簡帛網》，2006/02/25。

〔註297〕許無咎：〈上博楚竹書（五）《競建內之》篇札記〉，《簡帛研究網》，2006/02/25。

〔註298〕季旭昇師於筆者論文口考時，認為此字應讀作「嘲」，原因在於「嘲」、「笑」為同源字。

〔註299〕陳佩芬：《上海博物館藏戰國楚竹書（五）・競建內之釋文》（上海：上海古籍出版社，2005年），頁175。

〔註300〕李學勤：〈試釋楚簡《鮑叔牙與隰朋之諫》〉，《文物》2006年第九期，頁92。

〔註301〕季旭昇師：〈上博五芻議（上）〉，武漢大學《簡帛網》，2006/02/18。季旭昇師：〈《上博五・鮑叔牙與隰朋之諫》試讀〉，《楚地簡帛思想研究（三）》（武漢：湖北教育出版社，2007年），頁16。劉樂賢：〈談上博五《競建內之》札記〉，武漢大學《簡帛網》，2006/02/20。

〔註302〕陳劍：〈談談《上博（五）》的竹簡分篇、拼合與編聯問題〉，武漢大學《簡帛網》，2006/02/19。林志鵬：〈上博楚竹書《競建內之》重編新解〉，武漢大學《簡帛網》，2006/02/25。林志鵬：〈楚竹書《鮑叔牙與隰朋之諫》補釋〉，武漢大學《簡帛網》，2007/07/13。李守奎：〈《鮑叔牙與隰朋之諫》補釋〉，《楚地簡帛思想研究（三）》（武漢：湖北教育出版社，2007年），頁37。

〔註303〕季旭昇師：〈《上博五・鮑叔牙與隰朋之諫》試讀〉，《楚地簡帛思想研究（三）》（武漢：湖北教育出版社，2007年），頁16。

皆爲心紐宵部，《戰國策・魏策》：「周肖謂宮他曰」，《韓非子・說林下》「肖」
作「趯」；《郭店・唐》簡 28：「治之至，養不枭。」裘錫圭按語云：「不枭疑
當讀爲不肖」。〔註304〕由上可知，「✦」字可轉讀爲「憭」與「肖」，至於該當
何讀，只能從文義來確認。

「寡人之不✦也」句中的「✦」字，陳佩芬訓作「滅絕」，季旭昇師訓作
「不安」。〔註305〕若採這兩種訓釋，則此句文意，皆與〈競〉簡 8「今內之不
得百姓，外之爲諸侯者笑」牴觸。「✦」字前面已有否定詞「不」，此字若訓爲
「不安」，將形成雙重否定，也與古代漢語句式相違，故季師之說恐無法成立。
相對來看，「不肖」一詞文獻多見，《禮記・射義》：「發而不失正鵠者，其唯
賢者乎？若夫不肖之人，則彼將安能以中。」《郭店・唐》簡 28：「治之至，
養不肖。」就上下文義來看，齊桓公失去百姓、諸侯的信任之後，自責「不
肖」，此舉合情合理，如《韓非子・功名》：「堯爲匹夫，不能正三家，非不肖
也，位卑也。」故筆者贊同讀作「肖」。

三、儺芊佣子以馳於倪市

（一）文字考釋

首字原簡寫作：

陳佩芬釋作「進」，楊澤生贊同此說。〔註306〕趙平安認爲「雝」字從「人」、「雝」
聲，「吕」的上部「口」形與「隹」共用筆畫，季旭昇師信從此說。〔註307〕
楚文字「進」字寫作「𨒌」（《郭店・老甲》簡 4）、「𨒌」（《郭店・五》簡 47）、

〔註304〕荊門市博物館：《郭店楚墓竹簡》（北京：文物出版社，1998 年），頁 160。

〔註305〕陳佩芬：《上海博物館藏戰國楚竹書（五）・競建內之釋文》（上海：上海古籍
出版社，2005 年），頁 175。季旭昇師：〈上博五芻議（上）〉，武漢大學《簡
帛網》，2006/02/18。

〔註306〕陳佩芬：《上海博物館藏戰國楚竹書（五）・競建內之釋文》（上海：上海古籍
出版社，2005 年），頁 175。楊澤生：〈讀上博簡《競建內之》短札兩則〉，武
漢大學《簡帛網》，2007/02/24。

〔註307〕趙平安：〈近芊明（從人）子以馳于倪廷解〉，武漢大學《簡帛網》，2007/03/
31。趙平安：〈上博藏楚竹書《競建內之》第九～十號簡考辨〉，《出土文獻研
究》第八輯（上海：上海古籍出版社，2007 年），頁 9～10。季旭昇師：〈《上
博五・鮑叔牙與隰朋之諫》試讀〉，《楚地簡帛思想研究（三）》（武漢：湖北
教育出版社，2007 年），頁 17。

「![字]」（《郭店・唐》簡 28），可見右旁「隹」形下無圈形部件，實與「![字]」字右旁不同，故陳佩芬之說不可信。而趙平安分析「![字]」字構形時，舉《上博五・三》簡 10「毋雍川」之「雍」作爲佐證，寫作「![字]」。〈競〉簡 9「![字]」字之右旁字形，確實如趙平安所言，「呂」的上部「口」形與「隹」共用筆畫，亦與《上博五・三》簡 10「雍」字右旁字形近似，故筆者採用趙平安之說，將「![字]」字釋爲「雝」。

最後一字，陳佩芬釋爲「廷」，李學勤亦持相同看法。〔註308〕原簡寫作：

首先要指出的是，楚文字「廷」字寫作「![字]」（《包山》簡 45）、「![字]」（《包山》簡 51），與〈競〉簡 10「![字]」字相距甚遠，故筆者不從此說。

「![字]」字，楊澤生、李守奎皆釋作「![字]」，後者以爲是「往」字初文。〔註309〕「往」字初文「![字]」，甲骨文作「![字]」（《甲》190），楚簡作「![字]」（《包山》簡 99），下半部似從「壬」形。「![字]」字與〈競〉簡 10「![字]」字互相對照，仍有不同之處，差別在於「![字]」字上從「止」形，而左旁有一豎筆與「壬」形相接，而「![字]」字上從「之」形，「壬」形左旁並無豎筆，故〈競〉簡 10「![字]」字不能釋作「![字]」字。

禤健聰認爲「![字]」字上半部從「止」，雖與楚簡常見「者」字不同，但亦有上部「止」形省作「![字]」（《上博五・弟》簡 8），故將「![字]」字釋作「者」。〔註310〕我們不可否認「者」字上部可省作「![字]」，但不能就此斷定〈競〉簡 10「![字]」字即爲「者」字。楚文字「者」字大概有以下九種字形：「![字]」（《郭店・尊》簡 8）、「![字]」（《郭店・老甲》簡 37）、「![字]」（《郭店・唐》簡 2）、「![字]」（《郭店・五》簡 19）、「![字]」（《郭店・老乙》簡 3）、「![字]」（《郭店・老甲》簡 6）、「![字]」（《郭店・老甲》簡 8）、「![字]」（《上博二・子》簡 1）、「![字]」（《上博三・中》簡 6）。「者」爲常見字，雖然楚簡寫法具有多樣性，但從未見與〈競〉

〔註308〕陳佩芬：《上海博物館藏戰國楚竹書（五）・競建內之釋文》（上海：上海古籍出版社，2005 年），頁 175～176。李學勤：〈試釋楚簡《鮑叔牙與隰朋之諫》〉，《文物》2006 年第九期，頁 92。

〔註309〕楊澤生：〈讀上博簡《競建內之》短札兩則〉，武漢大學《簡帛網》，2007/02/24。李守奎：〈《鮑叔牙與隰朋之諫》補釋〉，《楚地簡帛思想研究（三）》（武漢：湖北教育出版社，2007 年），頁 37。

〔註310〕禤健聰：〈上博楚簡（五）零札（二）〉，武漢大學《簡帛網》，2006/02/26。

簡 10「」字近似之例，可見「」字不宜釋作「者」。

何有祖認爲「」字爲「之身」合文，並未說明所據爲何。〔註311〕就字形來看，楚國「之」字皆作四筆，「」字上半部只有三筆，可見上部不是「之」字，故其爲「之身」合文的可能性極低。

林志鵬起先將「」字構形分析爲從「止」、「壬（音「廷」）」聲，爾後自我修正，改釋爲「廷」字異體。〔註312〕首先，楚國「聖」字作「」（《郭店·窮》簡 14）、「」（《郭店·成》簡 26），所從「壬」形左旁無一豎畫，與「」字所從不同。其次，「廷」字最早見於西周金文，寫作「」（盂鼎）、「」（師酉簋），從「人」、從「𝖫」，從「土」或從「彡」形，後來「人」形才聲化爲「壬（挺）」聲。〔註313〕但楚文字「廷」寫作「」（《包山》簡 45）、「」（《包山》簡 51），從「人」從「土」，「參」聲，還未聲化從「壬（挺）」聲。〔註314〕基於以上兩點理由，林志鵬之說成立的可能性不高。

趙平安認爲「」字與《璽彙》5602 號璽、安徽省臨泉縣博物館所藏陶罐上之印文「市」字寫法近似，故將「」字釋爲「市」字。〔註315〕這兩個例證皆屬於楚式風格印：

 （《璽彙》5602） （安徽省臨泉縣博物館所藏）〔註316〕

第一印右下之字，吳振武釋爲「市」，《戰國文字編》收在「市」條下；第二印右上角之字，韓自強、韓朝釋爲「市」，《楚文字編》亦收在「市」條下。〔註317〕上述兩個「市」字，與〈競〉簡 10「」字的差別，在於「」與「」上從「之」形，中間從「土」形，而「」字上從「止」形，中間「壬」形與

〔註311〕何有祖：〈上博（五）零釋〉，武漢大學《簡帛網》，2007/02/22。

〔註312〕林志鵬：〈上博楚竹書《競建內之》重編新解〉，武漢大學《簡帛網》，2006/02/25。林志鵬：〈楚竹書《鮑叔牙與隰朋之諫》補釋〉，武漢大學《簡帛網》，2007/07/13。

〔註313〕季旭昇師：《說文新證（上）》（臺北：藝文印書館，2004 年），頁 122。

〔註314〕何琳儀：《戰國古文字典》（北京：中華書局，1998 年），頁 806。

〔註315〕趙平安：〈近芊明（從人）子以馳于倪廷解〉，武漢大學《簡帛網》，2007/03/31。趙平安：〈上博藏楚竹書《競建內之》第九～十號簡考辨〉，《出土文獻研究》第八輯（上海：上海古籍出版社，2007 年），頁 10。

〔註316〕轉引自韓自強、韓朝：〈安徽阜陽出土的楚國官璽〉，《古文字研究》第二十二輯（北京：中華書局，2000 年），頁 179。

〔註317〕上列學者意見均轉引自趙平安：〈上博藏楚竹書《競建內之》第九～十號簡考辨〉，《出土文獻研究》第八輯（上海：上海古籍出版社，2007 年），頁 10。

「﹂」共用筆畫。但我們知道古文字「之」、「止」二形、「土」、「壬」二形常見訛混，故趙氏之說當可信。

（二）詞語訓讀

「■芋佣子以馳於倪■」一句，各家斷句釋讀意見分歧。陳佩芬讀爲「進華明子以馳於郊廷」，並將「進華」訓爲「有進取心且有才華」；「明子」理解爲「明天子」，意謂「明德聖君」；「郊」訓作「齊國之附庸國，即小邾」。〔註318〕楊澤生讀爲「進于盲子，以馳於彌廣」，並將「進于」訓作「甚于」、「超過」之義；「盲子」訓爲「瞎子」；「彌廣」訓「廣闊之地」。〔註319〕林志鵬讀爲「進汙明子，以馳於倪。逞⋯⋯」，並將「汙」訓「玷汙」、「辱慢」；「明子」理解爲「昭子」，意指賢明之人；「■」讀爲「逞」，訓「縱容」、「放任」，屬下讀。〔註320〕禤健聰贊同林志鵬「進汙明子」之訓讀，並認爲齊桓公當時稱霸諸侯，盛極一時，常欺凌周邊弱小國家，故將「倪者」訓作「弱者」。〔註321〕李守奎讀爲「進芋明子以馳於倪，往⋯⋯」並將「芋明子」理解爲一個善於馳騁田獵、誘君游樂的佞臣，但又以爲此說待考；「■」字則讀「往」。〔註322〕此五說成立的可能性都極低，原因在於「■」字不能釋爲「進」，「■」字亦不能釋作「屮」或「者」。

李學勤讀爲「進華孟子，以馳於倪廷」，認爲「華孟子」與《左傳》僖公十七年「宋華子」相關；「倪廷」訓作地名，或與郳國有關，但「進」字未詳加說明。〔註323〕

趙平安讀爲「擁華孟子，以馳於郊市」，並考證「華孟子」即齊桓公內嬖六夫人之一，名爲「宋華子」；「郊」爲齊國地名，古代邑中往往有「市」。〔註324〕「佣」從「明」聲，文獻「明」與「孟」可以通假，《尚書·禹貢》：「被

〔註318〕陳佩芬：《上海博物館藏戰國楚竹書（五）·競建內之釋文》（上海：上海古籍出版社，2005 年），頁 175～176。

〔註319〕楊澤生：〈讀上博簡《競建內之》短札兩則〉，武漢大學《簡帛網》，2007/02/24。

〔註320〕林志鵬：〈上博楚竹書《競建內之》重編新解〉，武漢大學《簡帛網》，2006/02/25。

〔註321〕禤健聰：〈上博楚簡（五）零札（二）〉，武漢大學《簡帛網》，2006/02/26。

〔註322〕李守奎：《鮑叔牙與隰朋之諫》補釋〉，《楚地簡帛思想研究（三）》（武漢：湖北教育出版社，2007 年），頁 37。

〔註323〕李學勤：〈試釋楚簡《鮑叔牙與隰朋之諫》〉，《文物》2006 年第九期，頁 92。

〔註324〕趙平安：〈近芋明（從人）子以馳于倪廷解〉，武漢大學《簡帛網》，2007/03/

孟豬」，《史記·夏本紀》「孟豬」作「明都」。而「宋華子」之史料，趙平安
於文中亦有列舉，筆者茲引如下：

> 《左傳·僖公十七年》：「齊侯之夫人三：王姬、徐嬴、蔡姬，皆無
> 子。齊侯好內，多內寵。內嬖如夫人者六人：長衛姬生武孟；少衛
> 姬生惠公；鄭姬生孝公；葛嬴生昭公；密姬生懿公；宋華子生公子
> 雍。」

> 《史記·齊太公世家》：「四十三年。初，齊桓公之夫人三：曰王
> 姬、徐姬、蔡姬，皆無子。桓公好內，多內寵，如夫人者六人，長
> 衛姬，生無詭；少衛姬，生惠西元；鄭姬，生孝公昭；葛嬴，生昭
> 公潘；密姬，生懿公商人；宋華子，生公子雍。」

可見齊桓公與「宋華子」時代相同，「華孟子」即為「宋華子」，有其一定的
道理。趙平安認為「擁華孟子，以馳於郊市」一句，與下列史料有關：

> 《說苑·尊賢》：「或曰：『將謂桓公仁義乎？殺兄而立，非仁義也。
> 將謂桓公恭儉乎？與婦人同輿馳於邑中，非恭儉也。將謂桓公清潔
> 乎？閨門之內無可嫁者，非清潔也。此三者，亡國失君之行也。然
> 而桓公兼有之。』」

筆者認為此說可從，原因在於〈競〉簡 9 云：「鮑叔牙與隰朋皆拜，起而言
曰：公身為無道……」，鮑叔牙與隰朋正在批評齊桓公無道之事，而此句即是
無道之事之一，並且出土文獻可與傳世文獻互相對照。此外，林志鵬綜合趙
平安、李學勤二人之意見，將此句讀為「擁華孟子，以馳於倪廷」。〔註 325〕
此說成立的可能性不高，前述已論證「𧫟」字不能釋為「進」，「𡆥」字不能釋
作「廷」。

四、洶逐畋緃亡羿庀

首字原簡寫作：

31。趙平安：〈上博藏楚竹書《競建內之》第九～十號簡考辨〉，《出土文獻研
究》第八輯（上海：上海古籍出版社，2007 年），頁 10～11。

〔註 325〕林志鵬：〈楚竹書《鮑叔牙與隰朋之諫》補釋〉，武漢大學《簡帛網》，2007/07/
13。

陳佩芬釋作「迨」。〔註326〕針對陳佩芬之說，季旭昇師認爲「」字右旁與楚簡常見「台」字上部寫法不同，反而與「句」字相近，故隸作「迥」，得到何有祖、陳劍、劉國勝、林志鵬等人之認同。〔註327〕楚國「台」字寫作「𠯑」（《郭店・緇》簡21）、「𣥏」（王孫遺者鐘），與「𢎥」字右旁互相對照，差別在於「台」上半部從「㠯」形，一筆寫成；「𢎥」上半部顯然爲兩道筆畫，可知「𢎥」不是「台」字。而「句」字寫作「𣂁」（《郭店・緇》簡40）、「𠥚」（《郭店・成》簡12），與「𢎥」字形相近，兩者皆從「丩」從「口」。「迥」字又見於《包山》簡85作「𨕃」，也可佐證季師之說可從。

　　第二字，原簡寫作：

由圖版可知，字形從「辵」從「犬」，故陳佩芬隸定無誤。〔註328〕季旭昇師、李學勤皆指出當釋爲「逐」，何有祖、陳劍、劉國勝贊同此說。〔註329〕林志鵬認爲「𨔴」字與金文「逸」字合。〔註330〕在林志鵬的說法中，大概是指《集成》4596號齊陳曼簠「齊陳曼不敢逸」之「逸」字，寫作「𨓚」，其字形與〈競〉

〔註326〕陳佩芬：《上海博物館藏戰國楚竹書（五）・競建內之釋文》（上海：上海古籍出版社，2005年），頁176。

〔註327〕季旭昇師：〈上博五芻議（上）〉，武漢大學《簡帛網》，2006/02/18。何有祖：〈上博五楚竹書《競建內之》札記五則〉，武漢大學《簡帛網》，2006/02/18。陳劍：〈談談《上博（五）》的竹簡分篇、拼合與編聯問題〉，武漢大學《簡帛網》，2006/02/19。劉國勝：〈上博（五）零札（六則）〉，武漢大學《簡帛網》，2006/04/07。劉國勝：〈《上博竹書（五）零札五則〉，《楚地簡帛思想研究（三）》（武漢：湖北教育出版社，2007年），頁102。林志鵬：〈楚竹書《鮑叔牙與隰朋之諫》補釋〉，武漢大學《簡帛網》，2007/07/13。

〔註328〕陳佩芬：《上海博物館藏戰國楚竹書（五）・競建內之釋文》（上海：上海古籍出版社，2005年），頁176。

〔註329〕季旭昇師：〈上博五芻議（上）〉，武漢大學《簡帛網》，2006/02/18。何有祖：〈上博五楚竹書《競見內之》札記五則〉，武漢大學《簡帛網》，2006/02/18。陳劍：〈談談《上博（五）》的竹簡分篇、拼合與編聯問題〉，武漢大學《簡帛網》，2006/02/19。劉國勝：〈上博（五）零札（六則）〉，武漢大學《簡帛網》，2006/04/07。劉國勝：〈《上博竹書（五）零札五則〉，《楚地簡帛思想研究（三）》（武漢：湖北教育出版社，2007年），頁102。林志鵬：〈楚竹書《鮑叔牙與隰朋之諫》補釋〉，武漢大學《簡帛網》，2007/07/13。李學勤：〈試釋楚簡《鮑叔牙與隰朋之諫》〉，《文物》2006年第九期，頁92。

〔註330〕林志鵬：〈上博楚竹書《競建內之》重編新解〉，武漢大學《簡帛網》，2006/02/25。

簡10「」字完全相同，可見林氏之說有一定的道理。不過，楊樹達釋「逐」字云：「此字象豕在前而後有逐之者，亦別有從犬從兔與從鹿者，或云與逐為一字。」〔註331〕甲骨文「逐」字寫作「𧲲」（《甲》3362反）、「𧲱」（《粹》957），而金文寫作「𧲳」（逐鼎），可見金文「逐」與齊墜曼簠「逸」字形相同，故齊墜曼簠之銘文可讀為「齊陳曼不敢逐」，「逐」可訓「放蕩」、「流蕩」之義，如《荀子・儒效》：「故《風》之所以為不逐者，取是以節之也。」楊倞注：「逐，流蕩也。」由上述論證可知，齊墜曼簠之「𧲴」字不是「逸」字，故筆者不採用林志鵬之說。

關於〈競〉簡10「」字是否為「逐」字，吳振武在〈陳曼瑚「逐」字新證〉云：

> 在戰國文字資料中，屢見「豕」、「犬」二旁互替之例。因此，把「述」
> 看成「逐」字異體是有道理的。《汗簡》犬部「逐」字作「述」，楚
> 璽人名「追逐」作「邎述」（《古璽彙編》0263，二字舊皆不識）是
> 「述」應釋「逐」的硬證。〔註332〕

前述已見甲骨文、金文「逐」字寫法，楚簡亦有相同字形，《上博三・周》簡43：「𧲵悔」，原考釋者隸定作「述」，徐在國認為當釋為「逐」。〔註333〕今本《周易》作「動悔」，「逐」為定紐覺部，「動」為定紐東部，古籍中雖無通假的證據，但兩字聲紐相同，韻部為旁對轉，仍可通假。因此，筆者贊同季師與李學勤之說，將「𧲶」字釋為「逐」。

第四字，原簡寫作：

目前學界有三派意見。陳佩芬隸定作「飤」。〔註334〕陳劍隸作「緎」，劉國勝補充此說，認為此字中間字形原從「食」旁，此處省作「皀」旁，與〈鮑〉

〔註331〕楊樹達：《積微居甲文說》（上海：上海古籍出版社，2006年），頁28。

〔註332〕吳振武：〈陳曼瑚「逐」字新證〉，《吉林大學古籍所建所十五周年紀念文集》（長春：吉林大學出版社，1998年），頁46～47。

〔註333〕濮茅左：《上海博物館藏戰國楚竹書（三）・周易釋文》（上海：上海古籍出版社，2003年），頁195。徐在國：〈上博三《周易》釋文補正〉，《簡帛研究網》，2004/04/24。

〔註334〕陳佩芬：《上海博物館藏戰國楚竹書（五）・競建內之釋文》（上海：上海古籍出版社，2005年），頁176。

簡5、7「飤」字寫法相同,季旭昇師、李守奎、林志鵬贊同此說。〔註335〕何有祖認為此字右部不從「人」,故改隸作「卿」,林志鵬贊同其說。〔註336〕首先要指出的是,筆者認為陳佩芬之說不可信,原因在於「彳」與「皀」應是隸楷化後的寫法,古文字未見「彳」與「皀」之字形,可見這種隸定方式無法與古文字互相對應。字形左旁從「糸」形,甚為明顯。右旁之字形,誠如劉國勝所言,見於〈鮑〉簡5、7,寫作「🅐」、「🅑」,兩者字形相同,皆從「食」省作「皀」,或理解為「食」與「皀」用於偏旁時可以互用,故〈競〉簡10「🅒」字應隸作「繖」。此外,劉國勝又以為「繖」字是「飾」字異體,原因在於「繖」從「糸」、「飤」聲,「飤」從「食」聲,「糸」與「巾」作偏旁時可以互用。〔註337〕但筆者未發現「糸」與「巾」作偏旁時可以互用之實際例證,故此說仍有商榷的空間。至於何有祖之說,楚國「即」字寫作「🅓」(《郭店·老丙》簡1)、「🅔」(《郭店·性》簡20),明顯與「🅕」字右旁所從不同,但我們知道「人」旁與「卩」旁可以互用,故此說亦得列入考慮

簡文「🅖🅗畋🅘亡羿庀」該如何通讀,學者之間莫衷一是。陳佩芬讀為「迨犬獵鄉,無旗,度」,其中「迨」訓作「及」;「畋」讀「獵」訓「狩獵」;「旗」訓「表識」;「度」訓「法」,文義大概為「到離城邑很遠的、可以狩獵的廣袤之地,沒有表識以及法治的規範。」〔註338〕此說的弊端有三:其一,「🅖」字不能釋作「迨」,「🅘」字不能隸定作「繖」,而「畋」定紐真部,「獵」來紐葉部,聲雖旁紐,但韻部隔閡,故「畋」不能讀「獵」。其二,「迨犬獵鄉」之訓讀,無法明確表達「離城邑很遠的、可以……」的意義。其三,前文〈競〉

〔註335〕陳劍:〈談談《上博(五)》的竹簡分篇、拼合與編聯問題〉,武漢大學《簡帛網》,2006/02/19。劉國勝:〈上博(五)零札(六則)〉,武漢大學《簡帛網》,2006/04/07。季旭昇師:〈《上博五·鮑叔牙與隰朋之諫》試讀〉,《楚地簡帛思想研究(三)》(武漢:湖北教育出版社,2007年),頁17。李守奎:〈《鮑叔牙與隰朋之諫》補釋〉,《楚地簡帛思想研究(三)》(武漢:湖北教育出版社,2007年),頁38。劉國勝:〈《上博竹書(五)零札五則〉,《楚地簡帛思想研究(三)》(武漢:湖北教育出版社,2007年),頁102。林志鵬:〈楚竹書《鮑叔牙與隰朋之諫》補釋〉,武漢大學《簡帛網》,2007/07/13。

〔註336〕何有祖:〈上博(五)零釋〉,武漢大學《簡帛網》,2006/02/22。林志鵬:〈上博楚竹書《競建內之》重編新解〉,武漢大學《簡帛網》,2006/02/25。

〔註337〕劉國勝:〈上博(五)零札(六則)〉,武漢大學《簡帛網》,2006/04/07。劉國勝:〈《上博竹書(五)零札五則〉,《楚地簡帛思想研究(三)》(武漢:湖北教育出版社,2007年),頁102。

〔註338〕陳佩芬:《上海博物館藏戰國楚竹書(五)·競建內之釋文》(上海:上海古籍出版社,2005年),頁176。

簡9云：「公身爲無道」，依陳佩芬的訓讀，體會不出齊桓公「無道」之義。

季旭昇師讀爲「驅逐田弋，無期度」。〔註339〕首先要說明的是，「田弋」一詞，季師原本讀作「田鄉」，之後改從劉國勝之說，讀爲「田弋」訓「田獵弋射」之義；而「無期度」一詞，得到陳劍的認同。〔註340〕其次，以音韻而論，「洶」字從「句」聲，「句」爲見紐侯部，「驅」爲溪紐侯部，《史記・淮陰侯列傳》：「言語嘔嘔」，《索隱》作「姁姁」，可知「洶」字讀爲「驅」無誤。而「緎」字從「飤」聲，「飤」從「食」聲，文獻中從「弋」聲的「式」與從「食」聲的「飾」可互相通假，《說文》：「飾讀若式」、《曾侯》簡 42：「黃金是弋」，裘錫圭、李家浩注釋云：「『弋』，77 號簡作『鈘』，並從『弋』聲；據文意當讀爲『飾』。『弋』、『飾』古音相近可通。」〔註341〕故「緎」字可讀爲「弋」。再者，「驅逐」一詞見於傳世文獻，如《史記・孟子荀卿列傳》：「吾前見王，王志在驅逐；後復見王，王志在音聲。」而「田弋」一詞同樣見於文獻，如《周禮・夏官・司弓矢》：「田弋，充籠箙矢，共矰矢。」《左傳・哀公七年》：「及曹伯陽即位，好田弋。曹鄙人公孫彊好弋，獲白鴈，獻之。」綜合以上，筆者認爲此說可從，前文隰朋與鮑叔牙批評齊桓公行事無道，「驅逐田弋，無期度」正與前文文意相合，意謂「齊桓公驅逐於田獵，不知有所節制」。

林志鵬起先將「洶」字讀爲「怡」，訓「樂」之義；「达」字即「逸」字，亦訓作「樂」；「畋」字不破讀，訓「狩獵」；「緎」字讀爲「弋」，訓「繳射」，此句讀爲「怡逸，畋弋無期度」。〔註342〕其後，林氏綜合季旭昇師、劉國勝的意見，將此句讀爲「驅逐畋弋，無期度」。〔註343〕對於第一個說法，由前後文

〔註339〕季旭昇師：〈上博五芻議（上）〉，武漢大學《簡帛網》，2006/02/18。季旭昇師：〈《上博五・鮑叔牙與隰朋之諫》試讀〉，《楚地簡帛思想研究（三）》（武漢：湖北教育出版社，2007 年），頁 17。

〔註340〕季旭昇師：〈上博五芻議（上）〉，武漢大學《簡帛網》，2006/02/18。陳劍：〈談談《上博（五）》的竹簡分篇、拼合與編聯問題〉，武漢大學《簡帛網》，2006/02/19。劉國勝：〈上博（五）零札（六則）〉，武漢大學《簡帛網》，2006/04/07。劉國勝：〈《上博竹書（五）零札五則》，《楚地簡帛思想研究（三）》（武漢：湖北教育出版社，2007 年），頁 102。

〔註341〕裘錫圭、李家浩：〈曾侯乙墓竹簡釋文與考釋〉，《曾侯乙墓》（北京：文物出版社，1989 年），頁 510。

〔註342〕林志鵬：〈上博楚竹書《競建內之》重編新解〉，武漢大學《簡帛網》，2006/02/25。

〔註343〕林志鵬：〈楚竹書《鮑叔牙與隰朋之諫》補釋〉，武漢大學《簡帛網》，2007/

義觀之，此說似可從，但仍有商榷的空間，「」字不能釋作「逸」，此其一。「鄉」字從「即」聲，「即」爲精紐質部，「弋」爲余紐職部，雖然質、職二部有通假之例證，但精、余二紐相隔較遠，此其二。至於第二個說法，「畋」雖可訓爲「田獵」，《尚書·五子之歌》：「乃盤遊無度，畋于有洛之表，十旬弗反。」孔傳：「田獵過百日不還」，但「畋弋」一詞只見於秦以後之文獻資料，指打獵之義，如《抱朴子·君道》：「緩賑濟而急聚斂，勤畋弋而忽稼穡。」

李守奎認爲「丆」爲見紐之部，「節」爲精紐質部，楚文字之、脂二部關係密切，故李守奎言：「入聲（筆者按：質部）也是如此」，並舉《禮記·玉藻》與《儀禮·士冠禮》之「節」字可通假爲職部字的「飾」字，故「羿」字可讀爲「節」，此句則讀爲「驅逐畋，飭無節度」，意謂「齊桓公不以規矩行事，田獵無度」。〔註344〕但筆者認爲，「羿」讀爲「節」之證據不是平行例證，原因在於之、脂二部與其入聲職、質二部雖然各可通假，並不代表之部與質部可以通假。

李學勤讀爲「迲逐畋，鄉無旗宅」，「迲」字訓解從原考釋；「旗」指「虞旗」；「宅」訓「居」，「鄉無旗宅」意謂「田野中沒有虞旗與獵者的居處」，即指田獵未能進行。〔註345〕筆者前已論證「迲」、「鄉」二字考釋有缺失之外，以文義而言，假使田獵未能進行，隰朋與鮑叔牙亦不必特別指出此事，批評桓公的過失，故筆者不採此說。

五、或以豎迲羿戕嗇爲相

第六字，原簡寫作：

陳佩芬隸定作「戕」，讀爲「易」，學者對此多無異議。〔註346〕蘇建洲師主張此字所從「戈」旁當隸定爲「弋」，因而從「弋」聲讀作「易」。〔註347〕李學

07/13。

〔註344〕李守奎：〈《鮑叔牙與隰朋之諫》補釋〉，《楚地簡帛思想研究（三）》（武漢：湖北教育出版社，2007年），頁38。

〔註345〕李學勤：〈試釋楚簡《鮑叔牙與隰朋之諫》〉，《文物》2006年第九期，頁92。

〔註346〕陳佩芬：《上海博物館藏戰國楚竹書（五）·競建內之釋文》（上海：上海古籍出版社，2005年），頁177。

〔註347〕蘇建洲師：〈《上博（五）·競建內之》「亥弋」字小考〉，武漢大學《簡帛網》，2006/02/19。（筆者按：「競」原作「竟」）。

勤認爲此字爲「敳」字異構，所從聲符「亥」爲「帝」形近訛誤造成，因而「敳」可讀作「易」。〔註348〕林志鵬則綜合蘇建洲師、李學勤的意見，認爲此字是從「弋」從「帝」的雙聲字。〔註349〕首先要指出的是，陳佩芬此字雖然隸定無誤，但讀爲「易」似可商，原因在於不管「㲋」字從「亥」或從「戈」得聲，皆與「易」之聲韻有些差距，「亥」爲匣紐之部，「戈」爲見紐歌部，「易」余紐錫部，可知三者聲韻並不互諧。其次，楚文字「亥」字寫作「𢎗」（《包山》簡267）、「𢎗」（《包山》簡19）、「𢎗」（《包山》簡27），「帝」字寫作「𢇬」（《郭店・緇》簡7）、「𢇬」（《郭店・五》簡48）、「𢇬」（《郭店・六》簡38），二字寫法截然不同，李學勤之說不知所據爲何。因此，筆者贊同蘇師之說，古文字中「弋」旁與「戈」旁常有互用的現象，《信陽》M2簡1.06云：「皆三伐之子孫」，「伐」應讀爲「代」。〔註350〕故「㲋」字當隸定作「敳」，從「弋」聲讀作「易」，簡文「易牙」爲齊桓公時代之亂臣。

「或」字陳佩芬未破讀，陳劍改讀爲「又」。〔註351〕陳劍之說可從，原因在於承接前文文義「擁華孟子，以馳於郊市」、「驅逐田弋，無期度」這兩件事，此處言「又以豎刁與易牙爲相」，表示齊桓公第三件「無道」之事。

六、二人也𠈃堂群戰𦥑𠈃取𢌳賵公𢆶而㑒

（一）文字考釋

第八字，原簡寫作：

陳佩芬隸定作「𦥑」，學者並無異議。〔註352〕禤健聰認爲「婁」、「要」形

〔註348〕李學勤：〈試釋楚簡《鮑叔牙與隰朋之諫》〉，《文物》2006年第九期，頁92。

〔註349〕林志鵬：〈楚竹書《鮑叔牙與隰朋之諫》補釋〉，武漢大學《簡帛網》，2007/07/13。

〔註350〕李家浩：〈戰國𠫑布考〉，《古文字研究》第三輯（北京：中華書局，1980年），頁160。

〔註351〕陳佩芬：《上海博物館藏戰國楚竹書（五）・競建內之釋文》（上海：上海古籍出版社，2005年），頁177。陳劍：〈談談《上博（五）》的竹簡分篇、拼合與編聯問題〉，武漢大學《簡帛網》，2006/02/19。

〔註352〕陳佩芬：《上海博物館藏戰國楚竹書（五）・競建內之釋文》（上海：上海古籍出版社，2005年），頁176。

近，經常訛混，例如《上博一‧性》簡14「歌謠」之「謠」寫作「」，即「要」字，故此字從「要」得聲。〔註353〕季旭昇師主張「婁」、「要」同源，故此字應釋爲「要」。〔註354〕禤健聰之觀察有其道理，「」字上半部與《上博一‧性》「」字互相對比，字形確實非常相近，而「」字讀作「謠」，顯然是從「要」得聲。但筆者認爲「」字上半部爲「婁」旁的可能性也不能完全排除，如包山簡161「殿仿司馬臣」、郭店簡〈成之聞之〉簡5「是故威服刑罰之」，以上「」、「」二字釋作「婁」，學者大抵無異議。〔註355〕我們可以發現，上述「」、「」的字形亦與「」字上半部、《上博一‧性》「」字相近，可知依字形來判斷「婁」、「要」是不可靠的。季旭昇師在〈說「婁」、「要」〉一文中，全面檢討「婁」、「要」二字，主張古文字「婁」字即「要」字，而在簡文中要釋作「婁」或「要」，則需靠上下文來決定。〔註356〕因此，「」字可以從「婁」或「要」得聲，至於該從何聲，只能從文義探求。

「公」字之上，原簡寫作：

陳佩芬隸定爲「靚」。〔註357〕陳劍主張此字左旁從「見」或「視」，右旁與郭店簡〈老子〉丙本簡7「」右旁相同。〔註358〕禤健聰隸定作「覶」。〔註359〕李守奎隸作「覶」，認爲此字右旁見於鄂君啓舟節「」，爲「舌」字繁體。〔註360〕李學勤隸作「覩」。〔註361〕就字形左旁來看，除了陳劍之外，諸家一

〔註353〕禤健聰：〈上博楚簡（五）零札（一）〉，武漢大學《簡帛網》，2006/02/24。

〔註354〕季旭昇師：《上博五‧鮑叔牙與隰朋之諫》試讀〉，《楚地簡帛思想研究（三）》（武漢：湖北教育出版社，2007年），頁17。

〔註355〕季旭昇師：〈說「婁」、「要」〉，《古文字研究》第二十六輯（北京：中華書局，2006年），頁486。

〔註356〕季旭昇師：〈說「婁」、「要」〉，《古文字研究》第二十六輯（北京：中華書局，2006年），頁487。

〔註357〕陳佩芬：《上海博物館藏戰國楚竹書（五）‧競建內之釋文》（上海：上海古籍出版社，2005年），頁177。

〔註358〕陳劍：〈談談《上博（五）》的竹簡分篇、拼合與編聯問題〉，武漢大學《簡帛網》，2006/02/19。

〔註359〕禤健聰：〈上博楚簡（五）零札（二）〉，武漢大學《簡帛網》，2006/02/26。

〔註360〕李守奎：〈《鮑叔牙與隰朋之諫》補釋〉，《楚地簡帛思想研究（三）》（武漢：湖北教育出版社，2007年），頁38。

〔註361〕李學勤：〈試釋楚簡《鮑叔牙與隰朋之諫》〉，《文物》2006年第九期，頁94。

致認定爲從「見」。楚簡中「見」字可分作兩種字形，「平目下從立人形」有釋作「視」，亦有釋作「見」；「平目下從跪人形」皆釋作「見」。〔註362〕陳煒湛曾對戰國楚簡「見」字作全面考察，主張「平目下從立人形」者應改釋作「見」，更何況楚簡另有「視」字，寫作「███」（《上博一・緇》簡1）、「███」（《上博二・魯》簡2）。〔註363〕陳煒湛之說可從，故「███」字左旁從「見」無疑。其次，從字形右旁來看，陳劍與李守奎之觀察有其道理，郭店簡〈老子〉丙本簡7「███」右旁字形與鄂君啓舟節「███」，確實與「███」字右旁形體相近，兩者差別在於「███」字右旁頂端多一橫筆，但我們知道戰國文字常在字形頂端加上橫筆作爲飾筆。不過，筆者認爲「███」字右旁形體爲舌字繁體的說法，成立的可能性極低，原因在於金文「舌」字寫作「███」（孟鼎「醨」字所從），楚系鱢鐘寫作「███」、「███」，上述「舌」字要繁化成「███」字右旁形體有其困難性，且未見有繁化成「███」字右旁形體的「舌」字。〔註364〕至於陳佩芬與李學勤二人將「███」字右旁形體上部隸作「言」，筆者認爲乍看之下似從「言」，但此「言」形旁有一小豎筆，故不能隸作「言」。綜上所述，筆者主張「███」字之隸定，應從褟健聰作「視臼」。

倒數第二字，原簡寫作：

陳佩芬隸定作「███」，學者多無異議。〔註365〕張振謙認爲「███」字爲雙聲字，「爻」、「告」均爲聲符，並主張「███」字爲「噭」字初文。〔註366〕蘇建洲師從筆勢的角度觀察，認爲下部不從「口」形，而是從「O」形。〔註367〕蘇師

〔註362〕郭店簡〈老子〉甲本簡2「███索保僕」，整理者釋爲「視」；〈五行〉簡30「███而智之，智也」，整理者釋爲「見」，請參閱荊門市博物館：《郭店楚墓竹簡》（北京：文物出版社，1998年），頁114、150。

〔註363〕陳煒湛：〈戰國楚簡「見」字說〉，《古文字研究》第二十六輯（北京：中華書局，2006年），頁257～262。

〔註364〕鱢鐘「舌」字考釋，筆者贊同李家浩的意見，請參閱李家浩：〈鱢鐘銘文考釋〉，《著名中年語言學家自選集・李家浩卷》（合肥：安徽教育出版社，2002年），頁67。

〔註365〕陳佩芬：《上海博物館藏戰國楚竹書（五）・競建內之釋文》（上海：上海古籍出版社，2005年），頁176～177。

〔註366〕張振謙：〈上博（五）札記二則〉，武漢大學《簡帛網》，2006/02/27。

〔註367〕蘇建洲師：〈《上博五・鮑叔牙與隰朋之諫》「豎刁與易牙爲相」章字詞考釋〉，武漢大學《簡帛網》，2006/03/17。

之觀察有其道理,「𡘾」字下部似從「O」形,但筆者認爲從「口」形並不能完全排除,原因在於包山簡152「命」字寫作「𠇗」,其「口」形寫法像「O」形寫法。其次,張振謙的說法可信,原因在於典籍文獻「告」與「覺」可通假,如《淮南子‧泰族》:「使民居處相司,有罪相覺,於以舉姦,非不掇也。」《群書治要》引「覺」作「告」,此其一。「覺」從「學」聲,「學」從「爻」聲,楚簡中讀作「教」的字多寫作「𦥑」(《郭店‧緇》簡18)、「𩒨」(《郭店‧尊》簡4),即從「爻」聲,此其二。因此,「𡘾」字應隸定作「𡘾」,「爻」、「告」皆是其聲符,爲「嚳」字初文。

最後一字,原簡寫作:

陳佩芬隸定作「僷」,學者多亦無異議。〔註368〕季旭昇師與李守奎二人,認爲「𤞤」字右上部從「釆」。〔註369〕林志鵬認爲「𤞤」字從「人」從「米」會意,「癸」爲疊加音符,即「纇」字異體。〔註370〕首先,楚簡有「纇」字,郭店簡〈尊德義〉簡4:「教可𨘵也」、郭店簡〈性自命出〉簡17:「聖人比其𩔈而論之」,皆讀作「纇」。〔註371〕「纇」有「群」義,而《說文》:「纇,難曉也,從頁、米。」假使「𤞤」字確實爲「纇」的異體,那麼應有「群」、「難曉」之意,但從「人」、「米」會意,顯然無法會意出「群」、「難曉」之意,可知林志鵬之說不可信。其次,楚簡中「釆」形寫法有二,一作「𠂹」(《包山》簡98「番」字所從),另一作「𠂹」(《包山》簡52「番」字所從),而「米」字寫作「𣏽」(《包山》簡103「糧」字所從),可見「米」與「釆」形體相近,確實有可能相混。因此,「𤞤」字可隸定作「𤞤」,從「米(釆)」或「癸」得聲。

〔註368〕陳佩芬:《上海博物館藏戰國楚竹書(五)‧競建內之釋文》(上海:上海古籍出版社,2005年),頁176~177。

〔註369〕季旭昇師:〈《上博五‧鮑叔牙與隰朋之諫》試讀〉,《楚地簡帛思想研究(三)》(武漢:湖北教育出版社,2007年),頁18。李守奎:〈《鮑叔牙與隰朋之諫》補釋〉,《楚地簡帛思想研究(三)》(武漢:湖北教育出版社,2007年),頁39。

〔註370〕林志鵬:〈楚竹書《鮑叔牙與隰朋之諫》補釋〉,武漢大學《簡帛網》,2007/07/13。

〔註371〕荊門市博物館:《郭店楚墓竹簡》(北京:文物出版社,1998年),頁173、179。

（二）訓讀問題

對於此段簡文的訓讀，學者意見相當分歧，爲了方便討論，筆者以學者斷句爲準則，將之劃分爲五組來作探討：

1. 二人也，傰堂、群獸甏，傰取乭贖，公蕎而娶

陳佩芬將「傰堂」讀爲「朋黨」，訓「同類人互相勾結，排斥異己者」。〔註372〕就文義來說相當通順，前文云「以豎刁與易牙爲相」，二人皆是齊國亂臣，互爲朋黨。

「群獸甏」，陳佩芬把「群獸」讀爲「群獸」；「甏」字讀「邎」，引《說文通訓定聲》：「邎，行步不絕之貌，由絲曰聯縷。」「群獸邎」意謂「群獸驚亂四散，像行步不絕之貌」。以字面意義來看，陳說似有其道理，不過置於〈競〉簡10卻無法通讀簡文，原因在於豎刁與易牙互爲朋黨，若將此句理解爲「群獸驚亂四散，像行步不絕之貌」，顯然文義無法前後貫通。

「傰取乭贖」一句，陳佩芬讀爲「朋取與說」，「說」訓「諫諍」、「救正」。「贖」從「見」聲，可讀爲「說」。不過，「朋」、「取」、「與」三字，陳佩芬未作詳細訓解，以筆者的理解，「朋」應指前文「朋黨」，「取」則有「索取」之義，「與」作連接詞用，「朋取與說」大概意思爲「朋黨們一邊向齊桓公索取好處，一邊向齊桓公直言歸勸此行爲不可取」。若將此句如此解讀，可與「以豎刁與易牙爲相，二人也，朋黨」互相呼應。

「公蕎而娶」一句，陳佩芬讀爲「公告而儕」，「儕」有「慚恥」意。張振謙將「蕎」釋爲「譬」，仍從陳佩芬讀作「告」。〔註373〕首先，「娶」字可從「釆」得聲，「釆」爲並紐元部，而「儕」從「雜」聲，「雜」聲爲來紐眞部，元部與眞部旁轉，故「娶」可勉強讀爲「儕」。其次，以筆者理解，「告」大概有「宣告」、「告諭」之義，故此句大概意思爲「齊桓公慚恥地宣告政令」，與「朋取與說」之文義並觀，勉強可以讀通。

此外，侯乃峰認同張振謙所釋，改讀爲「覺」，訓「覺察」，「公蕎而娶」意謂「公已經覺察到自己的行爲不妥而⋯⋯」〔註374〕筆者認爲此說與前文文義互相牴觸，原因在於「朋取與說」乃是朋黨諫言自己的行爲缺失，而不是

〔註372〕陳佩芬：《上海博物館藏戰國楚竹書（五）・競建內之釋文》（上海：上海古籍出版社，2005年），頁177。下文所引資料，皆從此註解，不再註明。

〔註373〕張振謙：〈上博（五）札記二則〉，武漢大學《簡帛網》，2006/02/27。

〔註374〕侯乃峰：〈上博（五）幾個固定詞語和句式補說〉，《楚地簡帛思想研究（三）》（武漢：湖北教育出版社，2007年），頁130。

進諫齊桓公的行為缺失。

討論至此，此組的意見仍有許多地方尚待釐清，例如許多字的訓解未說明清楚，使得文義不清，而「群獸遷」一句，無法貫串前後文義。因此，筆者不採用此組的意見。

2. 二人也僄堂，群獸鼙俚，取与贎公，奢而奘之

「群獸鼙俚」一句，陳劍讀爲「群獸遷堋」，但未詳細訓解，故暫時不列入討論。〔註375〕林志鵬讀作「群疇摟朋」，其中「疇」訓爲「類」，「摟」訓「曳聚」，「朋」訓「群聚」義，此句意謂「牽曳類聚」。〔註376〕以音韻論之，「獸」爲書紐幽部，「疇」定紐幽部，林氏破讀並無問題。以文義觀之，此句訓「牽曳類聚」，確實與前文「二人也朋黨」互相呼應。

褟健聰讀作「群獸邀朋」，「群」與「邀」皆作動詞用，「群獸邀朋」正可以與「朋黨」對應。〔註377〕季旭昇師則讀作「群獸要朋」，認爲不必破讀作「邀」，從本字讀「要」即可，因爲「要」有「約」義。〔註378〕首先，「鼙」可從「要」聲，「要」爲影紐宵部，「邀」爲見紐宵部，兩字聲近而韻同，故可通假。其次，「群」作動詞有「群聚」義，如《荀子‧非十二子》：「壹統類而群天下之英傑」，「邀」則有「請」、「約」義，故「群獸邀朋」或「群獸要朋」意義相同，皆有「朋比爲奸」的意思，置於文義可與「二人也朋黨」互相呼應。

綜合上述，「群疇摟朋」、「群獸邀朋」以及「群獸要朋」皆可讀通文義，但筆者傾向採用季師之說，原因在於訓讀文字的先後次序上，本字能讀通簡文爲優先，假使無法通讀，則再言假借。因此，「鼙」、「要」同源，故「群獸鼙俚」應讀爲「群獸要朋」。

「取与贎公」陳劍讀爲「取與厭公」，其中「贎」字引郭店簡〈老子〉丙本簡7「鸁」，右旁聲符與「贎」字相同，馬王堆帛書本《老子》作「銛」，故「贎」可讀爲「厭」，季旭昇師贊同此說，並將文義理解爲「豎刁與易牙貪取

〔註375〕陳劍：〈談談《上博（五）》的竹簡分篇、拼合與編聯問題〉，武漢大學《簡帛網》，2006/02/19。

〔註376〕林志鵬：〈上博楚竹書《競建內之》重編新解〉，武漢大學《簡帛網》，2006/02/25。林志鵬：〈楚竹書《鮑叔牙與隰朋之諫》補釋〉，武漢大學《簡帛網》，2007/07/13。

〔註377〕褟健聰：〈上博楚簡（五）零札（一）〉，武漢大學《簡帛網》，2006/02/24。

〔註378〕季旭昇師：〈《上博五‧鮑叔牙與隰朋之諫》試讀〉，《楚地簡帛思想研究（三）》（武漢：湖北教育出版社，2007年），頁17。

交與，以滿足公」。〔註379〕禤健聰則讀為「取與詍公」，「詍」訓「多言」之義，與〈競〉簡 5「言日多」呼應。〔註380〕林志鵬起先贊同陳劍之破讀，進一步訓「迫」，其後自棄立場，引周鳳五之說「取與厭公」意謂「豎刁、易牙朋比為奸，盡量滿足公的欲望與需求」。〔註381〕在禤健聰的說法中，大概認為「贈」字從「舌」聲，「舌」為船紐月部，「詍」為余紐月部，兩字聲韻相近。不過，以文義來看，此處訓「多言」並無法與〈競〉簡 5「言日多」相呼應，原因在於〈競〉簡 5 之前的簡文已經亡佚，無法得知「言日多」到底所言何事。其次，陳劍之破讀可從，「銛」為定紐談部，「厭」為影紐談部，兩者韻部相同，可以通假。因此，筆者採用陳劍之說，將「取与贈公」讀為「取與厭公」，文義則採如季師、周鳳五之說，理解為「豎刁、易牙朋比為奸，貪取交與，以滿足齊桓公」。

「謞而㸑之」季旭昇師讀作「酷而播之」，意謂「明知極（筆者按：原作「急」）酷之事，而施布之」。〔註382〕首先，「謞」可從「告」聲，讀作「酷」，「酷」有「殘暴」之義，《韓非子・顯學》：「今上急耕田墾草，以厚民產也，而以上為酷。」「㸑」前文已論證可從「采」聲，故可讀作「播」，「播」有「傳布」義，《左傳・昭公四年》：「慶封唯逆命，是以在此，其肯從戮乎？播於諸侯，焉用之？」其次，以文義而言，此句理解為「明知極酷之事，而施布之」，似可讀通，但簡文前述未見齊桓公命令豎刁或易牙行事，故此說成立的可能性不高。

蘇建洲師讀為「殽而迷之」，「殽」有「亂」義，「迷」訓「迷惑」，意謂「易牙、豎刁二人先混殽民情，再迷惑齊桓公」。〔註383〕首先，「謞」可從「爻」聲，「殽」的基本聲符亦是「爻」聲，故「謞」可讀「殽」；「㸑」從「米」聲，

〔註379〕陳劍：〈談談《上博（五）》的竹簡分篇、拼合與編聯問題〉，武漢大學《簡帛網》，2006/02/19。季旭昇師：〈《上博五・鮑叔牙與隰朋之諫》試讀〉，《楚地簡帛思想研究（三）》（武漢：湖北教育出版社，2007 年），頁 17。

〔註380〕禤健聰：〈上博楚簡（五）零札（二）〉，武漢大學《簡帛網》，2006/02/26。

〔註381〕林志鵬：〈上博楚竹書《競建內之》重編新解〉，武漢大學《簡帛網》，2006/02/25。林志鵬：〈楚竹書《鮑叔牙與隰朋之諫》補釋〉，武漢大學《簡帛網》，2007/07/13。周鳳五：〈上博五《姑成家父》重編新解〉，《中國簡帛學國際論壇論文集》，2006 年 11 月 8～10 日，頁 289。

〔註382〕季旭昇師：〈《上博五・鮑叔牙與隰朋之諫》試讀〉，《楚地簡帛思想研究（三）》（武漢：湖北教育出版社，2007 年），頁 18。

〔註383〕蘇建洲師：〈《上博五・鮑叔牙與隰朋之諫》「豎刁與易牙為相」章字詞考釋〉，武漢大學《簡帛網》，2006/03/17。

故可讀作「迷」。其次,以文義觀之,本論文主張〈競〉與〈鮑〉二篇簡文應合併爲一篇,合併之處即是此句「蓍而燅之」,下文〈鮑〉簡 4 云:「不以邦家爲事,縱公之所欲」。若依蘇師之說,前後文義相當通順,前文豎刁與易牙已互爲朋黨,貪取交與,滿足齊桓公的需求與願望,之後混殽民情,迷惑齊桓公,使齊桓公不以國事爲意,放縱慾望。

林志鵬讀爲「殽而穎之」,「殽」字訓解從蘇建洲師之說,「穎」訓「難曉」,此句意謂「使賢不肖混雜而難以辨別」。〔註384〕關於「燅」不可釋作「穎」字的論證,已見上文。其次,此句意謂「使賢不肖混雜而難以辨別」,就前文文義來看,固然有其道理。不過,銜接下文〈鮑〉簡 4 云:「不以邦家爲事,縱公之所欲」之文義關聯性,就不如蘇師之說來得合理通順。

3. 二人也,傰堂群獸,壘倗取异,賜公蓍而燅之

「傰堂群獸」一句,李學勤則讀爲「朋黨群醜」;李守奎讀爲「朋黨群守」,意謂「勾結眾守官」。〔註385〕但「朋黨」作動詞用,訓爲「結爲朋黨」時,典籍文獻多以「主謂結構」表述,如《管子・參患》:「道正者不安,則才能之人去亡,行邪者不變,則群臣朋黨;才能之人去亡,則宜有外難,群臣朋黨,則宜有內亂。」《管子・君臣下》:「群官朋黨以懷其私,則失族矣。」《管子・明法》:「外內朋黨,雖有大姦,其蔽主多矣。」《韓非子・邪飾》:「群臣朋黨比周以隱正道、行私曲而地削主卑者,山東是也。」由上述可知,「朋黨」作動詞用時,句法多以「主謂結構」呈現,未見以「動賓結構」之形式來表述。因此,「朋黨群守」與「朋黨群醜」二說文義雖可讀通,但句法結構未見於文獻,筆者不採此二說。

「壘倗取异」之訓讀,李守奎讀爲「數倍取與」,其中「數」訓「屢次」,「倍」有「多」義。李學勤則讀爲「婁朋取與」,其中「婁」訓「牽」。首先,「倗」從「朋」聲,「朋」爲並紐蒸部,「倍」爲並紐之部,二字聲韻相近。其次,二說於文義可讀通,「數倍取與」意謂「凌駕於齊桓公之上,索取

〔註384〕林志鵬:〈楚竹書《鮑叔牙與隰朋之諫》考釋三則〉,武漢大學《簡帛網》,2007/04/10。林志鵬:〈楚竹書《鮑叔牙與隰朋之諫》補釋〉,武漢大學《簡帛網》,2007/07/13。

〔註385〕李學勤:〈試釋楚簡《鮑叔牙與隰朋之諫》〉,《文物》2006 年第九期,頁 92~93。李守奎:〈《鮑叔牙與隰朋之諫》補釋〉,《楚地簡帛思想研究(三)》(武漢:湖北教育出版社,2007 年),頁 38~39。下文所引資料,皆從此註解,不再註明。

與給予之數量多且密集」；「婁朋取與」意謂「牽引朋黨向齊桓公索取、給予利益」。

「賦公蕎而燹之」，李守奎讀爲「制公誥而詭之」，「誥」訓爲「誥令」，「詭」則有「改變」之義，此句意謂「擅作齊桓公的誥令，且擅自更改」。首先，以音韻而論，「賦」字從「舌」聲，「舌」爲船紐月部，故可讀爲章紐月部的「制」；「蕎」爲雙聲結構，可讀作「誥」；「燹」字可從「釆」聲讀「幣」、「變」，或從「癸」聲讀「詭」。本論文已論證「燹」字可從「釆」聲或「癸」聲，故讀爲「幣」、「變」、「詭」皆有可能。其次，以李守奎理解的文義來看，前文易牙與豎刁已凌駕於齊桓公之上，擅作或擅改齊桓公的誥令，文義相當合理通順。

李學勤讀作「賦公教而睽之」，其中「賦」字未釋，「教」訓「教誨」，「睽」訓「乖離」義，整句意謂「不聽齊桓公的教誨而與之背反」。首先，「蕎」爲雙聲結構，故可讀作「教」；「燹」字可從「癸」聲，當可讀作「睽」。其次，就李學勤理解的文義來看，似可讀通，前文豎刁與易牙牽引朋黨向齊桓公索取、給予利益，但他們不聽教誨進而違背齊桓公。

討論至此，筆者認爲此組仍有些問題尚未釐清，如「朋黨群守」與「朋黨群醜」的句法結構問題；李守奎未確定「燹」字該破讀爲何字；李學勤則對「賦」字待考存疑，因此，筆者不採用此組意見。

4. 二人也，傈堂群獸，蓋傈取异，賦公蕎而燹

楊澤生將此句讀爲「二人也，朋黨群守/侯，邀朋聚與，厭公告而乖」。〔註386〕「朋黨群守/侯」一句，楊澤生認爲句法結構爲「動賓結構」，「朋黨」作動詞用，「群守」、「群侯」作名詞用。此說文義可以讀通，豎刁與易牙爲相之後，以「群守」或「群侯」互爲朋黨是可以理解的。不過，據筆者查證傳世文獻，「朋黨」作動詞用時，句法多以「主謂結構」呈現，如《管子·參患》：「群臣朋黨」、《管子·君臣下》：「群官朋黨」、《管子·明法》：「外內朋黨」，未見以「動賓結構」之形式來表述。由上述可知，「朋黨群守」與「朋黨群侯」皆不合語法。

「邀朋聚與」，其中「邀」字之訓讀採禤健聰之說，「聚」訓「聚集」之義，「與」訓爲「黨與」，且「聚與」一詞見於先秦古籍，《管子·山至數》：「諸

〔註386〕楊澤生：《〈上博五〉零釋十二則》，武漢大學《簡帛網》，2006/03/20。下文所引資料，皆從此註解，不再註明。

侯受而官之，連朋而聚與，高下萬物，以合民用。」對於此句破讀以及訓解，筆者認爲大致合理，文義承接「朋黨群守／侯」，意謂「邀請更多群守、群侯聚集」。

「猒公告而乖」，其中「猒」字訓讀從陳劍之說，「告」訓爲「訓告」，「乖」則有「乖離」之義。以音韻論之，「斄」字從「癸」聲，「癸」爲見紐脂部，「乖」爲見紐微部，兩字聲韻相近。不過，楊氏又認爲「斄」亦可能從「米」聲，將「斄」視爲待考字，可見楊氏對於「斄」字破讀的立場較不堅定。以文義觀之，「猒公告而乖」承接「朋黨群守／侯，邀朋聚與」之文義，意謂「猒煩齊桓公的訓告而乖離其意」，有其合理性存在。

討論到此，此組依然有些問題尚待釐清，如「斄」字究竟該從何讀；「朋黨群守／侯」之句法結構仍有問題，故筆者不採用此組說法。

5. 二人也，偄、堂、群，獸曳偄取，异賏公荅而斄

蕭聖中將此句讀爲「二人也，佣、黨、群，獸逶佣聚，與猒公教／誥睽」，其中「佣、黨、群」三字，均認爲以名詞作動詞用，皆爲朋比結黨之義，但因黨羽亦有親疏遠近之不同，因而有三種名稱。〔註387〕蕭聖中的觀察有一定的道理，但「佣」、「黨」、「群」是否各代表黨羽「同類異類」、「親疏遠近」之不同，則有待商榷。「佣」、「黨」二字在傳世文獻中，確有訓作「朋比結黨」之例，但「群」字未見此訓解。其次，傳世文獻與出土文獻均未見「佣」、「黨」、「群」連用，來表達黨羽「同類異類」、「親疏遠近」的用法。

「獸逶佣聚」，其中「逶」字訓讀從林志鵬之說，訓「曳聚」之義，「佣聚」意即「像鳥類那樣聚集」。以破讀而言，「曳」讀爲「逶」、「取」讀爲「聚」自無問題。以訓讀而言，「逶」訓「曳聚」之義可從，但「佣聚」有「像鳥類那樣聚集」之意似可商，原因在於「佣」典籍文獻未見訓作「鳥類」之義。以文義而言，銜接上文「佣、黨、群」之文義，勉強可以讀通，意謂「朋黨聚集」。

「與猒公教／誥睽」一句，其中「猒」字破讀從陳劍之說，改訓爲「堵塞」、「蒙蔽」，「教／誥」訓「教令或詔令」，「睽」訓「違」義。以破讀而言，「賏」讀爲「猒」、「荅」讀爲「教」或「告」，「斄」讀作「睽」，自無問題。以訓解

<hr>

〔註387〕蕭聖中：〈上博竹書（五）札記三則〉，《楚地簡帛思想研究（三）》（武漢：湖北教育出版社，2007年），頁100～101。下文所引資料，皆從此註解，不再註明。

而言，「厭」雖有「堵塞」義，如《荀子・修身》：「厭其源，開其瀆，江河可竭。」但詞義上，「堵塞」與「蒙蔽」還是有差別的。以文義而言，「與厭公教／詰睽」意謂「相與藏蔽、睽違齊桓公之教令」，與「二人也，佣、黨、群，獸邊佣聚」文義似可以讀通。

討論至此，此組意見多有疑慮之處，如「佣」、「黨」、「群」三字的用法、「佣聚」之訓解、「厭」字訓解，故筆者不傾向採信此組說法。

（三）結　論

基於以上原因，筆者採用第二組的意見，將「𤔲」隸定作「壹」、「𧹞」隸定作「賹」、「𧸧」隸定作「蕎」以及「𦡕」隸定作「燮」，此句「二人也俚堂群獸壹俚取𢑬賹公蕎而燮之」，讀作「二人也朋黨，群獸邀朋，取與厭公，殽而迷之」，文義為「豎刁與易牙結為朋黨之後，貪取交與，滿足齊桓公的需求與願望，之後混殽民情，迷惑齊桓公」。

七、𦤶民轀樂

首字原簡寫作：

陳佩芬釋作「庚」，李學勤認同此說。〔註388〕「庚」字甲骨文寫作「𤰀」（《前》3.5.7）、「𤰀」（《前》2.36.5），像某種樂器之形，類似後世之貨郎鼓。〔註389〕金文作「庚」（兮甲盤《集成》10147）、「庚」（沇兒鐘《集成》00203），至戰國時作「庚」（哀成叔鼎《集成》02782）、「庚」（鄴孝子鼎《集成》02574）。由此可知，一直到戰國時代，「庚」字的寫法相當固定，楚系文字亦是如此，如「庚」（《包山》簡183）、「庚」（《包山》簡220）。以上所舉例證，與「𦤶」字互相比較，不僅下半部形體不同，頂端也無「⌣」部件，故「𦤶」字為「庚」字的可能性極低。

袁金平舉「蒤」（《包山》簡150）、「萪」（《包山》簡258）、「𦥑」（《上博四・采》簡3）等三字為例，認為上述三字下半部與「𦤶」字相近，當為一字

〔註388〕陳佩芬：《上海博物館藏戰國楚竹書（五）・鮑叔牙與隰朋之諫釋文》（上海：上海古籍出版社，2005年），頁186。李學勤：〈試釋楚簡《鮑叔牙與隰朋之諫》〉，《文物》2006年第九期，頁93。

〔註389〕李孝定：《甲骨文字集釋》（臺北：中央研究院歷史語言研究所，2004年），頁4271。

異體，故將「🔲」字釋作「弁」。〔註390〕季旭昇師贊同袁金平之考釋，進一步將構形分析爲從「弁」從「刃（刀）」，隸定作「🔲」。〔註391〕蘇建洲師對袁金平之說提出反駁：

> 目前楚文字「弁」與「🔲」形體並不相同，最明顯的是上部未見作「🔲」形者。即使是袁先生的文中所舉例證亦未見此種字形。可見釋爲「弁」恐怕是有問題的。〔註392〕

蘇師之反駁有理。楚文字「弁」字寫作「🔲」（《包山》簡 240）、「🔲」（《郭店・五》簡 32）、「🔲」（《上博一・孔》簡 8），未見上部寫作「🔲」形體，確實與「🔲」字形體不同。至於季師將構形分析爲從「弁」從「刃（刀）」，筆者以爲「🔲」字下半部從「刃（刀）」形的說法可信，但「🔲」字上半部確實不爲「弁」字，故此字恐無法隸作「🔲」。

林志鵬主張「🔲」字上部與楚國「事」字寫法相合，構形分析爲從「刃」從「事」省聲，釋作「🔲」。〔註393〕林志鵬之觀察有其道理，楚文字「事」寫作「🔲」（《郭店・緇》簡 6）、「🔲」（《郭店・老乙》簡 1）、「🔲」（《上博二・魯》簡 2），上部寫法確實與「🔲」字相同。不過，「事」爲常見字，中間形體無一寫作「🔲」形。〔註394〕可見「🔲」爲「事」字的可能性不高。

胡瓊認爲「🔲」字從「刃」從「重」省，釋作「🔲」，並舉兩條證據作爲佐證，包山楚簡的簡 61、簡 145「🔲」字，右邊「重」旁上部與「🔲」字上部同形，此其一；郭店簡〈性自命出〉簡 10「🔲」字，左邊「重」旁中間只有橫筆無豎筆，此其二。〔註395〕第二條證據有待商榷，郭店簡〈性自命出〉簡 10「🔲」字，左旁中間從「目」形，顯然與「🔲」中間形體「🔲」形不同。而第一條證據，有其道理，「🔲」字所從「重」旁上部確實與「🔲」字上部同

〔註390〕袁金平：〈讀《上博（五）》札記三則〉，武漢大學《簡帛網》，2006/02/26。

〔註391〕季旭昇師：〈《上博五・鮑叔牙與隰朋之諫》「篤歡附忨」解——兼談「錢器」〉，武漢大學《簡帛網》，2006/03/06。

〔註392〕蘇建洲師：〈《上博五・鮑叔牙與隰朋之諫》「豎刁與易牙爲相」章字詞考釋〉，武漢大學《簡帛網》，2006/03/17。蘇建洲師：〈《上博楚簡（五）》考釋五則〉，《中國文字》新三十二期（臺北：藝文印書館，2006 年），頁 76。

〔註393〕林志鵬：〈戰國楚竹書《鮑叔牙與隰朋之諫》「剗民獵樂」試解〉，武漢大學《簡帛網》，2006/03/06。林志鵬：〈楚竹書《鮑叔牙與隰朋之諫》補釋〉，武漢大學《簡帛網》，2007/07/13。

〔註394〕李守奎：《楚文字編》（上海：華東師範大學出版社，2003 年），頁 186。

〔註395〕胡瓊：〈上博簡《鮑叔牙與隰朋之諫》釋讀二則〉，武漢大學《簡帛網》，2007/05/08。

形，故可釋作「剸」。

　　蘇建洲師舉「■」（《上博一・性》簡 19「濬」字）、「■」（《上博三・周》簡 28「歔」字）、「■」（《上博三・周》簡 29「歔」字）等字形，認爲所從「睿」旁上部「■」、「■」二形與「■」同形，故「■」字可隸定爲「卓」。〔註 396〕其後另發文補充前說，提出兩個字形演變的證據，認爲楚文字「卢」字可寫作「■」（《包山》簡 217「玷」偏旁），而「祗」字可寫作「■」（蔡侯申盤）、「■」（《三體石經・君奭》）、「■」（《郭店・老乙》簡 12），故可證「卢」字上部「卜」形體能演變爲「■」形體，此其一。又，「陞」字寫作「■」（《上博二・容》簡 39）右旁上從二筆；「謘」字寫作「■」（《包山》簡 137），右旁上從三筆；「陳」字寫作「■」（《璽彙》1455），三筆頂端作向左斜畫，此其二。〔註 397〕根據第二條證據，字形演變軌跡如下：

因此，「卢」旁上部的演變軌跡與此相同，故可證第一條證據：

就字形而言，蘇師的推演過程有其道理，戰國文字常可在字形頂端加上向左的斜筆，如前述「陳」字寫作「■」（《璽彙》1453），亦可作「■」（《璽彙》1455）。〔註 398〕但筆者對「卢」字上部的演變軌跡採取保留態度，原因在於目前楚文字未見「卢」字寫作「■」。即使如此，上博簡一〈性情論〉簡 19「濬」字所從「■」形體，與「■」字上部「■」形體相同，故筆者認爲「■」字仍可隸定爲「卓」。除此之外，陳劍根據蘇建洲師所推測的「■」字形，舉詛楚文「列」字寫作「■」爲佐證，認爲其所從的「■」旁是「■」字形上部三筆加以整齊之後，再作曲筆而來，而「刀」、「刃」二形可以通用，故將「■」

〔註 396〕蘇建洲師：〈《上博五・鮑叔牙與隰朋之諫》「豎习與易牙爲相」章字詞考釋〉，武漢大學《簡帛網》，2006/03/17。蘇建洲師：〈《上博楚簡（五）》考釋五則〉，《中國文字》新三十二期（臺北：藝文印書館，2006 年），頁 76～77。

〔註 397〕蘇建洲師：〈《上博五》補釋五則〉，武漢大學《簡帛網》，2006/03/29。蘇建洲師：〈《上博楚簡（五）》考釋二則〉，武漢大學《簡帛網》，2006/12/01。蘇建洲師：〈《上博楚簡（五）》考釋五則〉，《中國文字》新三十二期（臺北：藝文印書館，2006 年），頁 76。

〔註 398〕李家浩：〈傳遽鷹節銘文考釋——戰國符節銘文研究之二〉，《著名中年語言學家自選集・李家浩卷》（合肥：安徽教育出版社，2002 年），頁 91。

字釋作「列」。〔註399〕陳劍的意見有其道理，但楚文字未見明確的「卢」字寫作「𡿩」字形，故「𦔮」字是否可釋作「列」，筆者採取保留態度，有待更多的出土文獻資料加以證明。

討論至此，我們可以確定〈鮑〉簡4「𦔮」字可釋作「剚」，或隸定作「卢」。而蘇建洲師將「卢」字構形理解為三種：「刃」、「𠚣」二形容易相混，故可從「卢」、「𠚣」聲，此其一。或從「𠚣」、「卢」聲，此其二。因「刀」「勿」義近通用，故「刃」「勿」亦可義近通用，因而釋作「殉」，此其三。〔註400〕上述分析皆可從，前二種「刃」、「𠚣」二形相通的例證如「梁」字作「𢿳」（《上博二·魯》簡6），右旁即從「刃」形。第三種「刀」、「勿」確實存在義近通用的現象，如「利」字寫作「𣂪」（《包山》簡141），亦寫作「𣂪」（《包山》簡171），可見「刃」與「勿」通用的可能亦不能排除。至於蘇師之說該從何種構形分析，筆者認為就字形而言無法論斷，只能從文義來確認。

第三字，原簡寫作：

陳佩芬隸定為「韗」。〔註401〕陳劍隸定作「𤝵」，疑釋作「獵」，李守奎亦持相同看法，林志鵬更進一步指出此字與「𤝵」（《包山》簡150）、「𤞤」（《九店》M56簡31）形近。〔註402〕首先要指出的是，楚文字「弗」字寫作「𢎥」（《郭店·老丙》簡14）、「𢎥」（《郭店·窮》簡2）、「𢎥」（《郭店·尊》簡29），與「𦔮」字右旁所從不同，故陳佩芬之隸定成立無法成立。其次，林志鵬所舉

〔註399〕陳劍說法轉引自蘇建洲師：〈《上博楚簡（五）》考釋二則〉，武漢大學《簡帛網》，2006/12/01。又見於蘇建洲師：〈《上博楚簡（五）》考釋五則〉，《中國文字》新三十二期（臺北：藝文印書館，2006年），頁79。

〔註400〕蘇建洲師：〈《上博五·鮑叔牙與隰朋之諫》「豎刁與易牙為相」章字詞考釋〉，武漢大學《簡帛網》，2006/03/17。蘇建洲師：〈《上博楚簡（五）》考釋五則〉，《中國文字》新三十二期（臺北：藝文印書館，2006年），頁77～78。

〔註401〕陳佩芬：《上海博物館藏戰國楚竹書（五）·鮑叔牙與隰朋之諫釋文》（上海：上海古籍出版社，2005年），頁186。

〔註402〕陳劍：〈談談《上博（五）》的竹簡分篇、拼合與編聯問題〉，武漢大學《簡帛網》，2006/02/19。林志鵬：〈戰國楚竹書《鮑叔牙與隰朋之諫》「剚民獵樂」試解〉，武漢大學《簡帛網》，2006/03/06。李守奎：〈《鮑叔牙與隰朋之諫》補釋〉，《楚地簡帛思想研究（三）》（武漢：湖北教育出版社，2007年），頁39。林志鵬：〈楚竹書《鮑叔牙與隰朋之諫》補釋〉，武漢大學《簡帛網》，2007/07/13。

例證有其道理，「」、「」字形與「」的確相近，筆者認爲字形的演變順序可推演如下：

 → →

「」爲基本字形，經由頂端與底部加上橫筆爲飾筆，演變爲「」字形，而古文字常在圈形部件中加上橫筆爲飾筆，故演變成「」字形。而「」、「」二字，其辭例分別爲「邦」、「以田」，前一個字例作人名用，後一個字例李家浩隸定作「轙」，從「車」、「嶽」聲，疑是「獵」字異體。〔註403〕由上述可知，陳劍對於「」字考釋可以採信。

關於簡文「民樂」一句，學者之間意見分歧。陳佩芬讀爲「更民怫樂」，大概意思爲「百姓看起來堅強，其實內心既鬱既樂」。〔註404〕袁金平讀爲「鞭民獵樂」，意謂「易牙與豎刁鞭扑威民，暴虐作樂」。〔註405〕季旭昇師基本上贊同袁金平之說，但也提出質疑，認爲「鞭民獵樂」缺乏文獻上之旁證。〔註406〕林志鵬讀爲「士民獵樂」，此句與〈競〉簡10「驅逐田弋，無其度。」互相呼應，如同《緇衣》所云：「上是好物，下必有甚者矣。」〔註407〕李學勤主張「」屬上讀，結合前文讀爲「從公之所欲更。民弗樂。」〔註408〕但上述五說成立的可能性極低，原因在於「」字不能釋作「庚」、「刜」、「劃」；「」字右旁不從「弗」。

李守奎主張「民」大概有「殄民」、「殘民」、「妨民」這類意義，具體意義待考，而「樂」讀爲「獵樂」，意謂「求取淫樂」。〔註409〕此說雖於文義可通，但「」字無確切訓讀，故筆者不採此說。此外，胡瓊僅將「劃」訓

〔註403〕李家浩：〈九店楚簡五六號墓竹簡釋文與考釋〉，《九店楚簡》（北京：中華書局，2000年），頁90。

〔註404〕陳佩芬：《上海博物館藏戰國楚竹書（五）·鮑叔牙與隰朋之諫釋文》（上海：上海古籍出版社，2005年），頁186。

〔註405〕袁金平：〈讀《上博（五）》札記三則〉，武漢大學《簡帛網》，2006/02/26。

〔註406〕季旭昇師：〈《上博五·鮑叔牙與隰朋之諫》「篤歡附忨」解——兼談「錢器」〉，武漢大學《簡帛網》，2006/03/06。

〔註407〕林志鵬：〈戰國楚竹書《鮑叔牙與隰朋之諫》「劃民獵樂」試解〉，武漢大學《簡帛網》，2006/03/06。林志鵬：〈楚竹書《鮑叔牙與隰朋之諫》補釋〉，武漢大學《簡帛網》，2007/07/13。

〔註408〕李學勤：〈試釋楚簡《鮑叔牙與隰朋之諫》〉，《文物》2006年第九期，頁93。

〔註409〕李守奎：〈《鮑叔牙與隰朋之諫》補釋〉，《楚地簡帛思想研究（三）》（武漢：湖北教育出版社，2007年），頁39。

作「刺」，其餘諸字未作說明。〔註410〕胡氏之說未能疏通文義，且典籍文獻未見「剒民」一詞。

蘇建洲師主張「■民■樂」有三種訓讀方式，「創民獵樂」、「殘民獵樂」以及「沒民獵樂」，「獵」均訓作「取」義，此句意謂「豎刁與易牙爲害人民，但是他們卻以此取樂」。〔註411〕可見蘇師著重於「■」字的破讀與訓解。首先，以音韻論之，「卓」可分析爲從「肖」、「刀」聲，而「刀」爲「創」的初文，故可讀爲「創」，此其一。從「刀」、「肖」聲，「肖」爲疑紐月部，「殘」爲從紐元部，韻對轉而聲相遠，蘇師引陳劍之說「迣」讀爲「危」，「坐」爲從紐，「危」爲疑紐；又引裘錫圭與李學勤之說「齺」讀爲「瓚」，「齺」爲疑紐，「瓚」爲從紐，作爲疑紐與從紐往來的例證。證據充足，有其道理。不過，季旭昇師認爲：「『肖』聲讀作「殘」雖然聲音變化上也還可以說得通，但是較爲曲折（說文『殘』從『戔』聲），似可略爲修正爲『從刃、奴省聲』」。〔註412〕筆者認爲季師之說有其道理，若理解爲「從刃、奴省聲」，可避免疑紐與從紐相距較遠的情況。即使如此，「刀」、「肖」聲仍可讀作「殘」，此其二。釋作「殁」，「殁」從「勿」聲，「勿」爲明紐物部，「沒」亦爲明紐物部，故「殁」可讀爲「殘」，此其三。其次，既然「卓」可讀爲「創」、「殘」、「沒」，只能從辭例來確認該從何讀。「創民」以及「沒民」二詞，先秦典籍文獻未見，而「殘民」一詞見於古籍，《左傳‧宣公二年》：「殘民以逞」。

陳劍讀爲「厲民獵樂」。〔註413〕「厲」字未作訓解，大概是取「虐害」義，《尚書‧梓材》：「予罔厲殺人」，故「厲民」與「殘民」之義大致相同，都是殘虐人民之義，置於文義相當合理。不過，「■」字是否可釋作「列」，筆者採取保留態度，故此說存此備考。

綜合以上，「■」、「■」二字應分別隸定作「卓」、「轢」，「卓民轢樂」應

〔註410〕胡瓊：〈上博簡《鮑叔牙與隰朋之諫》釋讀二則〉，武漢大學《簡帛網》，2007/05/08。

〔註411〕蘇建洲師：〈《上博五‧鮑叔牙與隰朋之諫》「豎刁與易牙爲相」章字詞考釋〉，武漢大學《簡帛網》，2006/03/17。蘇建洲師：〈《上博楚簡（五）》考釋五則〉，《中國文字》新三十二期（臺北：藝文印書館，2006年），頁77～78。

〔註412〕季旭昇師：〈《上博五‧鮑叔牙與隰朋之諫》試讀〉，《楚地簡帛思想研究（三）》（武漢：湖北教育出版社，2007年），頁18。

〔註413〕陳劍說法轉引自蘇建洲師：〈《上博楚簡（五）》考釋二則〉，武漢大學《簡帛網》，2006/12/01。又見於蘇建洲師：〈《上博楚簡（五）》考釋五則〉，《中國文字》新三十二期（臺北：藝文印書館，2006年），頁79。

讀爲「殘民獵樂」，文義爲「豎刁與易牙二人殘害人民以取樂」。

八、籤逞怀惡

首字原簡寫作：

原考釋者陳佩芬隸定作「籤」。〔註414〕李守奎指出此字見於楚帛書，寫作「𥬔」、「𥬔」，隸定作「籤」，爲「筑」字異體。〔註415〕李守奎的觀察有其道理，字形與楚帛書「籤」字相同，故「籤」字應改隸作「籤」。

第二字，原簡寫作：

陳佩芬隸定作「逞」，李學勤贊同此說。〔註416〕但楚文字「甚」字寫作「𤴡」（《上博二・魯》簡4）、「𤴡」（《上博六・用》簡19），與「𥬔」形體相差甚遠。由上述例證可知，陳佩芬之隸定不可信。

李守奎隸定作「逞」，未詳細說明。〔註417〕楚文字「吳」字寫作「𠀐」（《曾侯》簡43）、「𠀐」（《包山》簡167）、「𠀐」（《郭店・唐》簡9），顯然與「逞」字所從右旁不同，故此隸定亦不可信。

林志鵬將「逞」字釋作「遏」，認爲右旁「𥬔」上從「口」旁，下從「立」旁，《說文》：「立，住也。」故「𥬔」像人駐止張口形表達疑問之意，即「曷」字，《爾雅・釋詁》：「曷，止也。」《說文》：「曷，何也。」至於「𠃊」形，是書手書寫底部橫筆的自然筆勢，而小篆「曷」即是從「𥬔」訛變而來。〔註418〕

〔註414〕陳佩芬：《上海博物館藏戰國楚竹書（五）・鮑叔牙與隰朋之諫釋文》（上海：上海古籍出版社，2005年），頁186。

〔註415〕李守奎：〈《鮑叔牙與隰朋之諫》補釋〉，《楚地簡帛思想研究（三）》（武漢：湖北教育出版社，2007年），頁39。

〔註416〕陳佩芬：《上海博物館藏戰國楚竹書（五）・鮑叔牙與隰朋之諫釋文》（上海：上海古籍出版社，2005年），頁186。李學勤：〈試釋楚簡《鮑叔牙與隰朋之諫》〉，《文物》2006年第九期，頁93。

〔註417〕李守奎：〈《鮑叔牙與隰朋之諫》補釋〉，《楚地簡帛思想研究（三）》（武漢：湖北教育出版社，2007年），頁39。

〔註418〕林志鵬：〈釋戰國楚簡中的「曷」字——兼論《緇衣》「民有格心」句異文〉，武漢大學《簡帛網》，2007/01/30。林志鵬：〈楚竹書《鮑叔牙與隰朋之諫》補釋〉，武漢大學《簡帛網》，2007/07/13。

此說有待商榷，雖然「曷」有「止」、「何」兩個義項，但口形向上不能完全表達疑問之意，此其一。假設「乚」形爲書寫時的自然筆勢，但「立」爲常見字，下部橫畫未見寫作「乚」形，此其二。〔註419〕古文字「口」形與「曰」形可以互用，但「曷」下部「囱」爲「丐」字，「丐」字戰國文字未見，故「囧」要訛寫成一個未見過的文字，有其困難度存在，此其三。戰國時期已有「曷」字，寫作「曷」（《楚帛書》「敠」字所從），由朱德熙考釋認出，使得一系列從「曷」旁的字，都能順利考釋得知，而簡文「昱」形體顯然與「曷」字不同，此其四。〔註420〕基於上述原因，筆者認爲「逞」字釋作「過」的可能性不高。

季旭昇師將「昱」形體分析爲上從「口」，下從「立」，唯「立」之末筆訛爲「乚」形，「乚」形即《說文》所言「像迟曲隱蔽形」，意謂像建築區中一塊隱蔽的區域，如「區」、「廷」等字所從形體，與「立」下部像人所站立之區域取義類似，故「昱」可隸定作「昱」，「逞」字應改隸作「逞」，其構形本義待考。〔註421〕「廷」字最早見於西周金文，寫作「㿟」（盂鼎）、「㿟」（師酉簋），吳大澂、林義光、高鴻縉等三人，認爲「廷」字從「人」從「土」，「乚」象庭隅或階前曲地。〔註422〕季旭昇師進一步認爲「廷」字所從「乚」形爲「乚」的初文，表示一個隱蔽的區域。〔註423〕因此，「昱」形體之「乚」形可視爲一塊隱蔽的區域，取義與「廷」字相同，故「逞」字可隸定作「逞」。

簡文「敦逞怀恖」一句，陳佩芬讀作「敦堪倍願」，意謂「違背天道的意願」。〔註424〕李守奎讀爲「篤娛倍忨」，意謂「厚其樂而倍其欲」。〔註425〕李

〔註419〕李守奎：《楚文字編》（上海：華東師範大學出版社，2003 年），頁 598～599。

〔註420〕朱德熙：〈長沙帛書考釋（五篇）〉，《朱德熙古文字論集》（北京：中華書局，1995 年），頁 207～209。林清源師亦有相關文章對「曷」字作詳細考證，應爲「曷」字無疑，待刊。

〔註421〕季旭昇師：〈《上博五·鮑叔牙與隰朋之諫》「篤歡附忨」解——兼談「錢器」〉，武漢大學《簡帛網》，2006/03/06。季旭昇師：〈《上博五·鮑叔牙與隰朋之諫》試讀〉，《楚地簡帛思想研究（三）》（武漢：湖北教育出版社，2007 年），頁 18。

〔註422〕周法高：《金文詁林》（香港：香港中文大學，1977 年），頁 1056～1061。

〔註423〕季旭昇師：《說文新證（上）》（臺北：藝文印書館，2004 年），頁 122。

〔註424〕陳佩芬：《上海博物館藏戰國楚竹書（五）·鮑叔牙與隰朋之諫釋文》（上海：上海古籍出版社，2005 年），頁 186。

〔註425〕李守奎：〈《鮑叔牙與隰朋之諫》補釋〉，《楚地簡帛思想研究（三）》（武漢：湖北教育出版社，2007 年），頁 39。

學勤讀為「毒甚背願」，意謂「役使過度，違背民眾意願」。〔註426〕林志鵬讀為「篤愒倍忨」，意謂「加倍貪求」。〔註427〕但以上四說成立的可能性極低，原因在於「」字不是「湛」、「還」、「遏」三字。

季旭昇師主張「怀忞」一句，有三種訓讀方式：其一，「篤歡背願」，意謂「盡情歡樂，背離民願」。其二，「篤歡倍忨」，意謂「盡情歡樂，加倍貪求」。其三，「篤歡附忨」，意謂「盡情歡樂，親附貪頑」。其中季師傾向採用第三種訓讀，認為〈競〉簡 3「狄人之怀者七百」之「怀」可釋作「附」，且文義上齊桓公親附貪頑小人，與史實比較接近。〔註428〕首先，以音韻論之，「篋」從「高」聲，古籍文獻「筥」、「篤」可以通假，《說文》：「筥，讀若篤。」「還」字可讀作「歡」，原因在於「昱」字亦見於上博一〈緇衣〉簡13，而郭店簡〈緇衣〉簡 24 相對應之字作「懽」，整理者讀為「歡」，裘錫圭於按語云：「也有可能讀為勸」，故可知「昱」與「雚」有通假的可能。〔註429〕而「怀」讀為「背」、「倍」、「附」皆可從，「怀」從「不」聲，「不」為幫紐之部，「背」為幫紐職部，「倍」為並紐之部，「附」為並紐侯部，古「跗」、「不」通用，《詩·小雅·六月》：「鄂不韡韡」，鄭箋：「不當作跗，古聲不跗同。」至於「忞」當可讀為「忨」，「忞」從「元」聲，「元」與「願」皆為疑紐元部，故可通假。其次，以文義觀之，三說皆可讀通，筆者傾向贊同第三說，除了季師所提的兩點例證之外，〈競〉簡 10「又以豎刁與易牙為相」，可作為齊桓公親附貪頑小人之內證。

九、日城於縱

原考釋者陳佩芬讀為「日盛于縱」，陳劍、李學勤以及季旭昇師三人持相同意見。〔註430〕林志鵬則讀為「日逞于縱」，「逞」訓「放任」之義。〔註431〕

〔註426〕李學勤：〈試釋楚簡《鮑叔牙與隰朋之諫》〉，《文物》2006 年第九期，頁 93。

〔註427〕林志鵬：〈釋戰國楚簡中的「曷」字——兼論《緇衣》「民有格心」句異文〉，武漢大學《簡帛網》，2007/01/30。林志鵬：〈楚竹書《鮑叔牙與隰朋之諫》補釋〉，武漢大學《簡帛網》，2007/07/13。

〔註428〕季旭昇師：〈《上博五·鮑叔牙與隰朋之諫》「篤歡附忨」解——兼談「錢器」〉，武漢大學《簡帛網》，2006/03/06。季旭昇師：〈《上博五·鮑叔牙與隰朋之諫》試讀〉，《楚地簡帛思想研究（三）》（武漢：湖北教育出版社，2007 年），頁18。

〔註429〕荊門市博物館：《郭店楚墓竹簡》（北京：文物出版社，1998 年），頁 134。

〔註430〕陳佩芬：《上海博物館藏戰國楚竹書（五）·鮑叔牙與隰朋之諫釋文》（上海：上海古籍出版社，2005 年），頁 185。陳劍：〈談談《上博（五）》的竹簡分篇、

在林志鵬的說法中，「縱」已有「放任」、「放縱」這類意義，《禮記‧仲尼燕居》：「縱言至於禮」，孔穎達疏：「縱，謂放縱」。因此，「縱」已有「放縱」之義，語意已足，故「城」不必改讀作「逞」，此處仍從原考釋者之訓讀，意謂「一天比一天放縱」。

十、百眚皆宛悁

「皆」字之下，原簡寫作：

陳佩芬隸定作「宮」，釋作「邑」之繁文。〔註432〕李學勤、方勇、王輝三人贊同釋「邑」之說。〔註433〕此說有其道理，楚文字「邑」字寫作「𨙻」（《包山》簡3）、「𨙻」（《郭店‧老乙》簡18「邦」字所從），與「宮」字形下半部相同，且「宀」旁可作「贅符」，如「中」字寫作「宔」（《郭店‧老甲》簡24），亦可作「宔」（《郭店‧五》簡5），故可視為「邑」之繁文。

季旭昇師根據《上博一‧緇》簡6「宛」字，將「宮」字釋作「宛」，得到陳劍、李天虹、張富海、李守奎以及林志鵬等五人之認同。〔註434〕以字形

拼合與編聯問題〉，武漢大學《簡帛網》，2006/02/19。李學勤：〈試釋楚簡《鮑叔牙與隰朋之諫》〉，《文物》2006年第九期，頁94。季旭昇師：〈《上博五‧鮑叔牙與隰朋之諫》試讀〉，《楚地簡帛思想研究（三）》（武漢：湖北教育出版社，2007年），頁18。

〔註431〕林志鵬：〈楚竹書《鮑叔牙與隰朋之諫》補釋〉，武漢大學《簡帛網》，2007/07/13。

〔註432〕陳佩芬：《上海博物館藏戰國楚竹書（五）‧鮑叔牙與隰朋之諫釋文》（上海：上海古籍出版社，2005年），頁187。

〔註433〕李學勤：〈試釋楚簡《鮑叔牙與隰朋之諫》〉，《文物》2006年第九期，頁93。方勇：〈釋上博簡《鮑叔牙與隰朋之諫》中的「悁悁」一詞〉，武漢大學《簡帛網》，2006/12/23。王輝：〈《上博楚簡（五）》讀記〉，《中國文字》新三十二期（臺北：藝文印書館，2006年），頁25。

〔註434〕季旭昇師：〈上博五芻議（上）〉，武漢大學《簡帛網》，2006/02/18。陳劍：〈談談《上博（五）》的竹簡分篇、拼合與編聯問題〉，武漢大學《簡帛網》，2006/02/19。李天虹：〈上博五《競》、《鮑》篇校讀四則〉，武漢大學《簡帛網》，2006/02/19。張富海：〈上博簡五《鮑叔牙與隰朋之諫》補釋〉，《北方論叢》2006年第四期，頁9。此文亦載於武漢大學《簡帛網》，2006/05/10。季旭昇師：〈《上博五‧鮑叔牙與隰朋之諫》試讀〉，《楚地簡帛思想研究（三）》（武漢：湖北教育出版社，2007年），頁18。李守奎：〈《鮑叔牙與隰朋之諫》補釋〉，《楚地簡帛思想研究（三）》（武漢：湖北教育出版社，2007年），頁

而言，《上博一‧緇》簡6「（圖）」字與「（圖）」字的差別在於〈緇衣〉「（圖）」字「宀」旁下多一橫畫，但楚文字「宀」旁之下有加一橫畫爲飾筆的情況，如「集」字作「（圖）」（楚王酓忎鼎《集成》02795）、「（圖）」（楚王酓肯鼎《集成》02623）；「宜」字作「（圖）」（《郭店‧六》簡26）、「（圖）」（《九店》M56簡46），故將「（圖）」、「（圖）」視爲同字是有其道理。〔註435〕其次，馮勝君、趙平安二位學者，對《上博一‧緇》「（圖）」字以及相關偏旁之字作考釋，馮勝君將其構形分析爲在「夗」形上加注「〇（音員）」聲；趙平安則分析作從「宀」、「夗」聲，雖然二者對構形有著不同意見，但所得的結論爲《上博一‧緇》「（圖）」字應釋作「宛」，讀爲「怨」。〔註436〕因此，季師之說可以成立，「（圖）」字可釋作「宛」。

最後一字，陳佩芬、陳劍僅隸定作「（圖）」。〔註437〕原簡寫作：

王輝認爲戰國文字「弁」字作「（圖）」（《侯馬》328），亦可省作「（圖）」（《侯馬》328），因而此字從「人」，「卢」聲，右旁「（圖）」形體爲「弁」字省文。〔註438〕此說不可信，原因在於省「又」旁的「弁」字仍與「（圖）」字右上部形體不同。

李守奎認爲「（圖）」字右上部爲「眞」之訛變。〔註439〕楚文字「眞」字寫作「（圖）」（《包山》簡270）、「（圖）」（《天‧策》），頂端爲「匕」形體，明顯與「（圖）」字右上部頂端不同，李守奎雖言訛變，但未對訛變的過程作詳細的舉例說明，故筆者不採此說。

40。林志鵬：〈楚竹書《鮑叔牙與隰朋之諫》考釋三則〉，武漢大學《簡帛網》，2007/04/10。林志鵬：〈楚竹書《鮑叔牙與隰朋之諫》補釋〉，武漢大學《簡帛網》，2007/07/13。

〔註435〕趙平安：〈戰國文字中的「宛」及其相關問題研究（附補記）〉，武漢大學《簡帛網》，2006/04/10。

〔註436〕馮勝君：〈釋戰國文字中的「怨」〉，《古文字研究》第二十五輯（北京：中華書局，2004年），頁281～285。趙平安：〈戰國文字中的「宛」及其相關問題研究（附補記）〉，武漢大學《簡帛網》，2006/04/10。

〔註437〕陳佩芬：《上海博物館藏戰國楚竹書（五）‧鮑叔牙與隰朋之諫釋文》（上海：上海古籍出版社，2005年），頁187。陳劍：〈談談《上博（五）》的竹簡分篇、拼合與編聯問題〉，武漢大學《簡帛網》，2006/02/19。

〔註438〕王輝：〈《上博楚簡（五）》讀記〉，《中國文字》新三十二期（臺北：藝文印書館，2006年），頁25。

〔註439〕李守奎：〈《鮑叔牙與隰朋之諫》補釋〉，《楚地簡帛思想研究（三）》（武漢：湖北教育出版社，2007年），頁40。

　　林志鵬認爲「⿰」字下從「心」，上從「艮」，唯此「艮」旁爲左右式，右上與「眞」字混同，左上則改「匕（反人）」爲「人」。〔註440〕此說似可商，楚文字「艮」字，目前僅見於《上博三‧周》簡48、49寫作「⿰」、「⿰」、「⿰」、「⿰」、「⿰」、「⿰」，從「匕」從「目」，雖然例證不多，但寫法相當固定，皆爲左右式，此其一。楚文字「眞」字與「⿰」字右上部形體之差異已見前述，且「目」字未有訛寫作「眞」字之例證，此其二。因此，「⿰」字上部不爲「艮」旁。

　　在《上博一‧孔》簡3、27有字寫作「⿰」、「⿰」、《郭店‧緇》簡10寫作「⿰」，過去學者釋作「悁」或認爲上部爲「獻」省，故釋作「懕」。〔註441〕李天虹傾向釋作「懕」，主張「⿰」字右上部形體與上述字形之上部形體相同，進一步認爲是「獻」形再省，如《郭店‧老甲》簡4讀作「厭」之字寫作「⿰」，右旁僅存「占」形。〔註442〕季旭昇師認爲「⿰」字右上所從與「占」、「肙」等一系列的偏旁很像，但「占」、「肙」等字，其「卜」形下所從皆作「口」狀，而「⿰」右上的「卜」形下所從作「囗」狀，故此字構形可分犧爲下從「心」，上從「偵」省聲，隸定爲「憇」。〔註443〕張富海認爲「⿰」字右上部爲「肙」省去「肉」旁而作「占」形，從「肙」省聲。〔註444〕李學勤釋作「悁」，未作說明。〔註445〕方勇贊同李學勤所釋，認爲「⿰」字右上部爲「肙」省去「肉」旁而作「占」形，籀文「悁」字寫作「⿰」，「人」旁與「刀」旁可以互用，故「⿰」字可釋作「悁」。〔註446〕首先，季旭昇師曾對楚簡從「肙」之字作全

〔註440〕林志鵬：〈楚竹書《鮑叔牙與隰朋之諫》考釋三則〉，武漢大學《簡帛網》，2007/04/10。林志鵬：〈楚竹書《鮑叔牙與隰朋之諫》補釋〉，武漢大學《簡帛網》，2007/07/13。

〔註441〕黃德寬、徐在國：〈郭店楚簡文字考釋〉，《吉林大學古籍整理研究所建所十五周年紀念文集》（長春：吉林大學出版社，1998年），頁102。湯餘惠、吳良寶〈郭店楚簡文字拾零（四則）〉，《簡帛研究二〇〇一（上）》（桂林：廣西師範大學出版社，2001年），頁201～202。

〔註442〕李天虹：〈上博五《競》、《鮑》篇校讀四則〉，武漢大學《簡帛網》，2006/02/19。

〔註443〕季旭昇師：〈上博五芻議（上）〉，武漢大學《簡帛網》，2006/02/18。季旭昇師：《《上博五‧鮑叔牙與隰朋之諫》試讀〉，《楚地簡帛思想研究（三）》（武漢：湖北教育出版社，2007年），頁18。

〔註444〕張富海：〈上博簡五《鮑叔牙與隰朋之諫》補釋〉，《北方論叢》2006年第四期，頁9。此文亦載於武漢大學《簡帛網》，2006/05/10。

〔註445〕李學勤：〈試釋楚簡《鮑叔牙與隰朋之諫》〉，《文物》2006年第九期，頁93。

〔註446〕方勇：〈釋上博簡《鮑叔牙與隰朋之諫》中的「悒悁」一詞〉，武漢大學《簡

面檢討，所得結論對從「冐」旁各字皆能通讀，因此上述《上博一·孔》以及《郭店·緇》諸字上部應從「冐」。〔註447〕因此，張富海、方勇將「🔲」字右上部視爲「冐」省而存留「占」形，有其道理。況且，在《上博二·子》簡 1 亦有僅存「占」形的「冐」，寫作「🔲」。〔註448〕其次，上述「冐」所從「占」形，其「口」形作「🔲」，左右兩端突出，而「🔲」字右上部所從之圈形部件左右兩端並未突出，但楚文字口形與圈形寫法有相混的現象，如《上博六·競》簡 5「敚」字寫作「🔲」，其左旁中間原應作口形，此處卻作圈形。〔註449〕經由以上論證可知，「🔲」字應是從「冐」聲的字，而誠如方勇所舉籀文「悁」字寫法，其構形部件與「🔲」字相同，而「人」旁與「刀」旁常見相混（筆者按：方勇原作「人」旁與「刀」旁可以互用），故筆者認爲「🔲」字應釋作「悁」。

「🔲」一詞，陳佩芬讀爲「邑悁」，僅將「邑」訓作「憂悒」。〔註450〕陳佩芬未將文義疏通，故可首先排除。林志鵬讀爲「怨恨」。〔註451〕但「🔲」字右上部所從不爲「艮」旁，故林志鵬之說成立的可能性非常低。

李天虹讀爲「怨厭」，「厭」有憎惡、嫌棄之義。〔註452〕季旭昇師原讀爲「怨憎」，爾後改從李天虹之說。〔註453〕張富海讀爲「怨悁」，「悁」有忿恨義。〔註454〕李學勤讀作「悁悁」，《說文》：「悁，忿也。」《詩·陳風·澤陂》：「中

帛網》，2006/12/23。

〔註447〕季旭昇師：〈由上博詩論「小宛」談楚簡中以個特殊的從冐的字〉，《漢學研究》第二十卷第二期，頁 377～397。

〔註448〕蘇建洲師：〈楚簡文字考釋五則〉《2004 年文字學學術研討會論文集》（臺北：里仁書局，2005 年），頁 276～278。

〔註449〕此爲蘇建洲師在初審時所提出的意見。

〔註450〕陳佩芬：《上海博物館藏戰國楚竹書（五）·鮑叔牙與隰朋之諫釋文》（上海：上海古籍出版社，2005 年），頁 187。

〔註451〕林志鵬：〈楚竹書《鮑叔牙與隰朋之諫》考釋三則〉，武漢大學《簡帛網》，2007/04/10。林志鵬：〈楚竹書《鮑叔牙與隰朋之諫》補釋〉，武漢大學《簡帛網》，2007/07/13。

〔註452〕李天虹：〈上博五《競》、《鮑》篇校讀四則〉，武漢大學《簡帛網》，2006/02/19。

〔註453〕季旭昇師：〈上博五芻議（上）〉，武漢大學《簡帛網》，2006/02/18。季旭昇師：〈《上博五·鮑叔牙與隰朋之諫》試讀〉，《楚地簡帛思想研究（三）》（武漢：湖北教育出版社，2007 年），頁 18。

〔註454〕張富海：〈上博簡五《鮑叔牙與隰朋之諫》補釋〉，《北方論叢》2006 年第四期，頁 9。此文亦載於武漢大學《簡帛網》，2006/05/10。

心悁悁」，傳曰：「猶悒悒也」。〔註455〕方勇與王輝亦讀作「悒悁」，「悒」、「悁」
爲同義詞，兩字連用相當於文獻中的「悁悒」，表示人抱怨、忿恨的意思，如
楚辭《九思·憫上》：「思怫鬱兮肝切剝，忿悁悒兮孰訴告」。〔註456〕上述諸說
於文義皆能讀通，前文豎刁與易牙作惡多端，百姓當然「怨恨」、「嫌棄」、「忿
恨」他們，但筆者傾向讀爲「怨悁」，原因在於「宛」、「怨」皆從「夗」聲，
故可通假，而「𡁻」字應釋作「悁」。此外，李守奎讀爲「怨瞋」，意謂「怨望
瞋怒」。〔註457〕此說雖能讀通文義，但「𡁻」字右上形體是否爲「眞」字訛變，
李氏並無詳加說明，故此說筆者持保留態度。

十一、瀘肰牺莞

首字原簡寫作：

陳佩芬隸定作「瀘」。〔註458〕季旭昇師將此字構形分析爲從「水」，「盧」聲。
〔註459〕筆者認爲二說皆有一定的道理，「盧」爲「鹽」字初文，楚文字「盧」
字寫作「𥃟」（《貨系》4270）、「𥃗」（《包山》簡147），何琳儀認爲從「鹵」
省，從「皿」，「鹵」旁由「𣥽」演變爲「𣥽」、「𣥽」、「𣥽」、「𣥽」，與西、囟等
字混同。〔註460〕黃錫全於〈讀上博楚簡（二）札記（壹）〉一文中指出，戰國
文字「西」與「鹵」每每混同，如包山楚簡的「鹽」、「鹽」等字，所從的「鹵」
有的就與「西」字寫法一模一樣。〔註461〕黃氏之說可信，如「鹽」字，有寫
作從「西」旁的「𤎼」（《包山》簡278反），亦有寫作從「鹵」旁的「𤎼」（《包

〔註455〕李學勤：〈試釋楚簡《鮑叔牙與隰朋之諫》〉，《文物》2006年第九期，頁93。
〔註456〕方勇：〈釋上博簡《鮑叔牙與隰朋之諫》中的「悒悁」一詞〉，武漢大學《簡
帛網》，2006/12/23。王輝：〈《上博楚簡（五）》讀記〉，《中國文字》新三十
二期（臺北：藝文印書館，2006年），頁25。
〔註457〕李守奎：〈《鮑叔牙與隰朋之諫》補釋〉，《楚地簡帛思想研究（三）》（武漢：
湖北教育出版社，2007年），頁40。
〔註458〕陳佩芬：《上海博物館藏戰國楚竹書（五）·鮑叔牙與隰朋之諫釋文》（上海：
上海古籍出版社，2005年），頁187。
〔註459〕季旭昇師：〈上博五芻議（上）〉，武漢大學《簡帛網》，2006/02/18。季旭昇
師：〈《上博五·鮑叔牙與隰朋之諫》試讀〉，《楚地簡帛思想研究（三）》（武
漢：湖北教育出版社，2007年），頁19。
〔註460〕何琳儀：《戰國古文字典》（北京：中華書局，1998年），頁1457。
〔註461〕黃錫全：〈讀上博楚簡（二）札記（壹）〉，《簡帛研究網》，2003/02/25。

山》簡 267）。因此，筆者認為「![字]」字之隸定該從何說，只能從上下文義來確認。

「![字]狀」一詞，陳佩芬與李學勤皆讀作「洒然」，陳氏訓作「驚貌」，李氏則訓為「寒貌」。〔註462〕楊澤生讀為「迅然」，未作詳細訓解。〔註463〕王輝讀為「忽然」，有「迅速」、「突然」之義。〔註464〕前文豎刁與易牙之惡行，疲弊齊邦，百姓皆厭惡與憎恨之，此處「![字]狀」訓作「驚貌」、「寒貌」，與前文文義似無密切關聯性。至於「迅然」與「忽然」，兩者意義大略相同，但豎刁與易牙之惡行，應不會導致百姓「迅速」、「突然」死亡的情況。

季旭昇師讀為「奄然」或「淹然」，意謂「奄奄一息」的樣子，「奄」有掩覆、掩滅、晻暗、氣息困迫等意，「奄然將亡」形容將要死亡的樣子，此說得到陳劍、張富海、林志鵬的認同。〔註465〕李守奎起先讀作「恬然」，爾後改讀為「淹然」。〔註466〕「![字]」字從「鹽」聲，「鹽」為余紐談部，「奄」為疑紐談部，誠如季師所云「鹽」從「監」聲，聲母與舌根之關係密切，故兩字可以通假。其次，前文豎刁與易牙為非作歹，疲弊齊邦，導致百姓將要死亡，百姓皆厭惡、憎恨他們，文義相當通暢。

不過，陳偉對季旭昇師之說提出反駁，認為「奄然」在戰國秦漢時代僅有「一致貌」、「忽然」、「不明貌」等義，「奄然」有「奄奄一息」之義，最早見於《舊唐書・秦彥傳》，因而將此詞改讀為「儼然」，訓「宛然」、「仿佛」之義，但陳偉對己說仍有疑慮，因為「儼然」訓「宛然」、「仿佛」之義，最早也僅見於《洛陽伽藍記》。〔註467〕楊澤生讀為「儼然」，但未作任何訓解。

〔註462〕陳佩芬：《上海博物館藏戰國楚竹書（五）・鮑叔牙與隰朋之諫釋文》（上海：上海古籍出版社，2005 年），頁187。

〔註463〕楊澤生：〈《上博五》札記兩則〉，武漢大學《簡帛網》，2006/02/28。

〔註464〕王輝：〈《上博楚簡（五）》讀記〉，《中國文字》新三十二期（臺北：藝文印書館，2006 年），頁25。

〔註465〕季旭昇師：〈上博五芻議（上）〉，武漢大學《簡帛網》，2006/02/18。陳劍：〈談談《上博（五）》的竹簡分篇、拼合與編聯問題〉，武漢大學《簡帛網》，2006/02/19。張富海：〈上博簡五《鮑叔牙與隰朋之諫》補釋〉，《北方論叢》2006 年第四期，頁9。此文亦載於武漢大學《簡帛網》，2006/05/10。季旭昇師：〈《上博五・鮑叔牙與隰朋之諫》試讀〉，《楚地簡帛思想研究（三）》（武漢：湖北教育出版社，2007 年），頁19。林志鵬：〈楚竹書《鮑叔牙與隰朋之諫》補釋〉，武漢大學《簡帛網》，2007/07/13。

〔註466〕李守奎：〈《鮑叔牙與隰朋之諫》補釋〉，《楚地簡帛思想研究（三）》（武漢：湖北教育出版社，2007 年），頁40。

〔註467〕陳偉：〈《競建內之》《鮑叔牙與隰朋之諫》零識〉，武漢大學《簡帛網》，

〔註468〕陳偉之反駁有其道理，但「儼然」訓作「宛然」、「仿佛」，同樣未見於先秦文獻。因此，以上二說皆有不足之處，但筆者以爲可由字根來推敲該從何說，「奄」在先秦文獻有「覆蓋」義，《詩・魯頌・閟宮》：「奄有下國，俾民稼穡。」鄭玄箋：「奄猶覆也」；「嚴」在先秦文獻無「宛然」、「仿佛」義，故筆者傾向採用季師之說，原因在於「奄」既然有「覆蓋」義，「奄然」引申爲「奄奄一息」的樣子，仍有道理可循。確定讀爲「奄」之後，「𧧞」字應隸定作「𧪢」。

十二、公弗詰𧥛

（一）文字考釋

最後一字，原簡寫作：

楊澤生與何有祖二人，將此字構形分析爲從「蜀」從「止」。〔註469〕如此分析字形，大概是認爲「𧥛」左右兩撇爲重複同形，仍爲「蜀」旁，而下半部「⿱」爲「止」旁。但楚文字「止」字寫作「⿺」（《郭店・六》簡 26）、「⿺」（《郭店・語一》簡 105）、「⿺」（《郭店・老甲》簡 3「是」字所從），與「⿱」明顯不同，其差別在於「止」字向左撇筆畫無貫穿向右撇筆畫，與「⿱」由弧筆與底部的橫畫連接不同，故「𧥛」字下半部不是「止」旁。

李守奎主張「𧥛」字與郭店簡〈成之聞之〉簡 5「畏」字同字，寫作「⿰」。〔註470〕仔細對比兩字，字形有一定的差距，且甲骨文「畏」字寫作「⿰」（《乙》669），從「卜」從「鬼」，「卜」到戰國楚文字訛變作「止」形。〔註471〕前已論述「𧥛」字下半部不是「止」旁，故此說成立的可能性極低。

陳偉以爲「𧥛」字下半部從「止」旁，上半部「𧥛」與郭店簡〈語叢一〉簡 79、上博一〈緇衣〉簡 13 的「親」字寫法類似，故「𧥛」字應釋作「親」。

2006/02/22。

〔註468〕楊澤生：〈《上博五》札記兩則〉，武漢大學《簡帛網》，2006/02/28。

〔註469〕楊澤生：〈《上博五》札記兩則〉，武漢大學《簡帛網》，2006/02/28。何有祖：〈上博五試讀三則〉，武漢大學《簡帛網》，2006/03/09。

〔註470〕李守奎：〈《鮑叔牙與隰朋之諫》補釋〉，《楚地簡帛思想研究（三）》（武漢：湖北教育出版社，2007 年），頁 40。

〔註471〕何琳儀：《戰國古文字典》（北京：中華書局，1998 年），頁 1187。

〔註472〕首先，「」字下半部不是「止」旁，已見前述。其次，郭店簡〈語叢
一〉簡79、上博一〈緇衣〉簡13「親」字分別寫作「」、「」，明顯與「」
寫法不同，陳偉之說不知所據爲何，故此說成立的可能性也不高。

　　蘇建洲師認爲「」字從「之」，「罘」聲，意即上半部「」爲「罘」
旁，下半部「ㄠ」爲「之」旁，並舉「裏鼎」、上博一〈緇衣〉簡21「褱」字作爲
佐證，分別寫作「」、「」。〔註473〕首先，我們先列舉「褱」字以及相關之
字：

（《郭店・唐》簡28「壞」字）

（《上博一・孔》簡7）

（《上博一・緇》簡21）

（《新蔡》甲三簡268「瀼」字）〔註474〕

由上述例證可知，「褱」字豎筆兩旁之撇筆，均爲相同之筆勢，而「」部件
最下面的筆畫，應該是從左至右一橫筆書寫過去，故「」不爲「褱」字。其
次，楚文字「之」字皆爲四道筆畫，「ㄠ」部件顯然只有三道筆畫，故「ㄠ」
亦不是「之」字。

　　陳佩芬將「」字隸定作「罨」，認爲與〈鮑〉簡3「」同字，得到陳
劍、禤健聰、張富海、李學勤、顏至君、季旭昇師、林志鵬等人之認同。〔註475〕

〔註472〕陳偉：〈《競建內之》《鮑叔牙與隰朋之諫》零識〉，武漢大學《簡帛網》，
　　　　　2006/02/22。
〔註473〕蘇建洲師：〈上博（五）柬釋（一）〉，武漢大學《簡帛網》，2006/02/27。
〔註474〕此字從袁國華釋爲「瀼」，請參閱袁國華：〈《新蔡葛陵楚墓竹簡》文字考釋〉，
　　　　　《曾憲通教授七十壽慶論文集》（廣州：中山大學出版社，2004年），頁124
　　　　　～129。
〔註475〕陳佩芬：《上海博物館藏戰國楚竹書（五）・鮑叔牙與隰朋之諫釋文》（上海：
　　　　　上海古籍出版社，2005年），頁187。陳劍：〈談談《上博（五）》的竹簡分篇、
　　　　　拼合與編聯問題〉，武漢大學《簡帛網》，2006/02/19。禤健聰：〈上博楚簡（五）
　　　　　零札（一）〉，武漢大學《簡帛網》，2006/02/24。張富海：〈上博楚簡五《鮑叔
　　　　　牙與隰朋之諫》補釋〉，《北方論叢》2006年第四期，頁9。此文亦載於武漢
　　　　　大學《簡帛網》，2006/05/10。李學勤：〈試釋楚簡《鮑叔牙與隰朋之諫》〉，《文

「」字與〈鮑〉簡 3「」字兩相對照可知，「」上半部為「蜀」旁應無疑慮，只是「蜀」旁豎筆受到下半部字形的影響，有筆畫收縮的現象，但兩字下半部字形明顯不同。對此，顏至君提出字形演變之順序，認為「」字下半部「」字形是由「皿」旁省略左右之「八」形撇訛變而來，其演變過程如下：

【中間逐漸變成 X 形】　　　　【省略八形撇】

顏至君之觀察有其道理，楚文字從「皿」之字確實可省略八形撇作「」形體，但筆者認為此說仍不可信，原因在於「」省略「八」字撇之後的字形，與「」仍有些微不同，其差別在於「」的向左撇筆畫貫穿向右撇筆畫之後，是由弧筆與底部的橫畫連接，而「」中間向左撇筆畫貫穿向右撇筆畫之後，是直接與底部的橫筆連結，無弧筆的存在，此其一。「皿」字為常見字形，筆者查閱相關從「皿」旁的字形，未發現「皿」字訛寫成「」之例證，此其二。〔註 476〕

　　范常喜主張「」字上半部「」為「視」字，「目」旁下之豎筆為飾筆，其「人」形未能寫全是因竹簡過窄所造成；下半部「」為「五」旁，故「」字從「視」，「五」聲。〔註 477〕首先，「」部件為「蜀」或是「視」，其關鍵在於「目」旁下之豎筆，范氏對此提出解釋：「字上部所從偏旁與下部所從偏旁的中間空隙處有一短筆相連，這當是由於起筆稍頓所致」。所謂「起筆稍頓所致」是指〈鮑〉簡 3「」中的「」筆畫，是起筆頓下去之後，提起來向右書寫，一體成形，且起筆處稍有弧度。但「」部件的豎畫書寫之後，要向右邊的筆畫書寫時，其頓筆不明顯，起筆處也沒有弧度，可知「」部件之豎畫是直接書寫之後，再寫右邊的筆畫，故「目」旁下之豎筆不是飾筆，「」部件不能釋作「視」。其次，下半部「」為「五」旁，有其道理，原因在於「五」字寫作「」（《郭店‧五》簡 28）、「」（《包山》簡 173）、「」（《上

物》2006 年第九期，頁 93。顏至君：〈《上博五‧鮑叔牙與隰朋之諫》札記一則〉，武漢大學《簡帛網》，2007/03/04。李旭昇師：〈《上博五‧鮑叔牙與隰朋之諫》試讀〉，《楚地簡帛思想研究（三）》（武漢：湖北教育出版社，2007年），頁 19。林志鵬：〈楚竹書《鮑叔牙與隰朋之諫》補釋〉，武漢大學《簡帛網》，2007/07/13。

〔註 476〕李守奎：《楚文字編》（上海：華東師範大學出版社，2003 年），頁 307～311。
〔註 477〕范常喜：〈《上博五‧鮑叔牙與隰朋之諫》簡 5「悟」字試解〉，武漢大學《簡帛網》，2006/07/06。

博三‧周》簡 25），「𢆶」部件確實與「五」字之字形相近，其共同特徵是向左撇筆畫貫穿向右撇筆畫之後，是由弧筆與底部的橫畫連接。

季旭昇師認爲「𤔲」字上半部「𢆶」爲「蜀」旁，下半部「𢆶」爲「五」旁，未進一步詳細說明。〔註 478〕筆者同意此說，「𢆶」部件爲「蜀」旁，其豎筆受到下半部「五」旁之影響，有筆畫收縮的現象，而「𢆶」部件爲「五」字之論證，見於前述。

（二）「公弗詰𤔲」之訓讀

陳偉將此句讀爲「公弗詰，親臣雖欲諫」；李守奎讀爲「公弗詰，畏臣雖欲諫」；蘇建洲師讀爲「公弗詰，及臣雖欲諫」。〔註 479〕以上諸說成立的可能性極低，原因在於「𤔲」字不能分別釋作「親」、「畏」、「裏」三字。

陳佩芬讀爲「公弗詰獨」，「詰獨」訓爲「單獨責問」。〔註 480〕就文義觀之，「疲弊齊邦」、「百姓怨憎」是由豎刁與易牙二人所造成，此處「詰獨」訓爲「單獨責問」，不僅前後文義互相牴觸，傳世文獻也未見「詰獨」一詞，故此說不可信。

禤健聰連下文讀爲「公弗詰，觸臣雖欲諫」，「觸臣」訓爲「直臣觸諫之義」。〔註 481〕「𤔲」字從「蜀」旁，當可作聲符讀爲「觸」。其次，典籍文獻未見「觸」訓作「觸諫」之義，且此句已有「諫」字，語意已足。況且，先秦文獻未見「觸臣」一詞，故筆者不採此說。

何有祖讀爲「公弗詰，屬臣雖欲諫」。〔註 482〕「蜀」、「屬」同爲禪紐屋部，故可通假。其次，依筆者理解「屬臣」之意大概爲「齊桓公的臣子們」，但只需「臣」字即可代表「齊桓公的臣子們」，句意仍可讀通，故「臣」字前面不必要加上「屬」字。

范常喜讀爲「詰悟」，「悟」可引申爲「覺悟」、「醒悟」之義，且「悟」

〔註 478〕季旭昇師：〈《上博五‧鮑叔牙與隰朋之諫》試讀〉，《楚地簡帛思想研究（三）》（武漢：湖北教育出版社，2007 年），頁 19。

〔註 479〕陳偉：〈《競建內之》《鮑叔牙與隰朋之諫》零識〉，武漢大學《簡帛網》，2006/02/22。蘇建洲師：〈上博（五）柬釋（一）〉，武漢大學《簡帛網》，2006/02/27。李守奎：〈《鮑叔牙與隰朋之諫》補釋〉，《楚地簡帛思想研究（三）》（武漢：湖北教育出版社，2007 年），頁 40。

〔註 480〕陳佩芬：《上海博物館藏戰國楚竹書（五）‧鮑叔牙與隰朋之諫釋文》（上海：上海古籍出版社，2005 年），頁 187。

〔註 481〕禤健聰：〈上博楚簡（五）零札（一）〉，武漢大學《簡帛網》，2006/02/24。

〔註 482〕何有祖：〈上博五試讀三則〉，武漢大學《簡帛網》，2006/03/09。

字從「心」旁，指「心不再被蒙蔽」，「圶」字上半部從「視」旁，指「眼睛不再被蒙蔽」，兩者造字意圖相類。〔註483〕首先要說明的是，此說未對「詰」字作訓解，故筆者不加以討論。其次，「悟」訓「覺悟」、「醒悟」之義，文義似乎勉強可通，但「圶」字上半部不是「視」旁，「圶」字與「悟」字造字意圖之連結，仍有商榷的空間。

楊澤生則讀爲「詰逐」，此詞見於典籍文獻，賈誼《新書·先醒》：「昔者虢君，驕恣自伐，諂諛親貴，諫臣詰逐，政治踳亂，國人不服。」〔註484〕首先，「蜀」爲禪紐屋部，「逐」爲定紐覺部，古書中「躓」、「躅」通用，如《易·姤》：「有攸往見凶，羸豕孚蹢躅。」《經典釋文》：「躅，古文作躓。」其次，文亦可以讀通，前文豎刁與易牙爲非作歹，齊桓公卻不「責問」、「驅逐」二人。但筆者不採用此說，原因在於楊澤生舉漢代文獻作爲佐證，年代稍晚，未必與先秦文獻相合，此其一。在字形上，楊澤生認爲「圶」字下半部從「止」旁，仍有問題存在，此其二。

基於以上諸說皆未盡理想，筆者認爲「圶」字上從「蜀」旁，下從「五」旁，於此處可理解爲雙聲字，讀爲「誅」，「蜀」爲禪紐屋部，「誅」爲端紐侯部，古籍「咮」、「噣」通用，《詩·召男·行露》鄭玄箋：「雀之穿屋不以角，乃以咮。」《經典釋文》：「咮，本亦作噣。」而「五」爲疑紐魚部，與「誅」韻部旁轉。因此，此處「詰」訓作「問罪」，「誅」訓作「責罰」，《禮記·月令》：「詰誅暴慢，以明好惡。」《呂氏春秋·紀部·音律》：「夷則之月，修法飭刑，選士厲兵，詰誅不義，以懷遠方。」故「公弗詰誅」意謂「齊桓公不問罪、責罰豎刁與易牙二人」。

此外，張富海、李學勤、季旭昇師三人皆讀爲「詰蠲」，其中張富海認爲，「詰」本義爲「責問」，引申有「禁止」、「去除」之義，「詰蠲」同義連用，猶言「禁除」，季師亦持相同意見，而李學勤將「詰」訓作「責問」，「蠲」訓爲「免除」。〔註485〕以文義而言，三說皆有其道理，意義大略相同，豎刁與易

〔註483〕 范常喜：〈《上博五·鮑叔牙與隰朋之諫》簡5「悟」字試解〉，武漢大學《簡帛網》，2006/07/06。

〔註484〕 楊澤生：〈《上博五》札記兩則〉，武漢大學《簡帛網》，2006/02/28。

〔註485〕 張富海：〈上博簡五《鮑叔牙與隰朋之諫》補釋〉，《北方論叢》2006 年第四期，頁9。此文亦載於武漢大學《簡帛網》，2006/05/10。李學勤：〈試釋楚簡《鮑叔牙與隰朋之諫》〉，《文物》2006 年第九期，頁 93。季旭昇師：〈《上博五·鮑叔牙與隰朋之諫》試讀〉，《楚地簡帛思想研究（三）》（武漢：湖北教育出版社，2007 年），頁 19。

牙二人做了許多危害國家百姓之事，齊桓公卻不「禁除」、「責問、免除」他們的惡行，文義相當通順，可備爲一說。不過，以上三說皆認爲「參」字與〈鮑〉簡 3「參」同字，但筆者已證明兩字實爲不同之字。

十三、臣唯欲訐

最後一字，原簡寫作：

陳佩芬主張釋作「試」，爲「試」字省文，讀爲「試」。〔註486〕王輝認同陳佩芬之考釋，改讀爲「誠」。〔註487〕季旭昇師認爲「干」旁與「弋」旁易混，兩者差別在於「干」字中畫較直，「弋」字中畫較偏右下，此字較接近「干」旁，故釋作「訐」，讀爲「諫」，得到多數學者之認同。〔註488〕季師之觀察有其道理，「干」字寫作「ㄔ」（《包山》簡 269）、「ㄓ」（《曾侯》簡 123「衦」字所從），「弋」字寫作「ㄜ」（《曾侯》簡 77「鈇」字所從）、「ㄜ」（《曾侯》簡 137「弌」字所從），而「訐」字確實較接近「干」旁，故筆者贊同季師之說。其次，就文義而言，「臣雖欲諫，又不得見」意謂「臣子們想要進諫，卻見不到齊桓公。」〔註489〕

十四、公沽弗敳

「敳」字，原簡寫作

陳佩芬讀爲「僕」。〔註490〕季旭昇師主張此字當讀作「察」，得到學者一致認

〔註486〕陳佩芬：《上海博物館藏戰國楚竹書（五）‧鮑叔牙與隰朋之諫釋文》（上海：上海古籍出版社，2005 年），頁 187。
〔註487〕王輝：〈《上博楚簡（五）》讀記〉，《中國文字》新三十二期（臺北：藝文印書館，2006 年），頁 25。
〔註488〕季旭昇師：〈上博五芻議（上）〉，武漢大學《簡帛網》，2006/02/18。
〔註489〕「又」字原考釋者陳佩芬釋作「或」，並未破讀，此處從蘇建洲師、李學勤之意見，請參閱陳佩芬：《上海博物館藏戰國楚竹書（五）‧鮑叔牙與隰朋之諫釋文》（上海：上海古籍出版社，2005 年），頁 187。蘇建洲師：〈上博（五）柬釋（一）〉，武漢大學《簡帛網》，2006/02/27 李學勤：〈試釋楚簡《鮑叔牙與隰朋之諫》〉，《文物》2006 年第九期，頁 93。
〔註490〕陳佩芬：《上海博物館藏戰國楚竹書（五）‧鮑叔牙與隰朋之諫釋文》（上海：上海古籍出版社，2005 年），頁 187。

同。〔註491〕筆者贊同季師之說，「䜴」字學者討論極多，但字形上雖仍無定論，但在簡文中可讀爲「察」，如郭店簡〈窮達以時〉簡1「䜴天人之分」，裘錫圭按語指出：「此當字讀爲『察』」。〔註492〕

　　在斷句方面，先不論訓讀之差異，陳佩芬原本將「公」字屬上讀。〔註493〕對於「公」字，陳劍、何有祖將「公」字屬下讀，得到多數學者之認同。〔註494〕筆者贊同後說，原因在於前文云「公弗詰誅，臣雖欲諫，又不得見」，「見」字之後可承上主語，省略賓語「公」，文義仍可讀通。至於「察」字，何有祖、劉信芳、李學勤、李守奎贊同陳佩芬之說，將「察」字與下文連讀。〔註495〕陳劍、李天虹、季旭昇師、林志鵬皆在「察」字後斷句。〔註496〕首先，就整體文義而言，「察」字應是對應前文齊桓公任用豎刁與易牙爲相之後，對國家、百姓所造成之傷害的總結，意謂齊桓公沒有察覺這些情況。其次，「察」字與下文連讀雖有其道理，不過下文云「人之性三：食、色、息」（筆者採用李天虹之說，將「愄」字釋作「息」，訓爲「滋生」、「繁育」之義，詳見下文）與〈鮑〉簡6豎刁、易牙之史料記載有關，故筆者傾向採用後說，在「察」字後斷句。如此一來，陳佩芬、何有祖、劉信芳、李守奎，李學勤等諸說成立的可能性不高。

　　簡文「公沽弗察」一句，李天虹讀爲「公姑弗察」，「姑」訓作「姑息」。

〔註491〕季旭昇師：〈上博五芻議（上）〉，武漢大學《簡帛網》，2006/02/18。

〔註492〕荊門市博物館：〈郭店楚墓竹簡〉（北京：文物出版社，1998年），頁145。

〔註493〕陳佩芬：《上海博物館藏戰國楚竹書（五）·鮑叔牙與隰朋之諫釋文》（上海：上海古籍出版社，2005年），頁186。

〔註494〕陳劍：〈談談《上博（五）》的竹簡分篇、拼合與編聯問題〉，武漢大學《簡帛網》，2006/02/19。何有祖：〈上博五《鮑叔牙與隰朋之諫》試讀〉，武漢大學《簡帛網》，2006/02/19。

〔註495〕何有祖：〈上博五《鮑叔牙與隰朋之諫》試讀〉，武漢大學《簡帛網》，2006/02/19。劉信芳：〈上博藏五試解七則〉，武漢大學《簡帛網》，2006/03/01。李學勤：〈試釋楚簡《鮑叔牙與隰朋之諫》〉，《文物》2006年第九期，頁94。李守奎：〈《鮑叔牙與隰朋之諫》補釋〉，《楚地簡帛思想研究（三）》（武漢：湖北教育出版社，2007年），頁40。

〔註496〕陳劍：〈談談《上博（五）》的竹簡分篇、拼合與編聯問題〉，武漢大學《簡帛網》，2006/02/19。李天虹：〈上博五《競》、《鮑》篇校讀四則〉，武漢大學《簡帛網》，2006/02/19。季旭昇師：〈《上博五·鮑叔牙與隰朋之諫》試讀〉，《楚地簡帛思想研究（三）》（武漢：湖北教育出版社，2007年），頁19。林志鵬：〈楚竹書《鮑叔牙與隰朋之諫》補釋〉，武漢大學《簡帛網》，2007/07/13。

〔註497〕季旭昇師讀作「公固弗察」，「固」訓作「乃」。〔註498〕林志鵬採用劉信芳之說，將此句讀爲「公胡弗察」，「胡弗」猶「胡不」。〔註499〕就文義而言，三說皆有其道理，筆者傾向採用季師之說，原因在於「乃」有「竟然」之義，《孟子·萬章上》：「仁人固如是乎？」前文齊桓公任用豎刁與易牙爲相之後，勾結朋黨、蒙蔽桓公、殘害百姓等等惡行，齊桓公竟然沒有察覺這些情況，語氣上比「姑息」、「胡不」來得強烈，突顯〈競〉簡9隰朋與鮑叔牙批評「公身爲無道」之義。

第四節　「豎刁、易牙爲人處世」組

　　人之生品（三）：飤（食）、色、息，含（今）豐（豎）逑（刁），似（匹）夫而欲【鮑簡5】智（知）薑（萬）輙（乘）之邦，而貴（潰）尹（朘），亓（其）爲志（猜）也深矣；愓（易）舀（牙），刀（刁）之與者，而飤（食）人，亓（其）不爲悬（仁）厚矣，公弗悟（圖），必霻（害）公身。」

一、人之生品飤色息

　　最後一字，原簡寫作

陳佩芬隸定作「悬」。〔註500〕李天虹主張此字爲「息」之訛文。〔註501〕蘇建洲師贊同李氏之說，認爲「自」訛寫成「目」有其例證，例如郭店簡〈老子甲〉簡19「自」字即寫作「 」，或可以釋作「憂」，原因在於古文字「百」、「自」常見相混，例如郭店簡〈老子甲〉簡34「悬」字寫作「 」，〈唐虞之

〔註497〕李天虹：〈上博五《競》、《鮑》篇校讀四則〉，武漢大學《簡帛網》，2006/02/19。

〔註498〕季旭昇師：《《上博五·鮑叔牙與隰朋之諫》試讀〉，《楚地簡帛思想研究（三）》（武漢：湖北教育出版社，2007年），頁19。

〔註499〕劉信芳：〈上博藏五試解七則〉，武漢大學《簡帛網》，2006/03/01。林志鵬：〈楚竹書《鮑叔牙與隰朋之諫》補釋〉，武漢大學《簡帛網》，2007/07/13。

〔註500〕陳佩芬：《上海博物館藏戰國楚竹書（五）·鮑叔牙與隰朋之諫釋文》（上海：上海古籍出版社，2005年），頁187。

〔註501〕李天虹：〈上博五《競》、《鮑》篇校讀四則〉，武漢大學《簡帛網》，2006/02/19。李天虹：〈鮑叔牙與隰朋之諫〉五～六號簡再讀〉，《簡帛》第二輯，（上海：上海古籍出版社，2007年），頁282。

道〉又寫作「🐝」。〔註502〕二說皆有其道理，但「自」訛寫成「目」，目前只有一個例證，證據稍嫌薄弱，且楚文字「目」與「自」字寫法顯然不同。但筆者認爲此字仍可以釋作「息」，原因在於〈鮑叔牙與隰朋之諫〉與〈競公瘧〉的文本可能來源於齊系，是楚人的轉抄本，書手在面對齊魯文字不熟悉、陌生的情況下，可能導致誤摹字的產生。〔註503〕可見轉抄時，「目」、「自」二形有誤摹的現象。故「🦎」字要釋作「息」或「憂」，只能從上下文義來確認。

　　簡文「人之生品飤色🦎」一句，陳佩芬連上文讀爲「沽弗僕人之生，三食色憂」，其中「三食」指「三餐」，「色憂」謂憂愁之色。〔註504〕李守奎讀爲「弗察人之性三：食、色、憂」，文義大概爲隰朋與鮑叔牙批評齊桓公只知道人之二性食與色，尚不知有第三性：憂。〔註505〕李學勤讀爲「公固弗察人之生，三食色憂」，「三食色憂」訓解與陳佩芬同。〔註506〕陳劍與劉信芳分別讀爲「人之生，三食色憂」、「公沽弗察人之性三：食、色、憂」，但皆未作詳細說明。〔註507〕李守奎之說可率先排除，原因在於從〈競〉簡9隰朋與鮑叔牙批評「公身爲無道」以來，無相對文義與李氏之說互相呼應。其次，本論文已論證要在「察」後斷讀，是對前文齊桓公任用豎刁與易牙爲相之後，對國家、百姓所造成之傷害的總結，意謂齊桓公沒有察覺這些情況，故「人之生品飤色🦎」的文義應屬於下文，而下文言豎刁、易牙爲了爭權奪利，違反人情，可知陳佩芬與李學勤之說無法讀通簡文。

　　周波讀爲「人之性三，食、色、憂」，「憂」訓「憂患」，並認爲「食、色、憂」與郭店簡〈語叢一〉簡110「食與色與疾」相關，故「疾」有「憂患」義。〔註508〕蘇建洲師則反向思考，主張「食、色、憂」與「食與色與疾」相關，

〔註502〕蘇建洲師：〈上博（五）柬釋（一）〉，武漢大學《簡帛網》，2006/02/27。

〔註503〕請參閱本論文第六章第四節。

〔註504〕陳佩芬：《上海博物館藏戰國楚竹書（五）‧鮑叔牙與隰朋之諫釋文》（上海：上海古籍出版社，2005年），頁187。陳劍：〈談談《上博（五）》的竹簡分篇、拼合與編聯問題〉，武漢大學《簡帛網》，2006/02/19。

〔註505〕李守奎：〈《鮑叔牙與隰朋之諫》補釋〉，《楚地簡帛思想研究（三）》（武漢：湖北教育出版社，2007年），頁41。

〔註506〕李學勤：〈試釋楚簡《鮑叔牙與隰朋之諫》〉，《文物》2006年第九期，頁94。

〔註507〕陳劍：〈談談《上博（五）》的竹簡分篇、拼合與編聯問題〉，武漢大學《簡帛網》，2006/02/19。劉信芳：〈上博藏五試解七則〉，武漢大學《簡帛網》，2006/03/01。

〔註508〕周波：〈上博五札記（三則）〉，武漢大學《簡帛網》，2006/02/26。

故「憂」要訓「疾」、「病」之義。〔註509〕首先，此二說利用文句的類似關係，進而確定簡文與〈語叢一〉的訓解，有其道理，但誠如李天虹所言，〈語叢一〉簡110缺乏連續文義的上下文，不一定與簡文相同，僅靠文句的類似關係來確定訓解，仍待斟酌。〔註510〕其次，此句的理解要與下文豎刁、易牙之事相配合，但「憂患」、「疾」、「病」等義皆無法通讀。

　　林志鵬贊成李天虹將「𣠽」字釋作「息」，訓作「休息」，或破讀爲「愒」，「人之性三」指「食、色、息」三者並列，且文義扣緊上下文，前文豎刁與易牙「疲弊齊邦」、「百性怨恨」使民無休息；後文〈鮑〉簡6「豎刁潰腋」乃棄絕男女之事；「易牙食子」乃棄絕親情之事，皆違背人性。此外，郭店簡〈語叢一〉簡110文義與簡文同，故「食與色與疾」之「疾」可讀爲「息」。〔註511〕首先，〈語叢一〉簡110上下殘缺，文義不明，故「疾」讀爲「息」則有待商榷。其次，林氏舉《孟子・告子上》：「食、色，性也。」意謂「食」、「色」爲人性所欲，但「休息」並不是人性最迫切需要的，詞義不能與「食」、「色」並列。再者，「休息」之義扣緊前文，有其道理，但前文未見豎刁與易牙勞動人民，而後文只有「色」可與「豎刁潰腋」（筆者讀「貴尹」爲「潰腋」，指「生殖器割下來，患部會腐爛」，詳見下文）互相呼應，可知此說並未完全切合文義。

　　何有祖引《墨子・非樂》：「民有三患，飢者不得食，寒者不得衣，勞者不得息」爲佐證，認爲「三患」（或三性）爲人生而即有之需求，故「人之性三：食、色、息」意謂「食、色、息，當是人的三種本性」。〔註512〕首先，由何氏所舉例證可知，是將「息」訓作「休息」之義，但此訓解之弊端見於前述。其次，「三患」爲「食、衣、息」，而簡文「性三」爲「食、色、息」，兩者顯然不爲平行例證。再者，此說對於文義的理解，無法與下文豎刁、易牙之事相配合。

　　李天虹原先讀爲「人之生／性三，食、色、息」，但其後引馮勝君之說，

〔註509〕蘇建洲師：〈上博（五）柬釋（一）〉，武漢大學《簡帛網》，2006/02/27。

〔註510〕李天虹：〈鮑叔牙與隰朋之諫〉五～六號簡再讀〉，《簡帛》第二輯（上海：上海古籍出版社，2007年），頁280～281。

〔註511〕林志鵬：〈楚竹書《鮑叔牙與隰朋之諫》補釋〉，武漢大學《簡帛網》，2007/07/13。

〔註512〕何有祖：〈讀上博楚竹書（五）札記〉，《出土文獻研究》第八輯（上海：上海古籍出版社，2007年），頁15。

認爲楚簡「生」字無一例可直接讀爲「性」，因此傾向讀爲「人之生三」意謂「人生的三件大事」，而「息」字原本訓作「休息」義，爾後改訓爲「滋生」、「繁育」之義，指「子息」，如《戰國策·趙策四》：「老臣賤息舒祺最少，不肖，而臣衰，竊愛憐之。」文義與下文〈鮑〉簡 6 豎刁、易牙之事有關，季旭昇師贊同其說。〔註 513〕〈鮑〉簡 6 云：「今豎刁，匹夫而欲知萬乘之邦，而潰胦（筆者將「貴尹」讀爲「潰胦」，指「生殖器割下來，患部會腐爛」，詳見下文）……易牙，刁之與者（筆者將「人」讀爲「刁」，詳見下文），而食人」，傳世文獻與此相關之記載有：

　　《史記·齊太公世家》：「公曰：易牙如何？對曰：殺子以適君，非人情，不可。」、「公曰：豎刁如何？對曰：自宮以適君，非人情，難親。」

　　《管子·戒》：「今夫易牙，子之不能愛，將安能愛君？君必去之」、「今夫豎刁，其身之不愛，焉能愛君？君必去之。」

　　《管子·小稱》：「臣願君之遠易牙、豎刁、堂巫、公子開方。夫易牙以調和事公，公曰：惟烝嬰兒之未嘗，於是烝其首子而獻之公；人情非不愛其子也，於子之不愛，將何有於公？公喜宮而妒，豎刁自刑而爲公治內；人情非不愛其身也，於身之不愛，將何有於公？」

　　《韓非子·二柄》：「齊桓公妬而好內，故豎刁自宮以治內，桓公好味，易牙蒸其子首而進之。」

　　《說苑·權謀》：「管仲有疾，桓公往問之，曰：『仲父若棄寡人，豎刁可以使從政乎？』對曰：『不可，豎刁自刑以求入君，其身之忍，將有何於君』公曰：『然則易牙可乎？』對曰：『易牙解其子以食君，其子之忍，將有何於君，若用之必爲諸侯笑。』」

　　《說苑·貴德》：「豎刁、易牙，毀體殺子以干利，卒爲賊於齊。」

由上述可知，〈鮑〉簡 6 所述內容與傳世文獻大體相似，故隰朋與鮑叔牙在指出「豎刁自宮」、「易牙食子」之前，先點出人生的大事有三：食、色、繁育，

〔註 513〕李天虹：〈上博五《競》、《鮑》篇校讀四則〉，武漢大學《簡帛網》，2006/02/19。李天虹：〈再談《鮑叔牙與隰朋之諫》中的「息」字〉，武漢大學《簡帛網》，2006/03/01。季旭昇師：〈《上博五·鮑叔牙與隰朋之諫》試讀〉，《楚地簡帛思想研究（三）》（武漢：湖北教育出版社，2007 年），頁 19。李天虹：〈鮑叔牙與隰朋之諫〉五～六號簡再讀〉，《簡帛》第二輯，（上海：上海古籍出版社，2007 年），頁 279～280。

「食」爲人的最基本要求，「色」與「繁育」則指豎刁與易牙爲了掌權，作出「自宮」與「食子」之事，故筆者採取李天虹之說，將「」字釋作「息」，「人之生三」的「生」如本字讀，理解爲「人生的三件大事」。

牛新房對李天虹之說提出反駁，認爲「子息」、「子嗣」與「食」、「色」並稱爲人的本性或人生的三件大事不見於典籍，而〈語叢一〉簡 110「食與色與疾」雖然上文殘缺，但與簡文並稱明顯，典籍亦有記載「疾」作爲人的本性，故「息」要讀爲「疾」，並舉《荀子・性惡篇》作爲佐證，認爲「好利」「疾惡」、「好聲色」皆「人之性」，若任其發展不加節制，則會產生「殘賊生而忠信亡」之結果，正好與史書豎刁、易牙之事相類。〔註514〕首先，簡文與〈語叢一〉簡 110 的弊端已見前述。其次，以文義而言，上述《史記・齊太公世家》、《管子・戒》、《管子・小稱》等史料記載與〈鮑〉簡 5、6 所述內容之關聯性，要比《荀子・性惡篇》大上許多。再者，「人之生／性三」是隰朋與鮑叔牙爲下文所作的鋪陳，未必要見於典籍文獻。

二、含豐迤佖夫而欲智壴轑之邦而貴尹

學者對於此句之討論皆著重於如何通讀文義。陳佩芬讀爲「今豎刁佖夫而欲智。萬乘之邦而貴尹」，其中「佖」訓作「威儀」，「智」有「巧詐」之義，「貴尹」則訓作「尊貴的官員」。〔註515〕王三峽讀爲「今豎刁匹夫，而欲智萬乘之邦而貴尹」，「貴尹」讀作「伊尹」，即殷代之伊尹。〔註516〕李守奎讀爲「今豎刁匹夫而欲知萬乘之邦而貴尹」，「知」訓「主持」、「職掌」，「貴尹」訓「顯貴之尹」之義。〔註517〕李學勤讀爲「今豎刁匹夫而欲知萬乘之邦而貴尹」，僅訓「尹」爲「主」。〔註518〕以上諸說成立的可能性極低，原因在於此句與「豎刁自宮」之史料記載有關。

陳偉認爲「尹」屬下讀，讀爲「伊」，可訓爲兩個義項，均合簡文之文義。其一，訓「是」、「此」，如《詩・小雅・小明》：「心之憂矣，自詒尹戚」，王引之《經傳釋詞》卷三：「宣二年《左傳》：『自詒繄慼』。《小明》云：『自詒

〔註514〕牛新房：〈讀上博（五）札記〉，武漢大學《簡帛網》，2006/02/27。

〔註515〕陳佩芬：《上海博物館藏戰國楚竹書（五）・鮑叔牙與隰朋之諫釋文》（上海：上海古籍出版社，2005 年），頁 186～188。

〔註516〕王三峽：〈「貴尹」試解〉，武漢大學《簡帛網》，2006/03/28。

〔註517〕李守奎：〈《鮑叔牙與隰朋之諫》補釋〉，《楚地簡帛思想研究（三）》（武漢：湖北教育出版社，2007 年），頁 41。

〔註518〕李學勤：〈試釋楚簡《鮑叔牙與隰朋之諫》〉，《文物》2006 年第九期，頁 93。

伊感』。爲義既同，明伊有義爲繫者。」《漢書·揚雄傳上》：「伊年暮春，將
瘞後土，禮靈祇，謁汾陰於東郊。」顏師古注：「伊，是也」。其二，發語詞，
無義，如《詩·周頌·我將》：「伊嘏文王，既右饗之」，高亨注：「伊，發語
詞」，李首奎表示認同。〔註519〕楊澤生對此說提出反駁：

> 從簡文文例看，陳先生所引第一義項的例句跟它有明顯差異；而第
> 二義項的例句跟它也有不同，就是「伊」如果作爲發語詞，它所在
> 的句子是提起話題的，而簡文所謂「伊其爲災也深矣」已經是根據
> 上文得出結論了。這裡，我們提出另外一個思路。「遺」字從「貴」
> 得聲，「君」字從「尹」得聲，而古書「貴」與「遺」、「尹」與「君」
> 皆可相通，我們懷疑「貴尹」讀作「遺君」。「遺」當遺棄、捨去講……
> 「遺君」即「背棄君主」。〔註520〕

楊氏之說反駁有理，但此句與「豎刁自宮」之史料記載有關，故陳偉與楊澤
生二說成立的可能性不高。

季旭昇師原先讀爲「今豎刁匹夫而欲知萬乘之邦，而貴尹」，「佀」讀爲
「匹」，見郭店簡〈語叢四〉「佀（匹）婦愚夫」，「知」訓「主管」，「貴尹」
訓「任命官尹」，其後自我修正，「貴」讀作「殨、潰」，指「潰爛」，或讀作
「隤、頹」，指「墜落」；「尹」讀爲「朘」訓作「男性生殖器」，如《老子》
五十五章：「未知牝牡之合而朘作，精之至也」，「殨/潰朘」指把男性生殖器
割下來，患部會腐爛。〔註521〕何琳儀讀爲「今豎刁，匹夫而欲知萬乘之邦，
而隤/潰/癀朘」，「隤」，《釋名·釋疾病》：「陽腫曰隤，氣下隤也」；「潰」訓
作「壞散」之義；「癀」，《倉頡篇》：「陽病」，而「朘」訓作「男性生殖器」。
〔註522〕林志鵬贊同此二說。〔註523〕李天虹讀爲「今豎刁匹夫而欲知萬乘
之邦，而刉朘」，「刉」，《說文》：「一曰斷也」，而「朘」從季師、何之說。

〔註519〕陳偉：〈《鮑叔牙與隰朋之諫》零識（續）〉，武漢大學《簡帛網》，2006/03/05。
　　　　李守奎：〈《鮑叔牙與隰朋之諫》補釋〉，《楚地簡帛思想研究（三）》（武漢：
　　　　湖北教育出版社，2007年），頁41。
〔註520〕楊澤生：〈《上博五》零釋十二則〉，武漢大學《簡帛網》，2006/03/20。
〔註521〕季旭昇師：〈上博五芻議（上）〉，武漢大學《簡帛網》，2006/02/18。季旭昇
　　　　師：〈《上博五·鮑叔牙與隰朋之諫》試讀〉，《楚地簡帛思想研究（三）》（武
　　　　漢：湖北教育出版社，2007年），頁20。
〔註522〕何琳儀：〈貴尹求義〉，《楚地簡帛思想研究（三）》（武漢：湖北教育出版社，
　　　　2007年），頁2～3。
〔註523〕林志鵬：〈楚竹書《鮑叔牙與隰朋之諫》補釋〉，武漢大學《簡帛網》，2007/
　　　　07/13。

〔註 524〕首先，以音韻而言，「貴」、「刉」同爲見紐物部，而「頯」定紐微部，與「貴」音近可通；「尹」余紐眞部，「脮」從「允」聲，「允」爲余紐文部，聲相同韻旁轉，故可通假。其次，以文義而言，此句與「豎刁自宮」的史料記載相關，可見三說皆能切合簡文文義，但筆者傾向讀爲「潰脮」，原因在於「瀆」雖可指「陽病」，但不一定專指「去勢」，而「隤」指「陽器腫脹」，與「自宮」不同，此其一。「刉脮」亦可讀通簡文，可備爲一說，但要轉讀爲另一字，就不如直接讀從「貴」得聲的字來得恰當，此其二。何琳儀亦言：「去勢之後，陽物受到破壞，精氣潰散，自是情理中事，即字書所謂『潰』」，此其三。〔註 525〕

三、亓爲志也深矣

「志」字，學者皆分析爲從「心」，「才」聲，陳佩芬讀爲「災」，訓「災害」。〔註 526〕張富海讀爲「猜」，訓「恨賊」之義，簡文下文對易牙之評價爲「其爲不仁厚矣」，故此句即是對豎刁爲人之評價，「其爲猜也深矣」，意謂豎刁作爲自宮之人，心中猜恨之深，季旭昇師表示認同。〔註 527〕何琳儀讀作「戈」，《說文》：「傷也」。〔註 528〕上述三說置於文義皆可讀通，但張富海之說考量前後文義，較爲合理，故筆者從之。

四、愳臨刀之與偖而飤人

第六字，原簡寫作：

〔註 524〕李天虹：〈鮑叔牙與隰朋之諫〉五～六號簡再讀〉，《簡帛》第二輯，（上海：上海古籍出版社，2007 年），頁 282。

〔註 525〕何琳儀：〈貴尹求義〉，《楚地簡帛思想研究（三）》（武漢：湖北教育出版社，2007 年），頁 3。

〔註 526〕陳佩芬：《上海博物館藏戰國楚竹書（五）‧鮑叔牙與隰朋之諫釋文》（上海：上海古籍出版社，2005 年），頁 188。

〔註 527〕張富海：〈上博簡五《鮑叔牙與隰朋之諫》補釋〉，《北方論叢》2006 年第四期，頁 9。此文亦載於武漢大學《簡帛網》，2007/05/10。季旭昇師：〈《上博五‧鮑叔牙與隰朋之諫》試讀〉，《楚地簡帛思想研究（三）》（武漢：湖北教育出版社，2007 年），頁 20。

〔註 528〕何琳儀：〈貴尹求義〉，《楚地簡帛思想研究（三）》（武漢：湖北教育出版社，2007 年），頁 4。季旭昇師：〈《上博五‧鮑叔牙與隰朋之諫》試讀〉，《新出楚簡國際學術研討會會議論文集（上博簡卷）》，2006 年 6 月 26～28 日，頁 20。

陳佩芬釋作「偖」。〔註529〕李天虹認爲此字左部殘泐，豎筆較長且直，確似從「人」，但楚文字的「者」字形體又與此字相近，故傾向釋作「者」。〔註530〕楚國「者」字寫法具有多樣性，其中一種寫作「者」（《郭店・老甲》簡6）、「者」（《郭店・緇》簡2）、又可寫作「者」、「者」、「者」（《上博三・互》簡10），而後兩字左旁確實與「人」形近。不過，由圖版來看，此字較接近於郭店簡的寫法，且上博簡的辭例分別爲「先者有疑」、「後者有效」、「強者果天下之大作」，顯然都釋作「者」，故筆者認爲「者」字以及上述所舉例證，應釋作「者」。〔註531〕

陳佩芬認爲「偖」爲「撦」字之省，故訓作「裂」，整句讀爲「易牙人之與偖而食人」。〔註532〕李守奎讀爲「易牙人之與偖而食人」，「與偖」當與易牙的身份職業有關。〔註533〕首先，陳氏認爲「偖」爲「撦」字之省，李氏認爲「與偖」與易牙的職業有關，但此二說未提出相關證據，筆者不妄加揣測，暫且不論。

陳劍將原簡文第一個「人」字釋作「刀」，讀爲「刁」，此句讀爲「易牙，刁之與者，而食人」，「刁之與者」意謂易牙爲豎刁之黨與，季旭昇師贊同此說。〔註534〕劉信芳讀「偖」爲「煮」，整句讀爲「易牙人之與煮而食人」，與易牙食子有關。〔註535〕何琳儀讀此句爲「易牙，人之與者，而食人」，其中「與」訓作「比類」，且指出陳劍將「刀」誤認爲「人」。〔註536〕李學勤將「與」讀

〔註529〕陳佩芬：《上海博物館藏戰國楚竹書（五）・鮑叔牙與隰朋之諫釋文》（上海：上海古籍出版社，2005年），頁188。

〔註530〕李天虹：〈鮑叔牙與隰朋之諫〉五～六號簡再讀〉，《簡帛》第二輯，（上海：上海古籍出版社，2007年），頁283～284。

〔註531〕季旭昇師主編，陳惠玲、連德榮、李綉玲合撰：《《上海博物館藏戰國楚竹書（三）》讀本》（臺北：萬卷樓圖書公司，2005年），頁233～238。

〔註532〕陳佩芬：《上海博物館藏戰國楚竹書（五）・鮑叔牙與隰朋之諫釋文》（上海：上海古籍出版社，2005年），頁188。

〔註533〕李守奎：〈《鮑叔牙與隰朋之諫》補釋〉，《楚地簡帛思想研究（三）》（武漢：湖北教育出版社，2007年），頁41。

〔註534〕陳劍：〈談談《上博（五）》的竹簡分篇、拼合與編聯問題〉，武漢大學《簡帛網》，2006/02/19。季旭昇師：〈《上博五・鮑叔牙與隰朋之諫》試讀〉，《楚地簡帛思想研究（三）》（武漢：湖北教育出版社，2007年），頁20。

〔註535〕劉信芳：〈上博藏五試解七則〉，武漢大學《簡帛網》，2006/03/01。劉信芳：〈上博五試解四則〉，《楚地簡帛思想研究（三）》（武漢：湖北教育出版社，2007年），頁82～83。

〔註536〕何琳儀：〈貴尹求義〉，《楚地簡帛思想研究（三）》（武漢：湖北教育出版社，

為「邪」，「食人」指易牙食子之事，整句讀為「易牙人之與邪而食人」，林志鵬認同此說。〔註537〕李天虹贊同陳劍之說，但另疑讀作「刁／人之與徒而食人」，「與徒」一詞見於賈誼《新書·大政下》。〔註538〕以上諸說皆有其道理，文義都能讀通，但前文豎刁自宮的根本原因為「知萬乘之邦」，意即掌握大權，而〈競〉簡10「二人也朋黨」，可推測出易牙利用「食子」來求取權力，故「刁之與者」與其它諸說相較之下，既切合文義又可與前文配合，故筆者採用陳劍之說。至於「刁／人之與徒」雖可讀通簡文，但「與徒」見於漢代文獻，未必與先秦文獻相合。此外，何琳儀質疑「刀」為「人」字誤認，但楚文字「刀」與「人」字形相近，有相混的情況。

五、公弗惰

最後一字，原簡寫作：

陳佩芬隸定作「惰」，讀為「堵」，訓作「堵截」、「攔擊」之義。〔註539〕字形下半部從「心」旁，上半部明顯為楚文字「者」字寫法，可知陳佩芬之隸定不可信。即使如此，此字「者」旁仍可讀為「堵」，前文豎刁藉著自宮、易牙藉著食子，準備爭權奪利，此處「堵」訓「堵截」、「攔擊」之義，文義似可讀通，但「堵截」、「攔擊」的對象為實物，而豎刁與易牙所作之事屬於抽象性作為，無法等同看待，故筆者不採此說。

季旭昇師將「惰」字隸定作「惰」，讀為「圖」，訓作「圖謀」，得到學者一致認同。〔註540〕「惰」讀為「圖」，亦見於《上博一·緇》簡12「毋以小謀敗大惰」，陳斯鵬讀為「圖」，訓「圖謀」之義，今本《緇衣》為「作」，兩

2007年），頁2、4。

〔註537〕李學勤：〈試釋楚簡《鮑叔牙與隰朋之諫》〉，《文物》2006年第九期，頁93。林志鵬：〈楚竹書《鮑叔牙與隰朋之諫》補釋〉，武漢大學《簡帛網》，2007/07/13。

〔註538〕李天虹：〈鮑叔牙與隰朋之諫〉五～六號簡再讀〉，《簡帛》第二輯，（上海：上海古籍出版社，2007年），頁284。

〔註539〕陳佩芬：《上海博物館藏戰國楚竹書（五）·鮑叔牙與隰朋之諫釋文》（上海：上海古籍出版社，2005年），頁188。

〔註540〕季旭昇師：〈上博五芻議（上）〉，武漢大學《簡帛網》，2006/02/18。季旭昇師：〈《上博五·鮑叔牙與隰朋之諫》試讀〉，《楚地簡帛思想研究（三）》（武漢：湖北教育出版社，2007年），頁20。

者音義皆近。〔註541〕其次，此說緊扣前後文義，前文豎刁藉著自宮、易牙藉著食子，準備爭權奪利，齊桓公當然要有所圖謀，若不有所預防，將「必害公身」。

〔註541〕陳斯鵬：〈初讀上海楚簡〉，《簡帛研究網》，2002/02/05。

第四章 〈鮑叔牙與隰朋之諫〉考釋（下）

第一節 「齊桓公聽從諫言親身祭祀」組

　　公曰：「肰（然）則奚【鮑簡6】女（如）？」鞄（鮑）昏（叔）畜（牙）
僉（答）曰：「齊邦至惡死，而走（上）秋（遒）亓（其）型（刑）；至欲飤（食），
而上厚亓睿（斂）；至惡何（苛），而上不皆（時）叏（使）。」公乃身命祭，
又（有）嗣（司）祭備（服）毋（無）絞（繡），【鮑簡7】器必罷（蠲）惄（潔），
毋內（入）錢器，犅（犧）生（牲）珪璧，必全女（如）者（故），伽（加）
之呂（以）敬。

一、秋亓型

　　首字原簡寫作：

陳佩芬隸定作「稷」。〔註1〕此字右從「禾」旁無疑，但左旁明顯不為「日」
與「火」，可知陳佩芬之隸定很有問題。

　　季旭昇師將此字釋作「秋」，李天虹、張富海贊同其說，李學勤釋字與此

〔註1〕陳佩芬：《上海博物館藏戰國楚竹書（五）‧鮑叔牙與隰朋之諫釋文》（上海：
　　　上海古籍出版社，2005年），頁189。

同。〔註2〕何有祖舉《包山》簡47「穆」字寫作「ＯＣＲ」，認爲兩者字形相同，故釋爲「穆」，得到陳劍、陳偉、魯家亮、林志鵬等四人一致認同，李守奎亦持相同意見。〔註3〕何有祖之觀察有其道理，比對「ＯＣＲ」字與「穆」字，兩者字形確實相同。但筆者認爲釋作「秋」字之可能性不能完全排除，誠如張富海所言，「秋」字或訛作「穆」字之形，如郭店簡〈語叢一〉簡40「春秋」之「秋」寫作「ＯＣＲ」，與楚文字常見「穆」字寫法相同。因此，就字形而言，筆者認爲「ＯＣＲ」字釋作「秋」與「穆」皆合理，故只能靠上下文義來確定。

「ＯＣＲ」字陳佩芬讀爲「秋」，訓爲「手揫」，「秋其刑」大概意思爲「持著法則不放」。〔註4〕此說於文義可通，但陳佩芬舉《字彙》釋「秋」爲「手揫也」，《字彙》年代較晚，未必與先秦文獻相合，且「秋」訓爲「手揫」之義在先秦文獻中未見。此外，陳劍根據文義，認爲「穆」字當有「繁」、「重」之類意思，讀爲何字待考。〔註5〕李守奎以詞義而論，認爲「穆」字當與「厚」或「重」之義相類，但又自我懷疑，《集韻・屋韻》：「穆，厚也。」爲孤證，

〔註2〕季旭昇師：〈上博五芻議（上）〉，武漢大學《簡帛網》，2006/02/18。李天虹：〈上博五《競》、《鮑》篇校讀四則〉，武漢大學《簡帛網》，2006/02/19。張富海：〈上博簡五《鮑叔牙與隰朋之諫》補釋〉，《北方論叢》2006年第四期，頁9～10。此文亦載於武漢大學《簡帛網》，2006/05/10。李學勤：〈試釋楚簡《鮑叔牙與隰朋之諫》〉，《文物》2006年第九期，頁93。季旭昇師：〈《上博五・鮑叔牙與隰朋之諫》試讀〉，《楚地簡帛思想研究（三）》（武漢：湖北教育出版社，2007年），頁20。

〔註3〕何有祖：〈上博五《鮑叔牙與隰朋之諫》試讀〉，武漢大學《簡帛網》，2006/02/19。陳劍：〈談談《上博（五）》的竹簡分篇、拼合與編聯問題〉，武漢大學《簡帛網》，2006/02/19。陳偉：〈《競建內之》《鮑叔牙與隰朋之諫》零識〉，武漢大學《簡帛網》，2006/02/22。陳偉：〈也說《鮑叔牙與隰朋之諫》與《管子・霸形》的對讀〉，武漢大學《簡帛網》，2006/04/04。魯家亮：〈《鮑叔牙與隰朋之諫》與《管子・戒》對讀札記〉，武漢大學《簡帛網》，2006/04/13。此文亦載於《華中科技大學學報（社會科學版）》2007年第三期，頁98。李守奎：〈《鮑叔牙與隰朋之諫》補釋〉，《楚地簡帛思想研究（三）》（武漢：湖北教育出版社，2007年），頁42。林志鵬：〈楚竹書《鮑叔牙與隰朋之諫》考釋三則〉，武漢大學《簡帛網》，2007/04/10。林志鵬：〈楚竹書《鮑叔牙與隰朋之諫》補釋〉，武漢大學《簡帛網》，2007/07/13。何有祖：〈讀上博楚竹書（五）札記〉，《出土文獻研究》第八輯（上海：上海古籍出版社，2007年），頁15～16。

〔註4〕陳佩芬：《上海博物館藏戰國楚竹書（五）・鮑叔牙與隰朋之諫釋文》（上海：上海古籍出版社，2005年），頁189。

〔註5〕陳劍：〈談談《上博（五）》的竹簡分篇、拼合與編聯問題〉，武漢大學《簡帛網》，2006/02/19。

且「穆」於文獻中多爲褒義詞，故此字尙待求證。〔註6〕從文義而言，陳劍之說有其道理，但「穆」於典籍文獻未見訓作「繁」、「重」等義。至於李守奎之說，未確定「穆」字該訓何義，故筆者不加以討論。

何有祖讀爲「戮」，「戮其刑」理解爲「刑戮」。〔註7〕「穆」爲明紐覺部，「戮」爲來紐覺部，兩字古韻同部，明、來二紐音近可通，古籍中「穆」與「謬」可通假，《淮南子・泰族》：「訟謬胸中」，《文子・精誠》「訟謬」作「悅穆」，故「穆」可讀爲「戮」。依何氏之理解，大概是認爲人民將死，還要接受刑罰，如《漢書・食貨志上》：「民死尙且刑戮之，是爲至惡。」此段描述齊國人民厭惡死亡，但上位者卻反其道而行，因此將「戮」理解爲「刑戮」，文義未完全切合。

陳偉起先將「穆」如字讀，訓作「恭敬」，「穆其刑」猶言「愼刑」，其後自棄立場，改從何有祖之說，讀作「戮」，訓作「暴」，舉《管子・霸形》：「人懼甚死，而刑政險……緩其刑政，則人不懼死。」作爲佐證，認爲「戮其刑」與「刑政險」略同。〔註8〕魯家亮認同陳偉之說，舉《管子・戒》：「人患死，而上急刑焉。」認爲「戮其刑」之涵義相當於「暴其刑」，而「暴」有急驟、猛烈之義，正與「急刑焉」相同。〔註9〕陳偉大概認爲「險」與「緩」相對，故「險」有「急」之義，可見與魯家亮之說相同。張富海對此提出反駁，認爲「戮」即使有「暴」義，但「戮」沒有「急」、「猛烈」的用法。〔註10〕張富海反駁有理，典籍文獻未見「戮」訓作「急」、「猛烈」之義，故筆者不採此說。

林志鵬讀爲「繆」，訓「繫縛」之義，認爲簡文用法與下列文獻相同，《管子・勢》：「逆節萌生，天地未刑，先爲之政，其事乃不成，繆受其刑。」並

〔註6〕 李守奎：〈《鮑叔牙與隰朋之諫》補釋〉，《楚地簡帛思想研究（三）》（武漢：湖北教育出版社，2007 年），頁 42。

〔註7〕 何有祖：〈上博五《鮑叔牙與隰朋之諫》試讀〉，武漢大學《簡帛網》，2006/02/19。

〔註8〕 陳偉：〈《競建內之》《鮑叔牙與隰朋之諫》零識〉，武漢大學《簡帛網》，2006/02/22。陳偉：〈也說《鮑叔牙與隰朋之諫》與《管子・霸形》的對讀〉，武漢大學《簡帛網》，2006/04/04。

〔註9〕 魯家亮：〈《鮑叔牙與隰朋之諫》與《管子・戒》對讀札記〉，武漢大學《簡帛網》，2006/04/13。此文亦載於《華中科技大學學報（社會科學版）》2007 年第三期，頁 98。

〔註10〕 張富海：〈上博簡五《鮑叔牙與隰朋之諫》補釋〉，《北方論叢》2006 年第四期，頁 9～10。此文亦載於武漢大學《簡帛網》，2007/05/10。

引郭沫若之說：「繆，形容受刑之深固，糾結不解也。」〔註11〕首先，「穆」、「繆」二字，典籍文獻相通之例甚多，《尚書・金縢》：「我其爲王穆卜」，《史記・齊魯公世家》「穆卜」作「繆卜」；《禮記・坊記》：「陽侯猶殺繆侯」，《周禮・天官・內宰》鄭注引「繆」作「穆」，故「穆」可讀爲「繆」。其次，此說文義似可讀通，但筆者不採此說，原因在於刑罰本是用作約束人民的行爲，鮑叔牙不必特別對此提出諫言。

季旭昇師認爲可讀作「修」，訓爲「治」、「備」之義，或讀爲「遒」（筆者按：原作「緧」），訓作「迫」，李天虹贊同前說，張富海贊同後說，爾後季師亦贊同張富海之說。〔註12〕以音韻而論，「秋」爲清紐幽部，「修」爲心紐幽部，「遒」爲從紐幽部，三字古韻相同，清、心、從三紐互爲旁紐、故「秋」可讀爲「修」與「遒」。以文義論之，季師讀爲「修」於文義可通，但張富海提出反駁，認爲古書中講「修刑」一般都有褒義，用於此處不太合適。張富海的反駁有其道理，此段文義爲齊國人民厭惡死亡，但上位者卻反其道而行，故言「修刑」與文義互相牴觸。至於張富海之說，將「秋」讀爲「遒」，訓作「迫」義，意謂「上位者迫促刑罰」，文義相當通順。

李學勤將「秋」讀爲「稠」，訓作「多」。〔註13〕首先，「秋」爲清紐幽部，「稠」爲定紐幽部，聲稍遠而韻同部，仍有通假的可能。其次，此說文義可通，意謂「上位者加重其刑」。

上述二說置於文義皆可讀通，但筆者傾向採用前說，原因在於語氣上「迫促」比「多」來得強烈，更能突顯出鮑叔牙諫言的用意。確定「⿰⿱⿱⿱」字讀爲「遒」之後，應釋作「秋」。

二、至惡何而上不肯吏

「何」字考釋，學者皆無異議，故重點在於如何訓讀。李天虹將「何」

〔註11〕林志鵬：〈楚竹書《鮑叔牙與隰朋之諫》考釋三則〉，武漢大學《簡帛網》，2007/04/10。林志鵬：〈楚竹書《鮑叔牙與隰朋之諫》補釋〉，武漢大學《簡帛網》，2007/07/13。

〔註12〕季旭昇師：〈上博五芻議（上）〉，武漢大學《簡帛網》，2006/02/18。李天虹：〈上博五《競》、《鮑》篇校讀四則〉，武漢大學《簡帛網》，2006/02/19。張富海：〈上博簡五《鮑叔牙與隰朋之諫》補釋〉，《北方論叢》2006年第四期，頁9～10。此文亦載於武漢大學《簡帛網》，2006/05/10。季旭昇師：〈《上博五・鮑叔牙與隰朋之諫》試讀〉，《楚地簡帛思想研究（三）》（武漢：湖北教育出版社，2007年），頁20。

〔註13〕李學勤：〈試釋楚簡《鮑叔牙與隰朋之諫》〉，《文物》2006年第九期，頁93。

讀爲「苛」，訓作「擾」義。〔註14〕陳劍與李學勤皆讀爲「苛」，都未進一步訓解。〔註15〕季旭昇師起先如字讀，訓作「負荷」，爾後自棄立場，改從李天虹讀，訓「煩重」義。〔註16〕李守奎讀爲「苛」，訓「繁縟」、「繁瑣」之義。〔註17〕林志鵬從李天虹讀，訓作「煩」。〔註18〕由上可知，「何」字學者多讀爲「苛」，訓解也大致相同，皆有「煩重」、「繁縟」之義。以文義而言，讀爲「苛」，訓作「煩重」、「繁縟」可與下文「使」互相呼應。

「𡥈」字，陳佩芬隸定爲「𡥈」，讀爲「變」，訓「改變」。〔註19〕首先，由字形而言，此字隸定作「𡥈」有其道理，但本論文前已論述過，「吏」與「弁」字形在楚簡中已有混同的現象，要釋作何字則需依靠上下文義來確定。〔註20〕其次，由整段文義而論，「至惡何（苛），而上不時𡥈」文義互相呼應，而陳佩芬忽略上文「何」字之訓讀，故筆者不從此說。

陳劍、李天虹、李學勤、季旭昇師、李守奎、林志鵬等人皆讀「𡥈」爲「使」，其中李天虹、林志鵬訓作「役使」義，李守奎訓作「使令」義。〔註21〕以上諸說訓解大致相同，但筆者傾向訓作「役使」之義，原因在於「役使」

〔註14〕 李天虹：〈上博五《競》、《鮑》篇校讀四則〉，武漢大學《簡帛網》，2006/02/19。

〔註15〕 陳劍：〈談談《上博（五）》的竹簡分篇、拼合與編聯問題〉，武漢大學《簡帛網》，2006/02/19。李學勤：〈試釋楚簡《鮑叔牙與隰朋之諫》〉，《文物》2006年第九期，頁93。

〔註16〕 季旭昇師：〈上博五芻議（上）〉，武漢大學《簡帛網》，2006/02/18。季旭昇師：〈《上博五・鮑叔牙與隰朋之諫》試讀〉，《楚地簡帛思想研究（三）》（武漢：湖北教育出版社，2007年），頁20。

〔註17〕 李守奎：〈《鮑叔牙與隰朋之諫》補釋〉，《楚地簡帛思想研究（三）》（武漢：湖北教育出版社，2007年），頁42。

〔註18〕 林志鵬：〈楚竹書《鮑叔牙與隰朋之諫》補釋〉，武漢大學《簡帛網》，2007/07/13。

〔註19〕 陳佩芬：《上海博物館藏戰國楚竹書（五）・鮑叔牙與隰朋之諫釋文》（上海：上海古籍出版社，2005年），頁189。

〔註20〕 請參閱本論文第三章第一節第五小節。

〔註21〕 陳劍：〈談談《上博（五）》的竹簡分篇、拼合與編聯問題〉，武漢大學《簡帛網》，2006/02/19。李天虹：〈上博五《競》、《鮑》篇校讀四則〉，武漢大學《簡帛網》，2006/02/19。李學勤：〈試釋楚簡《鮑叔牙與隰朋之諫》〉，《文物》2006年第九期，頁93。季旭昇師：〈《上博五・鮑叔牙與隰朋之諫》試讀〉，《楚地簡帛思想研究（三）》（武漢：湖北教育出版社，2007年），頁20。李守奎：〈《鮑叔牙與隰朋之諫》補釋〉，《楚地簡帛思想研究（三）》（武漢：湖北教育出版社，2007年），頁42。林志鵬：〈楚竹書《鮑叔牙與隰朋之諫》補釋〉，武漢大學《簡帛網》，2007/07/13。

正可與「煩重」、「繁縟」配合，意謂「齊國人民厭惡煩重的勞役，但上位者卻不照預定之時來役使人民」。確定「**𡈼**」讀爲「使」之後，「**𡈼**」字應釋作「吏」。

此外，在斷句方面，不論釋字的差異，「齊邦至亞死而走秌亓型至欲飤而上厚亓睿至亞何而上不峕貞」一句目前有三派說法，陳佩芬斷讀爲「齊邦至惡，死而尚秋其刑，至欲食而尚厚其歙，至惡何，而尚不時變。」〔註22〕何有祖斷讀爲「齊邦至惡，死而尚戮其刑，至欲，食而尚厚其歙。至惡何，而上不時變。」〔註23〕陳劍斷讀爲「齊邦至惡死，而上穆其刑；至欲食，而上厚其歙；至惡苛，而上不時使。」得到大多數學者認同。〔註24〕三說自有理據，但筆者認爲陳劍之說較爲合理，原因在於整段斷讀爲三句，句式相同，爲排比句式，文義之理解也相當通順，此段是鮑叔牙針對刑罰、賦稅、勞役提出諫言，使得齊桓公有所覺悟，故下文才有齊桓公針對鮑叔牙之說，實行利民之政。

三、又嗣祭備毋絞

「又」字之下，原簡寫作：

陳佩芬隸定作「晶」，學者多無異議。〔註25〕陳斯鵬認爲「**晶**」字應改釋作「嗣」，其寫法如盂鼎的「**嗣**」、「**嗣**」，簡文「**嗣**」字爲「口」、「司」共用「口」形，訓讀仍從原考釋之說，而〈鮑〉簡1與簡3各有「**嗣**」字，考釋與此同。〔註26〕此說有其道理，故從之。

「絞」字，陳佩芬讀爲「紋」，訓作「文飾」。〔註27〕「絞」從「父」聲，

〔註22〕陳佩芬：《上海博物館藏戰國楚竹書（五）‧鮑叔牙與隰朋之諫釋文》（上海：上海古籍出版社，2005年），頁188～189。

〔註23〕何有祖：〈上博五《鮑叔牙與隰朋之諫》試讀〉，武漢大學《簡帛網》，2006/02/19。

〔註24〕陳劍：〈談談《上博（五）》的竹簡分篇、拼合與編聯問題〉，武漢大學《簡帛網》，2006/02/19。

〔註25〕陳佩芬：《上海博物館藏戰國楚竹書（五）‧鮑叔牙與隰朋之諫釋文》（上海：上海古籍出版社，2005年），頁189。

〔註26〕陳斯鵬：〈讀《上博竹書（五）》小記〉，武漢大學《簡帛網》，2006/04/02。

〔註27〕陳佩芬：《上海博物館藏戰國楚竹書（五）‧鮑叔牙與隰朋之諫釋文》（上海：上海古籍出版社，2005年），頁189。

「父」爲並紐魚部，「紋」爲明紐文部，二字聲紐相同，但魚、文二韻相距甚遠，故「絞」無法讀爲「紋」。

季旭昇師讀爲「黼」，訓作「黼黻」，「祭服無黼」意謂「祭服樸實無華」，陳劍，唐洪志表示認同。〔註 28〕李學勤讀爲「薄」，「祭服無薄」意謂「祭典中服飾要整齊」。〔註 29〕王輝讀爲「黼」，訓作「黼紋」，「祭服無黼」意謂祭服無黼紋，表示節儉之義。〔註 30〕林志鵬讀爲「黹」，訓作「文飾」，「祭服無黹」指祭服不刺繡文飾，即所謂「素服」。〔註 31〕首先，以音韻而論，「父」爲並紐魚部，「黼」爲幫紐魚部，「薄」爲並紐鐸部，並、幫二紐爲旁紐，魚、鐸二部爲對轉，故「絞」、「黼」、「薄」音近可通。而「黹」爲端紐脂部，與「父」爲並紐魚部，兩字聲韻皆遠，故「絞」不能讀爲「黹」，因此林志鵬之說可首先排除。其次，就文義而論，李學勤之說可首先排除，原因在於典籍文獻未見「薄」訓作「整齊」義。至於季師、王輝二說皆可讀通簡文，但誠如唐洪志所引傳世文獻之記載，日食發生之後，天子與百官需「素服」。相關文獻資料臚列如下：

> 《禮記・昏義》：「是故男教不修，陽事不得，適見於天，日爲之食；婦順不脩，陰事不得，適見於天，月爲之食。是故日食則天子素服而脩六官之職，蕩天下之陽事；月食則後素服而脩六官之職，蕩天下之陰事。」
>
> 《後漢書・儀禮志》：「日有變，割羊以祠社，用救日變。」李賢注：「《決疑要注》曰：『凡救日食，皆著赤幘，帶劍入侍，以助陽也。日將食，天子素服避正殿，內外嚴。日有變，伐鼓聞音，侍臣著赤幘，帶劍入侍，三臺令史已上皆持劍立其戶前，衛尉卿驅馳繞宮，察巡守備，周而復始。日復常，皆乃罷。』」

〔註 28〕 季旭昇師：〈上博五芻議（上）〉，武漢大學《簡帛網》，2006/02/18。陳劍：〈談談《上博（五）》的竹簡分篇、拼合與編聯問題〉，武漢大學《簡帛網》，2006/02/19。唐洪志：〈上博（五）札記（兩則）〉，武漢大學《簡帛網》，2006/03/08。季旭昇師：〈《上博五・鮑叔牙與隰朋之諫》試讀〉，《楚地簡帛思想研究（三）》（武漢：湖北教育出版社，2007 年），頁 21。

〔註 29〕 李學勤：〈試釋楚簡《鮑叔牙與隰朋之諫》〉，《文物》2006 年第九期，頁 93。

〔註 30〕 王輝：〈《上博楚簡（五）》讀記〉，《中國文字》新三十二期（臺北：藝文印書館，2006 年），頁 26～27。

〔註 31〕 林志鵬：〈楚竹書《鮑叔牙與隰朋之諫》補釋〉，武漢大學《簡帛網》，2007/07/13。

《後漢書·鄭興傳》:「明年三月晦,日食。興因上疏曰:《春秋》以
天反時為災,地反物為妖,人反德為亂,亂則妖災生。往年以來。
謫咎連見,意者執事頗有闕焉。案《春秋》『昭公十七年夏六月甲戌
朔,日有食之。』」傳曰『日過分而未至,三辰有災,於是百官降物,
君不舉,避移時,樂奏鼓,祝用幣,史用辭。』李賢注:「降物,素
服。」

簡文前文「日之食也」、「眚變,災」,故齊桓公要求祭祀時「祭服無黼」,正
可與傳世文獻互相對照,故筆者採用季師之說。

四、器必罬愍

最後一字,原簡寫作:

陳佩芬隸定作「禷」。〔註32〕蘇建洲師指出右旁不從「示」,但未進一步說明。
〔註33〕陳劍隸作「愍」,得到季旭昇師、李守奎、林志鵬之認同,李學勤亦持
相同意見。〔註34〕首先,蘇師之觀察有其道理,楚文字「示」寫作「祘」(《包
山》簡237「祭」字所從)、「祘」(《包山》簡217「祝」字所從),其特徵為頂
端是平橫畫,明顯與「愍」字右旁頂端斜畫不同,可知陳佩芬之隸定不可信。
其次,楚簡「介」字寫作,「刜」(《包山》簡 114「齐」字所從)、「刜」(《新
蔡》甲三簡 21「沂」字所從),與「愍」字右旁相同,故「愍」字應從陳劍之
說,隸定作「愍」。

簡文「器必罬愍」一句,陳佩芬讀為「器必蜀視」,意謂「器物要單獨放
置,必須看得見」。〔註35〕此說成立的可能性極低,原因在於「愍」字上半部

〔註32〕 陳佩芬:《上海博物館藏戰國楚竹書(五)·鮑叔牙與隰朋之諫釋文》(上海:
　　　　上海古籍出版社,2005 年),頁 184。
〔註33〕 蘇建洲師:〈初讀《上博五》淺說〉,武漢大學《簡帛網》,2006/02/18。
〔註34〕 陳劍:〈談談《上博(五)》的竹簡分篇、拼合與編聯問題〉,武漢大學《簡帛
　　　　網》,2006/02/19。李學勤:〈試釋楚簡《鮑叔牙與隰朋之諫》〉,《文物》2006
　　　　年第九期,頁 93。季旭昇師:〈《上博五·鮑叔牙與隰朋之諫》試讀〉,《楚地
　　　　簡帛思想研究(三)》(武漢:湖北教育出版社,2007 年),頁 21。李守奎:〈《鮑
　　　　叔牙與隰朋之諫》補釋〉,《楚地簡帛思想研究(三)》(武漢:湖北教育出版
　　　　社,2007 年),頁 42。林志鵬:〈楚竹書《鮑叔牙與隰朋之諫》補釋〉,武漢
　　　　大學《簡帛網》,2007/07/13。
〔註35〕 陳佩芬:《上海博物館藏戰國楚竹書(五)·鮑叔牙與隰朋之諫釋文》(上海:

不能隸定作「視」。陳劍、季旭昇師、李守奎、李學勤以及林志鵬五人皆讀爲「器必齏潔」，「齏」訓作「清洗」，「潔」有「潔淨」之義。〔註36〕首先，「愍」字從「介」聲，「介」、「潔」同爲見紐月部，故可通假。其次，以文義而言，相當通順，前文云「公乃身命祭」意謂「齊桓公自身請命以祭」（筆者採用劉信芳之說，詳見下文），與一般祭祀不同，故特別強調所用的祭器要清洗乾淨。

五、毋內錢器

第三字，原簡寫作：

陳佩芬釋作「錢」，學者多無異議。〔註37〕袁國華對從兩「戈」並列「戔」字作全面考察，認爲並列的兩個「戈」字，以一橫畫將兩道曲筆連接，是楚簡「戔」字的常見寫法，與「錢」字上部所從不同，故主張「錢」字上從「弗」旁，寫法近似於「弗」（《郭店·忠》簡1），但兩者寫法稍有差異，「弗」字中間曲筆爲一筆而成，「錢」字上半部爲兩筆寫成，疑是書寫失誤所造成，故將「錢」字釋作「鋪」。〔註38〕袁國華之觀察有其道理，「錢」字上半部確實與「弗」旁近似，故釋爲「鋪」可從。但筆者認爲從「戔」旁之可能性也不能完全排除，原因在於「錢」字上半部既分作兩道橫畫，「戔」字亦有作兩道橫畫之形，如「戔」（《郭店·成》簡34）、「錢」（《上博一·性》簡23）。其次，袁氏懷疑「錢」字上半部之「弗」旁分作兩道橫畫，疑是書寫失誤所造成，相對來看，「戔」字之兩道橫筆皆平行不相連，亦有可能爲書寫失誤，造成「戔」

上海古籍出版社，2005年），頁184。

〔註36〕陳劍：〈談談《上博（五）》的竹簡分篇、拼合與編聯問題〉，武漢大學《簡帛網》，2006/02/19。季旭昇師：〈《上博五·鮑叔牙與隰朋之諫》試讀〉，《楚地簡帛思想研究（三）》（武漢：湖北教育出版社，2007年），頁21。李守奎：〈《鮑叔牙與隰朋之諫》補釋〉，《楚地簡帛思想研究（三）》（武漢：湖北教育出版社，2007年），頁42。林志鵬：〈楚竹書《鮑叔牙與隰朋之諫》補釋〉，武漢大學《簡帛網》，2007/07/13。

〔註37〕陳佩芬：《上海博物館藏戰國楚竹書（五）·鮑叔牙與隰朋之諫釋文》（上海：上海古籍出版社，2005年），頁184。

〔註38〕袁國華：〈《上海博物館藏戰國楚竹書（五）·鮑叔牙與隰朋之諫》「鋪（伐）器」、「滂沱」考釋〉，《中國文字》新三十二期（臺北：藝文印書館，2006年），頁47～48。

字兩道橫筆之間有一曲筆相連。再者，以筆順而言，「弗」字曲筆爲一筆而成，「🔲」字上半部爲兩筆寫成。因此，筆者認爲「🔲」字釋爲「鈇」、「錢」皆有其可能性，只能靠上下文義來確認。

對於「毋內🔲器」一句，學者釋讀莫衷一是。陳佩芬讀爲「毋入錢器」，意謂「不要放入其它器物內」。〔註39〕但「錢」字典籍文獻未見訓作「其它」之義。

季旭昇師讀爲「毋入賤器」，「賤器」指「日常生活的實用器」，並舉《孟子‧梁惠王》與《隋書‧禮書‧卷六‧禮儀志》作爲佐證，意謂「祭祀宗廟，要用最高貴的彝器，不可以用日常生活的實用器來湊數」。〔註40〕劉信芳讀爲「毋入錢器」，意謂「此祭祀無須眾人入錢納器」。〔註41〕彭浩對上述二說分別提出反駁：

> 這段文字可以看作是齊桓公對祭祀制度的申明，應包括齊國的天地、山川、宗廟、社稷等祭祀，並非只民間的一般祭祀，因此，不存在有「入錢納器」的可能。簡文中「器」指「祭器」，而非一般的用器。先秦時期，在正式的祭祀場合，絕不可用日常用品替代祭器，是「禮」的起碼要求。〔註42〕

彭浩之反駁有理，祭祀時不用日常生活的器具，自爲當然之事，故此處不用特別強調「毋入賤器」；前文云「公乃身命祭」（筆者採用劉信芳之說，意謂「齊桓公自身請命以祭」，詳見下文）顯然不是民間的一般祭祀。此外，彭浩亦提出新的意見，將「毋內🔲器」讀爲「毋內殘器」，意謂「殘損之器不用作祭器」，陳偉、范常喜、魯家亮、林志鵬贊同此說，李學勤亦持相同意見。〔註43〕彭浩之說雖有一定道理，但誠如劉信芳所云，不管讀爲「賤器」或「殘

〔註39〕 陳佩芬：《上海博物館藏戰國楚竹書（五）‧鮑叔牙與隰朋之諫釋文》（上海：上海古籍出版社，2005 年），頁 184。

〔註40〕 季旭昇師：〈《上博五‧鮑叔牙與隰朋之諫》「毋内錢器」句小考〉，武漢大學《簡帛網》，2006/02/23。

〔註41〕 劉信芳：〈上博藏五試解七則〉，武漢大學《簡帛網》，2006/03/01。

〔註42〕 彭浩：〈「錢器」小議〉，武漢大學《簡帛網》，2006/03/01。

〔註43〕 彭浩：〈「錢器」小議〉，武漢大學《簡帛網》，2006/03/01。陳偉：〈《鮑叔牙與隰朋之諫》零識（續）〉，武漢大學《簡帛網》，2006/03/05。范常喜：〈關於「袺」字的一點補充〉，武漢大學《簡帛網》，2006/03/06。魯家亮：〈《鮑叔牙與隰朋之諫》與《管子‧戒》對讀札記〉，武漢大學《簡帛網》，2006/04/13。李學勤：〈試釋楚簡《鮑叔牙與隰朋之諫》〉，《文物》2006 年第九期，頁 93。林志鵬：〈楚竹書《鮑叔牙與隰朋之諫》補釋〉，武漢大學《簡帛網》，2007/07/13。魯

器」皆不能入禮。〔註44〕祭祀時不用「賤器」、「殘器」爲當然之事，故齊桓公於此不必特別強調「賤器」、「殘器」不能入禮。

李守奎讀爲「毋入淺器」，意謂「祭品豐盛」，如《禮記・月令》：「其器廉而深，器深則藏物多。」〔註45〕此說似可商，原因在於祭祀之祭品本應隆重豐盛，此處齊桓公不必強調「毋入淺器」。

袁國華引《楚辭・天問》、《國語・越語下》、《韓非子・存韓》、《呂氏春秋・紀部・論威》、《老子・道德經三十一章》等典籍文獻，主張「伐器」爲「兵器」，「兵器」爲「凶器」、「不祥之器」，故簡文「毋入伐器」，意謂「不要納入兵器」，季旭昇師表示贊同。〔註46〕首先，「鈇」字從「弗」聲，「弗」爲幫紐物部，「伐」爲並紐月部，幫、並二紐旁紐，物、月二部旁轉，故「鈇」可讀爲「伐」。其次，袁氏之說有一定的理據，但筆者認爲如此解釋，所要面對的問題是，典籍文獻未見祭祀用「伐器」或「兵器」入禮，此處齊桓公亦不必強調「毋入伐器」。袁國華對此提出解釋，認爲此處祭祀與簡文所載「日食」相關，並舉《禮記・曾子問》作爲佐證：「如諸侯皆在而日食，則從天子救日，各以其方色與其兵。」意謂「日食之際，諸侯應跟隨天子，按照日食的方位，穿著相應顏色的衣服，拿著相應的兵器，搶救太陽。」因此，簡文所記祭祀，發生在日食之後，故齊桓公交代不要納入兵器。〔註47〕袁氏所引證據以及文義疏通有其道理，而《後漢書・儀禮志》亦記載：

> 日有變，割羊以祠社，用救日變。李賢注：「《決疑要注》曰：『凡救日食，皆著赤幘，帶劍入侍，以助陽也。日將食，天子素服避正殿，

家亮：〈《鮑叔牙與隰朋之諫》與《管子・戒》對讀札記〉《華中科技大學學報（社會科學版）》2007年第三期，頁99。

〔註44〕劉信芳：〈竹書《鮑叔牙》與《管子》對比研究的幾個問題〉，《文獻》2007年第一期，頁19。

〔註45〕李守奎：〈《鮑叔牙與隰朋之諫》補釋〉，《楚地簡帛思想研究（三）》（武漢：湖北教育出版社，2007年），頁42。

〔註46〕袁國華：〈《上海博物館藏戰國楚竹書（五）・鮑叔牙與隰朋之諫》「鈇（伐）器」、「滂沱」考釋〉，《中國文字》新三十二期（臺北：藝文印書館，2006年），頁50～52。季旭昇師：〈《上博五・鮑叔牙與隰朋之諫》「篤歡附忨」解——兼談「錢器」〉，武漢大學《簡帛網》，2006/03/06。季旭昇師：〈《上博五・鮑叔牙與隰朋之諫》試讀〉，《楚地簡帛思想研究（三）》（武漢：湖北教育出版社，2007年），頁21。

〔註47〕袁國華：〈《上海博物館藏戰國楚竹書（五）・鮑叔牙與隰朋之諫》「鈇（伐）器」、「滂沱」考釋〉，《中國文字》新三十二期（臺北：藝文印書館，2006年），頁53～54。

> 內外嚴。日有變，伐鼓聞音，侍臣著赤幘，帶劍入侍，三臺令史已
> 上皆持劍立其戶前，衛尉卿驅馳繞宮，察巡守備，周而復始。日復
> 常，皆乃罷。』」

由上述可知，一直到漢代，「日食時，拿著相應的兵器，搶救太陽」仍為常態做法。但相對來看，上述所引《禮記・曾子問》與《後漢書・儀禮志》，我們可以發現「兵器」無「不祥之器」之義，反而要利用兵器來搶救太陽，因此「伐器」、「兵器」是否全為不祥之器，仍有商榷的空間。

　　劉信芳另文對「公乃身命祭」提出新的見解，並補充「毋入錢器」之說。「公乃身命祭」之「命祭」為祭名，「身」是指「自身、親身」，意謂「自身請命以祭」，而簡文內容與古祭祀之助祭制度關係密切，列舉《詩經》、《左傳》、《漢書》、《周禮》以及新蔡楚簡作為佐證，認為古祭祀有助祭，諸侯助祭的核心內容是述職，助祭者有「百禮」，有「入金」，君王則有賜胙，有封賞，國人助社祭，其禮亦如之，故簡文文義為齊桓公有所自責，乃自身請命以祭，與國人祈福之祭有所區別，因而無須眾人入錢納器。〔註48〕首先，對於「身命祭」之說，出土文獻有相同例證，如《上博四・柬》簡13、15、16：「如君王栽大蓋；相徙、中余與五連小子及寵臣皆屬，毋敢執漤筆。王許諾，修四郊三日，王有野色，屬者有暍人。三日，大雨，邦賴之。」意謂楚國大旱，柬大王站在烈日下曝曬，以身禱雨。〔註49〕其次，由文義觀之，前文鮑叔牙利用反諷手法提出諫言，齊桓公進而感到自責，乃以身命祭，而此祭與一般祭祀不同，故無須眾人入錢納器，文義顯得相當合理。

　　討論至此，袁國華與劉信芳二說於文義皆可讀通，但筆者傾向採用後說，原因在於前說「伐器」之義仍有商榷空間，而後說有傳世文獻與出土材料可供對照，證據力較強。確定「**錢**」字讀為「錢」之後，故「**錢**」字應從原考釋者所釋。

六、犛生珪璧必全女著伽之曰敬

　　「女」字之下，原簡寫作：

〔註48〕劉信芳：〈上博藏五試解七則〉，武漢大學《簡帛網》，2006/03/01。劉信芳：〈「錢器」補説〉，武漢大學《簡帛網》，2006/03/03。劉信芳：〈竹書《鮑叔牙》與《管子》對比研究的幾個問題〉，《文獻》2007年第一期，頁18～19。

〔註49〕季旭昇師主編、袁國華協編、陳思婷、張繼凌、高佑仁、朱賜麟合撰：《《上海博物館藏戰國楚竹書（四）讀本》》（臺北：萬卷樓出版社，2007年），頁100～102。

陳佩芬將構形分析爲從「老」、「古」聲，隸定作「耆」。〔註50〕陳劍認爲此字存疑待考。〔註51〕何有祖主張「」字與《包山》68 號簡「耆」字近似，寫作「耆」，李學勤亦持相同意見。〔註52〕范常喜認爲「」字與包山簡 68「耆」字相較，仍有一定差距，而原考釋者視爲「老」之省形，並不妥當，故主張「」字上半部爲「禾」字之省，故此字可隸定作「秂」或「秙」，得到多數學者之認同。〔註53〕范常喜反駁何有組之說有其道理，「」、「耆」二字上半部字形確實不同，但「」字上部不爲「老」之省形，則有商榷的空間，原因在於《上博五·弟》簡 5「者」字寫作「者」，其「老」形省作「耂」，故可證明「」字上半部爲「老」的省形。〔註54〕此外，楚文字上半部從「禾」旁之字多見，如「秀」字寫作「秀」（《上博二·容》簡 34）、「年」字寫作「秂」（《郭店·唐》簡 18）、「季」字寫作「季」（《包山》簡 127），上舉三字所從「禾」旁與「」字上半部形近，差別在於「秂」之頂端筆畫較爲平直。由上述論證可知，不論「」字隸定爲「耆」或「秂」，皆有一定的道理，但就筆順而言，「禾」旁上部通常先寫向左的斜筆，之後再寫豎筆，顯然是兩道筆畫，而「」部件的上半部顯然是一道筆畫，由左而右，接著往下書寫，與「耂」部件上半部寫法相同，因此筆者較傾向隸定爲「耆」。

簡文「犉生珪璧必全女秂伽之已敬」一句，何有祖斷讀爲「犧牲、珪璧必全，如祈，加之以敬」。〔註55〕李學勤斷讀爲「犧牲珪璧，必全如耆，加之以敬」。〔註56〕此二說應可首先排除，原因在於「」字不能釋作「耆」。

〔註50〕陳佩芬：《上海博物館藏戰國楚竹書（五）·鮑叔牙與隰朋之諫釋文》（上海：上海古籍出版社，2005 年），頁 184。

〔註51〕陳劍：〈談談《上博（五）》的竹簡分篇、拼合與編聯問題〉，武漢大學《簡帛網》，2006/02/19。

〔註52〕何有祖：〈上博五《鮑叔牙與隰朋之諫》試讀〉，武漢大學《簡帛網》，2006/02/19。李學勤：〈試釋楚簡《鮑叔牙與隰朋之諫》〉，《文物》2006 年第九期，頁 93。

〔註53〕范常喜：〈《上博五·鮑叔牙與隰朋之諫》簡 3「秙」字試說〉，武漢大學《簡帛網》，2006/03/02。

〔註54〕此爲蘇建洲師在初審時所提出的意見。

〔註55〕何有祖：〈上博五《鮑叔牙與隰朋之諫》試讀〉，武漢大學《簡帛網》，2006/02/19。

〔註56〕李學勤：〈試釋楚簡《鮑叔牙與隰朋之諫》〉，《文物》2006 年第九期，頁 94。

　　陳佩芬認爲「伽」要讀爲「加」，有增加之義，而整句斷讀爲「犧牲、珪璧如者加之以敬」，其中「如者加之以敬」的大意爲「如要增加祭品以表示敬重」。〔註57〕但此說未詳細說明「者」字訓解，無法讀通文義，故筆者不採此說。

　　范常喜主張「岙」讀爲「苦」，訓作「粗劣」之義，整句斷讀爲「犧牲珪璧必全，如苦，加之以敬」，意謂「犧牲珪璧一定要齊全，如有粗劣不好的，則恭敬地再添加上好的」。〔註58〕劉信芳對於此說提出反駁，認爲「苦」來解釋「毋入殘器」，兩者語意重複。〔註59〕對於劉信芳之反駁，范常喜又另文補充，認爲「苦」乃修飾「犧牲珪璧」。〔註60〕范常喜之說雖有其道理，但殘破粗劣之器理當不能用於祭祀，齊桓公於此處不必特意強調，故筆者不採此說。

　　陳偉主張「岙」字該讀作「胡」，訓作「大」，「如」有連詞用法，和「與」、「及」意義相同，故此句斷讀爲「犧牲珪璧，必全如胡，加之以敬」。〔註61〕范常喜對此提出反駁，認爲「如」字爲連詞用法時，前後無一形容詞；楚地出土材料中，「如」字作連詞共十六例，均爲假設連詞，表示「如果」之義，無一作並列連詞。〔註62〕范常喜之反駁有理，古人行文有其習慣用法，因此陳偉之說成立的可能性很低。

　　魯家亮認爲「岙」字讀爲「故」，訓「祭祀」，如《禮記·玉藻》：「君無故不殺牛，大夫無故不殺羊，士無故不殺犬豕。」鄭玄注：「故，謂祭祀之屬。」因而此句斷讀爲「犧牲珪璧，必全如故，加之以敬」。〔註63〕但前文已云「公乃身命祭」，若將「故」訓作「祭祀」，語意重複，筆者不採此說。

〔註57〕陳佩芬：《上海博物館藏戰國楚竹書（五）·鮑叔牙與隰朋之諫釋文》（上海：上海古籍出版社，2005年），頁184～185。

〔註58〕范常喜：〈《上博五·鮑叔牙與隰朋之諫》簡3「秙」字試說〉，武漢大學《簡帛網》，2006/03/02。

〔註59〕劉信芳：〈「錢器」補說〉，武漢大學《簡帛網》，2006/03/03。劉信芳：〈竹書《鮑叔牙》與《管子》對比研究的幾個問題〉，《文獻》2007年第一期，頁19～20。

〔註60〕范常喜：〈關於「秙」字的一點補充〉，武漢大學《簡帛網》，2006/03/06。

〔註61〕陳偉：〈《鮑叔牙與隰朋之諫》零識（續）〉，武漢大學《簡帛網》，2006/03/05。

〔註62〕范常喜：〈關於「秙」字的一點補充〉，武漢大學《簡帛網》，2006/03/06。

〔註63〕魯家亮：〈《鮑叔牙與隰朋之諫》與《管子·戒》對讀札記〉，武漢大學《簡帛網》，2006/04/13。此文亦載於《華中科技大學學報（社會科學版）》2007年第三期，頁99。

　　劉信芳主張「酓」字讀作「酓」，訓爲「酒」，如《詩‧商頌‧烈祖》：「既載清酓」，毛傳：「酓，酒。」故此句讀爲「犧牲珪璧必全，如酓，加之以敬」，意謂此祭祀依照奉清酓之禮，之所以強調「如酓」，原因在於「加之以敬」。〔註64〕但「酓」訓作「酒」，與「清酓之禮」的意義仍有不同，此處恐有增字解經之嫌。

　　季旭昇師讀「酓」字爲「故」，此句斷讀爲「犧牲、珪璧，必全如故，加之以敬」，意謂犧牲珪璧，一定要依照舊有的傳統禮制完全具備（不可減省怠慢），並且要加上虔敬之心（不可以行禮如儀，敷衍了事）。〔註65〕林志鵬起先將「酓」字讀爲「嘏」，訓作「祝嘏」之「嘏」，爾後自棄立場，改從季旭昇師之說，讀爲「故」，訓作「常故」，斷讀與季旭昇師同，「如故」指祭品之種類和數量皆依常故。〔註66〕此二說於文義相當讀通，故筆者信從。

第二節　「齊桓公施行利民政策」組

　　乃命又（有）嗣（司）箸集（祚）浮，老嫋（弱）不型（刑）；畞（畝）繩（墨）繏（短），田繩（墨）長，百糧筺（鐘）；命【鮑簡3】九月敓（除）迲（路），十月而徙秮（梁）城，一之日而車秮（梁）城。

一、乃命又嗣箸集浮老嫋不型

　　此段簡文，學者對於原考釋者之隸定與考釋較無異議，皆著重於通讀文義。陳佩芬讀爲「乃命有司箸祚浮，老弱不刑」，其中「箸祚浮」之義未詳，待考。〔註67〕蘇建洲師認爲「著」字似可讀作「書」。〔註68〕禤健聰認爲「集」

〔註64〕劉信芳：〈「鎹器」補說〉，武漢大學《簡帛網》，2006/03/03。劉信芳：〈竹書《鮑叔牙》與《管子》對比研究的幾個問題〉，《文獻》2007 年第一期，頁20。

〔註65〕季旭昇師：〈《上博五‧鮑叔牙與隰朋之諫》「毋內鎹器」句小考〉，武漢大學《簡帛網》，2006/02/23。季旭昇師：〈《上博五‧鮑叔牙與隰朋之諫》試讀〉，《楚地簡帛思想研究（三）》（武漢：湖北教育出版社，2007 年），頁21。

〔註66〕林志鵬：〈釋《鮑叔牙與隰朋之諫》簡三「如秙加之以敬」〉，武漢大學《簡帛網》，2006/04/21。林志鵬：〈楚竹書《鮑叔牙與隰朋之諫》補釋〉，武漢大學《簡帛網》，2007/07/13。

〔註67〕陳佩芬：《上海博物館藏戰國楚竹書（五）‧鮑叔牙與隰朋之諫釋文》（上海：上海古籍出版社，2005 年），頁185。

〔註68〕蘇建洲師：〈初讀《上博五》淺說〉，武漢大學《簡帛網》，2006/02/18。

疑讀作「籍」，「箸籍」即「著籍」，意謂「登記貢賦、人事以及戶口等檔案」，但「浮」字待考。〔註69〕以上三說於訓讀上並無問題，但仍有某些字詞待考，或只訓解單字，未將文義疏通，故筆者不採用。

彭浩起先將「箸」讀爲「書」，訓作「制定」，其後自棄立場，改從張富海之說，讀爲「著」，即「著於簿籍」的意思，「𥳑」讀爲「作」，爲「作刑」之簡稱，「浮」如本字讀，訓爲「罰」，此段讀爲「乃命有司書作浮，老弱不刑」，意謂「革新法律之事」。〔註70〕陳偉認爲「箸」可從彭浩讀爲「書」訓作「制定」之義，或讀爲「著」，訓作「記載」，「𥳑」亦從彭浩之說，「浮」通假爲「符」，訓爲「官府文書」。〔註71〕二說置於文義雖可讀通，但由彭氏所引《管子》未見「作刑」簡稱「作」，且典籍文獻亦未見「作」訓爲「作刑」之義。此外，陳偉引《周禮・天官・小宰》：「六曰聽取予以書契」，鄭注引鄭司農曰：「書契，符書也。」賈疏云：「書契，符書也，謂官券符璽之書。」來論證「符」訓爲「官府文書」，雖有其道理，但「符」多用來憑證符券、符節、符傳等信物，如《管子・輕重乙》：「令富商蓄百符而一馬，無有者取於公家。」而簡文文義爲齊桓公祭祀完畢，頒布新令，應不會使用「符」來作爲發布命令的文書。

魯家亮採用陳偉將「箸」讀爲「著」、「浮」讀爲「符」之意見，而「𥳑」讀爲「作」，理解爲「創制」、「制定」之義，「乃命有司著作符」意謂「桓公命令有司紀錄並製作符這種文書」，可與《管子・霸形》作對照：「令百官有司削方筆墨」，尹注云：「方謂版牘也。凡此欲書所其定令也。」〔註72〕此說利用傳世文獻對照出土文獻之方法有其道理，但「符」訓爲「官府文書」之弊端見於前述，故筆者不採此說。

劉信芳原讀爲「乃命有司著胙，酺老弱不刑」，爾後自棄立場，主張齊桓

〔註69〕禤健聰：〈上博楚簡（五）零札（一）〉，武漢大學《簡帛網》，2006/02/24。

〔註70〕彭浩：〈「有司箸作浮老弱不刑」解〉，武漢大學《簡帛網》，2006/03/07。張富海：〈上博簡五《鮑叔牙與隰朋之諫》補釋〉，《北方論叢》2006年第四期，頁10。此文亦載於武漢大學《簡帛網》，2006/05/10。彭浩：〈《鮑叔牙與隰朋之諫》考釋二則〉，《楚地簡帛思想研究（三)》（武漢：湖北教育出版社，2007年），頁6～8。

〔註71〕陳偉：〈也説《鮑叔牙與隰朋之諫》與《管子・霸形》的對讀〉，武漢大學《簡帛網》，2006/04/04。

〔註72〕魯家亮：〈《鮑叔牙與隰朋之諫》與《管子・戒》對讀札記〉，武漢大學《簡帛網》，2006/04/13。此文亦載於《華中科技大學學報（社會科學版)》2007年第三期，頁99。

公頒布新政以〈競〉簡 3 殷高宗政令「行先王之法」作爲準則，而〈競〉簡 3
殷高宗政令又與《上博二・容》簡 36：「湯乃專，爲征复（籍）以征關市」相
關，因此「龑」與「浮」分別對應〈容成氏〉的「籍」與「專」，故「龑」從
褟建聰之說，讀爲「籍」，「浮」讀爲「賦」，指「田賦」之義，此段改讀爲「乃
命有司書籍賦，老弱不刑」。〔註73〕筆者不從此說，原因在於本論文前已論證
〈競〉簡 3 中殷高宗「行先王之法」與〈容成氏〉簡 36「湯乃輔爲征籍，以
征關市」無關。〔註74〕其次，簡文下文云「畝繘短，田繘長」，可推測與田制
有關，若依照劉氏之訓解，應接於「賦」字之後，語意才能連貫。但「老弱
不刑」介於兩者之間，斷開語意，可知「浮」與「畝繘短，田繘長」無密切
關聯性。

李守奎贊同彭浩將「浮」訓爲「罰」，此段讀爲「乃命有司箸作浮，老弱
不刑」，意謂省減刑法，與呼應〈鮑〉簡 7「齊邦至惡死而上穆其刑」。〔註75〕
以文義而言，此段呼應〈鮑〉簡 7「齊邦至惡死而上穆其刑」，可謂相當合理，
但李氏未對「箸」、「作」二字作進一步的說明，相當可惜。

張富海認爲「箸」字通「著」，爲「著於籍簿」之義，「龑」字見於包山
簡，即「祚」字異體，訓作「福」，引申有「慶賜」之義，而「浮」採用彭浩
之說，訓爲「罰」，此段讀爲「乃命有司著祚浮，老弱不刑」，意謂「齊桓公
命令執事者明著賞罰於簡冊，而又特別強調老弱不刑，以示刑政之寬緩」，季
旭昇師認同此說。〔註76〕李學勤讀爲「乃命有司書籍，復老弱不刑」，「書籍」
指在戶籍上登記，「復」有「除免」義，「復老弱不刑」意謂「除免老弱民眾
之刑罰」，林志鵬贊同此說。〔註77〕以上二說於文義皆可讀通，但「復」字於

〔註73〕劉信芳：〈上博藏五試解七則〉，武漢大學《簡帛網》，2006/03/01。劉信芳：〈上
　　　博五試解四則〉，《楚地簡帛思想研究（三）》（武漢：湖北教育出版社，2007
　　　年），頁 81～82。

〔註74〕請參閱本論文第三章第二節第十五小節。

〔註75〕李守奎：《〈鮑叔牙與隰朋之諫〉補釋》，《楚地簡帛思想研究（三）》（武漢：
　　　湖北教育出版社，2007 年），頁 43。

〔註76〕張富海：〈上博簡五《鮑叔牙與隰朋之諫》補釋〉，《北方論叢》2006 年第四期，
　　　頁 10。此文亦載於武漢大學《簡帛網》，2006/05/10。季旭昇師：〈《上博五・
　　　鮑叔牙與隰朋之諫》試讀〉，《楚地簡帛思想研究（三）》（武漢：湖北教育出
　　　版社，2007 年），頁 22。

〔註77〕李學勤：〈試釋楚簡《鮑叔牙與隰朋之諫》〉，《文物》2006 年第九期，頁 93。
　　　林志鵬：〈楚竹書《鮑叔牙與隰朋之諫》補釋〉，武漢大學《簡帛網》，2007/07/
　　　13。

先秦文獻未見訓作「除免」義，故李學勤之說可以排除。〔註 78〕因此筆者採用張富海之說，前文豎刁與易牙朋比爲奸、結黨營私，敗壞朝政，而齊桓公聽從鮑叔牙之進諫，於祭祀完畢後，頒布新政，意圖重整朝綱，故要「賞罰分明」，但又強調「老弱不刑」，以示刑政之寬緩。

二、畞縷緰田緦長百糧䇡

首字，原簡寫作：

陳佩芬釋作「故」，何有祖從之。〔註79〕陳劍視爲待考字。〔註80〕徐在國認爲該釋作「畞」，構形分析爲從「田」、從「十」、從「攴」，《說文》古文「畞」字寫作「畮」，所從「久」旁爲「攴」旁的「變形音化」，何有祖表示贊同。〔註81〕李學勤認爲此即爲秦漢簡常見之「畝」字，只是所從「又」旁寫成「攴」旁。〔註82〕楚文字「故」字僅見於〈楚帛書〉甲篇第一行第六十九字，寫作「故」，左下明顯從「口」旁，而「畞」左下卻從「田」旁，可知陳佩芬之隸定不可信。《說文》古文「畞」字寫法實與「畞」字相近，只是古文「畞」之「十」旁移至中間，而所從「久」旁爲「攴」旁的「變形音化」，有其道理，「久」爲見紐之部，「畮」爲明紐之部，韻部相同，而睡虎地秦簡〈秦律十八種〉簡 38「畮」字寫作「畮」，右旁與「攴」旁相近。至於李學勤之說，大概認爲「畮」所從「十」爲「又」旁，而「又」旁義近替代爲「攴」旁，但需要注意的是，「十」是否爲「又」旁，仍有商榷的空間。但誠如徐在國所言，「十」旁不一定是「又」的訛誤，原因在於「畮」所從「十」形有更早的來源，即爲簡文「畞」字所從「十」形。〔註83〕

〔註78〕此爲蘇建洲師於筆者論文口考時所提出之意見。

〔註79〕陳佩芬：《上海博物館藏戰國楚竹書（五）・鮑叔牙與隰朋之諫釋文》（上海：上海古籍出版社，2005 年），頁 184。何有祖：〈上博五《鮑叔牙與隰朋之諫》試讀〉，武漢大學《簡帛網》，2006/02/19。

〔註80〕陳劍：〈談談《上博（五）》的竹簡分篇、拼合與編聯問題〉，武漢大學《簡帛網》，2006/02/19。

〔註81〕徐在國：〈上博五文字考釋拾遺〉，武漢大學《簡帛網》，2006/02/27。何有祖：〈讀上博楚竹書（五）札記〉，《出土文獻研究》第八輯（上海：上海古籍出版社，2007 年），頁 14。

〔註82〕李學勤：〈試釋楚簡《鮑叔牙與隰朋之諫》〉，《文物》2006 年第九期，頁 93。

〔註83〕徐在國：〈上博五文字考釋拾遺〉，武漢大學《簡帛網》，2006/02/27。

第二字與第五字，原簡分別寫作：

陳佩芬皆隸定作「縲」。﹝註 84﹞陳劍與何有祖皆改隸定作「繹」，得到學者一致認同。﹝註85﹞「」、「」所從右旁，即爲楚文字「墨」字寫法，故陳劍、何有祖之說可信，「」、「」應隸定作「繹」。

簡文「畝繹繏田繹長百糧籊命」，陳佩芬讀爲「故繹繏田繹，長百糧，重命」。﹝註86﹞此說成立的可能性極低，原因在於除了「𣥺」字不能釋作「故」之外，「繹繏田繹」一句意義不詳，未能疏通簡文文義。此外，李守奎原先將「𣥺」字視爲待考字，後改從徐在國之考釋，但認爲「畝繹短，田繹長」文義不明，疑爲齊桓公薄賦斂之措施，與〈鮑〉簡7「至欲食而上厚其斂」相呼應；「籊命」，原先讀爲「重命」，與金文之「紳命」意思相類，但其後又自棄立場，認爲「籊」當屬上讀，意義待考。﹝註87﹞此說認爲本段文義呼應〈鮑〉簡7「至欲食而上厚其斂」當可信，可惜未對整段文義作詳細說明。

何有祖認爲「繹」應如字讀，訓作「索」；「繏」讀作「短」，與「長」相對，學者多從之，整段讀爲「故繹短，田繹長，百糧重命之」。﹝註88﹞爾後又發文補充「百糧重命」，認爲學者多在「籊」字後斷句於義有未安，原因在於「命」字下有一標識符號，並引陳偉、沈培之說，認爲此符號在提醒讀者「命」字應屬上讀，「重命」意謂「重視天命」，是一種天命思想的折射。﹝註89﹞首

﹝註84﹞陳佩芬：《上海博物館藏戰國楚竹書（五）‧鮑叔牙與隰朋之諫釋文》（上海：上海古籍出版社，2005 年），頁 184。

﹝註85﹞陳劍：〈談談《上博（五）》的竹簡分篇、拼合與編聯問題〉，武漢大學《簡帛網》，2006/02/19。何有祖：〈上博五《鮑叔牙與隰朋之諫》試讀〉，武漢大學《簡帛網》，2006/02/19。何有祖：〈讀上博楚竹書（五）札記〉，《出土文獻研究》第八輯（上海：上海古籍出版社，2007 年），頁 14。

﹝註86﹞陳佩芬：《上海博物館藏戰國楚竹書（五）‧鮑叔牙與隰朋之諫釋文》（上海：上海古籍出版社，2005 年），頁 185。

﹝註87﹞李守奎：〈《鮑叔牙與隰朋之諫》補釋〉，《楚地簡帛思想研究（三）》（武漢：湖北教育出版社，2007 年），頁 43。

﹝註88﹞何有祖：〈上博五《鮑叔牙與隰朋之諫》試讀〉，武漢大學《簡帛網》，2006/02/19。

﹝註89﹞陳偉：《包山楚簡初探》（武漢：武漢大學出版社，1996 年），頁 27。沈培：〈關于「抄寫者誤加『句讀符號』」的意見更正〉，武漢大學《簡帛網》，2006/02/25。何有祖：〈「百糧重命」補說〉，武漢大學《簡帛網》，2006/06/07。何有祖：〈讀上博楚竹書（五）札記〉，《出土文獻研究》第八輯（上海：上海古籍出

先，筆者不贊同何氏前說，原因在於「」字不能釋作「故」。其次，林志鵬指出「命」字下之標識符號，位於契口處，當為編線痕跡而非句讀符號，簡文「重命」未必連讀，季旭昇師持相同意見。〔註90〕由圖版觀之，〈鮑〉篇各簡簡末皆有一橫畫，顯然為編線所留下之痕跡，而「命」字下所謂的標識符號，位置與〈鮑〉篇其它各簡相當，故林志鵬之反駁可信。

彭浩認為「畝」為土地單位面積，簡文「田」應指阡陌，「畝繹短，田繹長」意謂「丈量畝的繩索短，丈量田的繩索長」，簡文可能是齊國田制的反映；「百糧鍾」，是指農夫所受田地的賦稅，意為百石糧食納稅一鍾，如《管子‧霸形》：「使稅者百一鍾」，尹知章注：「假令百石而取一鍾」，陳偉認同此說。〔註91〕魯家亮與林志鵬二人贊同彭浩之說，但魯家亮特別指出，「田」似可指土地單位面積。〔註92〕首先，「百糧鍾」之訓讀，有傳世文獻作為對照，當可從。其次，「畝繹短，田繹長」之意義無誤，但理解為「東周齊國確立田制的反映」則可商，原因在於齊桓公不是齊國開國君王，齊國的田制不會至齊桓公時代才確立。除此之外，季旭昇師認為春秋時代田制變動劇烈，由井田而私田，又有餘田，田有肥磽，年成有好壞，畝、田之制難考。〔註93〕

李學勤認為「畝」為明紐之部，兩個「繹」字為明紐職部，故主張「畝」、「繹」本為一字，另一字注其音，因而闌入；「繻」讀為「暆」，訓作「城外隙地」，「畝暆田，畝長百量」意謂「開發隙地，成為耕田，每畝長度是百量」；「筐」屬下讀，而「重命」未見詳細訓解。〔註94〕首先，「畝」、「繹」二字聲韻相近，互為注音有其道理，但李氏未言何字為何字注音。其次，「畝暆田，畝長百量」

版社，2007年），頁14～15。

〔註90〕季旭昇師：〈《上博五‧鮑叔牙與隰朋之諫》試讀〉，《楚地簡帛思想研究（三）》（武漢：湖北教育出版社，2007年），頁22。林志鵬：〈楚竹書《鮑叔牙與隰朋之諫》補釋〉，武漢大學《簡帛網》，2007/07/13。

〔註91〕彭浩：〈試說「畝繹短，田繹長，百糧筐」〉，武漢大學《簡帛網》，2006/04/02。陳偉：〈也說《鮑叔牙與隰朋之諫》與《管子‧霸形》的對讀〉，武漢大學《簡帛網》，2006/04/04。彭浩：〈《鮑叔牙與隰朋之諫》考釋二則〉，《楚地簡帛思想研究（三）》（武漢：湖北教育出版社，2007年），頁8～9。

〔註92〕魯家亮：〈《鮑叔牙與隰朋之諫》與《管子‧戒》對讀札記〉，武漢大學《簡帛網》，2006/04/13。此文亦載於《華中科技大學學報（社會科學版）》2007年第三期，頁99。林志鵬：〈楚竹書《鮑叔牙與隰朋之諫》補釋〉，武漢大學《簡帛網》，2007/07/13。

〔註93〕季旭昇師：〈《上博五‧鮑叔牙與隰朋之諫》試讀〉，《楚地簡帛思想研究（三）》（武漢：湖北教育出版社，2007年），頁22。

〔註94〕李學勤：〈試釋楚簡《鮑叔牙與隰朋之諫》〉，《文物》2006年第九期，頁93。

似可讀通文義，不過李氏對於「重命」未見訓解，且「畝」、「纆」二字關係語意模糊，故筆者不妄加揣測，暫且不論。

劉信芳認爲「纆」應讀爲「墨」，訓作「法」，如《管子・七法》：「尺寸也，繩墨也，規矩也，衡石也，斗斛也，角量也，謂之法。」而「畝」、「田」爲兩個不同的田制單位，「畝纆」、「田纆」是指賦稅額計算；「短」與「長」指「截長以補短」之義；「篝」，採用彭浩的意見，讀爲「鍾」，《管子・霸形》：「使稅者百一鍾」，尹知章注：「假令百石而取一鍾」，典籍議及田畝與鍾，鍾多指賦稅單位，此段意謂「畝之稅額取其短，田之稅額取其長，百糧納稅一鍾」，季旭昇師認同此說。〔註95〕以文義而論，前文鮑叔牙進諫云：「至欲食，而上厚其歆。」祭祀後，齊桓公頒布新政，即採取對應措施「畝墨短，田墨長，百糧鍾」，來減輕人民之賦稅，前後文義相當通順，故筆者採取此說。此外，徐在國將「纆」讀爲「墨」，訓作「長度單位」，「畝墨」即指「畝的長度單位」，「田墨」則指「田的長度單位」。〔註96〕「墨」訓爲「長度單位」有其道理，如《國語・周語下》：「夫目之察度也，不過步武尺寸之間；其察色也，不過墨丈尋常之間。」韋昭注：「五尺爲墨，倍墨爲丈。」「畝纆緰田纆長百糧篝」語意連貫，但徐在國未對「百糧篝」之義作詳細訓解，故筆者不從。

三、命九月敚迻十月而徒枌城一之日而車枌城

此段原考釋者陳佩芬讀爲「九月除路，十月而徒梁城，一之日而車梁城」其中「除路」意爲「修治開通道路」；「徒」指「徒卒」，「徒梁城」意謂「步兵進入梁城」；「車梁城」指「兵車到達梁城」。〔註97〕以文義而言，除了「除路」之義可從之外，齊桓公頒布新政，絕不會發動戰爭，攻打「梁城」，否則前後文義互相牴觸，故陳佩芬之說不可信。

季旭昇師讀爲「九月除路，十月而徒梁成，一之日而車梁成」，「一之日」即周曆十一月，此段意謂「九月，整修道路；十月，把行人走的河樑修繕好；

〔註95〕劉信芳：〈上博藏五試解續〉，武漢大學《簡帛網》，2006/03/20。劉信芳：〈竹書《鮑叔牙》與《管子》對比研究的幾個問題〉，《文獻》2007 年第一期，頁20～21。季旭昇師：〈《上博五・鮑叔牙與隰朋之諫》試讀〉，《楚地簡帛思想研究（三）》（武漢：湖北教育出版社，2007 年），頁 22。

〔註96〕徐在國：〈上博五文字考釋拾遺〉，武漢大學《簡帛網》，2006/02/27。

〔註97〕陳佩芬：《上海博物館藏戰國楚竹書（五）・鮑叔牙與隰朋之諫釋文》（上海：上海古籍出版社，2005 年），頁 182。

十一月把車輛走的河樑修繕好」，得到多數學者的認同。〔註98〕前後文義相當
通順，前述「乃命有司著袏浮，老弱不刑」、「畝墨短，田墨長，百糧鐘」，皆
為齊桓公利民之二項新政，「九月除路，十月而徒梁成，一之日而車梁成」可
謂第三項利民之政，與〈鮑〉簡7「至惡何，而上不時使」之文義互相呼
應。

　　附帶一提，《孟子・離婁下》：「歲十一月徒杠成，十二月輿梁成」，趙岐
注：「周十月，夏九月，可以成涉度之功；周十一月，夏十月，可以成輿梁也。」
董珊依清儒阮元校訂，認為《孟子》此段應從毛傳《詩經・豳風・七月》為
夏正十一月，周正一月。〔註99〕而此段「九月除路，十月而徒梁成，一之日
而車梁成」的制度正與《孟子》相同，故可知阮元的校訂當可信。

第三節　「齊桓公訓示百官」組

　　乃命百又（有）嗣（司）曰：「又（有）虘（夏）是（氏）觀（觀）亓（其）
容呂（以）吏（使），返（及）亓（其）亡（亡）也，皆為亓（其）容；鬯（殷）
人之所呂（以）弋（代）之，觀（觀）亓（其）容，聖（聽）亓（其）【鮑簡
1】言，遝（凡）亓（其）所呂（以）亡（亡），為亓（其）容，為亓（其）言；
周人之所呂（以）（代）之，觀（觀）亓（其）容，聖（聽）〔亓〕言，迥（考）
偩（實）者吏（使），遝（凡）亓（其）所呂（以）衰亡（亡），忘其迥（考）
偩（實）也，二品（三）子孚（勉）之，寡（寡）人牅（將）迥（考）偩（實）。」
【鮑簡2】

一、遝

　　「遝」字，陳佩芬讀為「堋」，假借為「崩」，訓作「崩壞」、「崩塌」之
義。〔註100〕「堋」訓作「崩壞」、「崩塌」與「觀其容，聽其言」、「迥偩者使」
前後文義無法讀通。此外，此段簡文「亡」字三見，陳佩芬認為前兩個「亡」

〔註98〕季旭昇師：〈上博五芻議（上）〉，武漢大學《簡帛網》，2006/02/18。季旭昇師：
　　　　〈《上博五・鮑叔牙與隰朋之諫》試讀〉，《楚地簡帛思想研究（三）》（武漢：
　　　　湖北教育出版社，2007年），頁22。

〔註99〕董珊：〈阮校《孟子》與《鮑》簡對讀〉，武漢大學《簡帛網》，2006/04/02。

〔註100〕陳佩芬：《上海博物館藏戰國楚竹書（五）・鮑叔牙與隰朋之諫釋文》（上海：
　　　　上海古籍出版社，2005年），頁183。

字爲「葬」字異體，第三個「兣」字則讀爲「亡」。〔註101〕季旭昇師主張三個「兣」字均讀爲「亡」，指「朝代滅亡」，得到學者一致認同。〔註102〕觀之文義，讀爲「亡」訓「滅亡」可信，意謂夏、殷、周三代滅亡。

季旭昇師主張「遱」應讀爲「比」，認爲此字用法相當特殊，以文例而言，當與「及其亡也」之「及」同義。〔註103〕單育辰認爲從古音角度而言，「遱」讀爲「比」稍嫌曲折，認爲簡文「及」與「遱」互用，兩者意思應該差不多，故將「遱」讀爲「逢」。〔註104〕在季師的說法中，「遱」從「朋」聲，「朋」爲並紐蒸部，「比」爲幫紐脂部，蒸、脂二部之主要元音與韻尾皆不同，先秦文獻亦無「朋」、「比」通假的例證，故「遱」讀爲「比」的可能性不高。此外，沈培對單育辰之說提出反駁，認爲「及其亡也」於文義可通，但「比其所以亡」、「比其所以衰亡」於文義不可通，原因在於它們之間不存在可比性，故與「比」義接近的詞可先排除。〔註105〕此說有一定道理，文例位置相同，其意義不一定相同，如逨盤「雫朕皇高祖惠仲盠父……用會昭王、穆王。……雫朕皇高祖零伯……用辟龔王、懿王。雫朕皇亞祖懿仲……克輔保厥辟孝王。」其中「輔保」、「辟」皆有「佐助」、「輔弼」之義。〔註106〕但我們需注意的是，文例與「輔保」、「辟」相同位置的「會」，典籍文獻未見直接訓作「佐助」、「輔弼」之義。〔註107〕

袁金平將「遱」讀爲「剖」，作動詞用，訓爲「探究」、「分析」之義，「剖其所以亡」、「剖其所以衰亡」意指分析殷、周二朝滅亡之因。〔註108〕沈培對此提出反駁：

先秦古書中，「剖」所帶的對象都是具體的事物，表示的是具體的動

〔註101〕陳佩芬：《上海博物館藏戰國楚竹書（五）・鮑叔牙與隰朋之諫釋文》（上海：上海古籍出版社，2005年），頁183～184。

〔註102〕季旭昇師：〈上博五芻議（上）〉，武漢大學《簡帛網》，2006/02/18。季旭昇師：〈《上博五・鮑叔牙與隰朋之諫》試讀〉，《楚地簡帛思想研究（三）》（武漢：湖北教育出版社，2007年），頁22。

〔註103〕季旭昇師：〈上博五芻議（上）〉，武漢大學《簡帛網》，2006/02/18。

〔註104〕單育辰：〈上博五短札（三則）〉，武漢大學《簡帛網》，2006/04/30。

〔註105〕沈培：〈小議上博簡《鮑叔牙與隰朋之諫》中的虛詞「凡」〉，《出土文獻與古文字研究》第一輯（上海：復旦大學出版社，2006年），頁46。

〔註106〕何樹環：〈金文「虫」字別解〉，《第十七屆中國文字學全國學術研討會論文集》（板橋：聖環圖書出版社，2006年），頁320。

〔註107〕此說爲林清源師於講評時所提出。

〔註108〕袁金平：〈讀《上博（五）》札記三則〉，武漢大學《簡帛網》，2006/02/26。

　　作，如「剖心」、「剖地」、「剖符」等說法，似無帶上像「其所以亡」
　　這種類型的短語作爲賓語而表示一種抽象的意思。〔註109〕
沈培之反駁有理，古人行文有其習慣用法，可知「遷」不能讀爲「剖」。

　　張富海讀「遷」爲「不」，並舉《左傳》、《逸周書》、《國語》等典籍文獻
作爲佐證，「不」具有「指示作用的發聲詞」，故「遷其所以亡」猶言「夫其所
以亡」。〔註110〕沈培亦對此說提出反駁，認爲張氏所舉《左傳》宣公四年的「若
敖氏之鬼，不其餒而」和《逸周書·芮良夫》的「下民胥怨，財力單竭，手
足靡措，符堪戴上，不其而亂。」的「其」爲副詞，但從簡文上下文看，「及
其亡也」的「其」跟「朋其所以亡」、「朋其所以衰亡」的「其」顯然都應當
看作代詞，此其一。「若敖氏之鬼，不其餒而」的「不」字用於句中，簡文「遷」
用於句首，兩者的句法位置是不同的，此其二。〔註111〕沈培之反駁皆有理，
簡文「其」確實爲代詞用法，用來代指夏、殷、周三朝，而「不」與「遷」的
句法位置不同，可見張氏所舉例證不是平行例證，故筆者不採用張富海之
說。

　　以音理而言，沈培引王靜如之說，認爲上古音蒸、冬二部與侵部有密切
關係，故「遷」可讀爲「凡」；以語法而言，典籍文獻多有「凡……所以……，
爲……」的句子，並引何樂士之說，認爲此種「凡」在第一部分具有標識主
題的作用，而第二部分，則是對主題進行評論或判斷，至於「凡……所以……」
之「所以」是探究某種行爲動作發生的原因，季旭昇師與林志鵬贊同此說。
〔註112〕首先，「遷」從「朋」聲，「朋」爲並紐蒸部，「凡」爲並紐侵部。其次，
就文義而論，「凡其所以亡」、「凡其所以衰亡」意謂「殷人、周人所滅亡的原
因」，而「爲其容，爲其言」、「洵🔲（筆者讀爲「考實」，詳見下文）」即爲殷
人、周人滅亡的眞正原因，此說在語法以及文義皆能理解與讀通，當可信。

〔註109〕沈培：〈小議上博簡《鮑叔牙與隰朋之諫》中的虛詞「凡」〉，《出土文獻與古
　　　　文字研究》第一輯（上海：復旦大學出版社，2006年），頁46～47。
〔註110〕張富海：〈上博簡五釋詞兩則〉，武漢大學《簡帛網》，2006/05/10。
〔註111〕沈培：〈小議上博簡《鮑叔牙與隰朋之諫》中的虛詞「凡」〉，《出土文獻與古
　　　　文字研究》第一輯（上海：復旦大學出版社，2006年），頁47。
〔註112〕沈培：〈小議上博簡《鮑叔牙與隰朋之諫》中的虛詞「凡」〉，《出土文獻與古
　　　　文字研究》第一輯（上海：復旦大學出版社，2006年），頁48～52。季旭昇
　　　　師：〈《上博五·鮑叔牙與隰朋之諫》試讀〉，《楚地簡帛思想研究（三）》（武
　　　　漢：湖北教育出版社，2007年），頁23。林志鵬：〈楚竹書《鮑叔牙與隰朋之
　　　　諫》補釋〉，武漢大學《簡帛網》，2007/07/13。

　　李學勤認為「遷」應讀作「憑」，訓作「依據」。〔註113〕此說或可備為一說，但就語法與典籍文獻二方面而言，不如沈培之說來得完整。此外，李學勤指出簡文「聽其言」脫落一「其」字。〔註114〕此說可從，由前後文義來看，應補上「其」字以疏通文義。

　　附帶一提，單育辰認為簡文「為」字，應有「表現為」、「表現出來」的意思。〔註115〕李學勤讀作「偽」，訓作「虛飾」，林志鵬從此說。〔註116〕沈培主張「為」是表示原因的用法。〔註117〕首先，「為」理解為「表現為」、「表現出來」之義，無法讀通文義。其次，李學勤之說似可讀通簡文，但典籍文獻中，「為其」之「為」的用法是「表示前述事件之原因」，如《呂氏春秋・侈樂》：「凡古聖王之所以為貴樂者，為其樂也。」《史記・李斯列傳》：「凡古之所為尊貴者，為其貴也；而所為惡不肖者，為其賤也。」因此，筆者採信沈培之說，以語法而言，簡文「為」之用法，當是指夏、殷、周滅亡的原因；以文義而言，前文齊桓公頒布利民新政後，進而對百官述說夏、殷、周滅亡的原因，意即記取教訓，不可重蹈覆轍。

二、迵佝

　　第二字，原簡寫作：

陳佩芬釋作「佝」。〔註118〕陳劍隸定為「佝」、季旭昇師、李銳贊同此說。〔註119〕字形與同簡的「迵」字所從「句」旁相比，顯然不同，其差別在於「佝」

〔註113〕李學勤：〈試釋楚簡《鮑叔牙與隰朋之諫》〉，《文物》2006年第九期，頁93。
〔註114〕李學勤：〈試釋楚簡《鮑叔牙與隰朋之諫》〉，《文物》2006年第九期，頁94。
〔註115〕單育辰：〈上博五短札（三則）〉，武漢大學《簡帛網》，2006/04/30。
〔註116〕李學勤：〈試釋楚簡《鮑叔牙與隰朋之諫》〉，《文物》2006年第九期，頁94。
　　　　林志鵬：〈楚竹書《鮑叔牙與隰朋之諫》補釋〉，武漢大學《簡帛網》，2007/07/13。
〔註117〕沈培：〈小議上博簡《鮑叔牙與隰朋之諫》中的虛詞「凡」〉，《出土文獻與古文字研究》第一輯（上海：復旦大學出版社，2006年），頁49。
〔註118〕陳佩芬：《上海博物館藏戰國楚竹書（五）・鮑叔牙與隰朋之諫釋文》（上海：上海古籍出版社，2005年），頁184。
〔註119〕陳劍：〈談談《上博（五）》的竹簡分篇、拼合與編聯問題〉，武漢大學《簡帛網》，2006/02/19。季旭昇師：〈《上博五・鮑叔牙與隰朋之諫》試讀〉，《楚地簡帛思想研究（三）》（武漢：湖北教育出版社，2007年），頁23。李銳：〈《鮑叔牙與隰朋之諫》「迵佝」試解〉，《簡帛網研究網》，2006/11/26。李銳：〈上

字右旁「丩」形內多一短橫畫，可知陳佩芬之隸定不可信。「⿰」字右旁當是「台」、「司」二字共用「丩」形內短橫畫以及「口」旁，因此陳劍之說可信，「⿰」字應隸定作「侚」。

「洵⿰」一詞，陳佩芬疑爲「佝僂」或作「痀僂」，理解爲「軟骨症」，其主要症狀是雞胸、駝背，終身患之，胡瓊同意此說。〔註120〕季旭昇師讀爲「劬劬」，其義待考。〔註121〕林志鵬讀爲「屨絇」，訓作「成人之服」，或讀爲「履絇」，訓作「祭服」。〔註122〕李守奎早先隸定作「洵佝」，視爲待考詞，但其後又認同季旭昇師之說。〔註123〕以上諸說成立的可能性非常低，原因在於「⿰」字不能釋作「佝」。此外，陳劍雖將「洵⿰」隸定爲「洵侚」，但未作近一步訓解，季師亦是如此，視爲待考詞，其義不外乎是勤勞精敏等內在德行。〔註124〕

李銳認爲「洵」字從「句」聲，「句」爲見紐侯部，「考」爲溪紐幽部，兩字音近；「侚」可從「𦣞」聲，「𦣞」爲喻紐魚部，「度」爲定紐鐸部，但「度」從「庶」聲，「庶」爲書紐魚部，故「洵侚」可讀爲「考度」，義爲「考察志度」。〔註125〕以音韻而言，「洵侚」讀爲「考度」有其道理，但以辭例而言，「考度」一詞目前僅見於秦以後之文獻資料，指考慮估計之義，因此筆者不採此說。

李學勤將「⿰」字視爲「治」字異體，故「洵治」讀爲「侯治」，其中「侯」訓作「惟」，「治」之訓解則引《荀子·修身》：「不苟禮義之謂治」，「侯治者使」意謂「只任用那些通禮義的人士」。〔註126〕「洵」從「句」聲，「句」爲

〔註120〕陳佩芬：《上海博物館藏戰國楚竹書（五）·鮑叔牙與隰朋之諫釋文》（上海：上海古籍出版社，2005 年），頁 184。胡瓊：〈上博簡《鮑叔牙與隰朋之諫》釋讀二則〉，武漢大學《簡帛網》，2007/05/08。
〔註121〕季旭昇師：〈上博五芻議（上）〉，武漢大學《簡帛網》，2006/02/18。
〔註122〕林志鵬：〈釋《鮑叔牙與隰朋之諫》簡二「洵佝」〉，武漢大學《簡帛網》，2006/05/21。
〔註123〕李守奎：〈《鮑叔牙與隰朋之諫》補釋〉，《楚地簡帛思想研究（三）》（武漢：湖北教育出版社，2007 年），頁 44。
〔註124〕陳劍：〈談談《上博（五）》的竹簡分篇、拼合與編聯問題〉，武漢大學《簡帛網》，2006/02/19。季旭昇師：〈《上博五·鮑叔牙與隰朋之諫》試讀〉，《楚地簡帛思想研究（三）》（武漢：湖北教育出版社，2007 年），頁 23。
〔註125〕李銳：〈《鮑叔牙與隰朋之諫》「洵佝」試解〉，《簡帛網研究網》，2006/11/26。李銳：〈上博（五）札記二則〉，《古籍整理研究學刊》2007 年第三期，頁 72。
〔註126〕李學勤：〈試釋楚簡《鮑叔牙與隰朋之諫》〉，《文物》2006 年第九期，頁 93。

見紐侯部，「侯」爲匣紐侯部，兩字音近可通。但《荀子・修身》未見李氏所引文句，而筆者查閱《荀子》諸篇，於〈不苟〉篇發現與李氏所引相似之文句：「禮義之謂治，非禮義之謂亂也。」我們可以大略猜測，李氏可能錯看文獻資料。

董珊贊同「迿」字從李銳之說讀爲「考」，「𤈇」從李學勤之說讀爲「治」，「考」訓作「考核」之義，「治」訓作「政績」，並指出「考治」用於簡文「忘其考治也」、「寡人將考治」文義可通，但「考治者使」於句法結構不通，故認爲簡文「以」有塗改過之痕跡，當是「者」字誤書，而傳世文獻中，齊魯方音之部字與魚部字有音近現象。〔註127〕首先，「考治」之訓解，置於「忘其考治也」、「寡人將考治」二句，確實可讀通前後文義。其次，董氏認爲「以」爲「者」字誤書，兩字圖版如下：

（以）　　（者）

我們發現，簡文「以」字確實有塗改痕跡，但已無法確認塗改之前的字形爲「者」字，而「以」爲余紐之部，「者」爲章紐魚部，誠如董氏所言，齊魯方音之部字與魚部字有音近現象，但此條證據並不能論定簡文塗改之前的字即是「者」字。因此，筆者不採用董珊之說。

林志鵬贊同李銳之說，將「迿」讀爲「考」，而「𤈇」從李學勤之說釋作「治」之異體，但改讀爲「實」，「治」爲定紐之部，「實」爲船紐質部，定、船二紐相近，楚地文獻之、脂二部常見通假，而脂、質二部陰入對轉，故「迿治」可讀爲「考實」，意謂「考核情實」。〔註128〕此段文義爲層遞關係，夏朝任用人才是「觀其容」，殷朝所以取代夏朝的原因是，任用人才除了要「觀其容」之外，還要「聽其言」，而周朝所以取代殷朝的原因是，任用人才除了要「觀其容，聽其言」之外，還要加上「考實」，文義相當通順，意即任用人才除了「觀其容，聽其言」之外，還要「考核情實」。如《墨子・尙賢》：「聖人聽其言，跡其行，察其所能。」而最後齊桓公對百官云：「二三子勉之，寡人將考實」，言下之意是要擺脫豎刁、易牙之流，不能只「觀其容，聽其言」，

〔註127〕董珊：〈《鮑叔牙》篇的「考治」與其歷史文獻背景〉，武漢大學《簡帛網》，2007/07/16。

〔註128〕林志鵬：〈楚竹書《鮑叔牙與隰朋之諫》補釋〉，武漢大學《簡帛網》，2007/07/13。

更要詳細考核實際情況。但以音韻而言,雖然楚地文獻之、脂二部可通假,但不代表之、質二部可以直接通假,筆者查閱相關資料,傳世文獻無之、質二部往來之例證,不過誠如林氏所言,脂、質二部陰入對轉,「治」讀爲「實」的可能性仍然存在。〔註129〕

　　此外,簡文「毉」字,原簡寫作

顯然上半部不爲「殷」旁,相似字形亦見於《上博二‧容》簡53正,寫作「■」、「■」,整理者隸定作「毉」,讀爲「殷」。〔註130〕蘇建洲師認爲此二字應改隸作「毉」,與「殷」字聲旁互換,仍讀爲「殷」。〔註131〕蘇師之說可從,故簡文「毉」字應改隸爲「毉」,仍從原考釋者讀爲「殷」。

第四節　「齊國與桓公皆免於災難」組

　　是戠(歲)也,晉人戜(伐)齊,既至齊地,晉邦又(有)嬰(亂),師乃逞(歸);雫(雨)坪(平)陞(地)至郗(膝),復;日旊(差)亦不爲忎(災);公蠤(瘡)亦不爲戠(害)。【鮑簡8】

一、雫坪陞至郗復

　　第二字,原簡寫作:

原考釋者陳佩芬釋爲「塝」,林志鵬表示贊同。〔註132〕季旭昇師與陳劍二人皆釋作「坪」。〔註133〕以字形觀之,陳佩芬之說有其道理,「旁」字寫法亦見於

〔註129〕張儒、劉毓慶:《漢字通用聲素研究》(太原:山西古籍出版社,2002年),頁1～50、805～826。

〔註130〕李零:《上海博物館藏戰國楚竹書(二)‧容成氏釋文》(上海:上海古籍出版社,2002年),頁292。

〔註131〕蘇建洲師:〈上博楚竹書(二)考釋四則〉,《簡帛網研究網》,2003/01/18。

〔註132〕陳佩芬:《上海博物館藏戰國楚竹書(五)‧鮑叔牙與隰朋之諫釋文》(上海:上海古籍出版社,2005年),頁190。林志鵬:〈《鮑叔牙與隰朋之諫》「旁(從土)地」、「公君(從二虫)」二詞試解〉,武漢大學《簡帛網》,2006/06/26。

〔註133〕季旭昇師:〈上博五芻議(上)〉,武漢大學《簡帛網》,2006/02/18。陳劍:〈談

《楚帛書》甲篇第五行第七十四個字，寫作「丂」。但郭店簡〈尊德義〉簡 12 與 34 有「坣」、「坣」二字，其辭例分別為「不治不順，不治不坣」、「均不足以坣政」，整理者釋作「坪」，讀為「平」。〔註134〕又楚文字有「坪」字，於辭例中多讀為「平」，如「坙」（《包山》簡 181「平夜君」）、「坙」（《郭店・老丙》簡 4「執大象，天下往。往而不害，安平大」）、「坙」（《新蔡》甲三簡 209「景平王」）、「坙」（《新蔡》甲三簡 215「為平夜君貞」）。我們知道，楚文字「平」與「旁」二字之寫法差別在於「平」字下端作「𠂇」，而「旁」字從「方」聲，故下端作分叉的「𠃌」之形，但〈尊德義〉「坣」、「坣」二字，右旁顯然從「旁」，但辭例卻讀為「平」，除了「旁」（並紐陽部）、「平」（並紐耕部）聲音相近，可由通假加以疏通之外，筆者認為有可能是「變形音化」所致，原本的「平」旁，逐漸訛變成形體相近的音符「旁」。〔註135〕討論至此，郭店簡的整理者將「坣」、「坣」二字釋為「坪」有其道理，故簡文「坣」字也應釋為「坪」。

第三字，原簡寫作：

陳佩芬隸定作「陁」。〔註136〕但筆者認為此說有商榷的空間，原因在於此字右上半部顯然不是「也」旁，是楚文字「它」字寫法，故應改隸作「陀」。此外，〈鮑〉簡 8 另有「陁」字，也應改隸作「陀」。

「至」後一字，原簡寫作：

陳佩芬隸定作「起」。〔註137〕陳劍不同意原考釋者之說，但未進一步說明，僅

談《上博（五）》的竹簡分篇、拼合與編聯問題〉，武漢大學《簡帛網》，2006/02/19。

〔註134〕荊門市博物館：《郭店楚墓竹簡》（北京：文物出版社，1998 年），頁 173、174。

〔註135〕林清源師：《楚國文字構形演變研究》（臺中：東海大學中文研究所博士論文，1997 年），頁 135。

〔註136〕陳佩芬：《上海博物館藏戰國楚竹書（五）・鮑叔牙與隰朋之諫釋文》（上海：上海古籍出版社，2005 年），頁 190。

〔註137〕陳佩芬：《上海博物館藏戰國楚竹書（五）・鮑叔牙與隰朋之諫釋文》（上海：上海古籍出版社，2005 年），頁 190。

視爲待考字。〔註138〕何有祖隸作「堑」，釋作「漆」，並舉曾侯乙墓的「漆」字寫法，疑此字爲「漆」字繁文，袁國華、侯乃峰、林志鵬贊同此說。〔註139〕季旭昇師起先認爲字形待考，爾後主張隸定爲「堑」。〔註140〕李守奎認爲此字左旁爲「折」字之省形。〔註141〕李學勤釋作「劙」。〔註142〕字形右上半部明顯不爲「己」旁，而左半部爲二「木」旁，亦不爲「折」字之省形（「折」之左半部從二「屮」旁），故陳佩芬、李守奎之說不可信。在何有祖、季師的說法中，以隸定的層次而言，「　」字當可隸定作「堑」；以釋字的層次而言，何氏所舉的「漆」字分別寫作「　」（《曾侯》簡 12）、「　」（《曾侯》簡 37）、「　」（《曾侯》簡 64），簡文「　」字與曾侯乙墓的「漆」字相比，差別在於多了「木」旁與「止」旁，視爲繁文有其道理，但上述字形於曾侯簡之辭例應讀爲「漆」，可見何氏所舉的「漆」字爲破讀層次，故不可將「　」字直接釋作「漆」。至於李學勤之說，「桼」字首見於金文，寫作「　」（曾伯霥簠「霥」字所從，《集成》04631），從「木」，四斜點像漆木流出漆汁之形。〔註143〕到了戰國楚文字從「桼」旁的字，因「木」與「禾」作爲偏旁時，可義近替代，故楚文字「劙」可寫作「　」（《包山》簡 253）、「　」（《天·卜》）、「　」（《信陽》M2 簡 3）等形，而簡文「　」字與「　」、「　」相比，差別在於多了「木」旁與「止」旁，故可視爲「劙」字繁文。討論至此，「　」字應隸定爲「堑」，

〔註138〕陳劍：〈談談《上博（五）》的竹簡分篇、拼合與編聯問題〉，武漢大學《簡帛網》，2006/02/19。

〔註139〕何有祖：〈上博（五）零釋〉，武漢大學《簡帛網》，2006/02/22。林志鵬：〈《鮑叔牙與隰朋之諫》「旁（從土）地」、「公君（從二虫）」二詞試解〉，武漢大學《簡帛網》，2006/06/26。袁國華：〈《上海博物館藏戰國楚竹書（五）·鮑叔牙與隰朋之諫》「鋪（伐）器」、「滂沱」考釋〉，《中國文字》新三十二期（臺北：藝文印書館，2006 年），頁 56。何有祖：〈上博五釋字二則〉，《楚地簡帛思想研究（三）》（武漢：湖北教育出版社，2007 年），頁 95。侯乃峰：〈上博（五）幾個固定詞語和句式補說〉，《楚地簡帛思想研究（三）》（武漢：湖北教育出版社，2007 年），頁 130。林志鵬：〈楚竹書《鮑叔牙與隰朋之諫》補釋〉，武漢大學《簡帛網》，2007/07/13。

〔註140〕季旭昇師：〈上博五芻議（上）〉，武漢大學《簡帛網》，2006/02/18。季旭昇師：〈《上博五·鮑叔牙與隰朋之諫》試讀〉，《楚地簡帛思想研究（三）》（武漢：湖北教育出版社，2007 年），頁 23。

〔註141〕李守奎：〈《鮑叔牙與隰朋之諫》補釋〉，《楚地簡帛思想研究（三）》（武漢：湖北教育出版社，2007 年），頁 44。

〔註142〕李學勤：〈試釋楚簡《鮑叔牙與隰朋之諫》〉，《文物》2006 年第九期，頁 94。

〔註143〕何琳儀：《戰國古文字典》（北京：中華書局，1998 年），頁 1099。

釋作「郄」，爲「郄」字繁化的寫法。

　　簡文「雩█████至██復」的斷讀，學者莫衷一是，陳佩芬讀爲「雩旁地至杞，復」，其中「雩」訓作「求雨之祭名」，「旁地至杞」解釋爲「祭祀地點」，而「杞」又另訓作「杞柳」，「復」訓作「畢」。〔註144〕季旭昇師將「██」字訓爲某地，「██」讀爲「杞」，「至杞」訓爲「一種儀式動作」，而「復」則訓爲「報告」。〔註145〕此二說成立的可能性極低，原因在於「██」字右上半部不爲「己」旁，故不能讀爲「杞」。

　　陳劍將此句連上文讀爲「師乃歸，與平，地至██復」，其中「██」字訓作某地，「地至██復」意謂某地之國土由晉軍占領而復歸於齊國。〔註146〕何有祖從陳劍之說，進一步將「██」讀爲「漆」，爲郲國某地，並以此推測簡文編撰者爲追求故事的完整性而忽略了時間的因素。〔註147〕李守奎亦將此句連上文讀爲「師乃歸于平地，至██復」，「平地」與「██」均爲地名。〔註148〕以文義而論，前文「晉人伐齊，既至齊地，晉邦有亂，師乃歸」，顯然語意前後連貫，且「師乃歸」一句語意已足，不需連下文來解釋「晉人伐齊」之事。

　　李學勤讀爲「粵平地至膝，復」，並引《開元占經》之文獻資料，認爲「平地至膝」即星占書所謂的「地自長」，故簡文大義爲平地自長至膝，然而自動恢復，故不爲災害。〔註149〕首先，「雩」讀爲「粵」，誠如季師所言，「雩」字後世字形變作「粵」，音轉入喻三月部，與「雨」、「于」均聲同韻近，故可通。〔註150〕其次，以文義而言，此說有一定的道理，但所引文獻《開元占經》爲唐代文獻，年代較晚，未必適用於先秦文獻，故筆者不採李氏之說。

　　袁國華讀爲「雨滂沱至膝，復」，「雨滂沱」猶如今之「大雨滂沱」或是

〔註144〕陳佩芬：《上海博物館藏戰國楚竹書（五）・鮑叔牙與隰朋之諫釋文》（上海：上海古籍出版社，2005 年），頁 190。

〔註145〕季旭昇師：〈上博五芻議（上）〉，武漢大學《簡帛網》，2006/02/18。

〔註146〕陳劍：〈談談《上博（五）》的竹簡分篇、拼合與編聯問題〉，武漢大學《簡帛網》，2006/02/19。

〔註147〕何有祖：〈上博（五）零釋〉，武漢大學《簡帛網》，2006/02/22。何有祖：〈上博五釋字二則〉，《新出楚簡國際學術研討會會議論文集（上博簡卷）》，2006 年 6 月 26～28 日，頁 157～158。

〔註148〕李守奎：〈《鮑叔牙與隰朋之諫》補釋〉，《楚地簡帛思想研究（三）》（武漢：湖北教育出版社，2007 年），頁 44。

〔註149〕李學勤：〈試釋楚簡《鮑叔牙與隰朋之諫》〉，《文物》2006 年第九期，頁 95。

〔註150〕季旭昇師：〈《上博五・鮑叔牙與隰朋之諫》試讀〉，《楚地簡帛思想研究（三）》（武漢：湖北教育出版社，2007 年），頁 23。

「滂沱大雨」，形容雨勢盛大的樣子。〔註151〕何有祖認爲「滂沱」是對「雨」的修飾，而「至膝」是「雨」在地面的運動過程，意謂「雨量累積到膝這麼高」。〔註152〕首先，以音韻而論，「雩」從「于」聲，「于」、「雨」皆爲匣紐魚部；筆者雖將「𩃺」字釋爲「坪」，但「平」、「旁」聲音相近，故「坪」可讀爲「滂」；「陀」從「它」聲，「它」爲透紐歌部，而「沱」爲定紐歌部，音近可通；「𥛮」從「桼」聲，當可讀爲「膝」。其次，以文義而論，既然「雨滂沱」是形容雨勢盛大的樣子，即所謂「暴雨」，短暫時間內無法達到「至膝」的雨量，故筆者不從此說。

侯乃峰讀爲「雨平地至膝」，並舉《左傳・隱公九年》疏曰：「平地尺爲大雪」、《公羊傳・隱公九年》注曰：「平地七尺雪」作爲佐證，認爲「雨平地至膝」是言雨之大，意謂「在齊邦內下了一場大雨」，季旭昇師贊同此說。〔註153〕林志鵬起先贊同侯說於文義的解釋，但改讀爲「雨滂沱，至膝，復」，其中「復」訓作「返」；爾後另文補充，改從侯乃峰之說，讀爲「雨平地至膝，復」。〔註154〕以「雨平地至膝」而言，有其道理，一場大雨的雨量遠多於「滂沱」的雨量，下雨時間一長，極有可能達到「至膝」的地步；但由前後文義來看，齊桓公聽從鮑叔牙之勸諫，有所覺悟，舉行祭祀，並實行利民之政，最後災害免除，故此句應從林志鵬之說，斷讀爲「雨平地至膝，復」意謂「齊邦內下了一場大雨，水深及膝，但大水及時退去，並不構成災害」。

二、日雄亦不爲志

首字原簡寫作「𣅏」，原考釋者陳佩芬釋作「曰」。〔註155〕陳劍釋作「日」，

〔註151〕袁國華：〈《上海博物館藏戰國楚竹書（五）・鮑叔牙與隰朋之諫》「鈇（伐）器」、「滂沱」考釋〉，《中國文字》新三十二期（臺北：藝文印書館，2006 年），頁 56。

〔註152〕何有祖：〈上博五釋字二則〉，《楚地簡帛思想研究（三）》（武漢：湖北教育出版社，2007 年），頁 96。

〔註153〕季旭昇師：〈《上博五・鮑叔牙與隰朋之諫》試讀〉，《楚地簡帛思想研究（三）》（武漢：湖北教育出版社，2007 年），頁 23。侯乃峰：〈上博（五）幾個固定詞語和句式補說〉，《楚地簡帛思想研究（三）》（武漢：湖北教育出版社，2007 年），頁 129。

〔註154〕林志鵬：〈《鮑叔牙與隰朋之諫》「旁（從土）地」、「公君（從二虫）」二詞試解〉，武漢大學《簡帛網》，2006/06/26。林志鵬：〈楚竹書《鮑叔牙與隰朋之諫》補釋〉，武漢大學《簡帛網》，2007/07/13。

〔註155〕陳佩芬：《上海博物館藏戰國楚竹書（五）・鮑叔牙與隰朋之諫釋文》（上海：上海古籍出版社，2005 年），頁 189。

得到多數學者的認同。〔註 156〕觀之字形，「日」爲楚簡常見「日」字寫法，故陳劍之說可信。

第二字，原簡寫作：

陳佩芬隸定作「勑」，陳劍、劉信芳、李守奎、林志鵬、黃人二等六人均表認同。〔註 157〕季旭昇師起先隸定爲「勑」，後改從陳佩芬之說。〔註 158〕何有祖贊同隸爲「勑」。〔註 159〕李學勤隸定爲「勑」，認爲是「桀」省聲。〔註 160〕字形左旁從「力」，右下從「木」旁，學者皆無異議。楚文字「乍」字可寫作「止」（《郭店・成》簡 38「復」字所從）、「止」（《上博三・互》簡 23），乍看之下確實與「勑」字所從「止」部件寫法不同，但筆者認爲，「止」爲「乍」旁的可能性並不能完全排除，原因在於「ㄴ」與「ヒ」可以共用底部的橫畫。而在季師與李學勤之說法中，「桀」字於甲骨、金文未見，最早見於戰國晉系璽印，寫作「桀」（《璽彙》1387）、「桀」（《璽彙》1390），均爲姓氏字。郭店楚簡〈尊德義〉「桀紂」的「桀」寫作「桀」（簡 5）、「桀」（簡 5）、「桀」（簡 6）、「桀」（簡 22），季師認爲「舛」字左旁寫成「人」旁的原因在於「桀紂」用爲人名。〔註 161〕此說有商榷的空間，原因在於晉系璽印的「桀」字亦用作人名，但未見「舛」字左旁寫成「人」旁。因此，郭店楚簡〈尊德義〉「桀」字

〔註 156〕陳劍：〈談談《上博（五）》的竹簡分篇、拼合與編聯問題〉，武漢大學《簡帛網》，2006/02/19。

〔註 157〕陳佩芬：《上海博物館藏戰國楚竹書（五）・鮑叔牙與隰朋之諫釋文》（上海：上海古籍出版社，2005 年），頁 190。陳劍：〈談談《上博（五）》的竹簡分篇、拼合與編聯問題〉，武漢大學《簡帛網》，2006/02/19。劉信芳：〈上博藏五試解續〉，武漢大學《簡帛網》，2006/03/20。李守奎：〈《鮑叔牙與隰朋之諫》補釋〉，《楚地簡帛思想研究（三）》（武漢：湖北教育出版社，2007 年），頁 44。劉信芳：〈上博五試解四則〉，《楚地簡帛思想研究（三）》（武漢：湖北教育出版社，2007 年），頁 83。林志鵬：〈楚竹書《鮑叔牙與隰朋之諫》補釋〉，武漢大學《簡帛網》，2007/07/13。其中黃人二之說轉引自林志鵬之文章。

〔註 158〕季旭昇師：〈上博五芻議（上）〉，武漢大學《簡帛網》，2006/02/18。季旭昇師：《上博五・鮑叔牙與隰朋之諫》試讀〉，《楚地簡帛思想研究（三）》（武漢：湖北教育出版社，2007 年），頁 23。

〔註 159〕何有祖：〈上博五《鮑叔牙與隰朋之諫》試讀〉，武漢大學《簡帛網》，2006/02/19。

〔註 160〕李學勤：〈試釋楚簡《鮑叔牙與隰朋之諫》〉，《文物》2006 年第九期，頁 95。

〔註 161〕季旭昇師《說文新證（上）》（臺北：藝文印書館，2004 年），頁 480。

應隸爲「俅」，爲「桀」省聲，讀爲「桀」，故季師將「🔲」字隸作「𣀔」恐不能成立，而李學勤隸作「𣀔」，爲「桀」省聲，可從。至於該隸作「𣀔」或「𣀔」，只能靠文義來確認。

第三字，原簡寫作「🔲」，陳佩芬釋作「內」。〔註162〕何有祖、陳劍皆認爲釋作「亦」，得到學者一致認同。〔註163〕同簡有相同寫法的「🔲」字，陳佩芬釋作「亦」。〔註164〕由此可知，「🔲」字應從何有祖、陳劍之說，改釋作「亦」。

簡文「日🔲內不爲志」一句，陳佩芬讀爲「復曰：作內不爲災」，其中「內」指「朝廷內」，或指「冠婚喪祭之事」。〔註165〕此說應可首先排除，原因在於「🔲」、「🔲」二字不能分別釋爲「日」與「內」。再者，由前文文義而言，「復」屬上讀，而下文「公蠱亦不爲害」顯然爲一個事件，因此可推敲出「日🔲亦不爲災」亦爲一個事件，故陳佩芬之斷句不可信。

何有祖認爲「🔲」字與下文「公」同爲名詞，但詳細意義待考。〔註166〕何有祖大概認同陳佩芬之說，「🔲」字釋爲「日」，並在此後斷句，故「🔲亦不爲災」與「公昆亦不爲害」爲排比句，故「🔲」與「公」同爲名詞。但「🔲」字不能釋作「日」，且陳佩芬之斷句不可信，故筆者不從此說。

劉信芳引李家浩之說，認爲古代「日」或從「日」得聲的字有「密」音，故「日🔲」可讀爲「螟蚱」、「蟒蚱」，訓作「蚱蜢」，林志鵬贊同此說。〔註167〕「密」明紐質部，「螟」爲明紐耕部，質、耕二部主要元音相同，文獻中亦有往來之例證，如《尚書・堯典》：「平秩東作」，《史記・五帝本紀》「秩」作

〔註162〕陳佩芬：《上海博物館藏戰國楚竹書（五）・鮑叔牙與隰朋之諫釋文》（上海：上海古籍出版社，2005年），頁190。

〔註163〕何有祖：〈上博五《鮑叔牙與隰朋之諫》試讀〉，武漢大學《簡帛網》，2006/02/19。陳劍：〈談談《上博（五）》的竹簡分篇、拼合與編聯問題〉，武漢大學《簡帛網》，2006/02/19。

〔註164〕陳佩芬：《上海博物館藏戰國楚竹書（五）・鮑叔牙與隰朋之諫釋文》（上海：上海古籍出版社，2005年），頁190。

〔註165〕陳佩芬：《上海博物館藏戰國楚竹書（五）・鮑叔牙與隰朋之諫釋文》（上海：上海古籍出版社，2005年），頁190。

〔註166〕何有祖：〈上博五《鮑叔牙與隰朋之諫》試讀〉，武漢大學《簡帛網》，2006/02/19。

〔註167〕劉信芳：〈上博藏五試解續〉，武漢大學《簡帛網》，2006/03/20。劉信芳：〈上博五試解四則〉，《楚地簡帛思想研究（三）》（武漢：湖北教育出版社，2007年），頁83～84。林志鵬：〈楚竹書《鮑叔牙與隰朋之諫》補釋〉，武漢大學《簡帛網》，2007/07/13。

「程」，「秩」爲定紐質部，「程」爲定紐耕部，而「蟒」爲明紐陽部，陽、耕二部旁轉，故「日▨」讀爲「螟蚱」或「蟒蚱」應無問題。其次，「蚱蜢」爲農業害蟲，「蚱蜢亦不爲災」，文義可以讀通，但由全篇文義來看，鮑叔牙與隰朋之諫的起因在於齊桓公問「日食」會帶來什麼災害，鮑叔牙云：「害將來，將有兵，有憂於公身。」最後齊桓公聽從勸諫，故當年四項災害獲得免除，因此筆者認爲〈鮑〉簡 8 所述內容與鮑叔牙所言有密切關連性，「晉人伐齊」可與「將有兵」之文義互相呼應、「公蠱」（筆者讀爲「公瘑」，「瘑」訓作「病」，詳見下文）可與「有憂於公身」互相呼應，而「日▨」（筆者讀爲「日差」，詳見下文）可與「日食」互相呼應，而「雨平地至膝」屬異常天象，與「日食」爲一類，故鮑叔牙未明確指出。如此一來，全篇文義前後呼應，而「蟲害」顯然不屬於上述現象之範圍。此外，黃人二認爲「▨」所從「乍」旁當爲「亡」旁，故讀「日▨」爲「蚋蠓」。〔註168〕「乍」、「亡」因形體相近，不能排除有訛混的可能，而「亡」爲明紐陽部，「蚋」爲日紐月部，兩字似可通假，但此說資料轉引自他人文章，筆者尚未詳讀原文，故不妄加揣測「蚋蠓」之義，暫且不論。

　　李學勤主張「▨」可讀爲「璚」，並舉《開元占經》引石氏云：「氣青赤，曲向外，中有一橫，狀如帶鉤，名爲璚。」如淳云：「日刺日曰璚。璚，決傷也。」故「日璚」爲「日」的異常現象。〔註169〕此說於文義可通，但「璚」字指「日」的異常現象，最早見於《晉書・天文志中》：「璚者如帶，璚在日四方」，且《開元占經》與《晉書》年代較晚，未必與先秦文獻相合，故筆者不採此說。

　　陳劍列舉新蔡楚簡甲三簡 12、零簡 204、472 的「瘥」，皆以「乍」爲聲符、睡虎地秦簡《日書》「酢」可讀爲「瘥」，故將「▨」讀爲「差忒」之「差」，「日差」可包含日食等多種異象，如《上博三・中弓》簡 19 云：「山有崩，穿有竭，日月星辰猶差。」文義上，可與前文「日食」相呼應。〔註170〕季旭昇師原先將「▨」讀爲「孽」，大概有某種災害之義，或指晉師入侵，其

〔註168〕此說轉引自林志鵬：〈楚竹書《鮑叔牙與隰朋之諫》補釋〉，武漢大學《簡帛網》，2007/07/13。

〔註169〕李學勤：〈試釋楚簡《鮑叔牙與隰朋之諫》〉，《文物》2006 年第九期，頁 95。

〔註170〕陳劍：〈談談《上博（五）》的竹簡分篇、拼合與編聯問題〉，武漢大學《簡帛網》，2006/02/19。

後自棄立場，改從陳劍之說。〔註171〕李守奎則疑「日」爲日食相類的異象。〔註172〕以音韻而論，陳劍之說可從，但所舉例證新蔡簡零 204、472 之辭例分別爲「女子之慼，又痀疾娈，不爲試。」「乍，不爲尤」，雖然簡零 472 殘斷，但由辭例來看，顯然與簡零 204 文義相同。「慼」於此處應訓作「憂傷」，如《詩・小雅・小明》「自詒伊慼」，故「娈」、「乍」當從整理者讀爲「作」。〔註173〕其次，筆者前述已言，若以全篇文義觀之，「日差」要與前文「日食」互相呼應，故陳劍之說可信。確定「」字讀爲「差」之後，此字應隸定爲「旌」。

三、公蠹亦不爲戥

此句簡文學者皆著重「公蠹」當如何訓讀。陳佩芬認爲「蠹」從「君」聲，可讀爲「昆」，《說文通訓定聲》：「從二虫，會意，讀若昆，經傳皆以昆爲之。昆，眾也。」故「公昆」泛指一般人民。〔註174〕全篇文義未見齊國百姓爲災害來源，故此說於難以讀通。

劉信芳讀爲「蚰蜫」，大概爲蝗類之屬，意謂「蟲害」之義。〔註175〕然而〈鮑〉簡 8 所述四項災害皆與前文「將有兵」、「有憂於公身」、「日食」之文義互相呼應，顯然「蟲害」無相當關聯性，故筆者不採此說。

陳劍認爲「蠹」爲桓公的某種疾病。〔註176〕張富海主張「蠹」讀作「瘒」，《玉篇》：「痹也」爲肢體麻痺之義，並認爲桓公發生痹症之事，不見於前文，應在所缺首簡中。〔註177〕季旭昇師起先認爲「蠹」讀作「蜫」，大概有某種災

〔註171〕季旭昇師：〈上博五芻議（上）〉，武漢大學《簡帛網》，2006/02/18。季旭昇師：〈《上博五・鮑叔牙與隰朋之諫》試讀〉，《楚地簡帛思想研究（三）》（武漢：湖北教育出版社，2007 年），頁 23。

〔註172〕李守奎：〈《鮑叔牙與隰朋之諫》補釋〉，《楚地簡帛思想研究（三）》（武漢：湖北教育出版社，2007 年），頁 44。

〔註173〕賈連敏：〈新蔡葛陵楚墓出土竹簡釋文〉，《新蔡葛陵楚墓》（鄭州：大象出版社，2003 年），頁 215、223。

〔註174〕陳佩芬：《上海博物館藏戰國楚竹書（五）・鮑叔牙與隰朋之諫釋文》（上海：上海古籍出版社，2005 年），頁 190。

〔註175〕劉信芳：〈上博藏五試解續〉，武漢大學《簡帛網》，2006/03/20。劉信芳：〈上博五試解四則〉，《楚地簡帛思想研究（三）》（武漢：湖北教育出版社，2007年），頁 83。

〔註176〕陳劍：〈談談《上博（五）》的竹簡分篇、拼合與編聯問題〉，武漢大學《簡帛網》，2006/02/19。

〔註177〕張富海：〈上博簡五《鮑叔牙與隰朋之諫》補釋〉，《北方論叢》2006 年第四

害之義，或指晉師入侵，其後自棄立場，改從張富海之說。〔註178〕李守奎將「蟲」釋作「昆」，讀為「困」，「公困」意謂「桓公遇到一些困難」。〔註179〕李學勤與林志鵬二人，皆讀「公蟲」為「虹煇」，「虹」、「煇」皆為異常天象。〔註180〕首先，在李守奎的說法中，以釋字而言，「蟲」是否能釋為「昆」，仍有商榷的空間，楚文字「昆」字寫作「𧈙」（《郭店・六》簡 28）、「𧒽」（《郭店・六》簡 29）、「𧒼」（《郭店・六》簡 29），顯然與「蟲」字寫法不同。〔註181〕即使如此，「君」為見紐文部，「困」為溪紐文部，仍可通假；以文義而言，似可讀通簡文，但〈鮑〉簡 8 所述內容要與「將有兵」、「有憂於公身」、「日食」之文義互相呼應，顯然「公困」之文義無法與上述簡文相合。其次，〈鮑〉簡 8 所述內容要與前文文義互相呼應，故陳劍、張富海、李學勤、林志鵬之說可列入考慮，但「將有兵」、「日食」已有相對應之文句，顯然「公蟲」要與「有憂於公身」之文義互相呼應，因此李學勤、林志鵬之說可先排除，而陳劍之說於文義可通，但未對「蟲」字作進一步的訓解。討論至此，顯然張富海之說合於文義，但所引《玉篇》年代較晚，未必與先秦文獻相合，因此筆者將「蟲」讀為「殞」，「員」為匣紐文部，可與見紐文部的「君」互相通假，如《史記・楚世家》：「子員立」，司馬貞索隱：「員，《左傳》作麇。」《說文》：「殞，病也。」「公殞亦不為害」意謂「齊桓公的某種疾病亦不為災害」，與「有憂於公身」之文義互相呼應。此外，張富海提及「桓公發生瘇症之事，不見於前文，應在所缺首簡中」，但本論文認為〈競〉簡 1 之缺字可補為「公□陸，隰朋與鮑叔牙從」，意謂隰朋與鮑叔牙跟隨齊桓公行視平陸這個地方，前後文義完整通順，故〈競〉簡 1 之前未必有缺簡。

期，頁 10。此文亦載於武漢大學《簡帛網》，2006/05/10。

〔註178〕季旭昇師：〈上博五芻議（上）〉，武漢大學《簡帛網》，2006/02/18。季旭昇師：〈《上博五・鮑叔牙與隰朋之諫》試讀〉，《楚地簡帛思想研究（三）》（武漢：湖北教育出版社，2007 年），頁 23。

〔註179〕李守奎：〈《鮑叔牙與隰朋之諫》補釋〉，《楚地簡帛思想研究（三）》（武漢：湖北教育出版社，2007 年），頁 44。

〔註180〕李學勤：〈試釋楚簡《鮑叔牙與隰朋之諫》〉，《文物》2006 年第九期，頁 95。林志鵬：〈楚竹書《鮑叔牙與隰朋之諫》補釋〉，武漢大學《簡帛網》，2007/07/13。

〔註181〕李家浩：〈楚墓竹簡中的「昆」字及從「昆」之字〉，《著名中年語言學家自選集・李家浩卷》（合肥：安徽教育出版社，2003 年），頁 306～317。

第五章 〈競公瘧〉考釋

第一節 「齊景公欲殺祝史」組

齊競（景）公瘧（疥）虞（且）瘧（瘧），夏（逾）歳（歳）不已。割（會
／裔）疾（譴／欱）與梁丘廣（據）言於公曰：「虞（吾）幣帛甚媲（倍）於虞
（吾）先君之量矣，虞（吾）珪琛（寶）大於虞（吾）先君之度☐」【瘧簡1】
公瘧（疥）虞（且）瘧（瘧），夏（逾）歳（歳）不已，是虞（吾）亡（無）
良祝吏（史）也。虞（吾）敛（欲）敦（誅）者（諸）祝吏（史），公齗（舉）
首倉（答）之：「尙（倘）朕（然），是虞（吾）所寛（望）於女（汝）也。」
盍（蓋）敦（誅）之，二子槃（急），牉（將）☐【瘧簡2正】是言也，高子、
國子倉（答）曰：「身爲新（親），或（又）可（何）愛安（焉）？是信虞（吾）
亡（無）良祝吏（史），公盍敦（誅）之？」安（晏）子夕，二夫〓（大夫）
退，公內（入）安（晏）子而告之，若丌（其）告高子☐【瘧簡3】

一、齊競公瘧虞瘧

關於「瘧病」與「瘧病」的解讀，原考釋者濮茅左列出二種說法：

歷史上曾有兩種解讀：一取直解，說「齊景公」是「疥」、「瘧」（或
稱「痁」，即「大瘧」）同患。「疥」爲癢疥之疾，皮膚病。一作假
借，「疥」讀爲「痎」，痎是小瘧，二日一發，後病情加重成一日一
發之「瘧（痁）」，所說的是一個病程，由「痎」拖延，致大瘧（痁）。
……但本篇書題爲《競公瘧》，而不題爲《競公疥且瘧》，這一個重

　　要的結論使千年的謎團化爲冰釋，書題告訴我們齊競（景）公並不
　　是患「疥」，也不是「疥」、「瘧」同患，而是由「瘧」，由小瘧而致
　　大瘧。〔註1〕

由上可知，濮茅左主張齊景公只患「瘧」而不是「疥」、「瘧」同患。

　　陳惠玲從「瘧」字之「虫」旁觀察，認爲「疥」是一種肉眼看不見的疥蟲
感染而得，奇癢無比，因此「瘧」字應指「疥病」，而夏時患「疥」，秋時患「瘧」，
故「疥且瘧」指同時患有「疥病」與「瘧病」，或可進一步理解爲「疥病之後
又加上瘧病」，至於書題只題《競公瘧》，大概是「瘧病」比「疥病」嚴重，《說
文》：「瘧，寒熱休作病。」〔註2〕

　　林聖峰認爲「瘧且瘧」本當作「痎且瘧」，原因在於「疥」、「痎」於楚文
字形體即爲類似，其字形分別寫作「疥」（《包山》簡114）、「痎」（《包山》簡
127），且戰國文字「疒」形經常可見省略右上部之橫筆，如此「介」字僅存
「刅」形，而「亥」字僅存「牙」形，故二字在抄寫過程中，如發生筆畫斷
裂、筆勢變異後，極有可能發生「形近訛混」的現象，而導致竹簡本與《晏
子春秋》等傳世文獻將其誤寫作「疥且瘧」，故齊景公的病情應是由小瘧致大
瘧。〔註3〕

　　上述三說皆有一定的道理，但筆者傾向採用濮茅左、林聖峰二說，原因
在於就「疥」、「痎」二字而言，楚文字寫法相近，省去「疒」旁之後，「介」
與「亥」形近訛混的機率非常高，此其一。《晏子春秋・外篇・景公有疾梁丘
據裔款請誅祝史晏子諫》：「景公疥遂瘧」、《晏子春秋・外篇・景公病久不愈
欲誅祝史以謝晏子諫》：「景公疥且瘧」，兩者辭例相同，其中「遂」有「漸進」
之義；「且」字作連接詞用法時，所連接的兩個詞爲並列關係，亦有層進之義。
〔註4〕因此，將齊景公病情理解爲由小瘧致大瘧，傳世文獻與竹簡本正可互相
配合，此其二。林清源師認爲，若將齊景公病情理解爲由小瘧致大瘧，正與
竹簡本下文云：「逾歲不已」的情境相合，此其三。〔註5〕

〔註 1〕 濮茅左：《上海博物館藏戰國楚竹書（六）・競公瘧釋文》（上海：上海古籍出
　　　　　版社，2007 年），頁 160。
〔註 2〕 陳惠玲：〈上博六《競公瘧》釋「疥」及「旬又五公乃出見折」〉，武漢大學《簡
　　　　　帛網》，2007/10/23。
〔註 3〕 林聖峰：〈上博六《競公瘧》「疥」字箚記〉，武漢大學《簡帛網》，2008/03/29。
〔註 4〕 楊伯峻、何樂士：《古漢語語法及其發展（上）》（北京：語文出版社，2001
　　　　　年），頁 462。
〔註 5〕 此爲林清源師在 2008 年 3 月 7 日在「上博楚簡研究」課堂討論時所提出。

二、割　疾

　　濮茅左認爲「割疾」應讀爲「割瘅」，即傳世文獻中的「會譠」、「裔歂」。〔註6〕筆者認爲，「割」爲見紐月部，「會」爲匣紐月部，「裔」爲余紐月部，三字聲韻相近，故「割」可讀爲「會」或「裔」。而「关」爲「卷」的基本聲符，且郭店簡〈窮達以時〉簡6「管夷吾」之「管」寫作「兲」，上部字形與簡文「关」字相同，「卷」、「管」皆爲見紐元部，「譠」爲溪紐元部，「歂」從「吳」聲，「吳」爲疑紐之部，三字聲韻亦相近，故「疾」應可改讀爲「譠」或「歂」。〔註7〕此外，郝士宏舉《古文四聲韻》之「割」字寫作「劜」，可當作「割」讀爲「會」之佐證，並認爲「劜」字可分析爲從「刀」，「合」聲，聲符「會」形從「合」隸變而來，「合」、「會」古一字分化，故可讀爲「會」。〔註8〕此說補充「割」讀爲「會」之證據，有其道理，但對於「劜」字之構形分析，仍有商榷的空間，「合」與「會」不是分化字的關係，「合」可讀爲「會」，純粹是聲音上的相近，兩字均屬匣紐。

三、梁丘虞

　　首字原簡寫作：

濮茅左釋作「梨」，讀爲「梁」。〔註9〕此字上部見於《包山》簡157，寫作「𣐄」，白于藍指出爲「梁」字異構；《上博二・魯》簡6「𣏗」，馬承源讀爲「梁」；《郭店・成》簡35「𣏗」，裘錫圭讀爲「梁」，因此陳偉認爲簡文「梨」字應直接釋作「梁」，梁靜贊同此說。〔註10〕此說可信，以隸定的層次而言，「梨」字應隸作「梨」；以考釋的層次而言，可釋作「梁」。此外，簡9與簡13亦見相同字形，考釋與此同。

〔註6〕濮茅左：《上海博物館藏戰國楚竹書（六）・競公瘧釋文》（上海：上海古籍出版社，2007年），頁164。

〔註7〕何有祖：〈讀《上博六》札記〉，武漢大學《簡帛網》，2007/07/09。梁靜：〈《景公虐》與《晏子春秋》的對比研究〉，武漢大學《簡帛網》，2007/07/28。

〔註8〕郝士宏：〈初讀《上博簡（六）》〉，武漢大學《簡帛網》，2007/07/21。

〔註9〕濮茅左：《上海博物館藏戰國楚竹書（六）・競公瘧釋文》（上海：上海古籍出版社，2007年），頁164。

〔註10〕陳偉：〈讀《上博六》條記〉，武漢大學《簡帛網》，2007/07/09。梁靜：〈《景公虐》與《晏子春秋》的對比研究〉，武漢大學《簡帛網》，2007/07/28。

最後一字，原簡寫作：

濮茅左隸定作「矗」，讀爲「據」。〔註 11〕郝士宏根據學者研究，認爲九年衛鼎「」之字形與此字相近，故將此字釋作「豦」，讀爲「據」。〔註 12〕徐在國列舉金文中的邵鸞鐘（《集成》00225）（筆者按：原作邵鐘）、少虞劍（《集成》11696）（筆者按：原作壬午劍）、蔡侯申殘鐘（《集成》00224）、雁節（《集成》12104）等「虞」字寫法，認爲簡文此字與「虞」字形相近，上從「虍」旁，下從「𢍰」旁，應釋作「虞」，此說得到梁靜的認同。〔註 13〕字形上半部從「虍」旁，應無疑慮，但下半部不爲四「止」旁，楚文字「止」字寫作「ㄓ」（《郭店・六》簡 26）、「ㄓ」（《上博三・周》簡 21），可知濮茅左之隸定不可信。而九年衛鼎「」，因字形下半部殘汙不清，是否爲「豦」字，仍有商榷的空間。至於徐在國所舉「虞」字寫法，臚列如下：

（邵鸞鐘）　　　　　　　　　（少虞劍）

（蔡侯申殘鐘）　　　　　　　（雁節）

曾憲通曾對「虞」字形體作全面探討，認爲「虞」的初文本從鐘虞銅人取象寫作「𢎺」，後因象形文發生變化，便增加「虍」旁爲聲符，即上述所列字形，而「𢎗」爲「𢎺」、「𢎘」之變體，僅保留人形的肢體，向上扛舉之勢已消失；「𢎸」則是「𢎗」進一步簡化，由「𢎺」變「𢎘」變「𢎗」上舉之形漸失，故加上聲符「虍」，《說文》「虞」下從「吳」，則爲小篆之訛變。〔註 14〕此說對於「虞」字之字形分析，有其道理，但有兩點仍可斟酌，誠如侯乃峰所言，蔡侯申殘鐘之拓片殘汙不清，難以由辭例尋繹其義，不能僅因爲出現在鐘銘

〔註11〕濮茅左：《上海博物館藏戰國楚竹書（六）・競公瘧釋文》（上海：上海古籍出版社，2007 年），頁 164。

〔註12〕郝士宏：〈初讀《上博簡（六）》〉，武漢大學《簡帛網》，2007/07/21。

〔註13〕徐在國：〈上博（六）文字考釋二則〉，武漢大學《簡帛網》，2007/07/23。此文亦發表於《2007 年中國簡帛學國際論壇》，2007 年 11 月 10～11 日。梁靜：〈《景公瘧》與《晏子春秋》的對比研究〉，武漢大學《簡帛網》，2007/07/28。

〔註14〕曾憲通：〈從曾侯乙編鐘之鐘虞銅人說「虞」與「業」〉，《古文字與出土文獻叢考》（廣洲：中山大學出版社，2005 年），頁 34。

中，就斷定爲「虞」字，此其一。《說文》「虞」字下半部字形依然保存向上扛舉之勢，此其二。〔註 15〕侯乃峰之反駁有其一定的道理，蔡侯申殘鐘之辭例僅存「虞既」二字，故「🀄」是否爲「虞」字就有商榷的空間；不過，「虞」字下從「🀄」形，雖可看出向上扛舉之形，但《說文》對於「虞」字的解釋爲「鐘鼓之柎也，飾爲猛獸。從虍，異象其下足。」顯然「異」是鐘鼓某部位的象形，故「🀄」形是否有「向上扛舉之形」，仍待斟酌。因此，筆者贊同徐在國之說，雖然邵黛鐘之「🀄」字無法作爲確切證據，但字形「🀄」字非常近似，其「🀄」部件應是上半部受下半部的影響而「自體類化」。〔註 16〕故「🀄」、「🀄」應釋作「虞」，「🀄」字應隸定作「🀄」，此三字皆讀爲「據」。

四、珪 琛

第二字，原簡寫作：

濮茅左認爲從「玉」、「呆」（音「保」）聲，讀爲「寶」，亦可讀爲「璧」。〔註 17〕何有祖主張此字從「玉」從「辛」，「○」（音「璧」）聲，仍讀爲「璧」，「珪璧」，指祭祀、朝聘等所用玉器，梁靜表示贊同。〔註 18〕在何有祖的說法中，楚文字「辛」字寫作「🀄」（《包山》簡 31）、「🀄」（《新蔡》乙四簡 126），顯然「🀄」字所構成的偏旁，與「辛」字形體不同，故何有祖之說不可信。至於濮茅左之說，「🀄」字所從「呆」旁之字形，見於《望山》M1 簡 13，寫作「🀄」，整理者將其構形分析爲從「宀」從「貝」，「呆」（音「保」）聲，讀爲「寶」，即「寶」字異體。〔註 19〕由此可知，濮茅左之說有其道理，但字形上，「🀄」字所從「呆」旁與《望山》「🀄」字有些許差異，差別在於「呆」旁因

〔註 15〕侯乃峰：〈上博（五）幾個固定詞語和句式補說〉，《楚地簡帛思想研究（三）》（武漢：湖北教育出版社，2007 年），頁 134。

〔註 16〕此爲蘇建洲師在論文初審時所提出的意見。而「自體類化」之說，可參閱林清源師：《楚國文字構形演變研究》（臺中：東海大學中文研究所博士論文，1997 年），頁 155～158。

〔註 17〕濮茅左：《上海博物館藏戰國楚竹書（六）・競公瘧釋文》（上海：上海古籍出版社，2007 年），頁 165～166。

〔註 18〕何有祖：〈上博六《景公瘧》初探〉，武漢大學《簡帛網》，2007/07/11。梁靜：《《景公虐》與《晏子春秋》的對比研究〉，武漢大學《簡帛網》，2007/07/28。

〔註 19〕朱德熙、裘錫圭、李家浩：〈望山楚簡一號墓竹簡釋文與考釋〉，《望山楚簡》（北京：中華書局，1995 年），頁 91。

筆畫斷裂的關係，形成一橫畫與一圈形部件。或許如此，濮茅左據此認爲可讀作「璧」。

附帶一提，濮茅左認爲「之」下可補「度」字。〔註20〕前文「吾幣帛甚倍於吾先君之量矣」，此句補上「度」字，讀爲「吾珪寶大於吾先君之度」，文義前後呼應。〔註21〕

五、公嬰首仓之尙狀

「公」字之下，原簡寫作：

濮茅左釋爲「與」。〔註22〕何有祖認爲此字從「與」從「止」，當釋作「舉」，相同字形亦見於〈瘧〉簡8，寫作「」。〔註23〕以隸定層次而言，「」字應如何有祖所言，上從「與」旁，下從「止」旁，可隸定爲「嬰」。不過，以破讀層次而言，「」字從「與」旁，可破讀爲「與」，而「舉」從「與」聲，故「」字亦可讀爲「舉」，因此「」字要讀爲「與」或「舉」，只能靠文義來確認。

第三字，原簡寫作：

濮茅左釋作「頁」。〔註24〕何有祖認爲古文字「頁」、「首」經常混用，故此字也可釋作「首」。〔註25〕以字形而言，應釋作「頁」，相同字形亦見於「」（《包

〔註20〕濮茅左：《上海博物館藏戰國楚竹書（六）・競公瘧釋文》（上海：上海古籍出版社，2007年），頁165～166。

〔註21〕「吾幣帛甚倍於吾先君之量矣」的「量」字，李天虹認爲可能是幣帛的別稱，如《禮記・曲禮下》：「凡祭宗廟之禮，牛曰一元大武，豕曰剛鬣，豚曰腯肥……玉曰嘉玉，幣曰量幣。」但又自我懷疑，認爲傳世文獻中的「量幣」是否可以簡稱爲「量」，目前則無切確證據，故此條考釋仍待證明。請參閱李天虹：〈上博六《景公瘧》字詞校釋〉，《古文字學論稿》（合肥：安徽大學出版社，2008年），頁335。

〔註22〕濮茅左：《上海博物館藏戰國楚竹書（六）・競公瘧釋文》（上海：上海古籍出版社，2007年），頁168。

〔註23〕何有祖：〈讀《上博六》札記〉，武漢大學《簡帛網》，2007/07/09。

〔註24〕濮茅左：《上海博物館藏戰國楚竹書（六）・競公瘧釋文》（上海：上海古籍出版社，2007年），頁168。

〔註25〕何有祖：〈讀《上博六》札記〉，武漢大學《簡帛網》，2007/07/09。

山》牘）、「」（《郭店‧尊》簡 4「頯」字所從）。古文字「頁」、「首」作偏旁時，因意義相近，常見替代，如「道」字從「首」旁寫作「」（《郭店‧五》簡 26），亦可從「頁」旁寫作「」（《郭店‧五》簡 5），故二說皆有其道理，只能由上下文義來確認該釋作何字。

倒數第二字，原簡寫作：

濮茅左釋作「尚」，何有祖與凡國棟贊同此說。〔註26〕董珊釋作「甚」。〔註27〕關於楚文字「尚」、「甚」二字，不僅在字形有別，辭例也無互用的情形。〔註28〕「尚」字寫作「」（《包山》簡 230）、「」（《郭店‧五》簡 22）；「甚」字寫作「」（《上博二‧魯》簡 4）、「」（《上博六‧用》簡 19），因此簡文「」字之字形顯然與「尚」字相近，故此字應從整理者釋作「尚」。

簡文「公倉之尚狀」一句，濮茅左讀爲「公與頁答之倘然」，其中「頁」訓作人名，「倘然」則未作訓解。〔註29〕何有祖起先讀爲「公舉首答之：當然」，後「當然」改讀爲「倘然」，指驚疑貌。〔註30〕董珊讀爲「公舉首答之：甚然」，「甚然」爲加強肯定語氣的答辭。〔註31〕首先，董珊之說可率先排除，原因在於「」字不能釋作「甚」。其次，濮茅左雖將「頁」訓作人名，但未明確指出所指何人，且全篇簡文不僅未見此人，傳世文獻亦無記載，故筆者不從此說。至於何有祖之說，就上下文義而言，似可讀通，會譴與梁丘據向齊景公諫言，要殺掉祝、史二人，齊景公驚訝地舉首看著會譴與梁丘據。不過，凡國棟提出反駁，認爲「倘然」訓爲「驚疑貌」時，爲形容詞用法，不能作爲應答之語，而且大權在握的君王，殺幾個小臣，理當不會

〔註26〕濮茅左：《上海博物館藏戰國楚竹書（六）‧競公瘧釋文》（上海：上海古籍出版社，2007 年），頁 168。何有祖：〈讀《上博六》札記〉，武漢大學《簡帛網》，2007/07/09。何有祖：〈上博六《景公瘧》初探〉，武漢大學《簡帛網》，2007/07/11。凡國棟：〈上博六《景公虐》札記〉，武漢大學《簡帛網》，2007/07/17。

〔註27〕董珊：〈讀《上博六》雜記〉，武漢大學《簡帛網》，2007/07/11。

〔註28〕請參閱本論文第三章第一節第十一小節。

〔註29〕濮茅左：《上海博物館藏戰國楚竹書（六）‧競公瘧釋文》（上海：上海古籍出版社，2007 年），頁 168。

〔註30〕何有祖：〈讀《上博六》札記〉，武漢大學《簡帛網》，2007/07/09。何有祖：〈上博六《景公瘧》初探〉，武漢大學《簡帛網》，2007/07/11。

〔註31〕董珊：〈讀《上博六》雜記〉，武漢大學《簡帛網》，2007/07/11。

有驚疑之色，因此凡國棟認爲「尙」在古漢語虛詞中可作假設連詞，意類於「儻若」之「儻」，因此「倘然」可理解爲「倘若如此」、「倘若這樣」之類的意思，故此句讀爲「公舉首答之：倘然」。〔註32〕凡國棟之說反駁有理，形容詞確實不能作爲應答之辭。故筆者採用凡國棟之說，如《墨子‧尙賢》：「尙欲祖述堯舜湯禹之道，將不可以不尙賢。」〔註33〕確定訓讀之後，「」字應釋作「首」。

六、身爲新或可愛安

「安」字之上，原簡寫作：

濮茅左隸定爲「忝」，劉信芳、蘇建洲師表示贊同。〔註34〕陳偉主張釋作「愛」，認爲此字形亦見於《上博二‧魯》簡 2 與簡 3、《上博四‧內》簡 1，分別寫作「忝」、「忝」與「忝」，得到董珊之認同。〔註35〕二說皆有道理，《上博三‧周》簡 54「走」字寫作「忝」，上半部從「夭」，其形體與「忝」字上半部相同。〔註36〕此外，蘇建洲師曾經指出，《上博二‧魯》簡 2 與簡 3 的字形，上半部寫法與常見的楚系文字的「无」寫法不同，認爲是從「忝」字（《上博一‧孔》簡 27）訛變而來，與「忝」字相比，「忝」、「忝」二字只不過是將類「人」形寫得稍微高一些，同時「忝」形省簡爲「忝」，以致整體形似「夭」字。〔註37〕因此，就字形而言，隸定作「忝」或釋作「愛」皆有可能，只能從文義上推敲出該從何說。

簡文「身爲新或可愛安」一句，濮茅左將「新」讀爲「薪」，理解爲「意欲焚祝、史」；「忝」讀爲「祰」，有「告祭」之義，或讀爲「禱」，訓作「告事

〔註32〕凡國棟：〈上博六《景公瘧》札記〉，武漢大學《簡帛網》，2007/07/17。

〔註33〕楊樹達：《詞詮》（上海：上海古籍出版社，2006 年），頁 213。

〔註34〕濮茅左：《上海博物館藏戰國楚竹書（六）‧競公瘧釋文》（上海：上海古籍出版社，2007 年），頁 170。蘇建洲師：〈讀《上博六‧景公瘧》札記一則〉，武漢大學《簡帛網》，2007/07/26。劉信芳：〈《上博藏六》試解之三〉，武漢大學《簡帛網》，2007/08/09。

〔註35〕陳偉：〈讀《上博六》條記〉，武漢大學《簡帛網》，2007/07/09。董珊：〈讀《上博六》雜記（續一）〉，武漢大學《簡帛網》，2007/07/11。

〔註36〕此爲蘇建洲師在論文初審時所提出的意見。

〔註37〕蘇建洲師：《上海博物館藏戰國楚竹書（二）校釋》（臺北：國立臺灣師範大學國文研究所博士論文，2004 年），頁 490。

求福」；「安」則讀爲「焉」。〔註38〕但「薪」在先秦文獻典籍中，未見訓作「焚燒」之義，故文義無法疏通，筆者不採此說。

劉信芳讀爲「身爲親，有何妖焉」，意謂「身體爲親！有什麼妖祥爲害於身體。」〔註39〕此說能讀通文義，但「妖」雖可訓作「妖祥」，卻無「爲害」、「加害」的義項，且此句簡文未見「害」字，故筆者不信從此說。

蘇建洲師認爲「夭」爲影紐宵部，而「燒」從「堯」聲，「堯」爲疑紐宵部，且「夭與交」、「堯與交」有通假的例證，故「忝」可讀作「燒」，整句讀爲「身爲薪，或可燒焉」，此句有二種理解方式：其一，景公身體長疽，如同薪材遇火會燒起來，比喻景公身體狀況不好；其二，景公身體如木薪一般脆弱，遇火將焚燒殆盡。〔註40〕由音韻而言，「忝」讀作「燒」似乎有其道理，但典籍文獻卻無「夭與堯」通假的例證，故筆者對此破讀採取保留的態度。

陳偉將「新」讀爲「親」，「愛」如本字讀，訓作「吝惜」，此句讀爲「身爲親，又可愛焉？」〔註41〕董珊贊同陳偉「愛」之訓解，並將「可」讀爲「何」，「何愛」問句多見於《左傳》，都是用於比較兩個事物的重要程度，如《左傳・僖公五年》：「晉假虞伐虢，虞公曰：『晉，吾宗也，豈害我哉？』宮之奇曰：『將虢是滅，何愛於虞？』」故將此句讀爲「身爲親，又何愛焉？」，意謂「沒有比景公的身家性命更重要的，景公之身有疾將滅，又何愛於祝史乎？」梁靜贊同此說。〔註42〕二說於文義皆可讀通，意即高子、國子慫恿齊景公誅殺祝、史。但筆者傾向採用董珊之說，原因在於以語意而言，高子、國子利用比較的疑問語氣，讓齊景公進行優劣判斷，會比平鋪直敘的疑問強烈許多，更能切合簡文文義。確定讀爲「愛」之後，「愛」字應釋作「愛」。

七、安子夕二夫＝退公內安子而告之

簡文「安子夕二夫退」一句，濮茅左讀爲「晏子惜二大夫，退」，其中「晏

〔註38〕濮茅左：《上海博物館藏戰國楚竹書（六）・競公瘧釋文》（上海：上海古籍出版社，2007年），頁170。

〔註39〕劉信芳：〈《上博藏六》試解之三〉，武漢大學《簡帛網》，2007/08/09。

〔註40〕蘇建洲師：〈讀《上博六・景公虐》札記一則〉，武漢大學《簡帛網》，2007/07/26。

〔註41〕陳偉：〈讀《上博六》條記〉，武漢大學《簡帛網》，2007/07/09。

〔註42〕董珊：〈讀《上博六》雜記（續一）〉，武漢大學《簡帛網》，2007/07/11。梁靜：《景公虐》與《晏子春秋》的對比研究〉，武漢大學《簡帛網》，2007/07/28。

子」即晏嬰，「二大夫」指祝與史，「惜」大概訓作「愛惜」之義。〔註 43〕陳
偉認為「夕」應作本字讀，與「朝」相對，指「傍晚晉見君王」，而「二大夫」
指前文高子與國子，並在「夕」字後斷句，梁靜贊同此說。〔註 44〕由前文文
義觀之，二大夫所指應是與齊景公交談的高子與國子，如此一來，濮茅左將
「夕」讀為「惜」，則文義難通，「晏子」不會「愛惜」高子與國子二人。因
此，「夕」應從陳偉之說，《左傳・成公十二年》：「百官承事，朝而不夕。」
孔穎達疏：「且見君謂之朝，莫見君謂之夕。」

　　「內」字，濮茅左讀為「入」，但未作詳細訓解。〔註 45〕何有祖贊同濮茅
左讀，訓作「引進」、「接納」之義，得到梁靜的認同。〔註 46〕「入」在先秦
文獻，確實有「引進」、「接納」之義，如《晏子春秋・內篇諫上・景公夜聽
新樂而不朝》：「梁丘據扃入歌人虞，變齊音。」前文高子、國子二人退出後，
公引進晏子，將高子、國子欲誅祝、史之事告訴晏子，前後文義相當通順。

第二節　「晏子勸諫齊景公」組

　　屈木為成於宋，王命屈木昏（問）軋（范）武子之行安（焉），文子龠（答）
曰：「夫子吏（使）丌（其）厶（私）吏聖（聽）獄於晉邦，塼（布）情而不
膼（遁），（使）丌（其）厶（私）祝吏（史）進☒【瘲簡 4】☒慍聖（聲），
外內不廢，可因於民者，丌（其）祝吏（史）為丌（其）君祝敓（說）也。
正□☒【瘲簡 5】忘（亡）矣，而湯清者，與旻（得）蠱（萬）福安（焉）。
今君之貪惛（昏）亞（苛）匿（慝），幣（辟）韋（違）☒【瘲簡 6】☒丌（其）
左右相弘（頌）自善，曰：「盍（蓋）必（比）死愈（偷）為樂虞（乎）！古
（故）死丌（期）牌（將）至，可（何）怠（仁）☒」【瘲簡 11】君祝敓（說），
女（如）專（薄）青（情）忍親虞（乎），則言不聖（聽），青（情）不腶（獲）；
女（如）川（順）言弅亞（惡）虞（乎），則忎（恐）遂（後）敁（誅）於吏

〔註43〕濮茅左：《上海博物館藏戰國楚竹書（六）・競公瘲釋文》（上海：上海古籍出
　　　　版社，2007 年），頁 170～171。
〔註44〕陳偉：〈讀《上博六》條記〉，武漢大學《簡帛網》，2007/07/09。梁靜：〈《景
　　　　公瘲》與《晏子春秋》的對比研究〉，武漢大學《簡帛網》，2007/07/28。
〔註45〕濮茅左：《上海博物館藏戰國楚竹書（六）・競公瘲釋文》（上海：上海古籍出
　　　　版社，2007 年），頁 171。
〔註46〕何有祖：〈讀《上博六》札記〉，武漢大學《簡帛網》，2007/07/09。梁靜：〈《景
　　　　公瘲》與《晏子春秋》的對比研究〉，武漢大學《簡帛網》，2007/07/28。

（史）者，古（故）丌（其）祝吏（史）桀（制）蒫耑（端）折，祝之多塀（寓）言□【瘧簡7】禋（詛）爲亡（無）戕（傷）▅，祝亦亡（無）益▅。今新（薪）登（蒸）思（使）吳（虞）守之；蓙（澤）梁吏（使）敆守之；山棥（林）吏（使）奠（衡）守之，墾（舉）邦爲欽，約夾（挾）者（諸）關，縛纙（按）者（諸）市，眾□【瘧簡8】。

一、王命屈木昏軋武子之行安

濮茅左將「軋武子之行安」作爲引文，讀爲「王命屈木問：『范武子之行焉？』」〔註47〕何有祖引梁靜之說，認爲應屬上讀，故讀爲「王命屈木問范武子之行焉？」〔註48〕「問」是帶有動作行爲或有形活動的動詞，一般要說出其動作所及的對象，所以經常帶有賓語。〔註49〕因此，濮氏之說不可信，原因在於「問」之後應接賓語，表示所問的對象是誰，故筆者贊同何氏說。

二、夫子吏丌厶吏聖獄於晉邦

此段簡文，原考釋者濮茅左讀爲「夫□使其私，使聽獄於晉邦」，其中第一個「使」訓爲「放縱」，第二個「使」訓作「致使」。〔註50〕陳偉主張原考釋者所缺釋之字，可釋爲「子」，並認爲此段簡文應連讀，得到何有祖與梁靜的認同。〔註51〕何有祖認爲第二個「吏」字應如字讀，大概訓作「官員」之義。〔註52〕首先，簡文缺釋之字，原簡寫作：

依殘損的筆畫來看，應爲「子」字寫法，故陳偉釋字可信。其次，以文義而

〔註47〕濮茅左：《上海博物館藏戰國楚竹書（六）・競公瘧釋文》（上海：上海古籍出版社，2007年），頁171。
〔註48〕何有祖：〈上博六《景公瘧》初探〉，武漢大學《簡帛網》，2007/07/11。梁靜：《《景公瘧》與《晏子春秋》的對比研究〉，武漢大學《簡帛網》，2007/07/28。
〔註49〕楊伯峻、何樂士：《古漢語語法及其發展（上）》（北京：語文出版社，2001年），頁174。
〔註50〕濮茅左：《上海博物館藏戰國楚竹書（六）・競公瘧釋文》（上海：上海古籍出版社，2007年），頁173。
〔註51〕陳偉〈讀《上博六》條記〉，武漢大學《簡帛網》，2007/07/09。何有祖：〈上博六《景公瘧》初探〉，武漢大學《簡帛網》，2007/07/11。梁靜：《《景公瘧》與《晏子春秋》的對比研究〉，武漢大學《簡帛網》，2007/07/28。
〔註52〕何有祖：〈上博六《景公瘧》初探〉，武漢大學《簡帛網》，2007/07/11。

言，「夫子」應指前文的「范武子」，如此一來，第一個「使」訓作「放縱」
顯然與文義不合，原因在於「范武子」是有德之人，《左傳‧襄公二十七年》：
「子木問於趙孟曰：『范武子知德何如？』對曰：『夫子之家事治，言於晉國
無隱情，其祝史陳信於鬼神無愧辭。』」因此，筆者採用陳偉、何有祖之說，
在斷句上，將此段簡文連讀；在訓讀上，第二個「吏」字訓為「官員」，「私
吏」猶言「家臣」，而第一個「使」應訓作訓作「致使」之義，故此句讀為「夫
子使其私吏聽獄於晉邦」，意謂「范武子使其家臣為晉國斷獄」。

三、搏情而不愍

最後一字，原簡寫作：

濮茅左隸定為「愍」，認為從「心」、「俞」省聲。〔註 53〕劉信芳認為古文字「斤」
多作二折筆，亦有作二曲筆，故此字右上從「斤」旁，隸定作「愍」。〔註 54〕
李天虹主張右上半部為「川」省聲，楚文字「川」作為偏旁時常省略一筆，
如「𩇩」（《包山》簡 193「訓」字）、「𠅗」（《望山》M2 簡 13「紃」字）、「𩇩」
（《上博二‧從甲》簡 16「訓」字），故「𩇩」字可隸定為從「月」從「愍」。
〔註 55〕首先，濮茅左之說有其道理，〈瘧〉簡 1 與簡 2 有「叟」字，分別寫作
「𣂾」、「𣂊」，與「𩇩」字上半部相比，差別在於「舟」旁換成「肉」旁，並
省去頂端筆畫，而古文字「舟」旁與「肉」旁有時摻雜混用的情況，如「祭」
字本從「肉」旁，寫作「𥙭」（《包山》簡 225），亦可從「舟」旁，寫作「祭」
（《包山》簡 227）。〔註 56〕但楚文字未見明確的「俞」字作為聲符時省略「宀」
形的例證，故「𩇩」字上半部不為「俞」旁。〔註 57〕其次，在劉信芳所引的
證據中，古文字「斤」確實有作二曲筆寫法，但只見於燕系貨幣文字，且辭

〔註 53〕濮茅左：《上海博物館藏戰國楚竹書（六）‧競公瘧釋文》（上海：上海古籍出
　　　　版社，2007 年），頁 174。
〔註 54〕劉信芳：〈上博藏六《景公瘧》簡 4、7 試解〉，《簡帛研究網》，2007/07/28。
〔註 55〕李天虹：〈上博六《景公瘧》字詞校釋〉，《古文字學論稿》（合肥：安徽大學
　　　　出版社，2008 年），頁 336。
〔註 56〕林清源師：《楚國文字構形演變研究》（臺中：東海大學中文研究所博士論文，
　　　　1997 年），頁 177。
〔註 57〕李天虹：〈上博六《景公瘧》字詞校釋〉，《古文字學論稿》（合肥：安徽大學
　　　　出版社，2008 年），頁 336。

例僅有「中斤」一例，文義不明，而楚系文字的「斤」至少有一道筆畫為折筆，故可知劉氏的隸定不可信。因此，筆者贊同李天虹之說，「☐」字右上半部確實與省略一筆的「川」字寫法近似，可隸定為「𦚳」。

簡文「塼情而不☐」一句，濮茅左將「塼」字讀為「溥」，訓作「大」、「廣」、「塗」、「施」、「施行」等義，而「𦚳」字讀為「愈」，或通作「俞」、「愉」，視為存疑待考字。〔註58〕何有組認為「塼」字讀為「溥」，「𦚳」字可讀為「逾」，梁靜贊同此讀。〔註59〕此二說皆未詳加說明，筆者不加以揣測，姑且不論。

董珊認為「塼」字應讀為「迫」，訓作「逼迫」，而「𦚳」字可讀為「偷」，訓作「循私」，「迫情而不偷」意謂范武子私吏聽獄能「迫近實情，而無私情」即《左傳·昭公二十年》：「竭情無私」。〔註60〕首先，以音韻論之，「塼」從「專」聲，「專」為滂紐魚部，「迫」為幫紐鐸部，二字音近可通。其次，以文義論之，此說雖能讀通簡文，但「偷」在先秦文獻未見訓作「循私」之義，故此說不可信。

張崇禮主張「塼」字應讀為「敷」，訓作「陳」，「報告」之義；「情」字訓作「實情」，「𦚳」字讀為「偷」，訓作「苟且」，其具體含義為「不循禮法」，如《漢書·武帝紀二》：「夫秦滅先聖之道，為苟且之治，故立十四年而亡。」故此句意謂「向君上報告實情而不敢不循禮法」。〔註61〕此說亦能讀通文義，但先秦文獻「不」字未見訓作「不敢」之義，且「不循禮法」的意義是在「夫秦滅先聖之道」的語境下產生，脫離此語境便無「不循禮法」之義。

劉信芳贊同張崇禮「敷情」之說，更進一步指出「敷」有「徧」、「廣」等義，猶言「周匝」、「全面」的意思，故「敷情」是指窮盡性的了解全部情況，而「𦚳」讀為「隱」，故「敷情而不隱」正與《左傳·襄公二十七年》：「言于晉國無隱情」相合。〔註62〕首先，「☐」字不能隸定作「𦚳」，故無法轉讀為「隱」。再者，「敷」訓作「陳」，有陳述、報告之義，其詞義與劉氏所言的

〔註58〕濮茅左：《上海博物館藏戰國楚竹書（六）·競公瘧釋文》（上海：上海古籍出版社，2007年），頁174。

〔註59〕何有祖：〈上博六《景公瘧》初探〉，武漢大學《簡帛網》，2007/07/11。梁靜：《《景公瘧》與《晏子春秋》的對比研究〉，武漢大學《簡帛網》，2007/07/28。

〔註60〕董珊：〈讀《上博六》雜記（續二）〉，武漢大學《簡帛網》，2007/07/11。

〔註61〕張崇禮：〈釋《景公瘧》中的「敷情不偷」〉，《簡帛研究網》，2007/07/24。

〔註62〕劉信芳：〈上博藏六《景公瘧》簡4、7試解〉，《簡帛研究網》，2007/07/28。

「了解」不同。

陳偉將「尃」字讀為「薄」，「薄情」猶「輕情」，並舉《左傳·昭公二十年》：「夫子之家事治，言于晉國，竭情無私」，認為「竭」應訓作「止」，與「薄」相關，而「愬」字闕釋。〔註63〕以文義而言，此說所引《左傳》顯然與簡文文義相合，故「竭」與「薄」相對也有一定的道理，但陳偉未對簡文「愬」字作進一步訓解，以致文義無法讀通，故筆者保留。

李天虹將「尃」字讀為「布」，有「顯露」之義，如《左傳·襄公二十一年》：「敢布四體，唯大君命焉」，杜注：「布四體，言無所隱」；「愬」字從「川」省聲，可讀為「遁」，訓為「隱匿」，如《楚辭·離騷》：「初既與余成言兮，後悔遁而有他」，王注：「遁，隱也。」〔註64〕此說可信，簡文「布情而不遁」意謂「私吏能夠顯露實情而不隱匿」，亦可與《左傳·昭公二十年》：「竭情無私」一句相對應。

此外，濮茅左認為〈瘧〉簡 4 可與《左傳》、《晏子》等傳世文獻對讀，如《左傳·昭公二十年》：「趙武曰：『夫子之家事治，言於晉國，竭情無私。其祝史祭祀，陳信不愧。其家事無猜，其祝史不祈。』」《晏子春秋·外篇·景公有疾梁丘據裔款請誅祝史晏子諫》：「趙武曰：『夫子之家事治，言于晉國，竭情無私，其祝吏祭祀，陳信不愧。其家事無猜，其祝吏不祈。』」，董珊亦持相同意見。〔註65〕除上述兩則史料之外，董珊與張崇禮皆補充《左傳·襄公二十七年》：「子木問趙孟曰：『范武子之德何如？』對曰：『夫子之家事治，言于晉國無隱情，其祝史陳信於鬼神無愧辭。』」〔註66〕以上諸說皆可信，簡文斷句參考於此。

附帶一提，根據原考釋者濮茅左所言，〈瘧〉簡 4 竹簡下端殘斷。〔註67〕何有祖認為此簡不全，應有缺字。〔註68〕簡文下端殘斷，本有缺字，因此何

〔註63〕陳偉〈讀《上博六》條記〉，武漢大學《簡帛網》，2007/07/09。

〔註64〕李天虹：〈上博六《景公瘧》字詞校釋〉，《古文字學論稿》（合肥：安徽大學出版社，2008 年），頁 336。

〔註65〕濮茅左：《上海博物館藏戰國楚竹書（六）·競公瘧釋文》（上海：上海古籍出版社，2007 年），頁 174。董珊：〈讀《上博六》雜記（續一）〉，武漢大學《簡帛網》，2007/07/11。

〔註66〕董珊：〈讀《上博六》雜記（續一）〉，武漢大學《簡帛網》，2007/07/11。張崇禮：〈釋《景公虐》中的「敕情不偷」〉，《簡帛研究網》，2007/07/24。

〔註67〕濮茅左：《上海博物館藏戰國楚竹書（六）·競公瘧釋文》（上海：上海古籍出版社，2007 年），頁 171。

〔註68〕何有祖：〈上博六《景公虐》初探〉，武漢大學《簡帛網》，2007/07/11。

有祖之說不知所云爲何，或者另有他意，故存此備考。

四、慍　聖

首字原簡寫作：

濮茅左釋爲「思」。〔註69〕陳偉疑釋爲「慍」。〔註70〕何有祖認爲此字上半部從「口」從「千」，而「人」旁與「千」旁可以互作，並舉《包山》簡260「」、郭店簡〈性自命出〉簡 34、35「」、「」等字形作爲佐證，故主張此字應釋作「慍」。〔註71〕劉信芳認爲此字釋作「慍」、「溫」、「恩」皆有可能，但簡文上端殘斷，所承意義不明，故此字闕疑。〔註72〕梁靜則贊同陳偉與何有祖之說。〔註73〕楚文字「思」字寫作「」（《上博三・中》簡 3）、「」（《上博四・采》簡 5），〈瘧〉8 亦見「思」字，寫作「」，上半部從「田」旁，明顯與「」字上半部所從不同，因此濮茅左之說不可信。至於何有祖之說，「人」旁與「千」旁確實可以互作，如「仁」字可以從「人」旁寫作「」（《郭店・唐》簡 15），亦可從「千」旁寫作「」（《郭店・忠》簡 8）。郭店簡〈性自命出〉簡 34、35「」、「」二字，整理者隸定爲「盈」，讀爲「慍」。〔註74〕此外，郭店簡〈語叢二〉簡 30「」、「」二字，整理者僅隸定作「恖」，裘錫圭按語云：「疑讀爲慍」。〔註75〕因此，何氏之說可信，「」字可直接釋作「慍」。

「聖」一詞，濮茅左讀爲「思聽」，或讀作「思聖」，指有德之君思聖之訓、思聖之誡、思聖之誠。〔註76〕此說成立的可能性非常低，原因在於「」字不能釋作「思」。

〔註69〕濮茅左：《上海博物館藏戰國楚竹書（六）・競公瘧釋文》（上海：上海古籍出版社，2007 年），頁 175。
〔註70〕陳偉：〈讀《上博六》條記〉，武漢大學《簡帛網》，2007/07/09。
〔註71〕何有祖：〈讀《上博六》札記〉，武漢大學《簡帛網》，2007/07/09。
〔註72〕劉信芳：《上博藏六》試解之三〉，武漢大學《簡帛網》，2007/08/09。
〔註73〕梁靜：《《景公虐》與《晏子春秋》的對比研究〉，武漢大學《簡帛網》，2007/07/28。
〔註74〕荊門市博物館：〈郭店楚墓竹簡〉（北京：文物出版社，1998 年），頁 180。
〔註75〕荊門市博物館：〈郭店楚墓竹簡〉（北京：文物出版社，1998 年），頁 206。
〔註76〕濮茅左：《上海博物館藏戰國楚竹書（六）・競公瘧釋文》（上海：上海古籍出版社，2007 年），頁 175。

何有祖起先讀爲「慍聲」，訓作「含怒的聲音」，意謂齊景公的弊政招致許多怨聲，但其後改讀爲「仁聖」，指前文范武子的爲政品格，梁靜贊同前說。〔註77〕以文義而言，〈瘖〉簡5所述內容是晏子勸諫齊景公，國家內外都要不廢，民心是最根本的，祝、史向神祝敓是沒有用的（筆者將「祝敓」讀爲「祝說」，意謂「以祝辭告於神」，詳見下文），故筆者傾向讀爲「慍聲」，「慍」有「怒」義，如《詩·邶風·柏舟》：「憂心悄悄，慍于群小。」毛傳：「慍，怒也。」「慍聲」可訓作「含怒的聲音」，如此一來，前後文義通順。

五、祝　敓

濮茅左將「祝」訓作「以言告神」；「敓」讀爲「對」，訓作「答」，古「對」、「答」通用，或可讀爲「說」。〔註78〕祝、史以言告神之後，得到神的回答，或許有一定的道理，但「答」、「說」這類及物動詞，其後常有受事賓語，而下文緊接「也」字，爲句末語氣詞，顯然不合語法，故此說不可信。此處「敓」可讀爲「說」，李學勤認爲「說」可訓作「祝辭」。〔註79〕簡文「祝敓」連用，意謂「以祝辭告於神」。此外，〈瘖〉簡7亦有「祝敓」一詞，「敓」字，濮茅左先生未讀破，此處也應讀作「說」，用法、文義均與此相同。〔註80〕附帶一提，〈瘖〉簡5「正」字濮茅左未訓讀，何有祖認爲應讀作「政」，但未作詳細說明。〔註81〕此簡下端殘斷，何氏之說不知所據爲何。

六、幣　韋

濮茅左將「韋」讀爲「違」，「幣違」意謂「所薦璧幣違禮」，與〈瘖〉簡1「吾幣帛甚倍於吾先君之量矣，吾珪寶大於吾先君之……」互相呼應。〔註82〕何有祖認爲「幣」可讀爲「辟」，「幣」爲並紐月部，「辟」爲並紐錫部，雖然月、錫二韻稍有相隔，但典籍中「辟」聲與「卑」聲可相通假，而「卑」聲

〔註77〕何有祖：〈讀《上博六》札記〉，武漢大學《簡帛網》，2007/07/09。何有祖：〈上博六《景公瘖》初探〉，武漢大學《簡帛網》，2007/07/11。梁靜：〈《景公虐》與《晏子春秋》的對比研究〉，武漢大學《簡帛網》，2007/07/28。

〔註78〕濮茅左：《上海博物館藏戰國楚竹書（六）·競公瘖釋文》（上海：上海古籍出版社，2007年），頁176。

〔註79〕李學勤：《周易經傳溯源》（長春：長春出版社，1992年），頁194。

〔註80〕拙作：〈讀《上博六·競公瘖》札記二則〉，武漢大學《簡帛網》，2007/10/01。

〔註81〕何有祖：〈上博六《景公瘖》初探〉，武漢大學《簡帛網》，2007/07/11。

〔註82〕濮茅左：《上海博物館藏戰國楚竹書（六）·競公瘖釋文》（上海：上海古籍出版社，2007年），頁178。

又與「敝」聲相通假，故「幣韋」可讀爲「辟違」，訓作「邪辟背理」，梁靜贊同此說。〔註83〕首先，以音韻而論，二說皆有理，「違」從「韋」聲，當可與「韋」通假；典籍文獻「辟」與「卑」可以通假，如《國語・齊語》：「踰太行與辟耳之谿拘夏」，《管子・小匡》「辟耳」作「卑耳」，而「卑」與「敝」亦可通假，《列子・楊朱》：「卑宮室」，《釋文》「卑」作「蔽」。其次，以文義而論，前文云「今君之貪昏苛慝」，意即「齊景公欲求不滿，迷失其中，且暴虐邪惡」。如此一來，「所薦璧幣違禮」顯然難以讀通文義，故筆者贊同何有祖之說，將「幣韋」讀爲「辟違」，訓作「邪辟背理」，如《左傳・昭公二十年》：「其適遇淫君，外內頗邪，上下怨疾，動作辟違，從欲厭私。」

　　附帶一提，〈瘧〉簡 6「湯清者與旻慧福安」一句，濮茅左將「湯」理解爲「商湯」；「清」訓作「清白」、「公正」，整句讀爲「湯清者，與得萬福焉」，意謂「如湯那樣大德純清，公正無私，故能愛得萬福。」〔註84〕李天虹引《燕子春秋》作爲佐證，認爲「湯清者」可能指祝、史，故將「湯清」讀爲「揚情」或「揚請」，「揚」有「說」義，「情」訓作「實情」，「揚情」即稱說實情；「請」有「告」義，因此「揚請」屬近義詞連用。〔註85〕李氏之說在訓讀上雖可信，但先秦文獻並無「揚情」、「揚請」的辭例，故筆者不從。因此，筆者採用濮茅左之說，其文義正可與「今君之貪昏苛慝，辟違……」一句形成正反對比，襯托出齊景公暴虐邪惡的行徑。

七、亓左右弘自善

　　「右」字之下，原簡寫作：

濮茅左釋作「佋」。〔註86〕陳偉認爲應隸定作「弘」，李天虹與梁靜贊同此說。

〔註83〕何有祖：〈上博六《景公瘧》初探〉，武漢大學《簡帛網》，2007/07/11。梁靜：〈《景公虐》與《晏子春秋》的對比研究〉，武漢大學《簡帛網》，2007/07/28。

〔註84〕濮茅左：《上海博物館藏戰國楚竹書（六）・競公瘧釋文》（上海：上海古籍出版社，2007 年），頁 177。

〔註85〕李天虹：〈上博六《景公瘧》字詞校釋〉，《古文字學論稿》（合肥：安徽大學出版社，2008 年），頁 336～337。

〔註86〕濮茅左：《上海博物館藏戰國楚竹書（六）・競公瘧釋文》（上海：上海古籍出版社，2007 年），頁 187。

〔註 87〕我們知道古文字「人」旁與「弓」旁因字形相近，有時相混。不過，以字形觀之，筆者認爲「𢏚」字左旁較近於「弓」字寫法，如「ヲ」（《包山》簡 95「張」字所從）、「弓」（《郭店・語三》簡 46「彊」字所從），因此，陳偉之說可信。

濮茅左將「𢏚」讀爲「公」，「左右相公」爲人名、「自善」訓作「自善其身」。〔註 88〕陳偉則將「弘」讀爲「頌」，認爲「相頌」與「自善」對文。〔註 89〕對於濮茅左之說，「左右相公」不僅全篇簡文未見，《晏子春秋》與《左傳》等先秦文獻，亦未發現類似人物，故此說成立的可能性不高。至於陳偉之說，大概將「頌」訓作「寬容」之義，如《史記・魯仲連鄒陽列傳》：「魯仲連曰：『世以鮑焦爲無從頌而死者，皆非也。』」簡文意謂「左右的人互相寬容自善」，可與《晏子春秋》對讀（詳見下文）。

八、盍必死愈爲樂虔

董珊率先指出，此句可與《晏子春秋・內篇・景公信用讒佞賞罰失中晏子諫》：「今與左右相說頌也，曰：『比死者勉爲樂乎！吾安能爲仁而愈黥民耳矣！』」對讀，故簡文「愈」字當讀爲「偷」，訓作「苟且」之義，梁靜贊同此說。〔註 90〕何有祖原先認爲〈瘥〉簡 11 不屬於〈競公瘥〉，應當分離出去，但其後改從董珊之說，並將「盍」讀爲「蓋」，「必」讀爲「比」，「比死」則引孫星衍之說：「比死，將爲死也。」簡文「蓋比死，偷爲樂乎！」，意謂「人之將死，苟且爲樂！」〔註 91〕李天虹認同董珊之說，但認爲簡文「必死」後訛脫「者」字，因此「蓋比死偷爲樂乎」應連讀。〔註 92〕對於李天虹之說，

〔註 87〕陳偉：〈讀《上博六》條記〉，武漢大學《簡帛網》，2007/07/09。李天虹：〈《景公虐》校讀二則〉，武漢大學《簡帛網》，2007/07/26。梁靜：〈《景公虐》與《晏子春秋》的對比研究〉，武漢大學《簡帛網》，2007/07/28。

〔註 88〕濮茅左：《上海博物館藏戰國楚竹書（六）・競公瘥釋文》（上海：上海古籍出版社，2007 年），頁 160、187。

〔註 89〕陳偉：〈讀《上博六》條記〉，武漢大學《簡帛網》，2007/07/09。

〔註 90〕董珊：〈讀《上博六》雜記（續二）〉，武漢大學《簡帛網》，2007/07/11。梁靜：〈《景公虐》與《晏子春秋》的對比研究〉，武漢大學《簡帛網》，2007/07/28。

〔註 91〕何有祖：〈讀《上博六》札記〉，武漢大學《簡帛網》，2007/07/09。何有祖：〈上博六《景公虐》初探〉，武漢大學《簡帛網》，2007/07/11。何有祖：〈《景公虐》札記四則〉，武漢大學《簡帛網》，2007/07/27。

〔註 92〕李天虹：〈《景公虐》校讀二則〉，武漢大學《簡帛網》，2007/07/26。

何有祖提出反駁，認爲「必死」與「比死者」意思上仍略有差別，前者說的是必然性，後者多了將來趨勢。〔註93〕何有祖反駁有理，可知「必死」與「比死者」於意義上不能等同。故筆者贊同董珊、何有祖之說，「必」爲幫紐質部，「比」爲幫紐脂部，聲同韻對轉，且傳世文獻有相通之例，如《詩・邶風・泉水》：「毖彼泉水」，《釋文》：「毖，《韓詩》作祕。」而「偷」於先秦文獻有「苟且」義，《左傳・襄公三十一年》：「穆叔至自會，見孟孝伯，語之曰：『趙孟將死矣。其語偷，不似民主。』」故簡文「盍必死愈爲樂虖」應讀爲「蓋比死，偷爲樂乎！」，意謂「人之將死，苟且爲樂！」。

九、女專青忍親虖

首字原簡寫作：

濮茅左、劉信芳皆釋作「毋」。〔註94〕凡國棟認爲由下文「如……則……」的句式觀察，「 」字應爲「女」字誤寫。〔註95〕由字形觀之，「 」字確實爲楚國「毋」字寫法，相同字形亦見於「 」（《郭店・性》簡 61）、「 」（《上博四・內》簡 6）。不過，凡國棟之觀察有其道理，簡文顯然是兩個「如……則……」的句式互相排比，且「女」、「毋」寫法相近，極有可能造成誤寫的情況。因此，「 」字誠如凡國棟所言，應爲「女」字誤寫。

倒數第二字，原簡寫作：

濮茅左釋作「睪」。〔註96〕陳偉認爲此字爲楚簡習見「親」字寫法，即從「目」從「辛」的誤寫，梁靜贊同此說。〔註97〕由字形觀之，「 」字確實爲楚國「睪」

〔註93〕何有祖：〈《景公瘧》札記四則〉，武漢大學《簡帛網》，2007/07/27。

〔註94〕濮茅左：《上海博物館藏戰國楚竹書（六）・競公瘧釋文》（上海：上海古籍出版社，2007 年），頁 178。劉信芳：〈上博藏六《景公瘧》簡 4、7 試解〉，《簡帛研究網》，2007/07/28。

〔註95〕凡國棟：〈上博六《景公瘧》札記〉，武漢大學《簡帛網》，2007/07/17。

〔註96〕濮茅左：《上海博物館藏戰國楚竹書（六）・競公瘧釋文》（上海：上海古籍出版社，2007 年），頁 178。

〔註97〕陳偉：〈讀《上博六》條記〉，武漢大學《簡帛網》，2007/07/09。梁靜：〈《景公瘧》與《晏子春秋》的對比研究〉，武漢大學《簡帛網》，2007/07/28。

字寫法，相同字形亦見於「字」（《郭店・老甲》簡 5）、「字」（《上博四・曹》簡 21）。不過，陳偉之說並不能完全排除，原因在於〈競公瘧〉的底本有可能源自於齊系，楚系書手對他國文字不熟悉的情況下，「目」旁與「自」旁有誤摹的可能。﹝註 98﹞因此，「字」字要釋作「皋」或是「親」，只能靠上下文義來確認。

簡文「字專青忍字虐」一句，張崇禮將「專」讀爲「敷」，訓作「陳說」，而「青」讀爲「情」，訓作「實情」，此句讀爲「毋敷情忍罪乎」，意謂「不據實情向神明陳說自己君主的罪行」。﹝註 99﹞劉信芳贊同張崇禮「敷情」之說，但「字」讀爲「無」，訓作「沒有」，此句讀爲「無敷情忍罪虐」，意謂「沒有陳述情實，容忍罪虐」。﹝註 100﹞以前後文義而言，二說似可讀通簡文，但由簡文句式觀之，誠如凡國棟所言，「字」爲「女」字誤寫，應讀作「如」，與下文構成排比句。

濮茅左將「專」讀爲「溥」，大概訓作「分布」之義；「青」讀爲「情」；「忍」訓作「忍受」、「抑制」，「皋」讀爲「罪」，訓作「犯法」，整句讀爲「毋溥情，忍罪乎」。﹝註 101﹞首先，以簡文句式而論，此句應連讀。其次，此說難以理解其文義，故筆者不採此說。

陳偉讀爲「毋薄情忍親乎」，其中「忍」訓作「抑制」，「薄情」與「忍親」互相對文。﹝註 102﹞凡國棟贊同陳偉「薄情」、「忍親」互相對文之說，但認爲「忍」應改訓作「捨棄」，例如《春秋穀梁傳》襄公三十年：「君無忍親之義，天子諸侯所親者，爲長子母弟耳。」而「字」應爲「女」字，讀爲「如」，與下文「如……則……」爲排比句。﹝註 103﹞筆者贊同後說，以句式而言，「字」釋爲「女」，讀爲「如」，確實與下文互爲排比句，此其一。依陳偉之說，「薄」應訓作「輕薄」之義，故「忍」字訓作「捨棄」義，要比訓作「抑制」義更切合「輕薄」之義，此其二。確定文義之後，「字」字應釋作「親」。

﹝註 98﹞請參閱本論文第六章第四節「息」字。

﹝註 99﹞張崇禮：〈釋《景公虐》中的「敷情不偷」〉，《簡帛研究網》，2007/07/24。張崇禮：〈釋《景公虐》中的「偶言」〉，《簡帛研究網》，2007/07/23。

﹝註 100﹞劉信芳：〈上博藏六《景公瘧》簡 4、7 試解〉，《簡帛研究網》，2007/07/28。

﹝註 101﹞濮茅左：《上海博物館藏戰國楚竹書（六）・競公瘧釋文》（上海：上海古籍出版社，2007 年），頁 178。

﹝註 102﹞陳偉：〈讀《上博六》條記〉，武漢大學《簡帛網》，2007/07/09。

﹝註 103﹞凡國棟：〈上博六《景公虐》札記〉，武漢大學《簡帛網》，2007/07/17。

十、青不腰

最後一字，原簡寫作：

濮茅左釋作「隻」，讀爲「獲」，此句讀爲「請不獲」，即「請不獲命」，意同「請不許」。〔註104〕程燕認爲「腰」字應釋作「腰」，仍從原考釋者讀爲「獲」，但未說明訓解。〔註105〕字形左旁仍有筆畫，可知不能釋作「隻」。楚文字有「腰」字，寫作「𦝫」（《包山》簡62）、「𦝫」（《包山》簡193）、「𦝫」（《天·卜》），其字形顯然與「腰」字相同，故程燕釋字可從。至於「情不腰」之文義，若依濮茅左之說，「言不聽，情不獲」，文義大概爲「所說的話不被聽從，請不獲命」，但典籍文獻未見將「獲」訓作「獲命」之義。因此，筆者認爲「青」字應讀爲「情」，訓作「情感」，而「腰」字仍讀爲「獲」，訓作「信任」，如《孟子·離婁上》：「居下位而不獲於上，民不可得而治也。」故前段簡文「君祝說，如薄情忍親乎？則言不聽，情不獲」，意謂祝、史爲齊景公祈禱，假如輕薄情感、捨棄親情，則所說的話不被聽從，情感不被信任。

十一、祝吏裂蔑耑折祝之多墥言

濮茅左認爲「裂」字從「折」聲，讀爲「製」；「蔑」如字讀，訓作「沒有」；「耑」讀爲「端」，有「直」、「正」之義；「折」如字讀，訓作「折斷」、「割取」；「墥」讀爲「訏」，訓作「詭譎」、「大」，故此句讀爲「祝史製蔑端折祝之，多訏言」，意謂「祝、史無中生有，虛美君德，強折民意，多虛誇之言」。〔註106〕但如此理解文義，就與「如順言彔惡乎，則恐後誅於史者」互相牴觸。

何有祖起先將「墥」字讀爲「愚」，大概訓作「愚蠢」之義，此句則讀爲「祝史制蔑短折，祝之多偶言」，但「制蔑短折」一句，未作詳細說明；其後自棄立場，「墥」字改從張崇禮之說，但改訓作「迎合」義，故認爲此處占卜有別於一般，即祝、史迎合君王之意進行占卜。〔註107〕此說弊端與濮茅左之

〔註104〕濮茅左：《上海博物館藏戰國楚竹書（六）·競公瘧釋文》（上海：上海古籍出版社，2007年），頁178。

〔註105〕程燕：〈讀上博六札記〉，武漢大學《簡帛網》，2007/07/24。

〔註106〕濮茅左：《上海博物館藏戰國楚竹書（六）·競公瘧釋文》（上海：上海古籍出版社，2007年），頁178。

〔註107〕何有祖：〈上博六《景公虐》初探〉，武漢大學《簡帛網》，2007/07/11。何有

說相同，若理解爲「迎合君王之意」，則與「如順言彝惡乎，則恐後誅於史者」之文義互相牴觸，故筆者不採此說。

張崇禮讀爲「祝史製篾簨折祝之，多偶言」，其中「製」訓作「製作」，「篾」訓作「竹皮」，「製篾」意即「製作占卜用的小竹片」；「簨」字訓解引王逸注《楚辭·離騷》曰：「楚人名結草折竹卜曰簨」，故「簨折」即「折竹占卜」，亦可寫作「折簨」；「偶言」如同「偶語」，是指私下相聚議論，如《史記·高祖本紀》：「父老苦秦苛法久矣，誹謗者族，偶語者棄市。」此句文義大概爲祝、史處於兩難情況，雖勉爲折竹占卜祈禱，但免不了私下議論紛紛。〔註108〕此說似乎能讀通簡文，但筆者不從，原因在於「篾」字訓解引用《玉篇》、《正字通》、《埤倉》等後代字書作爲佐證，其年代較晚，未必與先秦文獻相合。

梁靜讀爲「祝史制蔑短折祝之，多寓言」，其中「制蔑短折」未詳加說明，而「堣」字可從整理者讀爲「寓」，「寓言」指「寄託之言」，意即祝史處於兩難情況，只好假託些無關痛癢的話來祝禱。〔註109〕楊華僅將「耑」讀爲「短」，指「夭折」、「夭殤」之意，整段簡文未詳加說明。〔註110〕此二說皆未將簡文作詳細訓解，故筆者持保留態度。不過，由前文祝史爲齊景公祈禱，陷於兩難的情況，可知張崇禮與梁靜的說法，對於文義的理解仍有其道理。

依循上述思路，筆者認爲，「裚」可讀爲「制」，「裚」從「折」聲，古籍「折」、「制」可通假，如《尚書·呂刑》：「制以刑」，《墨子·尚同》引「制」作「折」，而簡文應訓爲「作」，《孟子·梁惠王下》：「可使制梃」，趙岐注：「制，作也」；「蔑」如字讀，訓作「棄」，《國語·周語》：「不蔑民功」，韋昭注：「蔑，棄也」，猶言「消滅」；「耑」讀爲「端」，訓作「開始」，《禮記·禮運》：「故人者，天地之心也，五行之端也。」「折」如字讀，訓作「毀斷」，《孫子兵法·九地》：「是故政舉之日，夷關折符，無通其使。」故「制蔑端折」意謂「制作即消滅，開始即毀斷」，猶言「進退兩難」，而「堣」字採梁靜之說，將「堣」

祖：〈《景公瘧》札記四則〉，武漢大學《簡帛網》，2007/07/27。
〔註108〕張崇禮：〈釋《景公瘧》中的「偶言」〉，《簡帛研究網》，2007/07/23。張崇禮：〈釋《景公瘧》中的「製蔑耑折」〉，《簡帛研究網》，2008/02/19。
〔註109〕梁靜：〈《景公瘧》與《晏子春秋》的對比研究〉，武漢大學《簡帛網》，2007/07/28。
〔註110〕楊華：〈《天子建州》禮疏〉，《2007年中國簡帛學國際論壇》2007年11月10～11日。

字應讀爲「寓」，訓作「寄託」。因此文句重新斷讀爲「祝史制蔑端折，祝之多寓言」，意謂「祝史進退兩難，祈禱時只好多說寄託之言」。

十二、禮爲亡敭

「敭」字，濮茅左讀爲「喪」，訓作「失去」、「喪失」；或讀「傷」，字音與「損」近。〔註111〕陳偉、何有祖與梁靜皆讀作「傷」，訓「損害」義，與下文「益」對應。〔註112〕筆者贊同後說，下文爲「祝亦亡益」，句式顯然與「禮爲亡敭」相對，故「敭」字應讀爲「傷」，訓作「損害」之義，與「益」對文。

十三、新登思吳守之

「思」字，濮茅左無說。何有祖引沈培之說，將「思」讀爲「使」，梁靜從之。〔註113〕沈培指出，楚簡的「囟」或「思」有兩種讀法，一是讀爲「式」，爲語氣副詞；一是讀爲「使」。〔註114〕此說可信，故「思」應讀爲「使」，訓作「役使」義，如《論語・學而》：「節用以愛人，使民以時。」至於此句所餘簡文，仍從整理者濮茅左之訓讀，「薪蒸使虞守之」意謂「役使虞去管理柴木」。〔註115〕

十四、犛梁吏敓守之

濮茅左原本將「梨」字讀爲「濟」，訓作某古水名；「吏」讀爲「史」；「敓」訓作某官名，整句讀爲「澤濟史敓守之」。〔註116〕所謂「梨」字亦見於〈瘧〉簡 1，其實應隸作「梨」，釋作「梁」。〔註117〕「梁」不能讀爲「濟」，「梁」

〔註111〕濮茅左：《上海博物館藏戰國楚竹書（六）・競公瘧釋文》（上海：上海古籍出版社，2007 年），頁 180。

〔註112〕陳偉：〈讀《上博六》條記〉，武漢大學《簡帛網》，2007/07/09。何有祖：〈讀《上博六》札記〉，武漢大學《簡帛網》，2007/07/09。梁靜：《景公瘧》與《晏子春秋》的對比研究〉，武漢大學《簡帛網》，2007/07/28。

〔註113〕何有祖：〈讀《上博六》札記〉，武漢大學《簡帛網》，2007/07/09。何有祖：〈上博六《景公瘧》初探〉，武漢大學《簡帛網》，2007/07/11。梁靜：〈《景公瘧》與《晏子春秋》的對比研究〉，武漢大學《簡帛網》，2007/07/28。

〔註114〕沈培：〈周原甲骨文裡的「囟」和楚墓竹簡裡的「囟」或「思」〉，《漢字研究》第一輯（北京：學苑出版社，2005 年），頁 345～366。

〔註115〕濮茅左：《上海博物館藏戰國楚竹書（六）・競公瘧釋文》（上海：上海古籍出版社，2007 年），頁 181。

〔註116〕濮茅左：《上海博物館藏戰國楚竹書（六）・競公瘧釋文》（上海：上海古籍出版社，2007 年），頁 181。

〔註117〕請參閱本論文第五章第一節第三小節。

爲來紐陽部，「濟」爲精紐脂部，兩字音韻隔閡，故筆者不從此說。

何有祖將「梁」字訓作「斷水捕魚的堰」；「吏」讀爲「使」；「斂」字訓作「管理捕魚的官吏」，與「魰」、「漁」相同，故此句讀爲「澤梁使斂守之」意謂「役使斂去管理斷水捕魚的堰」，梁靜贊同此說。〔註118〕由文義而言，前文「薪蒸使虞守之」即「役使虞去管理柴木」，而「澤梁使斂守之」顯然句式與前文相同，可推敲出此句文義與前文文義類似，故何氏之說可信。而下文「山替吏奠守之」，濮茅左讀爲「山林使衡守之」。〔註119〕由句式觀察，顯然與前文「薪蒸使虞守之」、「澤梁使斂守之」相同，故「吏」字應改讀作「使」，「山林使衡守之」即「役使衡去管理山林」。

十五、塈邦爲欽

濮茅左將此句讀爲「舉邦爲斂」，「斂」訓作「徵收賦稅」。〔註120〕陳偉讀爲「舉邦爲憾」，「憾」有「恨」義，何有祖表示贊同。〔註121〕楊澤生讀爲「舉邦爲禁」，「禁」訓作「禁止」，得到梁靜的認同。〔註122〕首先，以音韻論之，「欽」爲溪紐侵部，「斂」爲來紐談部、「憾」爲匣紐侵部，「禁」爲見紐侵部，談、侵二韻旁轉，溪、匣、見三紐皆爲牙音，故「欽」讀爲「斂」、「憾」、「禁」皆有其道理。其次，以文義論之，前文薪蒸、澤梁與山林，皆有適當的官吏去管理，屬於積極正面的政策，故「舉邦爲斂」、「舉邦爲憾」顯然無法讀通簡文。而「舉邦爲禁」可上承前文文義，意謂薪蒸、澤梁與山林不可濫採濫捕，因此筆者採信楊澤生之說。

十六、約夾者關縛羅者市

「者」字之下，原簡寫作：

〔註118〕何有祖：〈讀《上博六》札記〉，武漢大學《簡帛網》，2007/07/09。梁靜：〈《景公瘧》與《晏子春秋》的對比研究〉，武漢大學《簡帛網》，2007/07/28。

〔註119〕濮茅左：《上海博物館藏戰國楚竹書（六）·競公瘧釋文》（上海：上海古籍出版社，2007 年），頁 181。

〔註120〕濮茅左：《上海博物館藏戰國楚竹書（六）·競公瘧釋文》（上海：上海古籍出版社，2007 年），頁 182。

〔註121〕陳偉：〈讀《上博六》條記〉，武漢大學《簡帛網》，2007/07/09。何有祖：〈上博六《景公瘧》初探〉，武漢大學《簡帛網》，2007/07/11。

〔註122〕楊澤生：〈說《上博六·競公瘧》中的「欽」字〉，武漢大學《簡帛網》，2007/07/20。梁靜：〈《景公瘧》與《晏子春秋》的對比研究〉，武漢大學《簡帛網》，2007/07/28。

濮茅左將其構形分析為從「門」、「串」聲，隸定作「䦂」。〔註123〕陳偉認為此字所從的「串」旁有些像「車」形，但仍可釋作「關」。〔註124〕楚國「關」字寫作「」（《包山》簡34）、「」（《包山》簡91），與此字的差別在於兩個圈形部件以及貫串圈形部件的豎筆均無橫畫，但我們知道古文字常在圈形部件以及豎畫上加橫筆，因此「」字以隸定層次而言，可隸定作「䦂」；以考釋層次而言，應釋作「關」。

　　最後一字，原簡寫作：

濮茅左隸定作「賎」。〔註125〕陳偉認為此字與「市」字近似，只是「土」形改作「貝」形，大概反映市中交易與「貝」有關。〔註126〕但李天虹認為楚文字「市」字均從「土」形，從「貝」的「市」字，只見於齊國，不見於其他國家。對於此種情形，李天虹有下列兩點推測：一是楚文字「市」本可從「貝」，只因出土資料的侷限，目前尚未發現而已；二是〈競公瘧〉講述齊國之事，應是流行於齊國的文獻，後來流傳到楚地，為楚人所轉抄，過程中留下齊文字的特點，因此才有從「貝」的「市」字。〔註127〕在濮茅左的說法中，大概認為「」字右旁即是「往」字初文，但細審圖版，「」字右旁並無「壬」形部件，可知濮茅左之隸定不可信。至於李天虹之說，筆者認為第二個可能要比第一個可能大上許多，原因在於〈競公瘧〉確實保有齊系文字的特點，因此「」字可釋作「市」。〔註128〕

　　雖然前述筆者將「」字釋作「關」，但從「串」聲的說法亦不得不列入

〔註123〕濮茅左：《上海博物館藏戰國楚竹書（六）‧競公瘧釋文》（上海：上海古籍出版社，2007年），頁182。
〔註124〕陳偉：〈讀《上博六》條記〉，武漢大學《簡帛網》，2007/07/09。
〔註125〕濮茅左：《上海博物館藏戰國楚竹書（六）‧競公瘧釋文》（上海：上海古籍出版社，2007年），頁182。
〔註126〕陳偉：〈讀《上博六》條記〉，武漢大學《簡帛網》，2007/07/09。
〔註127〕李天虹：〈《景公瘧》「市」字小記〉，武漢大學《簡帛網》，2007/07/17。李天虹：〈上博六《景公瘧》字詞校釋〉，《古文字學論稿》（合肥：安徽大學出版社，2008年），頁337～338。
〔註128〕請參閱本論文第六章第四節。

考慮。濮茅左讀此句爲「要挾者忨，縛應者柾」，其中「忨」訓作「貪」；「縺」引申爲執法者；「柾」訓作「貪財柾法」，此句意謂「要挾者貪行恣爲，暴徵其私；執法者柾，私欲養求」。〔註129〕此說除了「𦰩」字不能讀爲「柾」之外，在文義上，晏子云不要濫採濫捕薪蒸、澤梁、山林等資源，但此句卻言要挾者貪、執法者柾，顯然語意不連貫，故此說成立的可能性不高。

董珊讀爲「要挾諸關，縛縷諸市」，「縛縷」有「綁縛」之義，其引申義爲「抓人」。〔註130〕董氏所理解文義大概爲「脅迫於徵稅的關卡，抓人於買賣的市集」，似可讀通簡文，但前文「舉邦爲禁」之「禁」乃是對自然資源的保護，對象並不是人民。

陳偉讀爲「約挾諸關，縛膺諸市」，「關」訓作「關禁」；「膺」本義爲「馬帶」，故引申爲「羈絡」義，梁靜從之。〔註131〕沈培讀爲「約挾諸關，縛按諸市」，「按」有「查驗」之義。〔註132〕以文義而言，二說皆可讀通文義，此段簡文是對「舉邦爲禁」的補充說明，意謂薪蒸、澤梁、山林等自然資源，除了不能濫採濫捕之外，亦不能帶出邊關，或在市集中買賣。但二說對於簡文的訓解皆未詳細說明，筆者稍作補充：「約」應訓作「約束」義，如《論語·雍也》：「君子博學於文，約之以禮。」「挾」應訓作「攜帶」，如《墨子·號令》：「挾私書，行請謁及爲行書者。」「關」字訓解從陳偉之說；「縛」有「束」義，《說文》：「縛，束也。」「縺」字應從沈培之說，原因在於解釋字詞以直接訓解的方式爲優先考量，「縺」從「雁」聲，「雁」爲疑紐元部，「按」爲影紐元部，音近可通，而《韓非子·外儲說》：「故籍之虛辭，則能勝一國；考實按形，不能謾於一人。」「按」即有「查驗」之義。

第三節　「晏子言齊景公任人缺失」組

明惪（德）觀行。勿（物）而崇者也，非爲媺（美）玉肴生（牲）也，今內寵又（有）割（會／鄶）痶（譴／欸），外＝（外亦）又（有）梁丘壆（據）

〔註129〕濮茅左：《上海博物館藏戰國楚竹書（六）·競公瘧釋文》（上海：上海古籍出版社，2007年），頁182。

〔註130〕董珊：〈讀《上博六》雜記〉，武漢大學《簡帛網》，2007/07/11。

〔註131〕陳偉：〈讀《上博六》條記〉，武漢大學《簡帛網》，2007/07/09。梁靜：〈《景公虐》與《晏子春秋》的對比研究〉，武漢大學《簡帛網》，2007/07/28。

〔註132〕沈培：〈《上博（六）》字詞淺釋（七則）〉，武漢大學《簡帛網》，2007/07/20。

縈（營）恚（詿），公退武夫，亞（惡）聖人，番（播）涅（盈）壓（藏）菩（篤），吏☒【瘧簡 9】內寵之臣，迫奪于國；外寵之臣，出喬（矯）於鄙（鄙）。自古（姑）、蚤（尤）吕（以）西，翏（聊）、香（攝）吕（以）東，丌（其）人婁（數）多已，是皆貧肷（苦）。約疒（弱）瘥（疾），夫婦皆詛，一丈夫埶（執）尋之幣、三布之玉，唯是☒【瘧簡 10】二夫可不受皇嬰（恩）▄，則未夏（得）與昏（聞）。」

一、明戛觀行勿而祟者也

　　「行」下之字，簡文寫作「⿱」，濮茅左釋作「勿」。〔註 133〕范常喜認爲此字與郭店簡〈五行〉「軫」字右旁所從相同，寫作「⿰」，故將「⿱」字釋作「⿰」。〔註 134〕由字形觀之，范氏之說有其道理，但楚文字未見獨體的「⿰」字，故筆者傾向從原考釋之說，將「⿱」字釋作「勿」。

　　倒數第三字，原簡寫作：

濮茅左釋作「未」。〔註 135〕何有祖引張新俊之說，認爲「⿱」字應釋作「祟」，得到學者一致認同。〔註 136〕楚國「未」字寫作「⿰」（《郭店・語一》簡 48）、「⿰」（《上博四・柬》簡 7），且〈瘧〉簡 12「未」字寫作「⿱」，而「⿱」字下從「示」旁，不可能是「未」字。而楚簡的「祟」字寫作「⿱」（《包山》簡 243）、「⿰」（《新蔡》甲三簡 112）、「⿰」（《新蔡》甲三簡 185），仔細對照可知，「⿱」字與上述所舉字形有些許不同，差別在於上半部不是「木」旁或「屮」形體。不過，《新蔡》零簡 241 有字寫作「⿰」，張新俊疑爲「祟」字，與睡虎地秦簡〈日書乙篇〉簡 216「祟」字寫法相同，寫作「⿱」，但因簡文殘斷，無法確定。〔註 137〕新蔡簡的「⿰」顯然與「⿱」字相同，雖然無法確定釋作「祟」，但由睡虎地秦簡「⿱」字來推敲，「⿰」字釋作「祟」的可能性

〔註 133〕濮茅左：《上海博物館藏戰國楚竹書（六）・競公瘧釋文》（上海：上海古籍出版社，2007 年），頁 180。

〔註 134〕范常喜：〈《上博六・競公虐》簡 9「勿」字補議〉，武漢大學《簡帛網》，2007/07/28。

〔註 135〕濮茅左：《上海博物館藏戰國楚竹書（六）・競公瘧釋文》（上海：上海古籍出版社，2007 年），頁 180。

〔註 136〕何有祖：〈讀《上博六》札記〉，武漢大學《簡帛網》，2007/07/09。

〔註 137〕張新俊：〈釋新蔡楚簡中的「柰（祟）」〉，武漢大學《簡帛網》，2006/05/03。

非常高。因此,「弍」字仍可從何有祖之說,只是在字形上,「弍」字豎畫有斷開的現象。

簡文「明慧觀行勿而弍者也」的斷讀問題,學者爭議頗多。濮茅左斷讀「明德觀行。物而未著也」,「物」大概理解爲「事物」,而「著」有「顯著」之義。〔註138〕何有祖將此句連讀爲「明德觀行物而祟者也」,但未作任何訓解。〔註139〕以釋讀而言,濮茅左之說無法成立,原因在於「弍」字不能釋作「未」。不過,以斷句而言,「明德觀行」因上文殘斷,文義不詳,與下文斷開是較爲保險的作法,且下文「非爲美玉肴牲也」之語意顯然與「勿而弍者也」之「弍」(祟)字互有關連,故濮茅左的斷句有其道理。

張崇禮將「明」訓作「明察」;「勿」如字讀,表示否定;「而」表示承接,相當於「則」字用法;「祟」指神明降禍於人,故此句斷讀爲「明德觀行,勿而祟者也」與下文「非爲美玉肴牲也」爲一個意群,意謂「在祭祀之時,接收祭祀的神明,會明辨祭祀者的品德,觀察他的行爲,如不善,就會降禍給他,並不會特別在意美玉肴牲」。〔註140〕以文義而言,可謂相當通順,但「勿」訓作「不善」,似有增字解經之嫌,且梁靜亦言:「用『勿』字來表示行爲的偏差,似乎有點牽強」。〔註141〕因此,筆者不從此說。

范常喜讀爲「明德觀行,沴而祟者也」,其中「沴」訓作「天地四時之氣不合所產生的災害」,「而」表並列關係,文義大略從張崇禮之說,只是「沴而祟者也」另解釋爲「災害與降禍」。〔註142〕此說可讀通簡文,但筆者前述已言「屮」字釋作「㣇」仍有疑慮,故此說成立的可能性不高。

梁靜讀「勿」爲「物」,即作祟之物,整句連下文斷讀爲「明德觀行,物而祟者也,非爲美玉肴牲也」。〔註143〕陳偉補充梁靜之說,傳世文獻多謂鬼魅爲「物」,但斷句上,認爲「明德觀行」當與下文斷開,「物而祟者也,非爲

〔註138〕濮茅左:《上海博物館藏戰國楚竹書(六)・競公瘧釋文》(上海:上海古籍出版社,2007年),頁180～181。
〔註139〕何有祖:〈上博六《景公瘧》初探〉,武漢大學《簡帛網》,2007/07/11。
〔註140〕張崇禮:〈《景公虐》第九簡詁解〉,《簡帛研究網》,2007/07/28。
〔註141〕梁靜:〈《景公虐》與《晏子春秋》的對比研究〉,武漢大學《簡帛網》,2007/07/28。
〔註142〕范常喜:〈《上博六・競公虐》簡9「勿」字補議〉,武漢大學《簡帛網》,2007/07/28。
〔註143〕梁靜:〈《景公虐》與《晏子春秋》的對比研究〉,武漢大學《簡帛網》,2007/07/28。

美玉犧牲也」意即「鬼神作祟，不是爲了索取祭品，而是顯示上天的譴誡」。
〔註144〕凡國棟讀「觀」爲「勸」，訓作「勸勉」、「努力」；「勿」讀爲「沒」或
「免」，有「止退」義；「者」讀爲「著」，訓作「顯現」，此句連下文斷讀爲
「明德觀行，沒／免而祟著也，非爲美玉犧牲也」意謂「光明之德和勸勉之行
止退了，然後祟就顯現出來。因此有物作祟，並不在乎祝禱時祭品的豐盛與
否，而在乎爲政者的德行」。〔註145〕

　　上述三說皆可讀通簡文，但以濮茅左之斷句比較合理，故筆者將該句斷
讀爲「物而祟者也，非爲美玉犧牲也」，意即晏子利用鬼神的力量勸諫齊景公，
暗示政治上的缺失，引出下文「今內寵有會譴，外＝有梁丘據縈�狂」（筆者贊
同學者說法，將「外＝」讀爲「外亦」、「縈狂」讀爲「營詿」，詳見下文）。

二、外　＝

　　「外」字之下有「＝」符號，原簡寫作：

濮茅左將之理解爲重文符號，前後簡文讀爲「今內寵有會譴外，外有梁丘據
縈狂」。〔註146〕但「今內寵有會譴外，外……」，顯然讀不通簡文。

　　陳偉認爲楚簡「間」字所從有時寫成「外」，如「▇」（《上博二・容》簡
6）、「▇」（《上博六・莊》簡 3），故此字爲「外間」合書，讀爲「外姦」，「姦」
訓作「惡人」，簡文「內寵」與「外姦」對舉。〔註147〕但楚簡「間」字省去「門」
旁後，「外」形寫作「⿰⿰」（《包山》簡 220）、「⿰⿰」（《郭店・老甲》簡 23），
顯然與簡文不同，故「▇」字不爲「外間」合書。

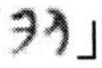

　　董珊認爲「＝」爲重文符號，「外外」讀爲「外闢」，「闢」與「辟」又可
通假，故「外嬖」可與「內寵」對文。〔註148〕此說雖於文義可通，但「闢」
爲見紐元部，「辟」爲並紐錫部，聲韻隔閡，而董氏所舉例證只針對聲紐作說
明，且在破讀上一轉再轉，過於曲折，故筆者不從。

〔註144〕陳偉：〈《景公瘧》九號簡中的「物」應指鬼神〉，武漢大學《簡帛網》，
　　　　　2007/07/29。
〔註145〕凡國棟：〈《景公瘧》札記一則〉，武漢大學《簡帛網》，2007/07/29。
〔註146〕濮茅左：《上海博物館藏戰國楚竹書（六）・競公瘧釋文》（上海：上海古籍出
　　　　　版社，2007 年），頁 184。
〔註147〕陳偉：〈讀《上博六》條記之二〉，武漢大學《簡帛網》，2007/07/09。
〔註148〕董珊：〈讀《上博六》雜記〉，武漢大學《簡帛網》，2007/07/11。

　　張崇禮主張是「外卜」合文，讀作「外僕」，即負責住宿、停留等事務的官員，與「內寵」對舉。〔註149〕以字形觀之，「𠂤」視爲「外卜」合文，有其道理，不過楚國「卜」字寫作「𠂇」（《郭店‧緇》簡46），顯然與「𠂤」右旁所從不同，且未見「外」字所從「卜」旁寫作郭店簡那樣的寫法。

　　劉信芳舉《晏子春秋‧內篇‧景公信用讒佞賞罰失中晏子諫》：「內寵之妾，迫奪於國；外寵之臣，矯奪於鄙。」故認爲「𠂤」可釋作「外寵」，以重文符號代替「寵」字。〔註150〕此說從版本異文觀察，有其合理性，但出土文獻目前未見重文符號有此用法，故此說還有待更多出土資料來印證。

　　李天虹贊同董珊「『外變』可與『內寵』對文」的說法，主張「𠂤」爲「外外」重文，而「外」爲疑紐月部，「藝」爲心紐月部，韻同部但聲紐稍隔，不過「藝」從「埶」聲，而「埶」即「藝」的本字，「藝」之古音則與「外」相同，可見「外」、「藝」二字古音相近，有通假的可能，故「外外」可讀爲「外藝」，「藝」有「孽」義，如《禮記‧檀弓下》：「調也君之藝臣也」，鄭注：「藝，孽也。」〔註151〕此說在「外」、「藝」的音理疏通上有其道理，但先秦文獻未見「外」、「藝」直接通假的例證，故筆者對於此說採取保留態度。

　　何有祖認爲「𠂤」爲「外夕」合文，讀爲「外亦」，梁靜贊同此說。〔註152〕「夕」爲邪紐鐸部，「亦」爲余紐鐸部，典籍文獻有通假例證，如《史記‧管蔡世家》：「子莊公夕姑立」，《漢書‧古今人表》作「亦姑」。而「今內寵有會譖，外亦有梁丘據縈恚」（筆者贊同學者之說，將「縈恚」讀爲「營誆」，訓作「迷惑欺騙」，詳見下文），文義可謂相當通順。

三、縈　恚

　　濮茅左讀爲「縈狂」，「狂」訓作「躁」。〔註153〕何有祖讀爲「營枉」，即「營私枉法」，得到梁靜的認同。〔註154〕范常喜讀爲「營誆」，「營」、「誆」均

〔註149〕張崇禮：〈《景公虐》第九簡解詁〉，《簡帛研究網》，2007/07/28。

〔註150〕劉信芳：〈《上博藏六》試解之三〉，武漢大學《簡帛網》，2007/08/09。

〔註151〕李天虹：〈上博六《景公瘧》字詞校釋〉，《古文字學論稿》（合肥：安徽大學出版社，2008年），頁339。

〔註152〕何有祖：〈讀《上博六》札記〉，武漢大學《簡帛網》，2007/07/09。何有祖：〈上博六《景公瘧》初探〉，武漢大學《簡帛網》，2007/07/11。梁靜：〈《景公虐》與《晏子春秋》的對比研究〉，武漢大學《簡帛網》，2007/07/28。

〔註153〕濮茅左：《上海博物館藏戰國楚竹書（六）‧競公瘧釋文》（上海：上海古籍出版社，2007年），頁184。

〔註154〕何有祖：〈上博六《景公瘧》初探〉，武漢大學《簡帛網》，2007/07/11。梁

有「迷惑欺騙」之義。〔註 155〕在濮茅左的說法中，「縈」字未有訓解，無法疏通文義，暫且不論。至於何有祖、范常喜二說，皆能讀通文義，但典籍文獻未見「營」訓作「營私」之義。故筆者採用范氏之說，「營」有「迷惑」義，如銀雀山漢墓竹簡《孫臏兵法・威王問》簡 266「營而離之，我并卒而擊之，毋令敵知之。」整理者注：「營，惑。」而「誑」有「欺騙」義，如《國語・周語下》：「夫天道導可而省否，莧叔反是，以誑劉子，必有三殃。」韋昭注：「誑，惑也。」〔註 156〕

四、公退武夫亞聖人

陳偉認爲「亞」應當如字讀，訓作「次」，與「退」相對，文義大概爲「使聖人位次於武夫」。〔註 157〕李天虹將「退」讀爲「內」或「納」，「武夫」帶有貶意，而「亞」從濮茅左之說，讀爲「惡」，梁靜表示贊同。〔註 158〕張崇禮則認爲「武夫」帶有褒意，如《詩・周南・兔罝》：「赳赳武夫，公侯幹城。」而「退」訓作「貶退」，「亞」字從濮茅左讀，訓作「討厭」，此句意謂晏子批評齊景公文治武功皆不修。〔註 159〕三說於文義皆可讀通，但筆者採用張崇禮之說，前文晏子已批評會譴、梁丘據之惡行，此句進一步延伸，焦點從個人轉向國家，批評齊景公文武皆不修。

五、番涅臧菖

濮茅左與何有祖二人，分別讀爲「番涅臧亯」與「播盈藏篤」，但均未作詳細訓解。〔註 160〕凡國棟將「涅」讀爲「淫」，整句讀爲「播淫藏篤」，「播」

靜：〈《景公瘧》與《晏子春秋》的對比研究〉，武漢大學《簡帛網》，2007/07/28。

〔註 155〕范常喜：〈讀《上博六》札記六則〉，武漢大學《簡帛網》，2007/07/25。

〔註 156〕銀雀山漢墓竹簡整理小組：《銀雀山漢墓竹簡（壹）・釋文注釋》（北京：文物出版社，1985 年），頁 52。

〔註 157〕陳偉：〈讀《上博六》條記〉，武漢大學《簡帛網》，2007/07/09。

〔註 158〕濮茅左：《上海博物館藏戰國楚竹書（六）・競公瘧釋文》（上海：上海古籍出版社，2007 年），頁 184。李天虹：〈《景公瘧》校讀二則〉，武漢大學《簡帛網》，2007/07/26。梁靜：〈《景公瘧》與《晏子春秋》的對比研究〉，武漢大學《簡帛網》，2007/07/28。李天虹：〈上博六《景公瘧》字詞校釋〉，《古文字學論稿》（合肥：安徽大學出版社，2008 年），頁 339～340。

〔註 159〕張崇禮：〈《景公瘧》第九簡解詁〉，《簡帛研究網》，2007/07/28。

〔註 160〕濮茅左：《上海博物館藏戰國楚竹書（六）・競公瘧釋文》（上海：上海古籍出版社，2007 年），頁 184。何有祖：〈讀《上博六》札記〉，武漢大學《簡帛網》，

與「藏」對文，「淫」與「篤」對文，意謂「播其淫心，藏其篤行」，即對齊景公心理的剖析與批評，得到梁靜的認同。〔註161〕范常喜認為「涅」讀為「淫」不符合楚文字用字習慣，故改讀「蕃逞藏篤」，其中「蕃」訓作「繁殖」、「增加」，「逞」有「放縱」義，此句語意為「增加放縱，掩藏誠篤」。〔註162〕張崇禮從何有祖讀，且認為凡氏將「播」與「藏」對文，「淫」與「篤」對文，有其道理，故「播」訓為「顯露」，「盈」訓作「驕橫」之義，意即晏子批評齊景公做人驕橫自滿，不能敦厚篤實。〔註163〕凡國棟、范常喜與張崇禮三說皆可通讀簡文，但楚簡「涅」字多讀為「盈」，如郭店簡〈老子甲〉簡16、37、38；上博簡三〈恆先〉簡4，故簡文「涅」讀為「盈」的可能性要比「淫」、「逞」大上許多，因此筆者從張崇禮之說。此外，〈瘧〉簡9末有「吏」字，濮茅左讀為「使」。〔註164〕但筆者以為簡文下文殘斷，無法切確其義，因此暫不訓讀其字。

六、出喬於郢

最後一字，原簡寫作：

濮茅左釋作「郢」。〔註165〕何有祖原本釋作「里邑」兩字，其後另文補充，認為「邑」是後補的字，其情況相同於〈競〉簡6的「於」字。〔註166〕李天虹對何有祖前說提出反駁，認為此字只佔一字位置，且後無標誌符號，因此仍從濮茅左之說，視為「里」字異體。〔註167〕李天虹之反駁有理，顯然「里」

2007/07/09。何有祖：〈上博六《景公瘧》初探〉，武漢大學《簡帛網》，2007/07/11。

〔註161〕凡國棟：〈上博六《景公瘧》札記〉，武漢大學《簡帛網》，2007/07/17。梁靜：〈《景公瘧》與《晏子春秋》的對比研究〉，武漢大學《簡帛網》，2007/07/28。

〔註162〕范常喜：〈讀《上博六》札記六則〉，武漢大學《簡帛網》，2007/07/25。

〔註163〕張崇禮：〈《景公瘧》第九簡解詁〉，《簡帛研究網》，2007/07/28。

〔註164〕濮茅左：《上海博物館藏戰國楚竹書（六）·競公瘧釋文》（上海：上海古籍出版社，2007年），頁184。

〔註165〕濮茅左：《上海博物館藏戰國楚竹書（六）·競公瘧釋文》（上海：上海古籍出版社，2007年），頁185。

〔註166〕何有祖：〈上博六《景公瘧》初探〉，武漢大學《簡帛網》，2007/07/11。何有祖：〈《景公虐》札記四則〉，武漢大學《簡帛網》，2007/07/27。

〔註167〕李天虹：〈上博（六）箚記二則〉，武漢大學《簡帛網》，2007/07/21。

字爲上下結構，只佔一字空間。至於〈競〉簡 6 的「於」字，其字體較小，且位於上一字的左下方，反觀「𩫏」字的「邑」旁，字體大小與「里」字相差不遠，且書寫於「里」字正下方，故何有祖之說不可信。因此，「𩫏」字應釋作「郢」，爲「里」字異體。

　　何有祖將此段連上文斷讀爲「……之臣出，矯於里邑」，「矯」大概訓作「違背」之義。〔註168〕此說成立的可能性不高，原因在於「𩫏」字不能釋作「里邑」。

　　濮茅左讀「喬」爲「矯」或「驕」，訓作「違背」或「驕縱」；「郢」讀爲「鄙」，訓作「郊野」，並將簡文補足爲「內寵之臣，迫奪于國；外寵之臣，出矯於鄙」，本段簡文意謂「王寵之外臣，出則驕橫違法於邊野」。〔註169〕李天虹認爲濮氏之說無誤，但「矯」改訓作「詐」，其義與《左傳・昭公二十年》：「內寵之妾，肆奪於市；外寵之臣，僭令於鄙」之「僭」相同，梁靜從之。〔註170〕在濮茅左的說法中，「里」爲來紐之部，「鄙」爲幫紐之部，典籍有通假的例證，如《老子》二十章：「而我獨頑似鄙」，漢帛書甲本「鄙」作「悝」。至於所補缺文，顯然是據《左傳・昭公二十年》的記載而稍作變化，因此筆者採信李天虹之說，讀作「內寵之臣，迫奪于國；外寵之臣，出矯於鄙」，意謂「裡面的寵臣逼迫掠奪國家；外面的寵臣則在邊野上假託聖旨」。

七、嫪𣈄呂東

　　第二字，原簡寫作：

濮茅左隸定作「𣈄」，讀作「攝」，與《左傳・昭公二十年》：「聊、攝以東」相同，但未詳細說明「𣈄」、「攝」通假關係。〔註171〕徐在國引李家浩之說，認爲「𣈄」字即是《說文》籀文「春」，「攝」字古音爲泥紐葉部，「春」字爲余

〔註168〕何有祖：〈上博六《景公瘧》初探〉，武漢大學《簡帛網》，2007/07/11。何有祖：〈《景公虐》札記四則〉，武漢大學《簡帛網》，2007/07/27。

〔註169〕濮茅左：《上海博物館藏戰國楚竹書（六）・競公瘧釋文》（上海：上海古籍出版社，2007 年），頁 185。

〔註170〕李天虹：〈上博（六）箚記二則〉，武漢大學《簡帛網》，2007/07/21。梁靜：〈《景公虐》與《晏子春秋》的對比研究〉，武漢大學《簡帛網》，2007/07/28。

〔註171〕濮茅左：《上海博物館藏戰國楚竹書（六）・競公瘧釋文》（上海：上海古籍出版社，2007 年），頁 185～186。

紐緝部，兩字音近可通，梁靜表示認同。〔註172〕首先，由《左傳‧昭公二十年》之記載來看，顯然簡文「圝」字要讀爲「攝」，故上述二說皆可信。其次，由字形而言，《新蔡》乙三簡 24 有字寫作「圝」，其辭例爲「☐祭王孫圝☐」，與此相同辭例亦見於乙三簡 42「是日祭王孫厭一豢」，顯然「圝」字要讀爲「厭」，但新蔡簡的整理者僅言兩字通假，未說明理由。〔註173〕而李家浩指出：

> 「厭」字所從之「晉」即《說文》籀文「春」。中古音「厭」和「春」
> 分別有於琰切、於葉切和魚紀切、羊入切兩讀。值得注意的是，「厭」
> 的於葉切一讀屬影母葉韻開口四等入聲，「春」的羊入切一讀屬喻紐
> 緝部開口四等入聲，它們的等呼聲調相同；上古音分別屬影母葉部
> 和余母緝部。古代緝、葉二部的字音關係密切。例如：「習」、「及」
> 屬緝部，而從「習」聲的「慴」、「摺」、從「及」聲的「衱」、「极」
> 屬葉部。余、影二母偶爾也有通用的情況。例如《上博（一）‧性情
> 論》簡 14 以「要」爲歌謠之「謠」，「要」屬影母，「謠」屬余母，
> 是其證。〔註174〕

由上述可知，「圝」字讀爲「厭」，有其道理。而〈瘧〉簡 10「圝」字與新蔡簡「圝」字下部所從相同，故「圝」字應釋作「春」，轉讀爲「攝」。

八、是皆貧胋約疛瘯

「貧」字之下，原簡寫作：

濮茅左釋作「痼」。〔註175〕張崇禮認爲「胋」字從「肉」、「古」聲，應爲「胋」

〔註172〕徐在國：〈上博（六）文字考釋二則〉，武漢大學《簡帛網》，2007/07/23。此文亦發表於《2007 年中國簡帛學國際論壇》，2007 年 11 月 10～11 日。梁靜：《《景公瘧》與《晏子春秋》的對比研究》，武漢大學《簡帛網》，2007/07/28。

〔註173〕賈連敏：〈新蔡葛陵楚墓出土竹簡釋文〉，《新蔡葛陵楚墓》（鄭州：大象出版社，2003 年），頁 183。

〔註174〕此說轉引自宋華強：《新蔡楚簡的初步研究》（北京：北京大學中文系博士論文，2007 年），頁 71。

〔註175〕濮茅左：《上海博物館藏戰國楚竹書（六）‧競公瘧釋文》（上海：上海古籍出版社，2007 年），頁 186。

字。〔註176〕細審此字，確實如張氏之說，故「淠」字應改釋作「胩」。

　　陳劍認爲簡文「貧胩約疠瘥」與《晏子春秋・內篇・景公信用讒佞賞罰失中晏子諫》中的「愁苦約病」相對應，而「約」、「疠」皆從「勺」聲，讀音甚近甚至相同，可知其中必有一字係衍文，並引吳則虞注《晏子春秋》曰：「約者，猶言貧困也」，故「疠」字當爲衍文。〔註177〕此說利用出土文獻與傳世文獻互相對讀，進而確定簡文此句與《晏子春秋》「愁苦約病」相對應，有其道理。不過，據此認定「疠」字是衍文，仍待斟酌，原因在於文獻流傳的版本眾多，各別本子對於同一件事的描述亦有不同，異文在所難免，故「貧胩約疠瘥」不一定要與「愁苦約病」完全對應。因此，筆者對於此說採取保留態度。

　　濮茅左將此句讀爲「是皆貧苦，約瘲疾」，其中「約」訓作「捆縛」、「纏束」；「瘲」訓作「狂病」，「約瘲疾」指「身纏狂症」，而整句意與《晏子春秋・內篇・景公信用讒佞賞罰失中晏子諫》中的「民愁苦約病」相同。〔註178〕張崇禮認爲「胩」、「殆」爲異體關係，故「胩」的意思是「人瘦得皮包骨頭」；「約」字訓作「貧」，「疠」讀爲「弱」，「貧弱」指貧困弱小的人；「瘥」讀爲「疾」，訓作「怨」，整句讀爲「是皆貧胩。約弱疾，夫婦皆詛」。〔註179〕

　　對於「貧胩」一詞，筆者認爲「胩」、「殆」雖爲異體關係，但《說文》：「殆，枯也。」《玉篇》：「殆，枯乾也。」《廣韻》：「殆，枯瘁也。」由上述可知，「殆」字從未比喻作人體瘦得皮包骨頭，且「胩」字未見此義，因此「貧胩」讀爲「貧苦」較爲恰當，即言「姑、尤以西，聊、攝以東的人民皆貧苦」。至於「約疠瘥」一句，郭店簡〈語叢四〉「士有謀友，則言談不勺」，裘錫圭於按語讀「勺」爲「弱」。〔註180〕中山王鼎的「汋」讀「溺」。〔註181〕可見「疠」

〔註176〕張崇禮：〈《景公虐》第十簡解詁〉，《簡帛研究網》，2007/07/26。

〔註177〕陳劍：〈《上博（六）・孔子見季桓子》重編新釋〉，《復旦大學出土文獻與古文字研究中心》，2008/03/22。

〔註178〕濮茅左：《上海博物館藏戰國楚竹書（六）・競公瘧釋文》（上海：上海古籍出版社，2007年），頁186。

〔註179〕張崇禮：〈《景公虐》第十簡解詁〉，《簡帛研究網》，2007/07/26。李天虹贊同張說讀「疠」爲「弱」的看法，並補充一項義證，《尚書・洪範》：「六極：一曰凶短折，二曰疾，三曰憂，四曰貧，五曰惡，六曰弱」，孔傳注：「弱，尪劣」，孔疏：「『六極』謂窮極惡事有六……『尪』、『劣』並是弱事，爲筋力弱，亦爲志氣弱。」請參閱李天虹：〈上博六《景公瘧》字詞校釋〉，《古文字學論稿》（合肥：安徽大學出版社，2008年），頁340。

〔註180〕荊門市博物館：〈郭店楚墓竹簡〉（北京：文物出版社，1998年），頁219。

讀爲「弱」應無問題。而在文義方面，二說確實可通，但以下文「夫婦皆詛」
來看，筆者認爲張氏將「疾」訓作「怨」，可與「詛」相對，文義的承接性較
爲合理，故「約疠瘁」讀爲「約弱疾」，意謂「貧困弱小的人抱怨」。此外，
在斷句方面，濮茅左將「夫婦皆詛一丈」（「丈，原作「支」，據陳偉改釋，詳
見下文」）連讀。但以文義而言，應在「詛」後斷句，才可與此段對應。

九、一丈夫埶尋之幣

第二字，原簡寫作「丈」，濮茅左釋作「支」。〔註182〕陳偉改釋作「丈」，
得到學者一致認同。〔註183〕楚文字「丈」字寫作「丂」（《郭店・六》簡27）、
「丈」（《上博三・周》簡16），字形顯然與此字相同，故陳偉之說可信。

「之」字之上，原簡寫作：

濮茅左釋作「敥」。〔註184〕何有祖釋作「尋」，訓爲「長度單位」，得到學者一
致贊同。〔註185〕楚簡「敤」字寫作「敤」（《包山》簡120）；「鄩」字寫作「鄩」
（《新蔡》甲二簡6）、「鄩」（《新蔡》乙四簡67），以上三字所從「尋」旁，
顯然與「敥」字左半部所從相同，故「敥」字應釋作「尋」。

對於「一丈夫」的理解，陳偉主張因對應上文「人數多已」、「夫婦皆詛」，
故此處用「一」字強調，指齊景公的「祝」，梁靜贊同此說。〔註186〕張崇禮將
下文「三布之玉」之「布」訓作「量詞」，與「尋」對應，而理解文義爲「每
個人的祭品都非常簡陋，但全齊國百姓群起而詛之」，可知其將「一丈夫」理
解爲「齊國百姓」。〔註187〕筆者認爲前說較能緊扣文義，前文齊景公昏貪苛慝，
縱容內外寵臣，貧弱百姓怨聲載道，人民皆詛咒景公，故此處用「一」字強

〔註181〕何琳儀：《戰國古文字典》（北京：中華書局，1998年），頁309。
〔註182〕濮茅左：《上海博物館藏戰國楚竹書（六）・競公瘧釋文》（上海：上海古籍出
　　　　版社，2007年），頁186。
〔註183〕陳偉：〈讀《上博六》條記〉，武漢大學《簡帛網》，2007/07/09。
〔註184〕濮茅左：《上海博物館藏戰國楚竹書（六）・競公瘧釋文》（上海：上海古籍出
　　　　版社，2007年），頁186。
〔註185〕何有祖：〈讀《上博六》札記〉，武漢大學《簡帛網》，2007/07/09。
〔註186〕陳偉：〈讀《上博六》條記〉，武漢大學《簡帛網》，2007/07/09。梁靜：〈《景
　　　　公瘧》與《晏子春秋》的對比研究〉，武漢大學《簡帛網》，2007/07/28。
〔註187〕張崇禮：〈《景公瘧》第十簡解詁〉，《簡帛研究網》，2007/07/26。

調「祝」，反襯出只靠「祝」的祈禱是微不足道，無濟於事的。這是晏子暗喻齊景公，造成如此現象，責任在於自己。

此外，關於祭品簡陋一說，筆者認爲有待商榷，「尋」之本義爲「像兩手張開爲尺度之形」，「幣」應訓作「帛」，《儀禮・聘禮》：「幣美則沒禮」，鄭玄注：「幣，謂束帛也」，而古代「八尺爲一尋」，因此可形容帛之豐富；「布」作量詞用有「列」、「堆」義，如《左傳・昭公二十六年》：「魯人買之，百兩一布。以道之不通，先入幣財。」杜預注：「言魯人買此甚多，布陳之，以百兩爲數。」因此可形容玉之豐富，可見簡文「尋之幣，三布之玉」即言祭品豐富，與〈瘧〉簡 1「吾幣帛甚倍於吾先君之量矣，吾珪寶大於吾先君之度」之文義互相呼應。〔註188〕

附帶一提，〈瘧〉簡 10 末有一殘缺之字，濮茅左未釋出。〔註189〕何有祖補釋爲「夫」字。〔註190〕此字雖與同簡的「夫」字頂端字形相同，但簡文殘斷，文義不明，故筆者暫不將此字釋出。

十、二夫可不受皇嬰

濮茅左將「皇」訓作「大」，而最後一字隸定作「瑗」，從「玉」、「晏」聲，原簡寫作：〔註191〕

何有祖主張「夫」爲「大夫」合文，「二大夫」指祝、史；「皇」讀作「況」，而「𤣥」字可釋作「嬰」，即「晏嬰」之名，此句與下文斷讀爲「二夫何不受？況嬰則未得與聞」。〔註192〕梁靜贊同何氏「嬰」字考釋，改讀爲「瓔」，且「嬰」

〔註188〕李天虹認爲「三布之玉」之「布」可讀作「尺」，是一度量單位，仍與「尋」對應。請參閱李天虹：〈上博六《景公瘧》字詞校釋〉，《古文字學論稿》（合肥：安徽大學出版社，2008 年），頁 340～341。「布」爲幫紐魚部，「尺」爲昌紐鐸部，韻部對轉，但聲紐隔閡，故李氏引用大量聲韻資料作爲旁證，證明「布」、「尺」二字存在通假的可能，但其所引資料卻無「布」、「尺」直接通假的例證，故筆者對於此說持保留態度。

〔註189〕濮茅左：《上海博物館藏戰國楚竹書（六）・競公瘧釋文》（上海：上海古籍出版社，2007 年），頁 186。

〔註190〕何有祖：〈上博六《景公瘧》初探〉，武漢大學《簡帛網》，2007/07/11。

〔註191〕濮茅左：《上海博物館藏戰國楚竹書（六）・競公瘧釋文》（上海：上海古籍出版社，2007 年），頁 187。

〔註192〕何有祖：〈上博六《景公瘧》初探〉，武漢大學《簡帛網》，2007/07/11。

和「昏」之下各有一墨點，可能爲句讀符號，但整句文義待考。〔註 193〕李天虹認同何氏的考釋與訓解，但認爲「嬰」下的墨點爲「特意指示人名的標識」，但又自我懷疑，認爲〈瘧〉篇可以肯定的人名後均無標識，因此又舉〈瘧〉簡 12「是襄桓之言也」一句加以佐證，此句「言」字下有一墨點，但「言」、「也」顯然連讀，因此「嬰」下的墨點可能有句讀符號之外的作用，故此句與下文重新斷讀爲「二夫可不受皇，嬰則未得與聞」，且《晏子春秋》多見「嬰聞……」的句式。〔註 194〕

　　以字形而論，在隸定層次上，「𤘁」字可隸作「瑷」；在考釋層次上，可釋作「嬰」。其次，「嬰」字後有一墨點，亦見於〈瘧〉簡 8「勶」與「益」、簡 12「昏」字之後，皆作爲斷句符號，故何氏之說成立的可能性不高。而李天虹認爲是「特意指示人名的標識」有其道理，但如同李天虹所言，〈瘧〉篇可以肯定的人名後均無標識，此處若是「特意指示人名」的用法，顯然不合全篇規律。再者，〈瘧〉簡 12 的「言」、「也」二字連讀或有道理，但「言」字下的墨點，其位置、大小皆與〈瘧〉簡 8「勶」與「益」、簡 12「昏」等字相同，就簡文內證而言，筆者認爲此處「嬰」字與〈瘧〉簡 12「言」字下的墨點皆是句讀符號的用法。因此，筆者認爲「嬰」可讀爲「恩」，「嬰」爲影紐耕部，「恩」從「因」聲，爲影紐眞部，「嬰」、「因」在典籍文獻中有通假例證，《戰國策·趙策》：「東藩之臣田嬰齊後至」，「嬰齊」，《史記·魯仲連鄒陽列傳》作「因齊」。故此句連下文讀爲「二大夫可不受皇恩，則未得與聞」，文義爲「沒有聽聞祝與史不受齊景公您的大恩」，此句即爲晏子替祝、史辯護，二大夫仍將齊景公的恩澤僅記在心。〔註 195〕

第四節　「齊景公聽信諫言且病癒」組

　　公勥（強）记（起），違笪（席）曰：「善才（哉）！虔（吾）□晏子是（實）壤（良）逇（翰）之言■。也（施）祭、正（貞）不腏（獲）祟，呂（以）

〔註 193〕梁靜：〈《景公瘧》與《晏子春秋》的對比研究〉，武漢大學《簡帛網》，2007/07/28。

〔註 194〕李天虹：〈上博六《景公瘧》字詞校釋〉，《古文字學論稿》（合肥：安徽大學出版社，2008 年），頁 342。

〔註 195〕李天虹認爲「二大夫」疑指會譴與梁丘據，但因爲其前文字殘缺，也無法排除指祝、史的可能性，請參閱李天虹：〈上博六《景公瘧》字詞校釋〉，《古文字學論稿》（合肥：安徽大學出版社，2008 年），頁 342。

至於此，神見虗（吾）逕（徑）暴☐」【瘧簡 12】青（請）祭與正（貞）。」安（晏）子訂（辭）。公或（又）胃（謂）之，安（晏）子許若（諾）。命割（會／膾）疾（譴／欸）不敢監祭，梁丘廣（據）不敢監正（貞）。旬又五，公乃出見折（制）☐【瘧簡 13】

一、違 筶

首字原簡寫作：

濮茅左釋爲「退」。〔註 196〕程燕認爲釋作「退」，文義甚安，但〈瘧〉簡 9「退」字寫作「遅」，顯然與「退」字不同，因而主張「退」爲退字誤寫。〔註 197〕李天虹以爲「退」字右旁從「韋」省，即是在「韋」（《郭店・老甲》簡 30）的基礎上，省略上面的「止」形，或者是在「韋」（《上博六・天子甲》簡 13）的基礎上，省略下面的「止」形，故「退」字應釋作「違」，訓作「去」、「離」之義，「違席」一詞見於文獻，《晏子春秋・內篇・景公以晏子妻老且惡欲納愛女晏子再拜以辭》：「晏子違席而對曰：『乃此則老且惡，嬰與之居故矣，故及其少而姣也。』」得到梁靜的贊同。〔註 198〕首先，同篇簡文已有「退」字，書手應是同一人的情況下，「退」爲「退」字誤寫的機率不高。其次，本論文認爲〈競公瘧〉的文本源自齊系，在書手對他國文字不熟悉的情況下，導致誤摹，但齊國「退」字寫作「退」（子禾子釜《集成》10374），與楚國寫法相同，故此因素可以排除。再者，李天虹之說在釋字、訓讀以及通讀文義上，均相當合理，故筆者從之。

二、壞逗之言

第二字，原簡寫作：

〔註 196〕濮茅左：《上海博物館藏戰國楚竹書（六）・競公瘧釋文》（上海：上海古籍出版社，2007 年），頁 187。

〔註 197〕程燕：〈讀上博六札記〉，武漢大學《簡帛網》，2007/07/24。

〔註 198〕李天虹：〈《景公虐》校讀三則〉，武漢大學《簡帛網》，2007/07/24。梁靜：〈《景公虐》與《晏子春秋》的對比研究〉，武漢大學《簡帛網》，2007/07/28。李天虹：〈上博六《景公瘧》字詞校釋〉，《古文字學論稿》（合肥：安徽大學出版社，2008 年），頁 342～343。

濮茅左釋作「追」。〔註 199〕程燕認為戰國文字「亘」與「㠯」的差別在於前者
上端筆畫不出頭，故「」字應釋作「逗」，得到郭永秉、何有祖的認同。
〔註 200〕程燕所言甚是，「亘」字寫作「㠯」（《新蔡》甲三簡 137「起」字所從），
而「㠯」字寫作「㠯」（《璽彙》3644「鰟」字所從），兩者的差別確實在上端
筆畫有無出頭，故「」字應釋作「逗」。

　　濮茅左讀此句為「讓追之言」，但未作任何訓解。〔註 201〕程燕主張在「壞」
之後斷句，整句連上文讀為「晏子是讓，旋之言也」，其中「旋」訓作「轉」，
意謂晏子責備齊景公的作法，很委婉地說出自己的意見。〔註 202〕對於濮茅左
之說，不僅未對文義疏通，且「」字不能釋作「追」，故此說成立的可能性
非常低。至於程燕之說，置於簡文無法讀通，原因在於上文「公強起，違席
曰：善哉！吾□」顯然主語為齊景公，且「轉」與「委婉」的詞義上仍有差
別。〔註 203〕

　　郭永秉將此句讀為「襄桓之言」，「襄桓」指齊襄公與齊桓公，且「言」
字後有一墨點，懷疑此非句讀符號，是提示讀者「襄桓」為專有名詞。〔註 204〕
「言」字後墨點亦見於〈瘧〉簡 12 的「瑗」、「聞」；簡 8 的「勼」、「益」等字
後，大小與位置均相同，而〈瘧〉簡 8、12 的墨點均為句讀符號，故可推敲
出「言」字後墨點亦為句讀符號。其次，在楚簡中，人名下往往加上墨點來

〔註 199〕濮茅左：《上海博物館藏戰國楚竹書（六）‧競公瘧釋文》（上海：上海古籍出
　　　　版社，2007 年），頁 187。
〔註 200〕程燕：〈讀上博六札記〉，武漢大學《簡帛網》，2007/07/24。郭永秉：〈《景公
　　　　虐》的「襄桓之言」〉，武漢大學《簡帛網》，2007/07/25。何有祖：〈釋《景
　　　　公虐》的「良翰」〉，武漢大學《簡帛網》，2007/07/25。
〔註 201〕濮茅左：《上海博物館藏戰國楚竹書（六）‧競公瘧釋文》（上海：上海古籍出
　　　　版社，2007 年），頁 187。
〔註 202〕程燕：〈讀上博六札記〉，武漢大學《簡帛網》，2007/07/24。
〔註 203〕「吾」後之字，原釋文未釋出，何有祖、梁靜皆補釋為「子」，但筆者以為此
　　　　字僅存殘筆，下文殘缺，無法確定是否為「子」字，因此暫不釋出，請參閱
　　　　濮茅左：《上海博物館藏戰國楚竹書（六）‧競公瘧釋文》（上海：上海古籍出
　　　　版社，2007 年），頁 187。何有祖：〈讀《上博六》札記〉，武漢大學《簡帛網》，
　　　　2007/07/09。何有祖：〈上博六《景公瘧》初探〉，武漢大學《簡帛網》，
　　　　2007/07/11。梁靜：〈《景公虐》與《晏子春秋》的對比研究〉，武漢大學《簡
　　　　帛網》，2007/07/28。
〔註 204〕郭永秉：〈《景公虐》的「襄桓之言」〉，武漢大學《簡帛網》，2007/07/25。

提示讀者，如《包山》簡 38「登敢＿以廷」、簡 51「宋勅＿以廷」、簡 152「右司馬迲＿命左令默定之」。〔註 205〕沈培在〈關于「抄寫者誤加『句讀符號』」的意見更正〉一文中指出：

> 這種所謂的「句讀符號」，都是加在專有名詞，特別是人名下面的，具有很強的規律性，在當時無疑是一種很正常的作法……這顯然跟當時「一字表多詞」的現象是有關係的。這樣做，就是要提醒讀者不必把標識的詞「破讀」爲別的詞。〔註 206〕

由上述可知，郭氏懷疑「言」字後墨點作爲提示作用，有其道理，但「壞逗」仍需經由「破讀」途徑，得出「襄桓」，明顯與上述所言情況不同，故筆者不從此說。

　　何有祖連上文讀爲「晏子實良師之言」，其後自我批判，認爲「襄」、「良」音近可通，典籍多有例證；從「亘」之字多爲匣紐元部，「翰」也屬匣紐元部，兩者爲雙聲疊韻，故改讀爲「晏子實良翰之言」，「良翰」指賢良的輔佐，如《詩·大雅·崧高》：「周邦咸喜，戎有良翰。」梁靜贊同後說。〔註 207〕縱觀《晏子春秋》，齊景公在位時，晏子多次進諫。簡文中，齊景公聽晏子進諫之後，云「良翰之言」，正與《晏子春秋》相合。此外，諸家皆將「也」字與「言」連讀，但「言」字後有一墨點，筆者前述認爲以全篇簡文內證而言，墨點應爲句讀符號，故「言」字要與「也」字斷開。

三、也祭正不隻祟

　　濮茅左將「正」字訓作「規範」、「標準」，或讀爲「政」；「隻」訓作「獨」、「專」，整句讀爲「祭正不隻，未」。〔註 208〕何有祖讀「正」爲「政」，大概訓爲「政治」之義；「隻」讀爲「獲」，整句讀爲「祭、政不獲祟」，梁靜表示贊同。〔註 209〕董珊認爲「祭正」是泛稱巫卜祝史；「隻祟」讀爲「獲祟」，即「得

〔註 205〕陳偉：《包山楚簡初探》（武漢：武漢大學出版社，1996 年），頁 23。
〔註 206〕沈培：〈關于「抄寫者誤加『句讀符號』」的意見更正〉，武漢大學《簡帛網》，2006/02/25。
〔註 207〕何有祖：〈上博六《景公瘧》初探〉，武漢大學《簡帛網》，2007/07/11。何有祖：〈釋《景公瘧》的「良翰」〉，武漢大學《簡帛網》，2007/07/25。梁靜：〈《景公瘧》與《晏子春秋》的對比研究〉，武漢大學《簡帛網》，2007/07/28。
〔註 208〕濮茅左：《上海博物館藏戰國楚竹書（六）·競公瘧釋文》（上海：上海古籍出版社，2007 年），頁 187。
〔註 209〕何有祖：〈讀《上博六》札記〉，武漢大學《簡帛網》，2007/07/09。何有祖：

崇」，整句讀爲「祭正不獲崇」。〔註210〕「膔」、「崇」二字，亦見於〈瘧〉簡7與簡9。〔註211〕因此，何有祖、董珊讀「獲崇」可信。

　　至於「正」字，沈培認爲〈瘧〉簡13「請祭與正」、「命會譴不敢監祭，梁丘據不敢監正」之兩「正」字，三者表示同一個詞，故此處「正」讀爲「政」雖於文義可通，但〈瘧〉簡13兩處若讀爲「政」，文義窒礙難行。因此，三個「正」字應讀爲「貞」，訓作「貞卜」，「祭」與「貞」實指「祭祀」與「貞卜」兩件事情，蘇建洲師贊同此說。〔註212〕此說有其道理，雖然〈瘧〉簡12與13雖然無法連讀，但就文義來看，顯然前後連貫，齊景公聽完晏子諫言之後，請晏子主持祭、正之事，而不用會譴與梁丘據，故三個「正」字應表示同一件事，此其一。古人生病，往往要舉行祭祀與貞卜，《包山》、《新蔡》楚簡多見例證，此其二。因此，〈瘧〉簡12的「正」字不能讀爲「政」，而董珊所言「祭正」指「巫卜祝史」，典籍文獻未見相關證據，應爲推測之說。

　　蘇建洲師認爲「貞不獲崇」是知道「有崇」，因而〈瘧〉簡1才要以幣帛、珪璧祭祀，但未能將眞正作祟的鬼神辨清，因此祭禱的效果不彰，故才有〈瘧〉簡13的「請祭與正」。〔註213〕以文義而言，此說相當合理，筆者從之。此外，前述已言「也」字屬下讀，於此應讀爲「施」，訓作「施行」。〔註214〕

四、神見虐遷

　　倒數第二字，原簡寫作：

濮茅左釋作「遷」。〔註215〕董珊認爲古籍、古文字「至」、「淫」、「涅」三字常

〈上博六《景公瘧》初探〉，武漢大學《簡帛網》，2007/07/11。梁靜：〈《景公虐》與《晏子春秋》的對比研究〉，武漢大學《簡帛網》，2007/07/28。

〔註210〕董珊：〈讀《上博六》雜記〉，武漢大學《簡帛網》，2007/07/11。

〔註211〕請參閱本論文第五章第二節第十小節、第五章第四節第三小節。

〔註212〕沈培：〈《上博六·競公虐》「正」字小議〉，武漢大學《簡帛網》，2007/07/31。蘇建洲師：〈《上博（六）·景公虐》補釋一則〉，武漢大學《簡帛網》，2007/10/07。

〔註213〕蘇建洲師：〈《上博（六）·景公虐》補釋一則〉，武漢大學《簡帛網》，2007/10/07。

〔註214〕此說爲林清源師所提出。

〔註215〕濮茅左：《上海博物館藏戰國楚竹書（六）·競公瘧釋文》（上海：上海古籍出版社，2007年），頁188。

見互訛，故「逕」爲「淫」字之訛。〔註216〕何有祖起先認爲「辵」旁與「坙」旁的「止」形共用筆畫，讀爲「徑」，但其後改從董珊之說。〔註217〕何有祖分析「**逕**」字構形可信，而右旁爲楚簡「坙」字寫法，如「**坙**」（《包山》簡 266「經」字所從）、「**至**」（《郭店・尊》簡 13），故可釋爲「逕」。至於董珊之說，認爲秦地名有「徙淫」，《漢書・地理志》作「徙經」，但所舉例證三年上郡殘戈內（《集成》11287）僅存「徙」字，未必等同於「徙淫」、「徙經」，而古書之例證，僅舉「淫」、「涅」二字，未舉「坙」、「淫」相訛之例證，故筆者不採此說。

此外，〈瘧〉簡 12 末有殘存筆畫，濮茅左將此字包含在省略符號中。〔註218〕原簡寫作：

何有祖將此字釋作「暴」，得到學者一致認同。〔註219〕楚簡「暴」字寫作「**暴**」（《上博五・鬼》簡 1）、「**暴**」（《上博五・鬼》簡 3），確實與「**暴**」字形體相近，故筆者從之。〔註220〕

簡文「神見虗**逕**暴」，何有祖讀爲「神見吾徑暴」，「徑」訓作「辦事的途徑」，句意爲「神看到齊景公的暴行」。〔註221〕董珊讀爲「神見吾淫暴」，「淫暴」爲古籍常見之詞，梁靜表示贊同，何有祖改從此說。〔註222〕雖然「淫暴」一詞見於傳世文獻，但「**逕**」字不能釋作「淫」，而何有祖之說切合文義，故筆者採信。

〔註216〕董珊：〈讀《上博六》雜記〉，武漢大學《簡帛網》，2007/07/11。

〔註217〕何有祖：〈讀《上博六》札記〉，武漢大學《簡帛網》，2007/07/09。何有祖：〈上博六《景公瘧》初探〉，武漢大學《簡帛網》，2007/07/11。何有祖：《景公虐》札記四則〉，武漢大學《簡帛網》，2007/07/27。

〔註218〕濮茅左：《上海博物館藏戰國楚竹書（六）・競公瘧釋文》（上海：上海古籍出版社，2007 年），頁 187。

〔註219〕何有祖：〈讀《上博六》札記〉，武漢大學《簡帛網》，2007/07/09。

〔註220〕曹錦炎：《上海博物館藏戰國楚竹書（五）・鬼神之明 融師有成氏釋文》（上海：上海古籍出版社，2005 年），頁 311、316。

〔註221〕何有祖：〈讀《上博六》札記〉，武漢大學《簡帛網》，2007/07/09。何有祖：〈上博六《景公瘧》初探〉，武漢大學《簡帛網》，2007/07/11。

〔註222〕董珊：〈讀《上博六》雜記〉，武漢大學《簡帛網》，2007/07/11。何有祖：《景公虐》札記四則〉，武漢大學《簡帛網》，2007/07/27。梁靜：《《景公虐》與《晏子春秋》的對比研究〉，武漢大學《簡帛網》，2007/07/28。

五、公乃出見折

此句簡文，學者皆著重於如何通讀。濮茅左如字讀，「折」字訓作「折服」，並引《漢書‧游俠傳》：「力折公侯」作爲佐證。〔註223〕此說於訓讀上並無問題，但〈瘧〉篇皆無敘述齊景公折服其它諸侯，顯然與文義不合。

陳惠玲認爲此句可有兩種思路，其一是齊景公的病痊癒，其二是齊景公接受晏子勸說，具體行德政，故「見」可訓作「視」，而「折」訓爲「傷殘」，意謂齊景公於是外出，到民間視察傷殘的事，以力行德政。〔註224〕此說對於文義理解，有其道理，但所引證據「皮曰傷、肉曰創、骨曰折」、「折又重於創」之「折」，顯然是言「骨折」，不能指稱「傷殘」。其次，典籍文獻未見將「折」訓作「傷殘」之例證。再者，既然齊景公聽從晏子諫言，爲何「旬又五」之後才行德政？且〈瘧〉篇未見齊國人民傷殘之事，可知前後文義無法配合。

李天虹由全篇文義考量，認爲「折」字應是表示病癒的詞，因而轉讀爲「痊」或「悛」，但又自我懷疑，楚簡「折」字多通假爲「制」，僅《上博一‧孔》讀作「杕」，故此說是否成立，仍待商榷。〔註225〕就文義而言，〈瘧〉篇主題圍繞齊景公之病情，到最後病情痊癒，文義相當合理通順，前後呼應，故此說可信。至於通假問題，「折」字爲章紐月部，「痊」爲精紐元部，「悛」爲清紐元部，雖然月、元二部對轉，但聲母比較疏遠，且「折」字於楚簡多讀爲「制」，故此說有待更多的出土材料來證實。

沈培認爲「折」讀作「杕」之關係值得注意，並引董珊之說，將「折」讀爲「厲」，「見厲」意謂通過晏子主持祭祀與貞卜，齊景公在十五天後終於看到帶來「祟」的厲鬼，言下之意，即爲齊景公的病痊癒。〔註226〕首先，「大」與「厲」通假的證據，董珊有詳細論證，筆者不再贅述。〔註227〕其次，蘇建洲師反駁沈培之說，認爲祝史可以看到鬼神，但齊景公顯然不具備這種能力；

〔註223〕濮茅左：《上海博物館藏戰國楚竹書（六）‧競公瘧釋文》（上海：上海古籍出版社，2007年），頁187。

〔註224〕陳惠玲：〈上博六《競公瘧》釋「泝」及「旬又五公乃出見折」〉，武漢大學《簡帛網》，2007/10/23。

〔註225〕李天虹：〈《景公瘧》校讀三則〉，武漢大學《簡帛網》，2007/07/24。

〔註226〕沈培：〈《上博六‧競公瘧》「正」字小議〉，武漢大學《簡帛網》，2007/07/31。

〔註227〕董珊：〈楚簡中從「大」聲之字的讀法（二）〉，武漢大學《簡帛網》，2007/07/08。

並引相關傳世文獻作爲佐證，認爲見鬼之後，反致心懷恐懼，精神失常，並無所謂病癒的效果，因而提出新說，主張「見」讀爲「現」，「現厲」即「厲現」，簡文讀作「公乃出，現厲」，文義爲「齊景公於是外出，因爲作祟的厲出現了（並順利除掉了）」。〔註228〕蘇師之反駁有理，可知沈培對文義的理解不可信。不過，對於蘇師之說，林清源師認爲必須配合「並順利除掉了」一句，才能完全理解上下文義，但簡文未見此句，恐有增字解經之嫌。〔註229〕

侯乃峰贊同李天虹之思路，故將「折」讀爲「制」，訓作「法令制度」，而「見」訓爲「視」，簡文讀作「公乃出見制」，意謂齊景公能夠親自處理政事，言外之意是說其病癒如初。〔註230〕此說與蘇師之說相較，二說皆能通讀簡文，但侯說既能配合楚簡「折」字多讀爲「制」的用法，又合於文義，故筆者從其說。

此外，前文「請祭與正」、「監正」之「正」字，濮茅左對於第一個「正」字無訓解，而第二個「正」字讀作「政」。〔註231〕何有祖皆將「正」字讀爲「政」。〔註232〕但本論文已論證此處兩個「正」字，應採沈培之說，讀作「貞」，有「貞卜」之義。

〔註228〕蘇建洲師：〈《上博（六）・景公瘧》補釋一則〉，武漢大學《簡帛網》，2007/10/07。
〔註229〕此爲林清源師在2008年5月9日於「上博楚簡研究」課堂討論時所提出。
〔註230〕侯乃峰：〈上博六賸義贅言〉，武漢大學《簡帛網》，2007/10/30。
〔註231〕濮茅左：《上海博物館藏戰國楚竹書（六）・競公瘧釋文》（上海：上海古籍出版社，2007年），頁188。
〔註232〕何有祖：〈上博六《景公瘧》初探〉，武漢大學《簡帛網》，2007/07/11。

第六章　上博楚簡所見齊國史料的
學術價值

第一節　可補充傳世文獻所見齊國史料的不足

一、〈鮑叔牙與隰朋之諫〉對於齊國史料的補充

（一）簡文的時間點

　　據《史記・齊太公世家》記載：

> 四十一年，秦穆公虜晉惠公，復歸之。是歲，管仲、隰朋皆卒。管
> 仲病，桓公問曰：「群臣誰可相者？」管仲曰：「知臣莫如君。」公
> 曰：「易牙如何？」對曰：「殺子以適君，非人情，不可。」公曰：「開
> 方如何？」對曰：「倍親以適君，非人情，難近。」公曰：「豎刁如
> 何？」對曰：「自宮以適君，非人情，難親。」管仲死，而桓公不用
> 管仲言，卒進用三子，三子專權。

《管子・戒》亦云：「管子遂卒。卒十月，隰朋亦卒。」由簡文所記可知，當
時隰朋仍然在世，〈競〉簡 10「又以豎刁與易牙爲相」，可知簡文內容記述的
時間點在管仲死後，隰朋卒之前，是爲公元前 645 年。誠如郭梨華所言：「此
篇簡文所記載的事情可能發生在隰朋不再爲相的那十個月中」。〔註 1〕李學勤

〔註 1〕郭梨華：〈〈鮑叔牙與隰朋之諫〉中有關「日食」之探究——兼論《管子》中
　　　　的「禮——法」觀〉，《儒家文化研究》第一輯（北京：三聯書店，2007 年），
　　　　頁 378～379。

亦言：「簡文的情節只能存在於管仲死後的幾個月內」。〔註2〕因此，簡文內容對此年作了一歷史補充。

此外，陳炫瑋根據日食、星象以及相關史料記載，推測簡文的時間點在公元前655年。〔註3〕但隰朋卒於公元前645年，與簡文內容不合，故此說不可信。

（二）齊晉之戰

《左傳・僖公十五年》：「夏五月，日有食之。」據此可知，公元前645年，齊桓公在位時，曾發生日食。此年秦國因晉惠公食言，起而攻之，《左傳・僖公十五年》：「晉饑，秦輸之粟；秦饑，晉閉之糴，故秦伯伐晉。」而〈鮑〉簡8「是歲也，晉人伐齊，既至齊地，晉邦有亂，師乃歸。」〈競〉簡1發生日食，而〈鮑〉簡8又言「晉邦有亂」，故可推敲出此亂與秦攻晉有關。誠如郭梨華所言：「簡文此句說明了晉國有伐齊之行，但尚未伐齊，就碰上晉有亂，此亂或許即指秦國攻晉這件事。」〔註4〕因此，簡文補充了在公元前645年，晉國一度要攻打齊國。

此外，李學勤與李守奎二人，均指出在齊桓公末年，傳世文獻未見晉國伐齊的史事。〔註5〕陳炫瑋以為「晉邦有亂」與晉獻公二十二年（公元前655年）的內亂有關。〔註6〕陳氏之說應可排除，原因在於簡文的時間點在於公元前645年。至於兩位李氏之說，或許有其道理。不過，相對來看，雖然傳世文獻未見，如今楚簡的出土，正好可以彌補足傳世文獻的不足。

（三）日食現象

公元前645年曾發生日食，而〈競〉簡1「日既」，可知此年為日全食。不過，《左傳・僖公十五年》：「夏五月，日有食之。」楊伯峻引朱文鑫《天文

〔註2〕 李學勤：〈試釋楚簡《鮑叔牙與隰朋之諫》〉，《文物》2006年第九期，頁94。

〔註3〕 陳炫瑋：〈上博楚竹書《鮑叔牙與隰朋之諫》史料年代問題〉，武漢大學《簡帛網》，2007/02/03。

〔註4〕 郭梨華：〈〈鮑叔牙與隰朋之諫〉中有關「日食」之探究——兼論《管子》中的「禮——法」觀〉，《儒家文化研究》第一輯（北京：三聯書店，2007年），頁379。

〔註5〕 李學勤：〈試釋楚簡《鮑叔牙與隰朋之諫》〉，《文物》2006年第九期，頁95。李守奎：〈《鮑叔牙與隰朋之諫》補釋〉，《楚地簡帛思想研究（三）》（武漢：湖北教育出版社，2007年），頁44。

〔註6〕 陳炫瑋：〈上博楚竹書《鮑叔牙與隰朋之諫》史料年代問題〉，武漢大學《簡帛網》，2007/02/03。

考古錄》曰：「初虧固在夜中，復圓日尚未出，並無帶食，中原不可得見。」
〔註7〕吳國源引《穀梁傳‧僖公十五年》：「夏五月，日有食之。夜食。」認為
此次日食無從得見，是由掌管天象的官員推測當天有日食發生。〔註8〕李學勤
引張培瑜《中國十三歷史名城可見日食表》一書指出，在曲阜見到的日全食，
要早到公元前 653 年；再有公元前 651 年，但其時管仲尚在，與簡文史事不
合。〔註9〕首先，由《穀梁傳》可知，此次日食發生於凌晨，故楊伯峻、吳國
源之說有其道理。不過，古人推測夜食的準確性，學界目前尚有爭議，而簡
文的出土，或可作一補充證據。其次，李學勤的質疑有其道理，但竹簡材料
的發現，或可補充張培瑜之說。

　　此外，郭梨華引孔穎達之說，認為：

> 周人對於「日食」賦予一種文化的要求，即警戒人君之作為，並要
> 求人君修德。這種藉由日食要求人君修德，在《管子‧四時》中也
> 指出「是故聖王日食則修德」。……日食這件事在春秋時期的齊人反
> 映中，繼承周文化的主軸，究責人君與臣的反省。〔註10〕

此說與〈鮑叔牙與隰朋之諫〉全篇文義相合，故存此備參。附帶一提，陳炫
瑋根據《左傳‧僖公五年》記載，推測〈競〉簡 1 鮑叔牙言「星變災」是依
據童謠內容而來。〔註11〕此說不可信，本論文對於「星變災」的結論為「眚
變，災」，仍與日食有關。〔註12〕

（四）齊桓公曾至平陸

　　戰國地名「平陸」，位於齊國邊境，傳世文獻無記載齊桓公至「平陸」行
視，然而〈競〉簡 1「公□陸，隰朋與鮑叔牙從」，其中「陸」字，即為「平
陸」〔註13〕，因此可知齊桓公、隰朋、鮑叔牙三人曾經到過此地。

〔註7〕 楊伯峻：《春秋左傳注》（北京：中華書局，2005 年），頁 351。
〔註8〕 吳國源：〈《上博（五）‧競建內之》「日既」考釋〉，《簡帛》第二輯（上海：
　　　　上海古籍出版社，2007 年），頁 269～277。
〔註9〕 李學勤：〈試釋楚簡《鮑叔牙與隰朋之諫》〉，《文物》2006 年第九期，頁 95。
〔註10〕郭梨華：〈〈鮑叔牙與隰朋之諫〉中有關「日食」之探究——兼論《管子》中
　　　　的「禮——法」觀〉，《儒家文化研究》第一輯（北京：三聯書店，2007 年），
　　　　頁 383。
〔註11〕陳炫瑋：〈上博楚竹書《鮑叔牙與隰朋之諫》史料年代問題〉，武漢大學《簡
　　　　帛網》，2007/02/03。
〔註12〕本論文採用顏世鉉之說，請參閱本論文第三章第一節第五小節。
〔註13〕請參閱本論文第三章第一節第一小節。

（五）糾正《說苑》之誤

《說苑・復恩》:「鮑叔死,管仲舉上袵而哭之」,李學勤認為此說假使成立,則簡文與此不合。〔註 14〕但筆者認為簡文隰朋與鮑叔牙並見,而簡文的時間點為管仲死後,隰朋卒前,因此鮑叔牙不可能死於管仲之前。

二、〈競公瘧〉對於齊國史料的補充

（一）齊景公病癒的方法

據《左傳・昭公二十年》記載:「齊侯疥,遂痁,期而不瘳。」《晏子春秋・內篇・景公病久不癒欲誅祝史以謝晏子諫》:「景公疥且瘧,期年不已。」《晏子春秋・外篇・景公有疾梁丘據裔款請誅祝史晏子諫》:「景公疥遂痁,期而不瘳。」上述史料與〈瘧〉簡 1「齊景公疥且瘧,逾歲不已」、簡 2「公疥且瘧,逾歲不已」所述相同。不過,《左傳》、《晏子春秋》皆無記載齊景公病癒的方法,而由〈瘧〉簡 12「施祭、貞不獲祟」、簡 13「請祭與貞」可知,齊景公的病情,透過晏子重新主持祭祀與貞卜,得到良好的效果,因而簡 13 云「公乃出見制」,意謂齊景公病癒,誠如沈培所言,景公病癒還是通過祭祀和貞卜而獲得的。〔註 15〕

（二）會譴與梁丘據的執掌

本論文已將〈瘧〉簡 13 讀為「命會譴/裔欵不敢監祭,梁丘據不敢監貞」,而原考釋者濮茅左引《晏子春秋・內篇・景公病久不癒欲誅祝史以謝晏子諫》:「命會譴毋治齊國之政,梁丘據毋治賓客之事」作為佐證,認為簡文文義與《晏子春秋》相同。〔註 16〕李天虹表示簡文所記正好與《晏子春秋》相反,但《左傳》與《晏子春秋》對於會譴與梁丘據的執掌並無明確記載。〔註 17〕此段簡文明言祭祀與貞卜,雖然兩者句式與文義或有雷同,但筆者以為簡文內容與濮茅左所引《晏子春秋》未必有密切關連性。又《晏子春秋・內篇・景公欲使楚巫至五帝以明德晏子諫》:「公命百官供齋具于楚巫之所,裔欵視事」。由此可知,簡文所述與此條史料相近,故可推敲出會譴是掌祭祀的大臣。

〔註 14〕李學勤:〈試釋楚簡《鮑叔牙與隰朋之諫》〉,《文物》2006 年第九期,頁 94。

〔註 15〕沈培:〈《上博六・競公瘧》「正」字小議〉,武漢大學《簡帛網》,2007/07/31。

〔註 16〕濮茅左:《上海博物館藏戰國楚竹書（六）・競公瘧釋文》（上海:上海古籍出版社,2007 年）,頁 188。

〔註 17〕李天虹:〈《景公瘧》校讀三則〉,武漢大學《簡帛網》,2007/07/24。

〔註18〕如此一來，亦可推敲出梁丘據可能是掌貞卜的大臣。因此，簡文對於會譴與梁丘據的執掌作一補充。

第二節　可觀察傳世文獻所見齊國史料的異文

一、〈鮑叔牙與隰朋之諫〉與傳世文獻的異文

此篇簡冊所記內容，往往可與今本《尚書》、《管子》、《史記》、《春秋繁露》、《說苑》、《論衡》等傳世文獻相對應，不過彼此用字、用詞有所不同。以下列出〈鮑叔牙與隰朋之諫〉與傳世文獻相對應之文句：

文獻篇名＼文本內容	傳　世　文　獻	鮑叔牙與隰朋之諫	簡　號
尚書・商書・高宗肜日序	高宗祭成湯，有飛雉升鼎耳而雊	昔高宗祭，有雉雛於彝前	〈競〉2
史記・殷本紀	帝武丁祭成湯，明日，有飛雉登鼎耳而呴	昔高宗祭，有雉雛於彝前	〈競〉2
論衡・異虛篇	高宗祭成湯之廟，有蜚雉升鼎而雊	昔高宗祭，有雉雛於彝前	〈競〉2
尚書・商書・高宗肜日	高宗肜日，越有雊雉。祖己曰：「惟先格王正厥事」	昔高宗祭，有雉雛於彝前，召祖己而問焉：「是何也？」祖己答曰：「昔先君客王」	〈競〉2、7
春秋繁露・必仁且知	天不見災，地不見孽，則禱之於山川，曰：天其將亡予耶！不說吾過，極吾罪也	天不見害，地不見孽，則祈諸鬼神曰：「天地明棄我矣	〈競〉7
說苑・君道	楚莊王見天不見妖，而地不出孽，則禱於山川，曰：「天其忘予歟？」	天不見害，地不見孽，則祈諸鬼神曰：「天地明棄我矣	〈競〉7
管子・小稱	公喜宮而妒，豎刁自刑而爲公治內；人情非不愛其身也，於身之不愛，將何有於公？	今豎刁，匹夫而欲知萬乘之邦，而潰腹，其爲猜也深矣	〈鮑〉5、6
管子・小稱	夫易牙以調和事公，公曰：「惟烝嬰兒之未嘗」，於是烝其首子而獻之公；人情非不愛其子也，於子之不愛，將何有於公？	易牙，刁之與者，而食人，其爲不仁厚矣	〈鮑〉5、6

〔註18〕李天虹：〈《景公瘧》校讀三則〉，武漢大學《簡帛網》，2007/07/24。沈培：〈《上博六・競公瘧》「正」字小議〉，武漢大學《簡帛網》，2007/07/31。

史記・齊太公世家	公曰：「豎刁如何？」對曰：「自宮以適君，非人情，難親。」	今豎刁，匹夫而欲知萬乘之邦，而潰腴，其爲猜也深矣	〈鮑〉5、6
史記・齊太公世家	公曰：「易牙如何？」對曰：「殺子以適君，非人情，不可。」	易牙，刁之與者，而食人，其爲不仁厚矣	〈鮑〉5、6
管子・霸形	齊國百姓，公之本也。人甚憂饑，而稅斂重。人甚懼死，而刑政險。人甚傷勞，而上舉事不時	齊邦至惡死，而上遹其刑；至欲食，而上厚其歛；至惡苛，而上不時使	〈鮑〉7
管子・霸形	公輕其稅斂，則人不憂饑。緩其刑政，則人不懼死。舉事以時，則人不傷勞	老弱不刑；畝墨短，田墨長，百糧鐘；九月除路，十月而徙梁成，一之日而車梁成	〈鮑〉3、1
管子・霸形	使稅者百一鍾，孤幼不刑，澤梁時縱	老弱不刑；畝墨短，田墨長，百糧鐘；九月除路，十月而徙梁成，一之日而車梁成	〈鮑〉3、1
管子・戒	今夫人患勞，而上使不時；人患饑，而上重斂焉；人患死，而上急刑焉	齊邦至惡死，而上遹其刑；至欲食，而上厚其歛；至惡苛，而上不時使	〈鮑〉7
管子・戒	昔先王之理人也，蓋人患勞，而上使之以時，則人不患勞也。人患饑，而上薄斂焉，則人不患饑矣。人患死，而上寬刑焉，則人不患死矣	老弱不刑；畝墨短，田墨長，百糧鐘；九月除路，十月而徙梁成，一之日而車梁成	〈鮑〉3、1
管子・戒	老弱勿刑，參宥而後弊	老弱不刑	〈鮑〉3
管子・戒	山林梁澤，以時禁發	九月除路，十月而徙梁成，一之日而車梁成	〈鮑〉1

由上表可知，〈鮑叔牙與隰朋之諫〉之用字、用詞雖與傳世文獻不盡相同，但文義大致相差無幾。以《尙書》而言，簡文所記比〈高宗肜日〉繁，相對於序則較簡潔。以《管子》而言，簡文較略於〈小稱〉；而〈霸形〉，簡文所述文句稍有變化；至於〈戒〉，簡文文句稍有變化，記載亦較簡略。以《史記》而言，簡文皆較簡潔。以《春秋繁露》而言，簡文所記較爲簡略。以《說苑》而言，兩者所記相差無幾。以《論衡》而言，簡文較爲簡潔。

二、〈競公瘧〉與傳世文獻的異文

此篇簡冊敘述順序、用字、用詞，皆與《左傳》、《晏子春秋》等傳世文獻有些許差異。〔註19〕筆者將其製成表格，臚列如下：

〔註19〕梁靜：〈《景公瘧》與《晏子春秋》的對比研究〉，武漢大學《簡帛網》，2007/07/28。

文本內容 文獻篇名	傳 世 文 獻	競 公 瘧	簡 號
左傳‧襄公二十七年	子木問趙孟曰：「范武子之德何如？」對曰：「夫子之家事治，言于晉國無隱情」	王命屈木問范武子之行焉，文子答曰：「夫子使其私吏聽獄於晉邦，布情而不遁	〈瘧〉4
左傳‧昭公二十年	齊侯疥，遂痁，期而不瘳	齊景公疥且瘧，逾歲不已	〈瘧〉1
左傳‧昭公二十年	齊侯疥，遂痁，期而不瘳	公疥且瘧，逾歲不已	〈瘧〉2
左傳‧昭公二十年	梁丘據與裔款言於公：「日吾事鬼神豐於先君有加矣」	會譴／裔欵與梁丘據言於公曰：「吾幣帛甚倍於吾先君之量矣，吾珪寶大於吾先君之度	〈瘧〉1
左傳‧昭公二十年	今君疾病，爲諸侯憂，是祝史之罪也	公疥且瘧，逾歲不已，是吾無良祝史也	〈瘧〉2
左傳‧昭公二十年	君盍誅於祝固史嚚，以辭賓	是信吾無良祝、史，公盍誅之？	〈瘧〉3
左傳‧昭公二十年	屈建問范會之德於趙武，趙武曰：「夫子之家事治，言於晉國，竭情無私」	王命屈木問范武子之行焉，文子答曰：「夫子使其私吏聽獄於晉邦，布情而不遁	〈瘧〉4
左傳‧昭公二十年	其祝史薦信，是言也。其蓋失數美，是矯也。進退無辭，則虛以求媚	君祝說，如薄情忍親乎，則言不聽，情不獲；如順言弇惡乎，則恐後誅於吏者。故其祝、史制蔑端折，祝之多寓言	〈瘧〉7
左傳‧昭公二十年	山林之木，衡鹿守之；澤之萑蒲，舟鮫守之；藪之薪蒸，虞侯守之；海之鹽蜃，祈望守之	薪蒸使虞守之；澤梁使鮫守之；山林使衡守之	〈瘧〉8
左傳‧昭公二十年	內寵之妾，肆奪於市；外寵之臣，僭令於鄙	內寵之臣，迫奪于國；外寵之臣，出矯於鄙	〈瘧〉10
左傳‧昭公二十年	民人苦病，夫婦皆詛	約弱疾，夫婦皆詛	〈瘧〉10
左傳‧昭公二十年	祝有益也，詛亦有損	詛爲無傷，祝亦亡益	〈瘧〉8
左傳‧昭公二十年	聊攝以東、姑尤以西，其爲人也多矣。雖其善祝，豈能勝億兆人之詛	自姑、尤以西，聊、攝以東，其人數多已，是皆貧苦。約弱疾，夫婦皆詛，一丈夫執尋之幣、三布之玉	〈瘧〉10
晏子春秋‧內篇‧景公信用讒佞賞罰失中晏子諫	今與左右相說頌也曰：「比死者勉爲樂乎！吾安能爲仁而愈黥民耳矣	其左右相容自善，曰：「蓋比死偷爲樂乎？故死期將至，何仁？	〈瘧〉11
晏子春秋‧內篇‧景公信用讒佞賞罰失中晏子諫	內寵之妾，迫奪于國，外寵之臣，矯奪于鄙	內寵之臣，迫奪于國；外寵之臣，出矯於鄙	〈瘧〉10
晏子春秋‧內篇‧景公病久不愈欲誅祝史以謝晏子諫	病不已，滋甚，予欲殺二子者以說于上帝，其可乎	公疥且瘧，逾歲不已，是吾無良祝史也。吾欲誅諸祝史	〈瘧〉2

晏子春秋・內篇・景公病久不愈欲誅祝史以謝晏子諫	景公疥且瘧，期年不已。召會譴、梁丘據、晏子而問焉，曰：「寡人之病病矣，使史固與祝佗巡山川宗廟，犧牲珪璧，莫不備具，數其常多先君桓公	齊景公疥且瘧，逾歲不已。會譴／裔欵與梁丘據言於公曰：「吾幣帛甚倍於吾先君之量矣，吾珪寶大於吾先君之度	〈瘧〉1
晏子春秋・內篇・景公病久不愈欲誅祝史以謝晏子諫	今自聊攝以東，姑尤以西者，此其人民眾矣，百姓之咎怨誹謗，詛君于上帝者多矣。一國詛，兩人祝，雖善祝者不能勝也	自姑、尤以西，聊、攝以東，其人數多已，是皆貧苦。約弱疾，夫婦皆詛，一丈夫執尋之幣、三布之玉	〈瘧〉10
晏子春秋・內篇・景公病久不愈欲誅祝史以謝晏子諫	且夫祝直言情，則謗吾君也；隱匿過，則欺上帝也	君祝說，如薄情忍親乎，則言不聽，情不獲；如順言弅惡乎，則恐後誅於吏者。	〈瘧〉7
晏子春秋・外篇・景公有疾梁丘據裔款請誅祝史晏子諫	景公疥遂痁，期而不瘳。諸侯之賓，問疾者多在。梁丘據、裔款言于公曰：「吾事鬼神，豐于先君有加矣	齊景公疥且瘧，逾歲不已。會譴／裔欵與梁丘據言於公曰：「吾幣帛甚倍於吾先君之量矣，吾珪寶大於吾先君之度	〈瘧〉1
晏子春秋・外篇・景公有疾梁丘據裔款請誅祝史晏子諫	君盍誅于祝固史嚚以辭賓	公疥且瘧，逾歲不已，是吾無良祝史也。吾欲誅諸祝史	〈瘧〉2
晏子春秋・外篇・景公有疾梁丘據裔款請誅祝史晏子諫	屈建問范會之德于趙武，趙武曰：「夫子家事治，言于晉國，竭情無私」	王命屈木問范武子之行焉，文子答曰：「夫子使其私吏聽獄於晉邦，布情而不遉	〈瘧〉4
晏子春秋・外篇・景公有疾梁丘據裔款請誅祝史晏子諫	其祝史薦信，是言罪也；其蓋失數美，是矯誣也；進退無辭，則虛以成媚	君祝說，如薄情忍親乎，則言不聽，情不獲；如順言弅惡乎，則恐後誅於吏者。故其祝、史制蔑端折，祝之多寓言	〈瘧〉7
晏子春秋・外篇・景公有疾梁丘據裔款請誅祝史晏子諫	山林之木，衡鹿守之；澤之萑蒲，舟鮫守之；藪之薪蒸，虞侯守之；海之鹽蜃，祈望守之	薪蒸使虞守之；澤梁使鮫守之；山林使衡守之	〈瘧〉8
晏子春秋・外篇・景公有疾梁丘據裔款請誅祝史晏子諫	內寵之妾，肆奪於市；外寵之臣，僭令於鄙	內寵之臣，迫奪于國；外寵之臣，出矯於鄙	〈瘧〉10
晏子春秋・外篇・景公有疾梁丘據裔款請誅祝史晏子諫	民人苦病，夫婦皆詛	約弱疾，夫婦皆詛	〈瘧〉10
晏子春秋・外篇・景公有疾梁丘據裔款請誅祝史晏子諫	祝有益也，詛亦有損	詛爲無傷，祝亦亡益	〈瘧〉8
晏子春秋・外篇・景公有疾梁丘據裔款請誅祝史晏子諫	聊攝以東、姑尤以西，其爲人也多矣。雖其善祝，豈能勝億兆人之詛	自姑、尤以西，聊、攝以東，其人數多已，是皆貧苦。約弱疾，夫婦皆詛，一丈夫執尋之幣、三布之玉	〈瘧〉10

由上表可知，若排除敘述順序、用字、用詞等因素，大體而言，簡文內容較接近於《左傳·昭公二十年》、《晏子春秋·外篇·景公有疾梁丘據裔款請誅祝史晏子諫》的記載。

第三節　可了解楚簡所見齊國史料交納的情況

〈競建內之〉與〈鮑叔牙與隰朋之諫〉當合併爲一篇，篇名爲〈鮑叔牙與隰朋之諫〉，其篇題在於〈鮑〉簡 9「鮑叔牙與隰朋之諫」，則〈競〉簡 1 背面的「競建內之」該如何理解，頗令人疑竇。陳佩芬引《呂氏春秋·分職》：「而天下皆競」，高誘注：「競，進也。」故認爲「競」有「進」義，「競建」是關於國之大事而向上進言；而「內之」則引《呂氏春秋·恃君》：「故忠臣廉士內之，則諫其君之過也」作爲其訓。〔註 20〕此說不可信，首先，陳氏所引〈分職〉，其完整文句爲「以其財賞而天下競」，可知「競」應訓作「競爭」，詞義與「進言」不同。其次，〈恃君〉下文云：「外之則死人臣之義也」，可知陳佩芬斷句有誤，「內之」應屬下讀，與「外之」互爲對文。

陳劍、禤建聰、許無咎、林志鵬、李學勤、李守奎以及廣瀨薰雄諸位，皆認爲「競建」爲人名，其中陳劍把「競」讀爲「景」，即楚王族景氏，得到林志鵬與廣瀨薰雄的認同，而李守奎認爲「競建」身分有三：借古諷今的說客、圖籍管理者、書籍抄寫者。〔註 21〕筆者認爲把「競建」理解爲人名是相當正確的，但爲楚王族景氏則未必。「景」固然是楚國三大姓氏之一，但未必所有景姓子弟都屬王族。至於李守奎之說，無進一步說明，暫且不論。

陳劍、許無咎以及蘇建洲師等人認爲「競建內之」四字與簡文字體明顯不同，應是不同書手所寫。但本論文已經確定〈鮑叔牙與隰朋之諫〉爲兩位

〔註 20〕陳佩芬：《上海博物館藏戰國楚竹書（五）·競建內之釋文》（上海：上海古籍出版社，2005 年），頁 168。

〔註 21〕陳劍：〈談談《上博（五）》的竹簡分篇、拼合與編聯問題〉，武漢大學《簡帛網》，2006/02/19。禤建聰：〈上博楚簡（五）零札（一）〉，武漢大學《簡帛網》，2006/02/24。許無咎：〈上博楚竹書（五）《競建內之》篇札記〉，《簡帛研究網》，2006/02/25。林志鵬：〈上博楚竹書《競建內之》重編新解〉，武漢大學《簡帛網》，2006/02/25。李學勤：〈試釋楚簡《鮑叔牙與隰朋之諫》〉，《文物》2006 年第九期，頁 91。李守奎：〈《鮑叔牙與隰朋之諫》補釋〉，《楚地簡帛思想研究（三）》（武漢：湖北教育出版社，2007 年），頁 28、45。廣瀨薰雄：〈何謂「競建內之」〉，《新出楚簡國際學術研討會會議論文集（上博簡卷）》，2006 年 6 月 26～28 日，頁 160。

書手合力抄寫完成，則書寫「競建內之」四字的書手是不是其中一位？筆者舉「之」字來互相比對：

〈競〉簡1背　　〈競〉簡3　　〈鮑〉簡1

可見三者的字體風格完全不同，〈競建內之〉的筆畫較粗，〈鮑叔牙與隰朋之諫〉筆畫較細，寫「競建內之」的書手筆畫粗細介於兩者之間。從字體結構來看，〈競建內之〉向左撇筆畫未貫穿兩道向右撇筆畫，〈鮑叔牙與隰朋之諫〉向左撇筆畫貫穿第一道向右撇筆畫之後，與第二道向右撇筆畫連接，而「競建內之」的「之」，向左撇筆畫貫穿第一道向右撇筆畫之後，並未與第二道向右撇筆畫連接。再從運筆風格來看，三個「之」字寫法亦不盡相同。由此可見，書寫「競建內之」四字的書手與〈鮑叔牙與隰朋之諫〉的兩位書手並不相同。此外，禤建聰言：「〈競建內之〉似乎是原篇漫滅後所補全者，補全者有可能是『競建』」。〔註22〕由此看來，禤氏之說無法成立。

　　楚簡所見篇題與內文的字體不同的篇章，有《上博二・容》、《上博三・中》、《上博四・曹》。〔註23〕因此，蘇建洲師列舉馬王堆三號漢墓中的遣冊及木牘，其中最後校訂的書手的字體與內文不同，推測楚竹書之書手書寫完畢後，可能還有另一位負責校書，順便題寫篇名。〔註24〕此推測有一定的道理，以上諸篇之篇題實與該篇內容相關，校書之後順便題寫篇名的情況，是有存在的可能。若從〈競建內之〉來看，篇題與內文字體的確不同，但篇題與內容卻無任何關連，故蘇師的推測在此恐無法適用。

　　陳劍認為「景建」為楚國人，而〈競建內之〉是記齊國之事，兩者之間並無關係，不可能以「景建」作為篇題，並指出：

> 此兩篇本為一篇，篇題為〈鮑叔牙與隰朋之諫〉。後來被誤題為「競建內之」（大概因題篇題時竹簡處於收卷狀態、未覈檢正文之故），遂又另外用廢棄的有字竹簡刮去原文，單鈔上篇題，編在全篇之首或篇末。同時，誤題的篇題「競建內之」則不知什麼原因未被刮去。〔註25〕

〔註22〕禤健聰：〈上博楚簡（五）零札（一）〉，武漢大學《簡帛網》，2006/02/24。
〔註23〕蘇建洲師：《〈上博（五）楚竹書〉補說》，武漢大學《簡帛網》，2006/02/23。
　　　　據筆者觀察上博楚竹書其它篇章，發現《上博三・互》也有此現象。
〔註24〕蘇建洲師：《〈上博（五）楚竹書〉補說》，武漢大學《簡帛網》，2006/02/23。
〔註25〕陳劍：〈談談《上博（五）》的竹簡分篇、拼合與編聯問題〉，武漢大學《簡帛

「景建」雖爲楚國人，但楚國人亦可轉述齊國之事，兩者之間並非全然無關。

不過，若要將「競建內之」認定爲篇題，在簡牘形制上會互相衝突，因〈競建內之〉與〈鮑叔牙與隰朋之諫〉爲一篇簡文，「鮑叔牙與隰朋之諫」是該篇篇題，但沒有一篇簡文有兩個篇題的例證。況且，「競建內之」這四個字的意涵，與〈鮑叔牙與隰朋之諫〉內文毫無關係。至於〈鮑叔牙與隰朋之諫〉誤題爲「競建內之」的說法，筆者認爲推測性質較高，原因在於陳劍對於誤題的情況並無相關證據加以佐證，無法討論。

筆者已經認同「景建」爲人名，「內之」的解讀則是理解此辭例之關鍵。襧建聰與李守奎讀「內之」爲「入之」，「競建內之」爲標明竹書的來源。〔註26〕但襧氏僅一語帶過，未表明從何而來，筆者不敢妄自揣測，故暫且不列入討論。至於李守奎進一步指出大概是與《包山》簡 132 背面「許郂之宣月甲午，🖋尹桀駟從郂以此等來」之記載一樣，標明此組文書的來源。但這組文書屬於法律文書類，是行政單位公文上的往來實錄，與〈競建內之〉屬於書籍類的性質不同，兩者無法等同看待。

許無咎、林志鵬、黃儒宣以及周鳳五皆讀「內之」爲「入之」，許無咎認爲「競建內之」的「競建」是官員，林志鵬、李銳、黃儒宣、周鳳五也持相同意見，其中林志鵬認爲「競建內之」是史官校讎完畢後，庋藏入庫之簽名；黃儒宣則認爲本篇（筆者按：即〈鮑叔牙與隰朋之諫〉）是官府所藏之書。〔註27〕一般來說，當官員要署名時，通常會在私名之前加上職稱，也就是官名。例如：《包山》簡 18「中舍許适內之」的「中舍」爲官名，負責分發各國來客之月俸；簡 149「陵迲尹之相陽余可內之」的「陵迲尹」爲負責稅收的官員；簡 13 與簡 127「大宮痎內氏等」的「大宮」也是官名。〔註28〕假使認定

〔註26〕襧建聰：〈上博楚簡（五）零札（一）〉，武漢大學《簡帛網》，2006/02/24。李守奎：〈《鮑叔牙與隰朋之諫》補釋〉，《楚地簡帛思想研究（三）》（武漢：湖北教育出版社，2007 年），頁 26。

〔註27〕許無咎：〈上博楚竹書（五）《競建內之》篇札記〉，《簡帛研究網》，2006/02/25。林志鵬：〈上博楚竹書《競建內之》重編新解〉，武漢大學《簡帛網》，2006/02/25。李銳：〈上博（五）札記二則〉，《古籍整理研究學刊》2007 年第三期，頁 71。黃儒宣：〈簡牘古書數人合抄一篇的情況試探──以上博楚簡《鮑叔牙與隰朋之諫》、武威漢簡《儀禮》爲例〉，《2007 年中國簡帛學國際論壇》，2007 年 11 月 10～11 日，周鳳五之說轉載於此。

〔註28〕官員的職責範圍請參閱劉信芳：《包山楚簡解詁》（臺北：藝文印書館，2003 年），頁 28、151。

「競建」爲史官，其前就應有職官名稱，但簡文「競建」之前並無職官名稱。因此，筆者認爲「競建」是史官的可能性極低。

　　李學勤讀「內」爲「納」，訓爲「獻納」。〔註29〕廣瀨薰雄將「內」訓解爲「提交」，並引包山簡中「某某內之」作爲佐證，意即「某某提交這個文件」，則「競建內之」的意思是「景建提交這篇文章」，也就是向某人獻上〈鮑叔牙以隰朋之諫〉。〔註30〕包山簡中的「某某內之」見於司法文書簡，共有如下三例：簡18「中舍許适內之」、簡149「陵迖尹之相陽余可內之」以及簡150「迖薔之客苛朋內之」。〔註31〕此三例的「許适內之」、「陽余可內之」、「苛朋內之」，句式與「競建內之」相同，都是「某某＋內之」，但包山簡的「某某」之前，都有「中舍」、「陵迖尹之相」等職官名稱，而「競建」前並無此類職稱。因此，包山簡「某某內之」與此處「競建內之」，其句式雖然相同，但兩者不是眞正的平行例證。至於「獻納」二字詞義互相牴觸，李學勤未詳加說明，故筆者不論。

　　此外，廣瀨薰雄認同陳劍之說，「景建」即楚王族景氏，由楚王族奉獻書籍給上海博物館藏竹簡的擁有者，推論出上海博物館藏竹簡的擁有者的地位相當高。〔註32〕但筆者認爲此說立論基礎在於「景建」爲楚王族景氏，但前文已說明「景」姓未必是王族子弟，故此說能否成立，仍待證明。

　　就筆者看來，「競建內之」是「景建」向某人獻上〈鮑叔牙以隰朋之諫〉，此說相較於其它諸說，似乎合理一些。但「內」訓解爲「提交」，再引申爲「獻上」、「奉獻」等意義，似乎過於轉折，因「內」可直接訓解爲「交納」，如《漢

〔註29〕李學勤：〈試釋楚簡《鮑叔牙與隰朋之諫》〉，《文物》2006年第九期，頁91。

〔註30〕廣瀨薰雄：〈何謂「競建內之」〉，《新出楚簡國際學術研討會會議論文集（上博簡卷）》，2006年6月26～28日，頁160。

〔註31〕「薔」原表列於未隸定字部分，歷來隸定作「薔」或「薔」，新蔡楚簡甲一簡12與乙一簡26、2亦見相同字形，貫連敏先生隸定作「薔」。從字形來看，下半部爲「啚」，故暫隸定爲「薔」。請參閱湯餘惠：〈包山楚簡讀後記〉，《考古與文物》1993年第二期，頁73。袁國華：《包山楚簡研究》（香港：香港中文大學博士論文，1994年），頁542。貫連敏：〈新蔡葛陵楚墓出土竹簡釋文〉，《新蔡葛陵楚墓》（鄭州：大象出版社，2003年），頁187、202。劉釗：〈包山楚簡文字考釋〉，《出土簡帛文字叢考》（臺北：台灣古籍出版社，2004年），頁22。邴尚白：《葛陵楚簡研究》（臺北：國立臺灣大學中國文學研究所博士論文，2007年），頁122～124。

〔註32〕廣瀨薰雄：〈何謂「競建內之」〉，《新出楚簡國際學術研討會會議論文集（上博簡卷）》，2006年6月26～28日，頁160。

書・王商傳》:「及商以閨門事見考,自知爲鳳所中,惶怖,更欲內女爲援」。

第四節　可啓發楚簡所據文本來源爭議的思路

　　對於楚簡文本來源的問題,最早由李學勤提及:「郭店簡〈唐虞之道〉與〈忠信之道〉並非楚文字,而是三晉文字」,但李氏未對此觀點作進一步研究。〔註33〕率先對此問題進行系統研究的是周鳳五,其說摘要如下:

> 郭店竹簡的字體分爲四類,第一類爲楚國簡牘的標準字體;第二類即〈性自命出〉、〈成之聞之〉、〈尊德義〉、〈六德〉等四篇,出自齊、魯儒家經典,但已經被楚國所「馴化」,而帶有「鳥蟲書」的筆勢;第三類即〈語叢一〉、〈語叢二〉、〈語叢三〉等三篇,在郭店竹簡之中最爲特殊,顯然是由外地傳入的文字;第四類即〈唐虞之道〉、〈忠信之道〉等二篇,幾個用字結構保留齊國文字的特徵,與楚國文字風格迥然有別,估計其底本出自齊國儒家之手。〔註34〕

由上述可知,郭店竹簡的文字結構已帶有他國文字的特徵。而上博簡公布之後,裘錫圭認爲在郭店簡與上博簡中有大量誤摹之字。〔註35〕李家浩對此現象提出推斷,這是因爲書手對底本文字不熟悉或不認識所導致,而這種不熟悉不一定是因爲書手文化水平低,很可能是書手對於其他國家文字比較陌生的緣故。〔註36〕林素清指出在上博簡〈緇衣〉篇中,幾個文字結構只見於郭店簡〈唐虞之道〉、〈忠信之道〉、〈語叢一〉、〈語叢二〉、〈語叢三〉,而郭店簡〈緇衣〉是具楚系文字特徵,相對來說,可見上博簡〈緇衣〉是比較非楚系色彩的。〔註37〕直到馮勝君的研究報告,利用大量文字資料對比,證明郭店

〔註33〕此說轉引自馮勝君:〈論郭店簡《唐虞之道》、《忠信之道》、《語叢》一～三以及上博簡《緇衣》爲具有齊系文字特點的抄本〉,《北京大學博士後研究工作報告》2004年8月,頁4。

〔註34〕周鳳五:〈楚簡文字的書法史意義〉,《古文字與商周文明——第三屆國際漢學會議論文集文字學組》(臺北:中研院史語所,2002年),頁203～209。

〔註35〕裘錫圭:〈談談上博簡和郭店簡中的錯別字〉,《華學》第六輯(北京:紫禁城出版社,2003年),頁50～54。

〔註36〕此說轉引自馮勝君:〈論郭店簡《唐虞之道》、《忠信之道》、《語叢》一～三以及上博簡《緇衣》爲具有齊系文字特點的抄本〉,《北京大學博士後研究工作報告》2004年8月,頁4。

〔註37〕林素清:〈郭店、上博《緇衣》簡比較〉,《新出土文獻與古代文明研究》(上海:上海大學出版社,2004年),頁92～94。

簡〈唐虞之道〉、〈忠信之道〉、〈語叢一〉、〈語叢二〉、〈語叢三〉以及上博簡〈緇衣〉是具有齊系文字特點的抄本。〔註38〕經由以上幾位學者的研究，可知楚簡的文本來源，極有可能從他系國家傳入，楚人加以轉抄而成，但因書手對他國文字不熟悉，導致字形上的誤摹；或者直接摹寫其字，保留他國文字的特點。

〈鮑叔牙與隰朋之諫〉與〈競公瘧〉所述是齊國之事，又與《管子・霸形》、《管子・戒》、《晏子春秋》互為異文，而上舉傳世文獻想必是流行於齊系的文獻，由此可推敲出〈鮑叔牙與隰朋之諫〉與〈競公瘧〉是流行於齊系的文獻，後來流傳至楚地，為楚人所轉抄。既然為楚人所轉抄，想必有遺留齊系文字的特點或有誤摹之字。蘇建洲師早先已明確指出，〈鮑叔牙與隰朋之諫〉幾個字形結構具有齊系文字的特點，如〈競〉簡1的「夫」字寫作「■」，其中「大」形像人形兩臂拉直，正是齊系文字特點；〈競〉簡1的「鞄」字寫作「■」，相同寫法亦見於齊國璽印，寫作「■」（《璽彙》3544），亦當姓氏用字；〈競〉簡4的「鳶」字寫作「■」，其「鳥」旁頭部與楚系一般寫法相同，但是「鳥」旁身體部分，與郭店簡〈語叢二〉的「烏」字寫法相近，寫作「■」，亦見於《說文》古文，寫作「■」；〈鮑〉簡1、簡6、簡8的「也」字，分別寫作「■」、「■」、「■」，相同寫法亦見於郭店簡〈忠信之道〉簡1，寫作「■」，而〈忠信之道〉已被學者證實是具有齊系文字特點的抄本；〈鮑〉簡1、簡2的「容」字五見，字形大略相同，寫作「■」，其用字習慣與上博簡〈緇衣〉和郭店簡〈語叢一〉、〈語叢二〉相同，而這些篇章已被學者證實是具有齊系文字特點的抄本。〔註39〕

蘇師所舉例證皆相當合理，可知〈鮑叔牙與隰朋之諫〉的確遺留齊系文字的特點。此外，筆者補充〈鮑叔牙與隰朋之諫〉中的誤摹之例：

一、息（〈鮑〉簡6）

原簡寫作：

〔註38〕馮勝君：〈論郭店簡《唐虞之道》、《忠信之道》、《語叢》一～三以及上博簡《緇衣》為具有齊系文字特點的抄本〉，《北京大學博士後研究工作報告》2004年8月。

〔註39〕蘇建洲師：〈以古文字的角度討論上博楚竹書文本來源——以《周易》、《曹沫之陣》、《鮑叔牙與隰朋之諫》為例〉，《第十八屆中國文字學國際學術研討會論文集》，2007年5月19～20日，頁253～254。

筆者贊同李天虹之說，將此字釋作「息」。〔註40〕但楚文字「自」與「目」從不相混，簡文為何誤寫成「目」形？唯一合理的解釋為〈競〉篇是流行於齊系的文獻，為楚人所轉抄，書手在面對齊魯文字不熟悉、陌生的情況下，極有可能導致誤摹字的產生，更何況「自」、「目」二形相近。類似的情況亦見於「冒」字，郭店簡〈窮達以時〉寫作「圖」，下從「目」旁，但在郭店簡〈唐虞之道〉卻寫作「圖」，下部誤摹為「自」旁，而〈唐虞之道〉亦是具有齊系文字特點的抄本。〔註41〕可見書手對於他國文字不熟悉而產生誤摹的情形，並不是偶然發生的。

　　由上舉例證得知，〈鮑叔牙與隰朋之諫〉中的字形，確實有齊系文字特點或有誤摹之字。至於〈競公瘧〉中的幾個字形，亦有齊系文字特點，筆者臚列如下：

二、於（〈瘧〉簡 1）

　　此字原簡作：

近似字形亦見於「圖」（《上博二·子》簡 11）、「圖」（《上博三·彭》簡 1），馮勝君認為是「圖」（《上博一·緇》簡 2）的省體，而上博簡〈緇衣〉亦是具有齊系文字特點的抄本。〔註42〕

三、市（〈瘧〉簡 8）

　　此字原簡寫作：

〔註40〕請參閱本論文第三章第四節第一小節。
〔註41〕馮勝君：〈論郭店簡《唐虞之道》、《忠信之道》、《語叢》一～三以及上博簡《緇衣》為具有齊系文字特點的抄本〉，《北京大學博士後研究工作報告》2004 年 8 月。
〔註42〕馮勝君：〈論郭店簡《唐虞之道》、《忠信之道》、《語叢》一～三以及上博簡《緇衣》為具有齊　系文字特點的抄本〉，《北京大學博士後研究工作報告》2004 年 8 月，頁 13。

筆者贊同李天虹之說，將此字釋作「市」。〔註43〕楚文字「市」皆從「土」旁，並無從「貝」旁，從「貝」的「市」字，只見於齊國，不見於其他國家。

經由以上字形比對得知，〈鮑叔牙與隰朋之諫〉與〈競公瘧〉的字形，有齊系文字的特點或有誤摹之字，而內容所述皆爲齊國史事，如此一來，可以確定此兩篇簡冊的文本源自齊系，再經由楚人轉抄。不過，要特別說明的是，此兩篇簡冊的字形大多已轉寫爲楚文字，並不能說是具有齊系文字特點的抄本。此外，郭店簡〈唐虞之道〉、〈忠信之道〉、〈語叢一〉、〈語叢二〉、〈語叢三〉以及上博簡〈緇衣〉皆是具有齊系文字特點的抄本，而〈鮑叔牙與隰朋之諫〉與〈競公瘧〉的部分字形亦有齊系文字的特點，且文本源自齊系，故可推測出上述篇章的文本亦源自齊系。或許我們可以說，楚地出土的古書類竹簡，有一部分的文本來自齊系。

〔註43〕請參閱本論文第五章第二節第十六小節。

徵引書目

一、傳世古籍

1. 先秦・管仲,《管子》,上海:上海古籍出版社,1989 年。
2. 先秦・晏嬰,《晏子春秋》,北京:中華書局,1985 年。
3. 先秦・墨翟,《墨子》,臺北:藝文印書館,1969 年。
4. 先秦・荀況,《荀子》,北京:中華書局,1985 年,楊倞注本。
5. 先秦・呂不韋,《呂氏春秋》,上海:上海書店,1986 年,高誘注本。
6. 漢・劉向,《說苑》,上海:上海書店,1989 年。
7. 漢・劉向集錄,《戰國策》,臺北:里仁書局,1990 年。
8. 漢・司馬遷,《史記》,北京:中華書局,1995 年。
9. 漢・王充,《論衡》,上海:上海書店,1989 年。
10. 漢・王逸章句,宋・洪興祖補注,《楚辭補注》,臺北:藝文印書館,2000 年。
11. 漢・班固,《漢書》,北京:中華書局,1995 年,顏師古注本。
12. 漢・董仲舒,《春秋繁露》,北京:中華書局,1991 年,凌曙注本。
13. 吳・韋昭注,《國語》,北京:中華書局,1985 年。
14. 魏・張揖,《廣雅》,臺北:廣文出版社,1991 年,王念孫疏證。
15. 晉・葛洪,《抱朴子》,上海:上海古籍出版社,1995 年。
16. 南朝宋・范曄,《後漢書》,北京:中華書局,1987 年,李賢等注本。
17. 南朝梁・顧野王,《玉篇》,北京:中華書局,1987 年。
18. 宋・陳彭年重修,《廣韻》,臺北:藝文印書館,1970 年。
19. 清・阮元刻,《十三經注疏》,臺北:藝文印書館,1993 年。
20. 清・段玉裁注,《說文解字注》,臺北:洪葉文化事業公司,1999 年。

二、近人著作

1. 丁四新主編，《楚地簡帛思想研究（三）》，武漢：湖北教育出版社，2007年。

2. 凡國棟，〈上博六《景公瘧》札記〉，武漢大學《簡帛網》，2007/07/17。

3. 凡國棟，〈《景公瘧》札記一則〉，武漢大學《簡帛網》，2007/07/29。

4. 山西省文物工作委員會，《侯馬盟書》，北京：文物出版社，1976年。

5. 中國社會科學院考古研究所，《小屯南地甲骨》，北京：中華書局，1980年。

6. 中國社會科學院考古研究所，《殷周金文集成》，北京：中華書局，1984年。

7. 方勇，〈釋上博簡《鮑叔牙與隰朋之諫》中的「愊悁」一詞〉，武漢大學《簡帛網》，2006/12/23。

8. 牛新房，〈讀上博（五）札記〉，武漢大學《簡帛網》，2006/09/07。

9. 王三峽，〈「貴尹」試解〉，武漢大學《簡帛網》，2006/03/28。

10. 王輝，〈《上博楚簡（五）》讀記〉，《中國文字》新三十二期，臺北：藝文印書館，2006年，頁21～32。

11. 朱德熙、裘錫圭、李家浩，〈望山楚簡一號墓竹簡釋文與考釋〉，《望山楚簡》，北京：中華書局，1995年。

12. 何有祖，〈上博五楚竹書《競見內之》札記五則〉，武漢大學《簡帛網》，2006/02/18。

13. 何有祖，〈上博五《鮑叔牙與隰朋之諫》試讀〉，武漢大學《簡帛網》，2006/02/19。

14. 何有祖，〈上博（五）零釋〉，武漢大學《簡帛網》，2006/02/22。

15. 何有祖，〈上博五試讀三則〉，武漢大學《簡帛網》，2006/03/09。

16. 何有祖，〈「百糧重命」補說〉，武漢大學《簡帛網》，2006/06/07。

17. 何有祖，〈上博五釋字二則〉，《新出楚簡國際學術研討會會議論文集（上博簡卷）》，2007年，頁157～158。

18. 何有祖，〈上博五釋字二則〉，《楚地簡帛思想研究（三）》，武漢：湖北教育出版社，2007年，頁95～98。

19. 何有祖，〈讀《上博六》札記〉，武漢大學《簡帛網》，2007/07/09。

20. 何有祖，〈上博六《景公瘧》初探〉，武漢大學《簡帛網》，2007/07/11。

21. 何有祖，〈釋《景公瘧》的「良翰」〉，武漢大學《簡帛網》，2007/07/25。

22. 何有祖，〈《景公瘧》札記四則〉，武漢大學《簡帛網》，2007/07/27。

23. 何有祖，〈讀上博楚竹書（五）札記〉，《出土文獻研究》第八輯，上海：

上海古籍出版社，2007 年，頁 14～17。

24. 何琳儀，《戰國古文字典》，北京：中華書局，1998 年。

25. 何琳儀，〈第二批滬簡選釋〉，《上博館藏戰國楚竹書研究續編》，上海：上海書店出版社，2004 年，頁 444～455。

26. 何琳儀，〈貴尹求義〉，《楚地簡帛思想研究（三）》，武漢：湖北教育出版社，2007 年，頁 1～5。

27. 何樹環，〈金文「蚩」字別解〉，《第十七屆中國文字學全國學術研討會論文集》，板橋：聖環圖書出版社，2006 年，頁 319～334。

28. 宋華強，《新蔡楚簡的初步研究》，北京：北京大學中文系博士論文，2007 年。

29. 吳振武，〈陳曼瑚「逐」字新證〉，《吉林大學古籍所建所十五周年紀念文集》，長春：吉林大學出版社，1998 年，頁 46～47。

30. 吳振武，〈古璽姓氏考（複姓十五篇）〉，《出土文獻研究》第三輯，北京：中華書局，1998 年，頁 74～88。

31. 吳國源，〈《上博（五）・競建內之》「日既」考釋〉，《簡帛》第二輯，上海：上海古籍出版社，2007 年。

32. 李天虹，〈上博五《競》、《鮑》篇校讀四則〉，武漢大學《簡帛網》，2006/02/19。

33. 李天虹，〈再談《鮑叔牙與隰朋之諫》中的「息」字〉，武漢大學《簡帛網》，2006/03/01。

34. 李天虹，〈《景公瘧》「市」字小記〉，武漢大學《簡帛網》，2007/07/17。

35. 李天虹，〈上博（六）箚記二則〉，武漢大學《簡帛網》，2007/07/21。

36. 李天虹，〈《景公瘧》校讀三則〉，武漢大學《簡帛網》，2007/07/24。

37. 李天虹，〈《景公瘧》校讀二則〉，武漢大學《簡帛網》，2007/07/26。

38. 李天虹，〈鮑叔牙與隰朋之諫》五～六號簡再讀〉，《簡帛》第二輯，上海：上海古籍出版社，2007 年。

39. 李天虹，〈上博六《景公瘧》字詞校釋〉，《古文字學論稿》，合肥：安徽大學出版社，2008 年，頁 335～343。

40. 李守奎，《楚文字編》，上海：華東師範大學出版社，2003 年。

41. 李守奎，〈《鮑叔牙與隰朋之諫》補釋〉，《楚地簡帛思想研究（三）》，武漢：湖北教育出版社，2007 年，頁 26～45。

42. 李孝定，《甲骨文字集釋》，臺北：中央研究院歷史語言研究所，1965 年。

43. 李家浩，〈戰國坪布考〉，《古文字研究》第三輯，北京：中華書局，1980 年，頁 160～165。

44. 李家浩，〈九店楚簡五六號墓竹簡釋文與考釋〉，《九店楚簡》，北京：中

華書局，2000 年。

45. 李家浩，〈包山楚簡「蔽」字及其相關之字〉，《著名中年語言學家自選集·李家浩卷》，合肥：安徽教育出版社，2002 年，頁 272～288。

46. 李家浩，〈楚墓竹簡中的「昆」字及從「昆」之字〉，《著名中年語言學家自選集·李家浩卷》，合肥：安徽教育出版社，2002 年，頁 306～317。

47. 李偉泰，〈《競建內之》與《尚書》說之互證〉，《2007 年中國簡帛學國際論壇》，2007 年。

48. 李零，《郭店楚簡校讀記（增訂本）》，北京：北京大學出版社，2002 年。

49. 李銳，《《鮑叔牙與隰朋之諫》「迥佝」試解》，《簡帛研究網》，2006/11/26。

50. 李銳，〈上博（五）札記二則〉，《古籍整理研究學刊》第五期，2007 年，頁 71～72。

51. 李學勤，《周易經傳溯源》，長春：長春出版社，1992 年。

52. 李學勤，〈試釋楚簡《鮑叔牙與隰朋之諫》〉，《文物》第九期，2006 年，頁 90～96。

53. 沈培，〈關于「抄寫者誤加『句讀符號』」的意見更正〉，武漢大學《簡帛網》，2006/02/25。

54. 沈培，〈從戰國簡看古人占卜的「蔽志」——兼論「移祟」說〉，《第一屆「古文字與古代史」學術研討會》，2006 年 9 月 22～24 日，頁 19～17。

55. 沈培，〈小議上博簡《鮑叔牙與隰朋之諫》中的虛詞「凡」〉，《出土文獻與古文字研究》第一輯，上海：復旦大學出版社，2006 年，頁 45～54。

56. 沈培，〈《上博（六）》字詞淺釋（七則）〉，武漢大學《簡帛網》，2007/07/20。

57. 沈培，〈《上博六·競公瘧》「正」字小議〉，武漢大學《簡帛網》，2007/07/31。

58. 周鳳五，〈楚簡文字的書法史意義〉，《古文字與商周文明——第三屆國際漢學會議論文集文字學組》，臺北：中研院史語所，2002 年，頁 195～221。

59. 周鳳五，〈九店楚簡〈告武夷〉重探〉，《中央研究院歷史語言研究所集刊》第七十二本第四分，臺北：中央研究院歷史語言研究所，2005 年，頁 951～953。

60. 周鳳五，〈上博五《姑成家父》重編新解〉，《中國簡帛學國際論壇 2006 年論文集》，2006 年。

61. 周鳳五，〈新出戰國楚竹書研讀會〉第五期第一次，臺北：漢國冊府，2006 年。

62. 李旭昇師，〈由上博詩論「小宛」談楚簡中以個特殊的從肙的字〉，《漢學研究》第二十卷第二期，2003 年，頁 1～16。

63. 季旭昇師，《說文新證（上）》，臺北：藝文印書館，2004 年。

64. 季旭昇師，《說文新證（下）》，臺北：藝文印書館，2004 年。

65. 季旭昇師，〈上博五芻議（上）〉，武漢大學《簡帛網》，2006/02/18。

66. 季旭昇師，〈上博五芻議（下）〉，武漢大學《簡帛網》，2006/02/18。

67. 季旭昇師，〈《上博五·鮑叔牙與隰朋之諫》「毋内錢器」句小考〉，武漢大學《簡帛網》，2006/02/23。

68. 季旭昇師，〈《上博五·鮑叔牙與隰朋之諫》「篤歡附忨」解——兼談「錢器」〉，武漢大學《簡帛網》，2006/03/06。

69. 季旭昇師，〈說「要」、「要」〉，《古文字研究》第二十六輯，北京：中華書局，2006 年，頁 485～487。

70. 季旭昇師，〈《上博五·鮑叔牙與隰朋之諫》試讀〉，《楚地簡帛思想研究（三）》，武漢：湖北教育出版社，2007 年，頁 11～25。

71. 季旭昇師主編、陳美蘭、蘇建洲師、陳嘉凌合撰，《《上海博物館藏戰國楚竹書（二）》讀本》，臺北：萬卷樓圖書公司，2003 年。

72. 季旭昇師主編、陳霖慶、鄭玉姍、鄒濬智合撰，《《上海博物館藏戰國楚竹書（一）》讀本》，臺北：萬卷樓圖書公司，2004 年。

73. 季旭昇師主編、陳惠玲、連德榮、李綉玲合撰，《《上海博物館藏戰國楚竹書（三）》讀本》，臺北：萬卷樓圖書公司，2005 年。

74. 季旭昇師主編、袁國華協編、陳思婷、張繼凌、高佑仁、朱賜麟合撰，《《上海博物館藏戰國楚竹書（四）》讀本》，臺北：萬卷樓圖書公司，2007 年。

75. 林志鵬，〈上博楚竹書《競建内之》重編新解〉，武漢大學《簡帛網》，2006/02/25。

76. 林志鵬，〈釋《鮑叔牙與隰朋之諫》簡三「如秸加之以敬」〉，武漢大學《簡帛網》，2006/04/21。

77. 林志鵬，〈釋《鮑叔牙與隰朋之諫》簡二「迥佝」〉，武漢大學《簡帛網》，2006/05/11。

78. 林志鵬，〈《鮑叔牙與隰朋之諫》「旁（從土）地」、「公君（從二虫）」二詞試解〉，武漢大學《簡帛網》，2006/06/26。

79. 林志鵬，〈戰國楚竹書《鮑叔牙與隰朋之諫》「剸民獵樂」試解〉，武漢大學《簡帛網》，2006/12/26。

80. 林志鵬，〈釋戰國楚簡中的「曷」字——兼論《緇衣》「民有格心」句異文〉，武漢大學《簡帛網》，2007/01/30。

81. 林志鵬，〈楚竹書《鮑叔牙與隰朋之諫》考釋三則〉，武漢大學《簡帛網》，2007/04/10。

82. 林志鵬，〈楚竹書《鮑叔牙與隰朋之諫》補釋〉，武漢大學《簡帛網》，2007/07/13。

83. 林素清，〈郭店、上博《緇衣》簡比較〉，《新出土文獻與古代文明研究》，上海：上海大學出版社，2004 年，頁 83～96。

84. 林清源師，《楚國文字構形演變研究》，臺中：東海大學中文系博士論文，1997 年。

85. 林清源師，《簡牘帛書標題格式研究》，臺北：藝文印書館，2004 年。

86. 林聖峰，〈上博六〈競公瘧〉「疥」字箚記〉，武漢大學《簡帛網》，2008/03/29。

87. 河南省文物考古研究所，《信陽楚墓》，北京：文物出版社，1986 年。

88. 河南省文物考古研究所，《新蔡葛陵楚墓》，鄭州：大象出版社，2003 年。

89. 侯乃峰，〈上博（五）幾個固定詞語和句式補說〉，《楚地簡帛思想研究（三)》，武漢：湖北教育出版社，2007 年，頁 129～138。

90. 侯乃峰，〈上博六賸義贅言〉，武漢大學《簡帛網》，2007/10/30。

91. 胡瓊，〈上博簡《鮑叔牙與隰朋之諫》釋讀二則〉，武漢大學《簡帛網》，2007/05/08。

92. 范常喜，〈《上博五·競建內之》簡 2「彝」字試說〉，武漢大學《簡帛網》，2006/02/20。

93. 范常喜，〈《上博五·鮑叔牙與隰朋之諫》簡 3「秥」字試說〉，武漢大學《簡帛網》，2006/03/02。

94. 范常喜，〈關於「秥」字的一點補充〉，武漢大學《簡帛網》，2006/03/06。

95. 范常喜，〈《上博五·鮑叔牙與隰朋之諫〉簡 5「悟」字試解〉，武漢大學《簡帛網》，2006/07/06。

96. 范常喜，〈讀《上博六》札記六則〉，武漢大學《簡帛網》，2007/07/25。

97. 范常喜，〈《上博六·競公虐》簡 9「勿」字補議〉，武漢大學《簡帛網》，2007/07/28。

98. 唐洪志，〈上博（五）札記（兩則)〉，武漢大學《簡帛網》，2006/03/08。

99. 孫海波，《甲骨文編》，北京：中華書局，2004 年。

100. 容庚，《金文編》北京：中華書局，1985 年。

101. 徐在國，〈上博三《周易》釋文補正〉，《簡帛研究網》，2004/04/24。

102. 徐在國，〈上博五文字考釋拾遺〉，武漢大學《簡帛網》，2006/02/27。

103. 徐在國，〈上博（六）文字考釋二則〉，武漢大學《簡帛網》，2007/07/23。

104. 徐在國，〈上博（六）文字考釋二則〉，《2007 年中國簡帛學國際論壇》，2007 年。

105. 荊門市博物館，《郭店楚墓竹簡》，北京：文物出版社，1998 年。

106. 袁金平,〈讀《上博（五）》札記三則〉,武漢大學《簡帛網》,2006/02/26。

107. 袁國華,《包山楚簡研究》,香港：香港中文大學博士論文,1994 年。

108. 袁國華,〈《新蔡葛陵楚墓竹簡》文字考釋〉,《曾憲通教授七十壽慶論文集》,廣州：中山大學出版社,2004 年,頁 124～129。

109. 袁國華,〈《上海博物館藏戰國楚竹書（五）·鮑叔牙與隰朋之諫》「鉣（伐）器」、「滂沱」考釋〉,《中國文字》新三十二期,臺北：藝文印書館,2006 年,頁 45～56。

110. 馬飛海,《中國歷代貨幣大系》,上海：上海辭書出版社,2001 年。

111. 馬承源,《上海博物館藏戰國楚竹書（一）》,上海：上海古籍出版社,2001 年。

112. 馬承源,《上海博物館藏戰國楚竹書（二）》,上海：上海古籍出版社,2002 年。

113. 馬承源,《上海博物館藏戰國楚竹書（二）·子羔釋文》,上海：上海古籍出版社,2002 年,頁 183～199。

114. 馬承源,《上海博物館藏戰國楚竹書（三）》,上海：上海古籍出版社,2003 年。

115. 馬承源,《上海博物館藏戰國楚竹書（四）》,上海：上海古籍出版社,2004 年。

116. 馬承源,《上海博物館藏戰國楚竹書（五）》,上海：上海古籍出版社,2005 年。

117. 馬承源,《上海博物館藏戰國楚竹書（六）》,上海：上海古籍出版社,2007 年。

118. 郝士宏,〈初讀《上博簡（六）》〉,武漢大學《簡帛網》,2007/07/21。

119. 高亨、董治安,《古字通假會典》,濟南：齊魯書社,1989 年。

120. 高佑仁,〈談《竟建內之》簡六「謫怒」〉,武漢大學《簡帛網》,2006/02/25。

121. 高佑仁,〈談《竟建內之》兩處與「害」有關的字〉,武漢大學《簡帛網》,2006/06/13。

122. 高榮鴻,〈讀《上博六·競公瘧》札記二則〉,武漢大學《簡帛網》,2007/10/01。

123. 張守中,《睡虎地秦簡文字編》,北京：文物出版社,1994 年。

124. 張守中,《包山楚簡文字編》,北京：文物出版社,1996 年。

125. 張守中,《郭店楚簡文字編》,北京：文物出版社,2000 年。

126. 張振謙,〈上博（五）札記二則〉,武漢大學《簡帛網》,2006/02/27。

127. 張崇禮,〈釋《景公瘧》中的「偶言」〉,《簡帛研究網》,2007/07/23。

128. 張崇禮，〈釋《景公瘧》中的「敷情不偷」〉，《簡帛研究網》，2007/07/24。

129. 張崇禮，〈《景公瘧》第十簡解詁〉，《簡帛研究網》，2007/07/26。

130. 張崇禮，〈《景公瘧》第九簡解詁〉，《簡帛研究網》，2007/07/26。

131. 張崇禮，〈釋《景公瘧》中的「製蒁嵩折」〉，《簡帛研究網》，2008/02/19。

132. 張富海，〈上博簡五《鮑叔牙與隰朋之諫》補釋〉，《北方論叢》第四期，2006 年，頁 8～10。

133. 張富海，〈上博簡五《鮑叔牙與隰朋之諫》補釋〉，武漢大學《簡帛網》，2006/05/10。

134. 張富海，〈上博簡五釋詞兩則〉，武漢大學《簡帛網》，2006/05/10。

135. 張新俊，《上博楚簡文字研究》，長春：吉林大學古籍研究所博士論文，2005 年。

136. 張新俊，〈釋新蔡楚簡中的「柰（祟）」〉，武漢大學《簡帛網》，2006/05/03。

137. 張儒、劉毓慶，《漢字通用聲素研究》，太原：山西古籍出版社，2002 年。

138. 張顯成，《簡帛文獻學通論》，北京：中華書局，2004 年。

139. 梁靜，〈《景公瘧》與《晏子春秋》的對比研究〉，武漢大學《簡帛網》，2007/07/28。

140. 許無咎，〈上博楚竹書（五）《競建內之》篇札記〉，《簡帛研究網》，2006/02/25。

141. 郭永秉，〈關於《競建》和《鮑叔牙》的字體問題〉，武漢大學《簡帛網》，2006/03/05。

142. 郭永秉，〈《景公瘧》的「襄桓之言」〉，武漢大學《簡帛網》，2007/07/25。

143. 郭梨華，〈〈鮑叔牙與隰朋之諫〉中有關「日食」之探究——兼論《管子》中的「禮——法」觀〉，《儒家文化研究》第一輯，北京：三聯書店，2007 年，頁 376～398。

144. 郭錫良，《漢字古音手冊》，北京：北京大學出版社，1986 年。

145. 郭齊勇主編，《儒家文化研究》第一輯，北京：三聯書店，2007 年。

146. 陳佩芬，《上海博物館藏戰國楚竹書（五）·競建內之釋文》，上海：上海古籍出版社，2005 年，頁 165～177。

147. 陳佩芬，《上海博物館藏戰國楚竹書（五）·鮑叔牙與隰朋之諫釋文》，上海：上海古籍出版社，2005 年，頁 181～191。

148. 陳奇猷，《韓非子新校注》，上海：上海古籍出版社，2000 年。

149. 陳炫瑋，〈上博楚竹書《鮑叔牙與隰朋之諫》史料年代問題〉，武漢大學《簡帛網》，2007/02/03。

150. 陳偉，《包山楚簡初探》，武漢：武漢大學出版社，1996 年。

151. 陳偉,〈《競建內之》《鮑叔牙與隰朋之諫》零識〉,武漢大學《簡帛網》,2006/02/22。

152. 陳偉,〈《鮑叔牙與隰朋之諫》零識(續)〉,武漢大學《簡帛網》,2006/03/05。

153. 陳偉,〈也說《鮑叔牙與隰朋之諫》與《管子‧霸形》的對讀〉,武漢大學《簡帛網》,2006/04/04。

154. 陳偉,〈讀《上博六》條記〉,武漢大學《簡帛網》,2007/07/09。

155. 陳偉,〈讀《上博六》條記之二〉,武漢大學《簡帛網》,2007/07/10。

156. 陳偉,〈《景公瘧》九號簡中的「物」應指鬼神〉,武漢大學《簡帛網》,2007/07/29。

157. 陳惠玲,〈上博六《競公瘧》釋「疥」及「旬又五公乃出見折」〉,武漢大學《簡帛網》,2007/10/23。

158. 陳斯鵬,〈初讀上海楚簡〉,《簡帛研究網》,2002/02/05。

159. 陳斯鵬,〈讀《上博竹書(五)》小記〉,武漢大學《簡帛網》,2006/04/01。

160. 陳煒湛,〈戰國楚簡「見」字說〉,《古文字研究》第二十六輯,北京:中華書局,2006 年,頁 257～262。

161. 陳劍,〈談談《上博(五)》的竹簡分篇、拼合與編聯問題〉,武漢大學《簡帛網》,2006/02/19。

162. 陳劍,〈《上博(五)》零札兩則〉,武漢大學《簡帛網》,2006/02/21。

163. 陳劍,〈也談《競建內之》簡 7 的所謂「害」字〉,武漢大學《簡帛網》,2006/06/16。

164. 陳劍,〈《上博(六)‧孔子見季桓子》重編新釋〉,《復旦大學出土文獻與古文字研究中心》,2008/03/22。

165. 單育辰,〈上博五短札(三則)〉,武漢大學《簡帛網》,2006/04/30。

166. 彭浩,〈「錢器」小議〉,武漢大學《簡帛網》,2006/03/01。

167. 彭浩,〈「有司著作浮老弱不刑」解〉,武漢大學《簡帛網》,2006/03/07。

168. 彭浩,〈試說「畮繲短,田繲長,百糧箽」〉,武漢大學《簡帛網》,2006/04/02。

169. 彭浩,〈《鮑叔牙與隰朋之諫》考釋二則〉,《楚地簡帛思想研究(三)》,武漢:湖北教育出版社,2007 年,頁 6～10。

170. 曾憲通,〈從曾侯乙編鐘之鐘虡銅人說「虡」與「業」〉,《古文字與出土文獻叢考》,廣洲:中山大學出版社,2005 年,頁 32～40。

171. 湖北省博物館,《曾侯乙墓》,北京:文物出版社,1989 年。

172. 湖北省荊沙鐵路考古隊,《包山楚墓》,北京:中華書局,1991 年。

173. 湖北省文物考古研究所、北京大學中文系,《望山楚簡》,北京:中華書

局，1995 年。

174. 湖北省文物考古研究所、北京大學中文系，《九店楚簡》，北京：中華書局，2000 年。

175. 湯餘惠，〈包山楚簡讀後記〉，《考古與文物》第二期，1993 年，頁 69～79。

176. 湯餘惠，《戰國文字編》，福州：福建人民出版社，2001 年。

177. 湯餘惠、吳良寶，〈郭店楚簡文字拾零（四篇）〉，《簡帛研究二○○一》，桂林：廣西師範大學出版社，2001 年，頁 199～202。

178. 程燕，〈讀上博六札記〉，武漢大學《簡帛網》，2007/07/24。

179. 馮勝君，〈論郭店簡《唐虞之道》、《忠信之道》、《語叢》一～三以及上博簡《緇衣》爲具有齊系文字特點的抄本〉，《北京大學博士後研究工作報告》，2004 年。

180. 馮勝君，〈釋戰國文字中的「怨」〉，《古文字研究》第二十五輯，北京：中華書局，2004 年，頁 281～285。

181. 黃德寬、徐在國，〈郭店楚簡文字考釋〉，《吉林大學古籍整理研究所建所十五周年紀念文集》，長春：吉林大學出版社，1998 年，頁 98～111。

182. 黃儒宣，〈簡牘古書數人合抄一篇的情況試探——以上博楚簡《鮑叔牙與隰朋之諫》、武威漢簡《儀禮》爲例〉，《2007 年中國簡帛學國際論壇》，2007 年。

183. 黃錫全，〈讀上博楚簡（二）札記（壹）〉，《簡帛研究網》，2003/02/25。

184. 楊伯峻，《春秋左傳注》，北京：中華書局，2005 年。

185. 楊伯峻、何樂士，《古漢語語法及其發展（上）》，北京：語文出版社，2001 年。

186. 楊華，〈《天子建州》禮疏〉，《2007 年中國簡帛學國際論壇》，2007 年。

187. 楊澤生，〈讀上博簡《競建內之》短札兩則〉，武漢大學《簡帛網》，2006/02/24。

188. 楊澤生，〈《上博五》札記兩則〉，武漢大學《簡帛網》，2006/02/28。

189. 楊澤生，〈《上博五》零釋十二則〉，武漢大學《簡帛網》，2006/03/20。

190. 楊樹達，《積微居甲文說》，上海：上海古籍出版社，2006 年。

191. 董珊，〈阮校《孟子》與《鮑》簡對讀〉，武漢大學《簡帛網》，2006/04/02。

192. 董珊，〈楚簡中從「大」聲之字的讀法（二）〉，武漢大學《簡帛網》，2007/07/08。

193. 董珊，〈讀《上博六》雜記〉，武漢大學《簡帛網》，2007/07/11。

194. 董珊，〈讀《上博六》雜記（續一）〉，武漢大學《簡帛網》，2007/07/11。

195. 董珊，〈讀《上博六》雜記（續二）〉，武漢大學《簡帛網》，2007/07/11。

196. 董珊，〈《鮑叔牙》篇的「考治」與其歷史文獻背景〉，武漢大學《簡帛網》，2007/07/16。

197. 裘錫圭，〈釋「虫」〉，《古文字論集》，北京：中華書局，1992 年，頁 11～16。

198. 裘錫圭，〈談談上博簡和郭店簡中的錯別字〉，《華學》第六輯，北京：紫禁城出版社，2003 年，頁 50～54。

199. 裘錫圭，〈中國古典學重建中應該注意的問題〉，《中國出土文獻十講》，上海：復旦大學出版社，2004 年，頁 1～16。

200. 裘錫圭、李家浩，〈曾侯乙墓竹簡釋文與考釋〉，《曾侯乙墓》，北京：文物出版社，1989 年。

201. 賈連敏，〈新蔡葛陵楚墓出土竹簡釋文〉，《新蔡葛陵楚墓》，鄭州：大象出版社，2003 年。

202. 睡虎地秦簡竹簡整理小組，《睡虎地秦墓竹簡》，北京：文物出版社，2001 年。

203. 趙平安，〈近芋明（從人）子以馳于倪廷解〉，武漢大學《簡帛網》，2006/03/31。

204. 趙平安，〈戰國文字中的「宛」及其相關問題研究（附補記）〉，武漢大學《簡帛網》，2006/04/10。

205. 趙平安，〈上博藏楚竹書《競建內之》第九至十號簡考辨〉，《出土文獻研究》第八輯，上海：上海古籍出版社，2007 年，頁 9～13。

206. 銀雀山漢墓竹簡整理小組，《銀雀山漢墓竹簡》，北京：文物出版社，1985 年。

207. 劉信芳，《包山楚簡解詁》，臺北：藝文印書館，2003 年。

208. 劉信芳，〈上博藏五試解七則〉，武漢大學《簡帛網》，2006/03/01。

209. 劉信芳，〈「錢器」補說〉，武漢大學《簡帛網》，2006/03/03。

210. 劉信芳，〈上博藏五試解續〉，武漢大學《簡帛網》，2006/03/20。

211. 劉信芳，〈上博藏楚竹書所載殷高宗政令及相關問題〉，《中國歷史文物》第五期，2006 年，頁 60～62。

212. 劉信芳，〈竹書《鮑叔牙》與《管子》對比研究的幾個問題〉，《文獻》第一期，2007 年，頁 15～21。

213. 劉信芳，〈上博五試解四則〉，《楚地簡帛思想研究（三）》，武漢：湖北教育出版社，2007 年，頁 79～84。

214. 劉信芳，〈上博藏六《景公瘧》簡 4、7 試解〉，《簡帛研究網》，2007/07/28。

215. 劉信芳，〈《上博藏六》試解之三〉，武漢大學《簡帛網》，2007/08/09。

216. 劉洪濤，〈讀上博竹書《天子建洲》箚記〉，武漢大學《簡帛網》，2007/07/12。

217. 劉釗，〈包山楚簡文字考釋〉，《出土簡帛文字叢考》，臺北：台灣古籍出版社，2004 年，頁 3～32。

218. 劉釗，《郭店楚簡校釋》，福州：福建人民出版社，2005 年。

219. 劉釗，《古文字構形學》，福州：福建人民出版社，2006 年。

220. 劉國勝，〈上博（五）零札（六則）〉，武漢大學《簡帛網》，2006/04/07。

221. 劉國勝，〈《上博竹書（五）零札五則》，《楚地簡帛思想研究（三）》，武漢：湖北教育出版社，2007 年，頁 102～105。

222. 劉樂賢，〈談上博五《競建內之》札記〉，武漢大學《簡帛網》，2006/02/20。

223. 劉樂賢，〈「遠者不方」補說〉，武漢大學《簡帛網》，2006/02/20。

224. 滕壬生，《楚系簡帛文字編》，武漢：湖北教育出版社，1995 年。

225. 廣瀨薰雄，〈何謂「競建內之」〉，《新出楚簡國際學術研討會會議論文集（上博簡卷）》，2006 年，頁 160～163。

226. 魯家亮，〈讀上博楚竹書（五）札記二則〉，武漢大學《簡帛網》，2006/02/18。

227. 魯家亮，〈《鮑叔牙與隰朋之諫》與《管子·戒》對讀札記〉，武漢大學《簡帛網》，2006/04/13。

228. 魯家亮，〈《鮑叔牙與隰朋之諫》與《管子·戒》對讀札記〉，《華中科技大學學報（社會科學版）》第三期，2007 年，頁 97～99。

229. 蕭聖中，〈上博竹書（五）札記三則〉，《楚地簡帛思想研究（三）》，武漢：湖北教育出版社，2007 年，頁 99～101。

230. 禤健聰，〈上博楚簡（五）零札（一）〉，武漢大學《簡帛網》，2006/02/24。

231. 禤健聰，〈上博楚簡（五）零札（二）〉，武漢大學《簡帛網》，2006/02/26。

232. 濮茅左，《上海博物館藏戰國楚竹書（六）·競公瘧釋文》，上海：上海古籍出版社，2007 年。

233. 濮茅左，〈上博館藏戰國楚竹書的主要發現〉，《簡帛研究網》，2007/12/06。

234. 顏世鉉，〈從「形訛」和「通假」看古代史料的校讀〉，《第一屆「古文字與古代史」學術研討會論文集》，2006 年，頁 24～10～12。

235. 顏世鉉，〈「星弁子」釋讀的補正〉，《簡帛研究網》，2007/05/08。

236. 顏至君，〈《上博五·鮑叔牙與隰朋之諫》札記一則〉，武漢大學《簡帛網》，2007/03/04。

237. 羅福頤，《古璽彙編》，北京：文物出版社，1998 年。

238. 蘇建洲師，〈上博楚竹書（二）考釋四則〉，《簡帛研究網》，2003/01/18。

239. 蘇建洲師，《上海博物館藏戰國楚竹書（二）校釋》，臺北：國立台灣師範大學國文研究所博士論文，2004 年。

240. 蘇建洲師，〈初讀《上博五》淺說〉，武漢大學《簡帛網》，2006/02/18。

241. 蘇建洲師，〈《上博（五）楚竹書》補說〉，武漢大學《簡帛網》，2006/02/23。

242. 蘇建洲師，〈上博（五）柬釋（一）〉，武漢大學《簡帛網》，2006/02/27。

243. 蘇建洲師，〈《上博五·鮑叔牙與隰朋之諫》「豎刁與易牙爲相」章字詞考釋〉，武漢大學《簡帛網》，2006/03/17。

244. 蘇建洲師，〈《上博五》補釋五則〉，武漢大學《簡帛網》，2006/03/29。

245. 蘇建洲師，〈《上博（五）·竞建內之》「亥弋」字小考〉，武漢大學《簡帛網》，2006/07/21。

246. 蘇建洲師，〈《上博楚簡（五）》考釋二則〉，武漢大學《簡帛網》，2006/12/01。

247. 蘇建洲師，〈《上博楚簡（五)》考釋五則〉，《中國文字》新三十二期，臺北：藝文印書館，2006 年，頁 73～92。

248. 蘇建洲師，〈以古文字角度討論上博楚竹書文本來源——以《周易》、《曹沫之陣》、《鮑叔牙與隰朋之諫》爲例〉，《第十八屆中國文字學國際學術研討會論文集》，2007 年，頁 223～254。

249. 蘇建洲師，〈讀《上博六·景公瘧》札記一則〉，武漢大學《簡帛網》，2007/07/26。

250. 蘇建洲師，〈上博（六）·景公瘧》補釋一則〉，武漢大學《簡帛網》，2007/10/07。

附　錄

附錄一　書刊簡稱表

全　　　名	簡　　稱	全　　　名	簡　　稱
《殷契粹編》	《粹》	《殷墟書契前編》	《前》
《殷墟書契後編》	《後》	《殷墟書契續編》	《續》
《殷墟文字甲編》	《甲》	《殷墟文字乙編》	《乙》
《鐵雲藏龜拾遺》	《拾》	《小屯南地甲骨》	《屯南》
《殷周金文集成》	《集成》	《古璽彙編》	《璽彙》
《中國歷代貨幣大系》	《貨系》	《秦文字集證》	《集證》
侯馬盟書	《侯馬》	曾侯乙墓	《曾侯》
信陽二號楚墓	《信陽》M2	包山楚簡	《包山》
望山楚簡一號墓	《望山》M1	望山楚簡二號墓	《望山》M2
九店楚簡五六號墓竹簡	《九店》M56	江陵天星觀一號墓遣策簡	《天·策》
江陵天星觀一號墓遣卜筮簡	《天·卜》	新蔡葛陵楚簡	《新蔡》
郭店楚簡·老子甲	《郭店·老甲》	郭店楚簡·老子乙	《郭店·老乙》
郭店楚簡·老子丙	《郭店·老丙》	郭店楚簡·太一生水	《郭店·太》
郭店楚簡·緇衣	《郭店·緇》	郭店楚簡·魯穆公問子思	《郭店·魯》
郭店楚簡·窮達以時	《郭店·窮》	郭店楚簡·五行	《郭店·五》
郭店楚簡·唐虞之道	《郭店·唐》	郭店楚簡·忠信之道	《郭店·忠》
郭店楚簡·成之聞之	《郭店·成》	郭店楚簡·尊德義	《郭店·尊》

郭店楚簡・性自命出	《郭店・性》	郭店楚簡・六德	《郭店・六》
郭店楚簡・語叢一	《郭店・語一》	郭店楚簡・語叢二	《郭店・語二》
郭店楚簡・語叢三	《郭店・語三》	上海博物館藏戰國楚竹書・孔子詩論	《上博一・孔》
上海博物館藏戰國楚竹書・性情論	《上博一・性》	上海博物館藏戰國楚竹書・子羔	《上博二・子》
上海博物館藏戰國楚竹書・魯邦大旱	《上博二・魯》	上海博物館藏戰國楚竹書・從政甲篇	《上博二・從甲》
上海博物館藏戰國楚竹書・容成氏	《上博二・容》	上海博物館藏戰國楚竹書・周易	《上博三・周》
上海博物館藏戰國楚竹書・中弓	《上博三・中》	上海博物館藏戰國楚竹書・亙先	《上博三・亙》
上海博物館藏戰國楚竹書・彭祖	《上博三・彭》	上海博物館藏戰國楚竹書・采風曲目	《上博四・采》
上海博物館藏戰國楚竹書・逸詩	《上博四・逸》	上海博物館藏戰國楚竹書・昭王毀室	《上博四・昭》
上海博物館藏戰國楚竹書・柬大王泊旱	《上博四・柬》	上海博物館藏戰國楚竹書・內豊	《上博四・內》
上海博物館藏戰國楚竹書・曹沫之陣	《上博四・曹》	上海博物館藏戰國楚竹書・競建內之	《上博五・競》
上海博物館藏戰國楚竹書・鮑叔牙與隰朋之諫	《上博五・鮑》	上海博物館藏戰國楚竹書・姑成家父	《上博五・姑》
上海博物館藏戰國楚竹書・弟子問	《上博五・弟》	上海博物館藏戰國楚竹書・三德	《上博五・三》
上海博物館藏戰國楚竹書・鬼神之明	《上博五・鬼》	上海博物館藏戰國楚竹書・競公瘧	《上博六・瘧》
上海博物館藏戰國楚竹書・用日	《上博六・用》		

附錄二　釋字索引